Marianne Dubach-Vischer

Mit Boot und Stethoskop

Das Ehepaar Dr. med. M. und B. Vischer-Mylius
in Borneo von 1928 bis 1943

Friedrich Reinhardt Verlag Basel

Umschlagbild: Kurt Pauletto, Kunstmaler und Grafiker

Die Deutsche Bibliothek – CIP-Einheitsaufnahme

Dubach-Vischer, Marianne:
Mit Boot und Stethoskop: Das Ehepaar Dr. med. M. und
B. Vischer-Mylius in Borneo von 1928 bis 1943 / Marianne
Dubach-Vischer. – Basel: F. Reinhardt, 1998
ISBN 3-7245-1009-8

© 1998 by Friedrich Reinhardt Verlag Basel
Lithos: Reinhardt Druck Basel
Printed in Switzerland by Reinhardt Druck Basel
ISBN 3-7245-1009-8

Im Gedenken an meine Eltern, allen Missionskindern gewidmet

Ich widme dieses Buch allen Missionskindern, die zeitweise getrennt von ihren Eltern leben mussten. Mein Schicksal unterscheidet sich nicht von demjenigen aller anderen Missionskinder, die während ihrer Kindheit auf das Zusammenleben mit den Eltern in der Familie zu verzichten hatten. Das Schicksal unserer Mutter unterscheidet sich in keiner Weise von dem aller anderen Missionarsfrauen hinsichtlich ihres Auftrags als Ehefrau und Mutter. Haben nicht alle Eltern das grosse Heimweh nach den Kindern verspürt und die Sorge um ihr Gedeihen in sich getragen? Haben nicht alle Kinder auf den Tag der Heimkehr von Vater und Mutter sehnlichst gewartet? Betsy schildert ihren Alltag lebendig und verleiht in ihrer Sprache auch dem Heimweh nach den Kindern einfühlbaren Ausdruck. In ihren Briefen beschreibt sie immer wieder ihre Sorge um die Entwicklung der Kinder in der Heimat und besonders um das Fortkommen in der Schule; sie hat gewiss Worte gefunden, wie sie den Missionarsfrauen aus dem Herzen kommen.

DANK

Es ist mir inneres Bedürfnis, an dieser Stelle meinen Dank auszusprechen. Ich habe in den fünf Jahren der intensiven Auseinandersetzung mit meinem Thema immer und überall sehr freundliche Unterstützung und Hilfe erhalten. Ich bin tief berührt von den herzlichen Zuwendungen, die mir zuteil wurden.

In besonderer Weise haben mich Paul Jenkins, Archivar der BM und Lehrbeauftragter für Afrikanische Geschichte an der Universität Basel, Empfänger des Wissenschaftspreises der Stadt Basel 1996, und Ernst Braches, Chefbibliothekar der Universitätsbibliothek in Amsterdam und emeritierter Professor in Buchkunde an der Universität Amsterdam, unterstützt. Sie sind mir stets mit gutem Rat und scharfer Kritik, die ich besonders schätzte, zur Seite gestanden.

Frau Regula Toebak-Nebiker, Vizedirektorin am Schweizerischen Bundesarchiv in Bern, hat mir bereitwillig Auskunft und den Zugang zu ergänzenden Dokumenten gegeben.

Herr Cornelio Sommaruga, Präsident des Internationalen Roten Kreuzes in Genf, hat 1993 mit seiner Einladung der Kinder zum Gedenken des 50. Todestages ihrer Eltern, des IKRK-Delegierten Dr. med. Mattheus Vischer und seiner Gattin Betsy Vischer-Mylius, wesentlich dazu beigetragen, dass ich dieses Buch wirklich schrieb. Die erhaltenen Dokumente aus dem IKRK-Archiv waren willkommene Ergänzung zu denjenigen aus dem Bundesarchiv.

Kurt Pauletto hat mit seinem feinfühlig gestalteten Buchumschlag mein Herz erfreut.

Hier ungenannte Freundinnen und Freunde sind mir in diesen Jahren beigestanden; sie haben mich ermuntert, mit Kritik und Anregungen zum Manuskript nicht gespart.

Mein Dank geht vor allem an die Berta Hess-Cohn Stiftung, welche mit ihrer grosszügigen Unterstützung den Druck dieses Buches ermöglicht hat.

Danken möchte ich auch der Schweizerischen Akademie der Medizinischen Wissenschaften, die dieses Werk unterstützt.

Herr Prof. Dr. med. U. Tröhler, Dozent für die Geschichte der Medizin in Freiburg i. Br., hat dieses Buch mit einem Vorwort bereichert, wofür ich ihm meinen herzlichen Dank ausspreche.

INHALT

Vorwort von Prof. Dr. med. Ulrich Tröhler, Ph. D.

Die 1920er und 30er Jahre rufen beim historisch bewanderten Arzt Gedanken an die Einführung wichtiger neuer therapeutischer Prinzipien wie des Insulins, des Vitamins D, der Sulfonamide und an die Entdeckung des Penizillins wach. Der Politik-Historiker denkt natürlich zuerst an die aufkeimenden faschistischen Diktaturen in Italien, Deutschland und auf der Iberischen Halbinsel. Der wirtschaftlich Interessierte wird sich an die grosse Wirtschaftskrise nach 1929 erinnern. Von all dem ist im vorliegenden Buch wenig und nur indirekt die Rede. Hier geht es um eine für die heutige Zeit in abgewandelter Form wichtige Sinnfrage, nämlich die der medizinischen und geistlichen Tätigkeit nach westlichem Vorbild in anderen Kulturen und unter ganz spezifischen administrativen Rahmenbedingungen. Diese Situation finden wir ja heute nicht nur bei entsprechender Tätigkeit in fernen Ländern, sondern im Rahmen der kulturellen Pluralität durch Flüchtlingsströme und die Internationalisierung der Arbeit zunehmend in jedem europäischen Land.

Die feinsinnigen, aber auch alltäglichen, gefühlvollen, aber auch sachlichen Briefe aus Borneo des Basler Missionsarzt-Ehepaars Dr. med. Mattheus Vischer und seiner Frau Betsy an Verwandte und vorgesetzte Stellen in der schweizerischen Heimat geben ein beredtes Zeugnis von der durch die räumliche und zeitliche Trennung bedingten, aber auch praktisch vor Ort erlebten Auseinandersetzung mit diesen Fragen. Ohne echte Erfüllung, Willen und tiefste Überzeugung von der Sinnhaftigkeit der eigenen Möglichkeiten, die doch stets ungenügend bleiben müssen, wäre die Tätigkeit eines Missionsarztes und seiner Gattin nicht zu leisten gewesen. Zu schwer wäre sonst die Spannung zu leben gewesen zwischen der Freude über das Tun, das entstehende und schliesslich gelingende Werk einerseits und den Lasten andererseits, den physischen und psychischen Anstrengungen, den Demütigungen, insbesondere im Kontakt auch mit Behörden und mit den theologischen Kollegen, sowie der sozialen und menschlichen Einsamkeit. Dass alles im gewaltsamen Tod des Ehepaares Vischer-Mylius nach einem summarischen Gerichtsverfahren durch die japanische Besatzungsmacht endete, ist tragisch.

Ziel missionsärztlicher Tätigkeit war nicht primär der Aufbau einer Spitzenmedizin nach westlichem Vorbild, sondern die Einführung einer von christlichem Geist geprägten Krankenpflege. Auch bildete, und dies nicht zu einem kleinen Teil, die ärztliche Betreuung der Mission selbst mit allen ihren Angehörigen, insbesondere Frauen und Kindern, Teil dieser Arbeit. Dass es hierbei auch zu hierarchischen Auseinandersetzungen um den Primat des geistlichen oder körperlichen Wohlergehens kam, mag auf den ersten Blick fast mittelalterlich anmuten. Haben wir heute jedoch nicht wieder ähnliche Auseinandersetzungen um die Pastoralmedizin in Spitälern und in der Hauspraxis?

Bewegend sind die Einblicke in die innere Dynamik der missionsärztlichen Familie mit fünf Kindern, von denen die drei älteren zur Fortsetzung ihrer Ausbildung nach einem Familienurlaub in der Schweiz zurückblieben und die Eltern nie mehr gesehen haben. Dieser Aspekt ist insbesondere unter dem Gesichtspunkt der beginnenden Artikulation der Selbständigkeit der Frau in den zwanziger und dreissiger Jahren bedenkenswert: Für Frau Dr. Vischer-Mylius stellte sich die Frage der Abwägung zwischen beruflicher Aufgabe an der Seite des Gatten und der traditionellen Mutterrolle in besonders scharfer Weise. Sie hat dies offenbar weniger als Konflikt empfunden als ihre Umgebung in der Heimat: Beruf bedeutete dem Ehepaar Berufung, Auftrag, nicht Ableistung eines «Jobs». Die grossen Entschlüsse fassten die Gatten, so scheint es aus den Briefen, in stillschweigender Übereinstimmung, selbstverständlich und sicher. Welch ein Spektrum bietet doch die ärztliche Tätigkeit den dergestalt Befähigten und Begleiteten!

Ulrich Tröhler

Freiburg i. Br. und Basel im Februar 1998

14

Vorwort der Autorin

Im Jahre 1926 wurde das Ehepaar Dr. med. Mattheus Vischer und Elisabeth, genannt Betsy, Vischer-Mylius in den Dienst der Basler Mission aufgenommen, und ein Jahr später reisten sie mit mir, dem damals einjährigen Töchterlein, vorerst nach Java, dann nach Süd-Borneo. Der Missionsarzt hatte den Auftrag, die ärztliche Mission aufzubauen, und Betsy, die diplomierte Kranken- und Operationsschwester, stand ihm zur Seite. Bis zum ersten Europa-Urlaub, Anfang 1934, wurden drei weitere Kinder, Ruth, Alfred und Emilie, geboren, in Kuala-Kapuas ein Spital und in Bandjermasin eine Klinik errichtet. Der Missionsarzt war wochenlang auf den grossen Strömen auf Reisen, um den Gesundheitszustand der Dajak zu ergründen und seine Hilfe anzubieten. Er betreute etwa ein Viertel des Missionsgebietes, d.h. 43 000 km, was der Grösse der Schweiz entspricht, allerdings ohne Gebirge. In dieser sehr spärlich besiedelten Landschaft wohnten etwa 50 000, im ganzen Missionsgebiet 500 000 Menschen.

Im Herbst 1935, nach dem Urlaub, reiste das Ehepaar mit Familie für einen zweiten Aufenthalt von vier Jahren nochmals nach Borneo. 1939 wurde das fünfte Kind, Bernhard, geboren. Der Kriegsausbruch verzögerte die Heimreise. Kurz nach dem 10. Mai 1940, dem deutschen Einmarsch in Holland, wurde Dr. med. M. Vischer, obwohl er nicht Missionar war, als Präses, also als Leiter der Mission in Borneo eingesetzt. In Niederländisch-Indien waren alle Deutschen interniert worden, auch die Missionare; nun lag die Last der ganzen Arbeit auf den Schweizern. Im Februar 1942 kam Bandjermasin unter japanische Besatzung und im Dezember 1943 wurde das Ehepaar Vischer-Mylius mit vielen anderen durch ein japanisches Kriegsgericht verurteilt und hingerichtet. So weit der äussere Rahmen.

1935, nach dem Europa-Urlaub, mussten wir drei ältesten Kinder in Basel bleiben, um hier die Schule zu besuchen; ich war neun Jahre alt, Ruth sieben und Alfred fünf. Mit welchen Gedanken und Gefühlen reisten die Eltern allein zurück? Die an uns Kinder geschriebenen Briefe gaben darüber keine Auskunft. Als wir die letzte Nachricht erhielten, Ende 1941, war ich 15, Ruth 13 und Alfred 11 Jahre alt; wir waren noch immer Kinder. Die Erwachsenen machten sich schwere Sorgen, sprachen aber dar-

15

über nicht mit uns. Als 1945 endlich wieder Nachrichten eintrafen, erfuhren wir, dass unsere Eltern nicht mehr am Leben waren. Doch wurde bald in der Familie nicht viel über sie und ihr Schicksal gesprochen. Meine unbeantworteten Fragen sind geblieben und haben mich während all der Jahre begleitet: Welches waren ihre Motive? Weshalb sind sie nicht heimgekehrt? Welches war die Bedeutung ihrer Arbeit?

Als Grossmama, Esther Vischer-Speiser, mir 1956 ein verschnürtes Paket übergab mit der Bemerkung, es seien Briefe meiner Eltern, welche einmal ausgewertet und bekannt gemacht werden sollten, nahm ich sie entgegen und legte sie zur Seite. Ich konnte und wollte sie damals nicht lesen. Erst nach 35 Jahren, 1992, habe ich das grosse Paket geöffnet und die Briefe mit steigendem Interesse und Faszination gelesen. Grossmama hatte alle Briefe – und sie erhielt beinah wöchentlich welche – sorgfältig aufbewahrt. Zu ihren Lebzeiten wurde keine Darstellung des Lebenswerkes von Mattheus und Betsy verfasst, auch später nicht. Esther Vischer-Speiser hatte immer erwartet, dass das Schicksal und die Arbeit ihres ältesten Sohnes Mattheus und ihrer Schwiegertochter Betsy eine Würdigung erfahre, dass jemand über deren missionsärztlichen Dienst im fernen Urwald Borneos schreibe.

Die über 500 Briefe sind ein wertvolles Vermächtnis, das in unseren Händen liegt. Es ist ein Privileg, aufgezeichnete Gedanken seiner Eltern über das oft eintönige und uns doch fremde Alltagsleben in Borneo, über Ärgernisse und Freuden, über Mitmenschen, Arbeit und Ziele sowie über Mission, Kirche und Glauben noch nach über 50 Jahren in ihrer eigenen Sprache unmittelbar lesen und aufnehmen zu können.

Ich bin sehr beeindruckt von ihrem Leben und dem Glauben, den sie bezeugen. Heute, fünfzig Jahre nach ihrem gewaltsamen Tod, stellt sich die Frage, ob sie weiterhin als unbekannte Zeugen in Vergessenheit bleiben oder ob ihr Einsatz öffentlich aufgedeckt werden soll. Soll ihre Bescheidenheit und echte Demut mehr Gewicht haben als ihr Bekenntnis und die konsequente Erfüllung ihrer Berufung? Ich möchte heute, 1998, dem Wunsch meiner Grossmutter entsprechen.

Es soll, und das sei betont, keine Herausgabe von gesammelten Briefen sein, sondern eine Illustration der damaligen Zeit mit ihren Problemen versucht werden anhand der Zusammenstellung einiger typischen oder wesentlichen Briefstellen, wobei vor allem der Haltung und Persönlichkeit von Mattheus und Betsy grösste Bedeutung zukommen soll. Wird ein Buch auf der Grundlage von Briefen gestaltet, so bedeutet dies in erster Linie, dass die im Brief geäusserte Beobachtung und Meinung unveränderlich festgelegt ist. Es ist das, was der Briefschreiber oder die Schreiberin am angegebenen Datum und Ort empfindet und denkt; es ist die persönliche Reaktion auf die vorliegende Gegebenheit. Das muss hier festgehalten werden, weil ich neben offiziellen Schreiben aus dem Archiv bewusst nur die Briefe meiner Eltern beigezogen habe. Ihre Aussagen stehen somit unangefochten im Raum. Mattheus und Betsy sind in einem Milieu aufgewachsen, wo die Welt kritisch beobachtet und beurteilt wird. Die typisch baslerische Kritik und Selbstkritik, oft auch ironisch gefärbte Bemerkungen, finden sich in den Briefen. Nicht-Basler Missionare haben diese Eigenart im täglichen Umgang oft nicht verstanden oder falsch gedeutet. Mattheus liebt die Mission und leidet an ihr, er verfolgt ihre Arbeit mit analytischer Einstellung, doch immer trägt er sie mit. Er war wohl kein einfacher Kollege und Mitarbeiter der BM.

Zuletzt und an dieser Stelle soll mein tief empfundener Dank an Grossmama Vischer und Tante Lisette ausgesprochen werden. Sie haben uns Kinder aufgenommen und in eine grosse Familie eingebettet. Sie haben ihre Lebensplanung nach unseren Bedürfnissen ausgerichtet. Sie haben uns Zuneigung und Liebe gegeben, ohne je den Platz von Mama oder Papa zu beanspruchen.

Vorbemerkungen zur Methodik

Ich habe das Buch in zwei Teile geteilt: Der erste enthält das Schicksal meiner Eltern und meine persönliche Betrachtung dazu. Im zweiten befinden sich zusätzliche Informationen: die Geschichte der Evangelischen Missionsgesellschaften von Barmen und von Basel, soweit sie sich in Borneo eingesetzt haben; die Geschichte der ärztlichen Mission; Dr. Vischers Berichte über die ärztliche Tätigkeit in Süd-Borneo, soweit sie sich aus seinen Jahresberichten zusammenstellen liessen, ergänzt durch einige medizinisch interessante Tabellen; sowie Personenregister, Bibliographie, Glossar und eine geographische Karte mit Kommentar.

Zur Quellenlage:
Die zitierten Privatbriefe befinden sich in meinem persönlichen Besitz. Ich habe sie von Grossmama Vischer, Tante Esthy und Tante Anneli erhalten. Es sind vorwiegend Briefe von Betsy, aber auch einige von Mattheus; sie richten sich an Mama, also die Mutter und Schwiegermutter Esther Vischer-Speiser, an Esthy, Betsys Freundin und Schwägerin, an die beiden andern Schwestern von Mattheus, Anneli und Lisette, sowie an Betsys Schwester Bua in Winterthur. Die Briefe an Betsys Mutter, E. Mylius-Passavant, sind leider nicht mehr erhalten.

Die Privatkorrespondenz mit der Familie ist einseitig, auf Antworten oder Fragen von Basler Seite müssen wir verzichten, weil die Briefe in Borneo zerstört wurden. Anders verhält es sich mit der amtlichen Korrespondenz von Dr. med. Mattheus Vischer. Wir finden im Archiv der BM nicht nur seine Schreiben, sondern auch zahlreiche Doppel der ihm zugestellten Briefe.

Aus dem reichlich vorhandenen Material konnte nur ein kleiner Teil berücksichtigt werden.

Zur Darstellung:
Ein rein chronologisches Vorgehen, das Aneinanderfügen der Briefe in der zeitlichen Reihenfolge, führt unweigerlich zu einem Chaos. Das vorhandene Material ist deshalb nach Themen geordnet. Innerhalb dieser kleinen Abschnitte wird die Chronologie nach Möglichkeit eingehalten. Nicht ganz zu vermeiden sind Überschneidungen, weil sich Briefe auf der Strecke kreuzen. Dies ergibt sich aus den langen Transportwegen: Stets sind Schreiben

zwischen Basel und Borneo unterwegs, und oft treffen Antworten erst ein, wenn der nächste Brief, der von einer völlig geänderten Sachlage ausgeht, schon wieder abgeschickt worden ist. (Die wesentlich schnelleren Telegramme werden der hohen Kosten wegen nur sehr spärlich eingesetzt. Zwar hatte man – da der Preis der Telegramme nach der Anzahl Buchstaben berechnet wurde – ein Code-Buch, das einem ermöglichte, mit einem fünfbuchstabigen Wort einen ganzen Satz mitzuteilen. Doch wenn beim Senden ein Buchstabe verwechselt wurde, erhielt der Empfänger eine falsche oder völlig unverständliche Botschaft.) Bei der Korrespondenz mit der Familie in Basel finden wir diese Überschneidungen nicht, da die Antwortschreiben nicht erhalten geblieben sind.

Bei allen Briefen ohne Bezeichnung eines Adressaten handelt es sich um Schreiben an die Mutter, Esther Vischer-Speiser. Alle andern Adressaten werden genannt. Mit der Unterscheidung von ‹Mattheus› und ‹Dr. Vischer› habe ich deutlich gemacht, ob es sich um Privatbriefe oder um offizielle Schreiben handelt.

Zur Wiedergabe:

Private Briefe sind sehr persönliche Dokumente. Die Schreibenden wollen Menschen, die ihnen nahe stehen und doch so weit entfernt sind, an ihren Sorgen und Freuden teilhaben lassen und so die Verbundenheit auch über die grosse Distanz hinweg aufrecht erhalten. Ihr Ziel ist es nicht, sprachliche Kunstwerke zu schaffen. Auch die Briefe von Betsy und Mattheus enthalten viele umgangssprachliche Ausdrücke und Dialektwörter, zahlreiche Wiederholungen und hin und wieder auch Verstösse gegen die Regeln der Grammatik – besonders auffallen wird dem Leser und der Leserin wohl die manchmal recht eigenwillige Interpunktion. Doch hier korrigierend und «verbessernd» eingreifen zu wollen, wäre verfehlt.

Ich habe diese Briefe als persönliche Dokumente respektiert und in der Regel originalgetreu wiedergegeben. Auch Hervorhebungen in den Briefen entsprechen den Originalen. Sowohl Betsy als auch Mattheus haben oft Wörter oder ganze Sätze unterstrichen und so persönliche Akzente gesetzt.

Um die Lektüre aber nicht unnötig zu erschweren, habe ich doch einige kleinere «Eingriffe» vorgenommen: Offensichtliche Tippfehler habe ich korrigiert, Orthographiefehler aber nur, wenn die Verständlichkeit darunter gelitten hätte. So habe ich auch die ‹falsch› geschriebenen holländischen Wörter Koki (korrekt: Kokki) und Back (korrekt: Bak) übernommen. Einige der recht zahlreichen Abkürzungen habe ich ausgeschrieben, um das Verständnis zu erleichtern. Hin und wieder werden Namen von Personen nur mit einem einzelnen Buchstaben wiedergegeben (z.B. Missionar X), dies aus Gründen des Personenschutzes. Dialektwörter habe ich, sofern sich ihre Bedeutung aus dem Zusammenhang nicht ergibt, jeweils erklärt.

Unverändert übernommen habe ich die im Pietismus und in der Mission für die Mitarbeiterinnen und Mitarbeiter gebräuchlichen Bezeichnungen ‹Geschwister› und ‹Brüder›. Es handelt sich dabei immer um Missionsgeschwister und Missionsbrüder. Die leiblichen Geschwister werden stets mit Namen genannt.

Nicht alles, was Betsy und Mattheus geschrieben haben, ist auch für aussenstehende Leser heute noch von Belang. Ich habe deshalb oft einzelne Sätze oder ganze Passagen weggelassen und dies mit «…» angedeutet. Da dies sehr häufig vorkommt, habe ich darauf verzichtet, die drei Punkte immer in Klammern zu setzen. Ergänzende Bemerkungen oder Erklärungen, die ich eingefügt habe, befinden sich aber immer in eckigen Klammern.

Wir finden in den Briefen Ortsbezeichnungen, die nach der Gründung der Republik Indonesien geändert wurden, z.B. ‹Batavia› für das heutige ‹Jakarta›. Wir treffen auch immer die Bezeichnung ‹indisch› an, was heute ‹indonesisch› hiesse. Alle diese Ausdrücke habe ich in der originalen Schreibweise übernommen, doch für die bessere Lesbarkeit des Textes schien es mir sinnvoll, das holländische ‹oe›, welches ‹u› gesprochen wird, auch als ‹u› zu schreiben, also ‹Kuala-Kapuas› statt ‹Koeala-Kapoeas›.

Für die Basler Mission habe ich die Abkürzung BM verwendet.

Teil I

Teil I

Teil 1

1. Vorgeschichte und Vorbereitung auf den Beruf

Kurze Vorgeschichte von Mattheus und Betsy

MATTHEUS VISCHER-MYLIUS, getauft Carl, Mattheus, geboren am 29. August 1896, Missionsarzt, war von sechs Kindern der älteste Sohn von Carl Eduard und Esther Vischer-Speiser. Er durchlief die Basler Schulen, verbrachte aber zwei Jahre im Herrnhuter Pädagogium in Niesky. Er studierte in Basel Medizin und arbeitete anschliessend als Assistenzarzt, bevor er in den Dienst der Basler Mission trat.

ELISABETH, GENANNT BETSY VISCHER-MYLIUS, geboren am 19. August 1900, Krankenschwester, war die älteste von drei Töchtern von Albert und Elisabeth Mylius-Passavant. Sie durchlief die Basler Schulen und verbrachte ein Jahr im Welschland. Zeitlebens behielt sie den Kontakt zu Freundinnen aus Schule und Pension. Mit ihrem Eigensinn behauptete sie sich gegen den Willen ihres Vaters und erlernte den Beruf der Krankenschwester im Bon Secours, Genf. In Basel arbeitete sie als Operationsschwester.

Im Dezember 1924 verlobte sich Mattheus mit Betsy, die mit Esther Vischer, seiner Schwester, befreundet war. Betsy war eine lebenslustige, vergnügte und auch willensstarke junge Frau. Wie sie später selber schrieb, fiel es ihr nicht leicht, auf ihren geliebten Beruf zu verzichten, um zu heiraten.

Die Hochzeit VISCHER-MYLIUS fand in Basel am 25. Mai 1925 statt. Das Paar wohnte in Riehen, wo Mattheus Assistenzarzt am Diakonissenspital war. Am 6. März 1926 wurde Marianne in Riehen geboren.

Umfeld und Wurzel

Basel im 19. Jahrhundert

Betrachten wir das Milieu, in dem Mattheus aufwuchs und in dem seine Wurzeln verankert waren. Das 19. Jahrhundert war eine ereignisreiche und fordernde Zeit. Nach der napoleonischen Unterwerfung und Neuordnung der Schweiz (Helvetik) und deren Überwindung in der Restauration, der nachfolgenden Konstituierung der Schweiz als Bundesstaat, gegründet auf der Verfassung von 1848, folgte 1874 die revidierte Bundesverfassung. Basel-Stadt, getrennt von der Landschaft, kämpfte mit finanziellen Problemen und musste alles daran setzen, die Universität zu retten. Das 19. Jahrhundert brachte technische Revolutionen: die Eisenbahn und den Bahnhof in Basel, ein ausgebautes Verkehrswesen, auch auf dem Rhein: wirtschaftlichen Aufschwung, zudem gesamtschweizerisch eine Vereinheitlichung des Geld-, Zoll- und Postwesens. Die Schaffung der obligatorischen Primarschule erforderte ein organisiertes Erziehungswesen und den Bau vieler Schulhäuser. Nach der Gründung des Bundesstaates mit der Niederlassungsfreiheit wuchs die Stadt Basel rasch und musste Problemen wie Wohnungsnot, hygienische Notstände und mangelnde Wasserzufuhr Herr werden. Die Stadtmauer musste weichen, Strassen wurden verbreitert, die Zuleitung frischen Wassers und die Kanalisation eingerichtet.

Zu dieser Zeit blühte in Basel, inmitten des aktiven Handelswesens, der Pietismus auf, der mit verschiedenen Erweckungsbewegungen die Basler Familien berührte. Dies hatte zur Folge, dass die Bürger sich in Vereinen und ‹guten Werken› organisierten und einen guten Teil ihrer Kraft und Energie in dieses geistliche und wohltätige Leben einfliessen liessen. Es ist die Zeit der Gründungen: die der Brüdergemeine, der Basler Mission, der Pilgermission St. Chrischona und anderer mehr. Dabei spielte der in Basel bekannte Christian Friedrich Spittler[1] eine überragende Rolle.

Die Vorfahren von Mattheus Vischer

Das Leben in ‹der Familie› damals ist nicht zu vergleichen mit unserem heutigen Familienbegriff und mit unseren Familienerfahrungen. Wir stellen heute mit Bedauern fest, dass unsere Familien weit verstreut leben und sich nicht mehr kennen; auch gut gemeinte Familientage können nur bewirken, dass der persönliche Kontakt sich nicht ganz verliert. Im letzten Jahrhundert lebten die Familien noch beisammen in der gleichen Ortschaft. Allgemein herrschte das patriarchalische System. So mussten Eltern und Grosseltern in regelmässigem, wenn nicht in stur festgesetztem Rhythmus besucht werden. Jeden Sonntag versammelte sich z.B. die ganze Familie E. Passavant-Allemandi zum Mittagsmahl; es gab keine Entschuldigung. Auch die Familien Vischer und

---

[1] C. F. Spittler, geb. 1782 in Württemberg, 1801 als 1. Sekretär der Christentumsgesellschaft nach Basel berufen, gest. 1867 in Basel.

Speiser trafen sich regelmässig. Der enge Kontakt aller Mitglieder, auch über die verschiedenen Generationen hinweg, war selbstverständlich, wohl einengend für den Einzelnen, aber zugleich auch sehr anregend. Heute wird in der Kleinfamilie mit Eltern, Kindern und Grosskindern gelebt. Damals kannten die Kinder nicht nur die Eltern und deren Geschwister, also Tanten und Onkel, sondern auch die Grosseltern und ihre Geschwister, d.h. Grosstanten, Grossonkel, und deren Kinder, also Kusinen und Vettern ersten und zweiten Grades! Die Familien mit oft fünf bis acht Kindern waren über zwei bis drei Generationen recht zahlreich.

Bedenken wir nun, dass der kleine Mattheus alle die Familiengespräche und -geschichten miterlebte bei den regen Kontakten der Familien Vischer und Speiser. Welch reiche und interessante Welterfahrung bekam er zu hören. Der Urgrossvater J.J. Speiser-Hauser (1813–1856) leistete im neuen Bundesstaat unschätzbare Dienste im Münz-, Verkehrs- und Postwesen. Der Urgrossvater C. Sarasin-Sauvain (1815–1886) war Industrieller und Ratsherr in Basel, zudem Mitglied des Komitees der BM; die Grossväter und ihre Geschwister waren Akademiker oder Industrielle. Grossvater Prof. P. Speiser-Sarasin (1846–1935), Advokat, wurde Regierungsrat und Nationalrat, und zwei Tanten Speiser gehörten zu den ersten Studentinnen an der Universität Basel. In diesem Zusammenhang ist zu beachten, dass sein Grossonkel Paul Sarasin-Hohenester (1856–1929) mit seinem Vetter Fritz Sarasin (Karl Friedrich, 1859–1942), beide Naturforscher und Ethnologen, die Südseeinseln bereisten, und dass auch Onkel Felix Speiser-Merian (1880–1949) Ethnologe war und mit dramatischen Geschichten über ‹Menschenfresser› heimkehrte[2]. Ausserdem war sein Onkel Dr. med. A. Vischer-Oeri (1877–1930) Missionsarzt bei den Armeniern und musste deren teilweise Ausrottung durch die Türken miterleben. Der Grossvater Wilhelm Vischer-Heussler (1833–1886) war Geschichtsprofessor an der Universität Basel, wo schon sein Vater, W. Vischer-Bilfinger (1808–1874), Professor in klassischer Philologie gewesen war.

---

[2] Das Museum für Völkerkunde verdankt seine bedeutende Sammlung der melanesischen Völker diesen drei Männern. Fritz Sarasin war lange Zeit Leiter und Förderer der Sammlung für das Museum.

Der Pietismus machte sich auch in diesen reichen und politisch aktiven Familien geltend; sie waren nicht nur frommen Gemüts, sondern setzten ihr der Gesellschaft verpflichtetes Gewissen in die Tat um. Christian Friedrich Spittler (1782–1867), der als Sekretär der Christentumsgesellschaft nach Basel gekommen war, fand hier tatkräftige Unterstützung für viele seiner hier gegründeten Werke. Für uns von Bedeutung ist die Gründung der ‹Basler Missionsgesellschaft›, BM, 1815. Aber die ‹Herren› bauten auch aus eigenem Antrieb für ihre Arbeiter Wohnsiedlungen mit Arbeiterwohnungen und zugehörigem Pflanzgarten für eigenes Gemüse.

Carl Eduard Vischer-Speiser (1868-1929), der Vater von Mattheus, war während vieler Jahre Präsident der ‹Evangelischen Gesellschaft für Stadtmission› und des ‹Evangelischen Werkes unter den Italienern›. Beruflich war er Kaufmann und Associé in der Seidenbandfabrik W. Sarasin und Cie. Wie so viele andere auch, verlor er in der Krise einen grossen Teil seines Vermögens.

Dass Missverständnisse zwischen Vater und Sohn bestanden, erfahren wir aus Briefen von Mattheus an seine Mutter. Er schreibt am 9. April 1929, nach der Todesnachricht: «Ich denke nämlich ganz nicht so viel anders, als er. Das war es ja eben, wofür ich ihm noch so gerne einmal gedankt hätte, dass er immer wieder so mutig für das sich bei uns einsetzte, was er, und was wir auch, für die Hauptsache halten. Wir haben ihm das oft so grausam erschwert. Oft mit, oft auch ohne Willen. Er fühlte so oft Angriffe und Vorwürfe heraus, wo keine waren. Auch als wir noch zuhause waren, dachte ich oft, hoffentlich gehe diese Periode bald vorüber und komme eine Zeit, da wir es noch gut können miteinander.»

Die Vorfahren von Betsy Mylius

Ganz anders verhält es sich mit der Familie Mylius, die über Europa und Amerika zerstreut ist. Betsys Urgrossvater, Carl Mylius-Aubin (1790–1870), wurde in England erzogen, war Kaufmann in Frankfurt a/Main und verkehrte in den massgeblichen Kreisen. Sein Sohn, Adalbert Mylius-Gemuseus (1848–1931), Betsys Grossvater, studierte an der ETH Zürich und in Manchester Chemie, kam nach Basel und wurde Teilhaber der J.R. Geigy. Betsys Vater, Dr. Albert Mylius-Passavant (1874–1949), war der älteste Sohn von vier Kindern. Auch er war Chemiker in der J.R. Geigy, wurde deren Teilhaber und lange Jahre Präsident des Verwaltungsrates. Seine grosse Leidenschaft waren aber die Pferde. Als Dressurreiter erreichte er höchste Meisterschaft. An der Olympiade in Berlin (1936) wirkte er als Richter in dieser Disziplin. Die damals erfahrene, pompöse ‹Allmacht des Grossdeutschen Reiches› erschütterte ihn tief. Betsys Vorfahren mütterlicherseits, die Passavants, waren über drei Generationen Bankiers. Interessant ist die Lebensgeschichte von Betsys Urgrossvater, Michel Napoléon Allemandi-Ehinger (1807–?), der in den norditalienischen Befreiungskämpfen aktiv mitgewirkt hatte. Sein abenteuerliches Schicksal führte ihn nach Basel. Ob sein unruhiges Leben, die Bereitschaft zum Risiko und sein hoher Einsatz für die Freiheit auf spätere Generationen – Betsy? – weiter gewirkt haben?

Werdegang von Mattheus
Kindheit und Jugend

Mattheus konnte während seiner ganzen Schul- und Studienzeit interessante Diskussionen in der Familie mithören; er verfolgte die geistigen Auseinandersetzungen über Glauben und Kirche, über die akademischen Belange der Universität und über die Stadt-, Schweizer- und Weltpolitik. Er hatte Reiseberichte und Geschichten der Weltreisenden und ihre wissenschaftlichen Diskussionen miterlebt, von andern Völkern und Sitten gehört – auch von der Mission und ihren Bestrebungen.

Seine Mutter schilderte ihn als sehr phantasievoll, feinfühlig, humorvoll und leise. Seine Geschwister und Freunde schätzten ihn und sprachen mit einer gewissen Achtung von ihm. Er sei zuvorkommend, wortkarg, trotz kritischem Sinn mit leisem Humor und freundlich gewesen.

Mit 14 Jahren wurde Mattheus für zwei Jahre in das ‹Pädagogium der evangelischen Brüder-Unität› in Niesky, Schlesien, gesandt. «Jahre, in denen ich die wertvollsten Eindrücke und Erfahrungen sammelte. Dort wurde ich auch zu Ostern 1912 konfirmiert.»[3] 1912 kehrte er nach Basel zurück, beendete hier das Humanistische Gymnasium und 1922 sein anschliessendes Medizinstudium. Dass er bei den Zofingern (Studentenverbindung)

---

[3] Curriculum vitae, 1926.

29

das Cerevis (Übernamen) ‹Pastor› bekam, mag darauf hinweisen, dass seine Ernsthaftigkeit und vielleicht auch Frömmigkeit erkannt wurde. Wie alle Schweizer leistete er Militärdienst und wurde Oberleutnant bei der Sanität.

In seinem Lebenslauf schrieb Mattheus: «Der Wunsch, Missionsarzt zu werden, hat mich etwa seit meinem zehnten Jahr begleitet, ausgelöst durch die Tatsache, dass mein Onkel Andreas Vischer als Missionsarzt in den Orient ging. Meine Einstellung dazu wechselte im Lauf der Jahre. Als eigentliche Berufung empfand ich ihn zur Zeit meiner Konfirmation und dann erst wieder nach dem Abschluss des Studiums. Ich muss gestehen, dass ich mich ihm gerne entzogen hätte. Es gelang mir aber nie mehr, mich ihm zu entziehen. Nur in der Verfolgung dieses Zieles habe ich innere Ruhe gefunden.»[4]

Ein Jahr nach der Hochzeit hat sich Mattheus mit seiner Frau Betsy bei der Basler Mission als Arzt anerboten. Betsy, die ausgebildete Kranken- und Operationsschwester, hat mit voller Überzeugung ebenfalls diesen Weg gewählt, obwohl in ihrer Familie sicher Widerstände zu überwinden waren.

Bewerbung und Aufnahme bei der Basler Mission

Aus dem Bewerbungsschreiben vom 6. Mai 1926 von Dr. Vischer[5] an die BM: «...richte ich nun an Sie die herzliche Bitte, mich in Ihren Dienst zu nehmen. Missionsarzt zu werden ist schon lange mein Wunsch. Obwohl ich mir vieler Schwächen und Unzulänglichkeiten bewusst bin und mir die Schwere der Aufgabe bedrückend vor Augen steht, halte ich es für meine Pflicht, meine Kraft dafür einzusetzen. Es ist mir eine innere Notwendigkeit, der ich mich nicht entziehen kann. Wenn ich diese formulieren müsste, so könnte ich es wohl am ehesten mit dem Satz: ‹die Liebe Christi dringet mich also›.»

Wir erfahren aus verschiedenen Empfehlungsschreiben an die Basler Mission: Mattheus war ein selbständiger, gewissenhafter junger Assistent, der sich liebevoll seiner Patienten annahm. Auch wissenschaftlicher Eifer wird ihm attestiert. Allerdings wird bei-

---

[4] Curriculum vitae, 1926.
[5] Nur Dr. Vischer musste sich bewerben; seine Frau ‹gehörte dazu›. Es war damals eine Ausnahme, dass ein Ehepaar aufgenommen wurde.

nah immer auch erwähnt, dass er oft ‹kurz angebunden› sei, sehr wortkarg, manchmal so, dass es verletztend und ‹hochnäsig› wirke, was sein Verhältnis zu den Schwestern und Patienten erschwere. Diesen Fehler müsste er noch beheben können. Im übrigen sei er ernster Gesinnung, im Grunde ein guter Mensch und Christ. «Ich hoffe, dass das sonnige, frische und freundliche Wesen seiner Frau ihm mit der Zeit noch mehr hilft, aus sich selber herauszugehen.» Erwähnt werden auch sein solider Schulsack, seine Fachkenntnisse und psychologischen Erfahrungen und vor allem seine Willenskraft.

Am 19. Mai 1926 wurde das Ehepaar in den Dienst der BM aufgenommen, nachdem auch Betsys Ernsthaftigkeit und der Wille, in die Mission zu gehen, vom Komitee geprüft worden war. Sie wurden für das Missionsfeld in Süd-Borneo, NL-Indien bestimmt. Dr. M. Vischer wurde Missionsarzt für sechs Jahre, er war ‹Vertragsarzt auf beschränkte Zeit›, nicht wie die Missionare auf Lebenszeit. Betsy, seine Frau, war Hausfrau und nicht beruflich angestellt.

Der strahlende Anfang eines ereignisreichen Lebens. Mattheus Vischer vermählt mit Betsy Mylius, 1925.

Vorbereitungszeit 1926 bis 1928
Ausbildung in Europa

Im Oktober 1926 reist die kleine Familie, Mattheus, Betsy und Marianne, nach Leiden. Im dortigen Missionshaus, Oegstgeest[6], lernt das Ehepaar Holländisch und Malaiisch und lässt sich in die Missionsarbeit einführen. Es scheint, dass die Ausbildung anders durchgeführt wird als in Basel. Mit kritischem Sinn vergleicht Mattheus sie und schreibt am 21. November 1926 seinem Vater: «So hatten wir gestern eine ganz interessante Konversation über die Frage der Verlobung und Heirat. Hier in Holland sieht man es nämlich gern, dass der Missionar verheiratet auszieht und gibt sich Mühe, die Braut auch auszubilden, damit beide den neuen Verhältnissen möglichst gewachsen sind. Man präpariert überhaupt die Missionare gründlicher für ihr spezielles Arbeitsgebiet, als es die Basler Tradition bisher tat.» Diese Einsicht wird in Borneo noch erhärtet werden, denn die Basler Mission sandte prinzipiell nur unverheiratete Missionare aus, gemäss der 1837 eingeführten Heiratsordnung.

An die Ausbildung in Leiden, schliesst sich für das Paar die Zeit im Tropeninstitut in Tübingen an, wo Mattheus sich während sechs Wochen intensiv in Tropenkrankheiten, in Augen- und Zahnheilkunde ausbildet. In dieser Zeit erlernt Betsy im Labor alle notwendigen Analysen, die Erkennung von Parasiten, die Fabrikation von Medikamenten, ihre Verarbeitung zu Pülverchen und Pillen und deren Verpackung in kleine Papierbriefchen.

Aus der Abschiedsansprache von Dr. Mattheus Vischer im Missionshaus, am 19. März 1927

«Ich danke Ihnen, dass Sie uns ermöglichen das zu tun, was uns wertvollste Lebensarbeit scheint: Unser ganzes Wollen, Können und Sein in den Dienst der Verbreitung der frohen Botschaft zu stellen...

Der Hilfe des Arztes am Missionswerk haben sich noch vor wenigen Jahrzehnten merkwürdige Widerstände entgegengestellt.

---

[6] Oegstgeest: Sitz der zusammengeschlossenen holländischen Evangelischen Missionen, in Leiden.

Es gab Kreise, die den Arzt nur soweit gelten lassen wollten, als er evangelistisch wirksam war. Er sollte Arzt eigentlich mehr nur im Nebenberufe sein. Und doch gab es Missions-Baumeister und Missions-Kaufleute. Die Missionare halfen den Kranken, so gut sie konnten, oft mit dem Gefühl, dieser Aufgabe nicht gewachsen zu sein, oder durch diese Arbeit in der eigentlichen Tätigkeit behindert zu sein. Als man den Missionaren ärztliche Hilfe bieten wollte, erhoben sich sogar Stimmen, die das als Kleinglauben auslegen wollten. Und doch tun wir Ärzte ja nichts anderes, als was der Zimmermann oder der Schmied oder der Gärtner auch tun. Wir üben die von Gott uns gegebenen Fähigkeiten und sammeln Kenntnisse, um unseren Nächsten beizustehen, wenn Schwierigkeiten kommen, die ihre Kräfte und Einsichten nicht überwinden können. Wir dürfen ihnen dann raten und ihnen die Mittel anbieten, die nur die Schöpfung zur Verfügung stellt. Wir dürfen unsere Nächsten warnen vor Gefahren, die wir, dank unserer Ausbildung sehen, die ihnen verborgen sind, und dürfen sie von unzweckmässigem Handeln abhalten.

Wir sind doch für einander da! Wer den Arzt ausschliessen will mit seiner Wissenschaft und Kunst aus dem Missionswerk, der müsste folgerichtig die ganze christliche Gesellschaft auflösen, und jeden Menschen auf sich selbst stellen. Das kann doch nicht richtig sein.

So fassen wir unsere Stellung auf. Wir wollen Mitarbeiter sein am Werk mit unserer Spezialaufgabe. Wir bitten um Verständnis für unsere Stellung und Aufgabe. Ungeheuer gross kann die Last der Verantwortung uns werden, denn mit unserem Wissen haben wir die Verantwortung für dessen guten Gebrauch bekommen. Handeln wider besseres Wissen wird uns als Schuld gerechnet. Unsere Kulturgüter sind uns von Gott gegeben zum Gebrauch, zu seiner Ehre, zum Dienst an unseren Nächsten. Wir dürfen sie nicht willkürlich ausschliessen. Wenn uns ein neues Heilmittel geboten wird, das gut ist, dann sind wir verpflichtet, es anzuwenden, wenn irgend es uns möglich ist. In unseren Spitälern müssen wir unsere Kranken genau so sorgfältig und wirksam behandeln, wie hier in Europa, vielleicht weniger bequem, und weniger elegant, aber genau so zweckmässig. So müssen wir alle materiellen Möglichkeiten, die uns geboten sind, benützen zur Lösung unserer Aufgabe. Denken Sie daran und helfen Sie uns, unsere Arbeit zu tun, wie wir es nach dem Stand der Kultur vor Gott müssen.

Dass wir unsere Arbeit *so* möchten tun können, dass unsere Kranken fühlen, was uns zu ihnen geführt hat, dass ihre Herzen geöffnet werden mögen der frohen Botschaft, die allein sie und uns frei machen kann von Sündennot und Erdenlast, das ist unser heisser Wunsch, der uns erfüllt, der uns heute mit Ihnen verbindet und immer verbinden wird. – M.V.»

Ausbildung und Examen in Java

Batavia, die Beamtenstadt, Hauptstadt Niederländisch-Indiens

Endlich, am 19. Mai 1927, erfolgt die Ausreise von Genua durch die Strasse von Messina, den Suezkanal, über Colombo, Singapore nach Batavia, wo die Familie am 14. Juni 1927 ankommt. Nach der Vorstellung auf den wichtigsten Amtsstellen, v.a. in Weltevreden beim Missionskonsul, geht es nach Surabaja, da die weitere Ausbildung dort zu erfolgen hat.

Surabaja, die Handelsstadt

25. JUNI 1927, MATTHEUS AN ANNELI: «Die Stadt Surabaja hat einen ganz anderen Aspekt [als Batavia], ist völlig Handelsstadt, mit grossen Kaufhäusern, belebten Strassen, geschäftigen, abgehetzten, geplagten Geschäftsleuten. Da sind wir nun und bleiben einige Monate. Was uns die bringen werden?»

5. AUGUST 1927, AUS ‹DIES UND DAS›: «Die Stadt hat den bedeutendsten Handelshafen. Er ist in den letzten Jahren frisch ausgebaut worden. Ein kleiner Kriegshafen beherbergt einige Torpedoboote und manchmal sogar ein Kriegsschiff. Daneben ist eine Station für militärische Wasserflugzeuge. Die Stadt hat ca. 200 000 Einwohner, wovon 23 782 Europäer, 33 000 Chinesen, 5000 Araber, der Rest Javanen.

Die Stadt ist sehr in die Länge gestreckt, liegt beidseitig an einem breiten Fluss, so gross wie die Emme bei Luzern. Die Häuser haben nur im Geschäftsviertel einen ersten, ausnahmsweise einen zweiten Stock, die übrigen Häuser sind freistehende Einfamilienhäuser. Die Strassen sind alle asphaltiert und schattenlos, weil die alten Bäume dem Verkehr weichen mussten. Das ist schade. Sobald man nämlich in den Schatten eines solchen Baumes trat, war es angenehm kühl. Es sassen auch stets viele Menschen darunter, um auszuruhen. Die neuen schwarzen Asphaltstrassen haben den grossen Vorteil, dass sie gar keinen Staub geben, den Lärm dämpfen, wenn sie weich werden, und die

Augen nicht blenden. Am Tag wird der Asphalt weich wie Kaugummi; er ist durchsetzt mit zahlreichen Hufeisen, welche die kleinen Pferdchen verloren haben; nachts glitzern sie im Mondenschein. Sie können nicht herausgeholt werden, man könnte also nicht Kirschen dafür kaufen, wie in der schönen Fabel, selbst wenn es welche gäbe. Die grossen Rinder, welche die grossen Karren ziehen, haben keine Hufeisen, sondern Sandalen aus alten Autopneus, die mit Schnüren unter die Hufe gebunden werden. Dies ist nicht nur hier in der Stadt so, sondern auch draussen in den Bergen, z. B. in Tosari.

In Surabaja gibt es viele Taxis, die verhältnismässig billig sind. Die Ursache davon ist, dass viele Leute, die sich ein Auto kaufen, dieses tagsüber als Taxi laufen lassen. Der Chauffeur muss dann täglich einen bestimmten Betrag abliefern. Noble Autobesitzer! – Zu gewissen Zeiten ist der Automobilverkehr in der Stadt so gross, dass 10 und mehr Wagen hinter einem Tram warten müssen. Die Strassenpolizei ist streng und funktioniert sehr gut. An den Kreuzungen stehen abends drei und vier Verkehrspolizisten mit grossen Strohhüten, blauen Uniformen und schwarzweiss gestreiften Zeigermanchetten aus Celluloid.

Surabaja liegt in einer Ebene am flachen Strand. In der Ferne, etwa 60 km. von hier, sieht man die zwei Vulkankegel des Ardjun und des Weliran. Von dort her kommt die grosse Wasserleitung mit dem guten Quellwasser. 15% des Wasserverbrauchs werden aber aus dem Kali, genommen, gefiltert und mit Chlorgas gereinigt. Das Leitungswasser wird täglich bakteriologisch kontrolliert. 1 m^3 kostet 30 cents. Es ist schwer, die Eingeborenen an den Gebrauch der Wasserleitung zu gewöhnen. Es geht etwas besser, seit sie per 18 Liter einen cent bezahlen müssen.

Der Kali ist ein Bach. Er kommt aus den Bergen und schlängelt sich gemächlich durch die Stadt. Bis weit hinauf sieht man den Einfluss von Ebbe und Flut. Sein Wasser ist chokoladenbraun, weil er viel Schlamm aus dem Vulkangebiet mitbringt. Er ist sehr beliebt als Wasch- und Badeplatz und Commodité. Alle paar Meter sieht man Frauen und Männer, die waschen und baden. Zuerst ziehen sie fast alle Kleider aus, dann besorgen sie das, was der Holländer ‹Ontlasting› nennt, dann waschen sie ihre Kleider und legen sie an die Sonne, und waschen sich selber gründlich mit oder ohne Seife. Zuletzt wird gründlich der Mund gespült! Dabei geniert es sie gar nicht, wenn einige Meter obendran, ein Anderer erst am 1. Akt seiner Toilette ist. Das ist so die eingeborene Hygiene, gut gemeint, aber im Effekt etwas fraglich.

Die Natur hier ist so gewalttätig. Wenn es regnet, dann regnet es entsetzlich und wenn die Sonne scheint, dann ist es sehr warm. In der Trockenzeit bekommt der Boden grosse Risse und wenn der Grundwasserspiegel sinkt, fallen allerorts Häuser ein, weil die Fundamente nicht tief gelegt werden können.»

Die etwas ungeordnete Ausbildung

Jeder aus dem Ausland eingereiste Arzt hatte in NL-Indien das holländische Ärzteexamen mit spezieller Tropenmedizin abzulegen, um frei praktizieren zu können. Mattheus schreibt sich in Surabaya im C.B.Z.[7] ein, um verschiedene Kurse und Praktika zu absolvieren. Bei dieser Gelegenheit kommt er zum ersten Mal mit der holländischen Verwaltung und Arbeitsweise in Kontakt. Er schreibt:

2. JULI 1927, MATTHEUS: «Der Chef war in den Ferien. Sein Vertreter, wie übrigens alle Beamten, begrüsste uns sehr freundlich und war sehr zuvorkommend aber nicht durchaus in der Materie beschlagen. Ich finde das hier übrigens überall, dass die Leute, besonders der Behörden, sich sehr schwer in meine Situation versetzen können. Wenn man nicht gerade das Stichwort des betreffenden Kapitels sagt, dann finden sie sich gar nicht zurecht, sagt man glücklich das Stichwort, dann glauben sie, man kenne die betr. Paragraphen und reden so aphoristisch, dass man von ihren Antworten nicht viel hat. Man ist froh, wenn sie einen wenigstens zum betreffenden Ressortfachmann weisen. Kommt man zu diesem, dann stösst man auf die Hauptschwierigkeit des hiesigen gouvernementalen Betriebes: der Betreffende ist erst kurz an der Stelle und hat kaum eine Ahnung von den Verhältnissen oder er ist überhaupt nicht da und ein mehr oder weniger geschickter Stellvertreter am Platz. Doch davon später noch mehr. Der erste Assistent der med. Klinik, ein Javane, hat mir einen sehr guten Eindruck gemacht. Von ihm erhoffe ich viel. Im Ganzen scheint das Examen wirklich mehr Formalität zu sein; man könnte es vielleicht in einem Monat forcieren. Damit wäre aber für mich wenig gewonnen, da ich doch die Tropenkrankheiten gründlich kennen-

---

[7] Centraal Burger Ziekenhuis (Zentrale Bürgerliche Krankenanstalt).

lernen will. Dafür finde ich aber wenig Verständnis. Alle Leute hier beurteilen die Dinge nach dem materiellen Gewinn: ‹Das hat für ihr Examen ja keinen Wert›...»

4. JULI 1927, MATTHEUS: «Mit einbrechender Nacht, ging ich noch ins Frauenspital der Heilsarmee, das ganz nahe bei uns liegt. Es ist ganz neu und sehr hübsch eingerichtet. Frl. Dr. Haug, eine junge Deutsche, leitet es mit Geschick. Sie hat vor vier Jahren auch das Examen gemacht, konnte mir also raten. Das war sehr nötig, denn die Situation war recht ungünstig. Bisher war der einflussreiche Mentor der hierherkommenden deutschen Mediziner, der Chirurg, Dr. Lesk gewesen, ein sehr tüchtiger, geschätzter Österreicher. Der war aber gerade abgereist, um seine Professur in Batavia, wohin er gerufen worden war, anzutreten. In Batavia hatte ich ihn aber nicht mehr erwarten können, da er zunächst noch Ferien machte. Der Chirurg von Batavia kommt als sein Nachfolger hierher, da er praktisch wohl ganz gut, aber nicht so wissenschaftlich ist, dass er eine Professur hätte versehen können. Dieser Herr war aber auch in den Ferien, ist auch bis heute noch nicht gekommen, sodass die Klinik noch verwaist ist. Dieser Mentor war also nicht mehr da. Der nächste Fachmann wäre der Direktor der Ärzteschule gewesen, der hatte aber aus Ärger über die Erhebung des Parallelinstitutes in Batavia zu Universitätsrang, demissioniert und war weder ersetzt, noch provisorisch durch einen Stellvertreter ersetzt worden. Der Direktor des Krankenhauses, an den ich mich danach zu wenden hatte, ist erst seit zwei Monaten hier, nur provisorisch, ein alter Herr, der sehr freundlich mit mir war, aber mir praktisch nicht raten konnte, was ich zu tun habe. Zum Glück wusste ich, dass ich zunächst in die Apotheke müsse, so brachte er mich später dorthin. Der Leiter der medizinischen Klinik war, nach Heirat mit der ersten Assistentin, auch weg. Sein Nachfolger wurde aus Holland erwartet. Die anderen Dozenten waren meist noch in den Ferien, die Schule noch geschlossen. So konnte ich zunächst nichts tun. Die Zeit verging aber rasch durch Besorgungen in der Stadt, die enorm zeitraubend sind, weil die Distanzen so gross sind.

Vor acht Tagen, am Montag, ging ich unternehmungslustig in die Spitalapotheke, wurde aber gleich weggeschickt, weil der Apothekerinspektor da war. Am Dienstag ging ich wieder hin, wurde aber vom Apotheker abgewiesen, weil er keine Zeit und keinen Platz habe und in die Garnisonsapotheke geschickt. Die liegt aber ganz weit weg vom Spital. Der Leiter derselben ist ein Österreicher, der eine gute zahnärztliche Praxis oben in der Apotheke betreibt, und nur hie und da kommt, um ein Auge zu werfen. Die Arbeit tut ein Unteroffizier, der aber eine sehr gute Ausbildung hat. In der Apotheke wurde ich gut aufgenommen. Dort arbeite ich, so oft ich Zeit habe. Nachmittags rentiert es sich kaum hinzugehen, denn die Reise hin und her von hier aus dauert über eine Stunde.»

«Dies und das» und «Kleine Zeitung»

Dies sind Titel zweier längerer Schreiben an die Familie, in welchen verschiedene Beobachtungen und Bemerkungen von Mattheus diktiert und von Betsy geschrieben wurden, oder auch in getauschten Rollen diktiert und geschrieben. Sie sind datiert mit 5. August und 18. September 1927. Ich verzichte auf die Angabe der Daten.

«Wir wollen uns bemühen, Euch das Eine und Andere zu erzählen. Es ist zwar gefährlich, so früh schon sich schriftlich festzulegen. Wir haben schon verschiedene Eindrücke ändern müssen, und haben schon oft hören müssen, was für einen Unsinn die Durchreisenden von hier berichtet haben, sogar nachdem man ihnen hier in das Notizbuch diktiert hatte. Wir garantieren also für nichts!»

«Die C.B.Z. (die zentrale bürgerliche Krankenanstalt) sei das grösste Spital in Niederländisch Indien. Es habe letztes Jahr 265 767 Verpflegungstage, 19 826 Poliklinikpatienten, 1932 Operationen, 2028 Röntgenuntersuchungen und 196 Pfleger und Pflegerinnen gehabt.»

«Der hiesige Spital hat eine ziemliche Ausdehnung, wegen der eigenartigen Bauart. Es hängt überall ein Verbot, dass ‹das Velofahren im Spital nur den Chefs der Abteilung, sowie dem Doktor der Wache und der Nachtschwester erlaubt ist›. Wirklich sieht man hie und da die Herren Chefs vom Operationssaal zur inneren Abteilung oder so radeln… Die alten Teile des Spitals sind vor ca. 75 Jahren in dem schönen alten Compagnie-empirestil gebaut. Die neuen sind lausige Baracken, da schon lange ein Neubau vor der Stadt draussen projektiert ist.»

«Die ‹NIAS›[8] besteht seit 1913. 1926 hatte sie 307 Zöglinge. Die eigentlich medizinische Ausbildung dauert sechs Jahre. Die Zög-

---

[8] Nederlandsch-Indische Artsen-School.

linge studieren ebensogut englische, wie deutsche, wie niederländische Lehrbücher, kennen auch gut die französische Literatur. Sie wissen ausserordentlich viel, was zum Teil dem Umstand zu verdanken ist, dass sie in den letzten zwei Jahren gar nichts Anderes tun, als Medizin studieren. Die Umformung der Parallelschule in Batavia, die weniger Zöglinge hat, in eine medizinische Fakultät, kann für die ‹NIAS› nur betrübliche Folgen haben; wenn vielleicht auch nicht die Meinung ist, sie zu degradieren, so kommt es im Effekt doch darauf hinaus. Ein indischer Arzt (Absolvent der Schule) hat ein Salär von 250 Gulden im Monat. Ein ‹Akademiker› von Batavia mit einem nur ein Jahr längeren Studium, beginnt mit 550 Gulden und kann in höhere Stellen aufrücken. Die Besoldung für indische Ärzte ist wohl genügend für solche, die aus Eingeborenen-Verhältnissen kommen. Für die europäisch erzogenen Mischlinge aber, die ein grosses, und wegen ihrer grösseren Energie wichtiges Kontingent stellen, ist sie zu gering. Die Fiktion, dass ein indischer Arzt als Eingeborener unter den Eingeborenen lebt, scheint sich nicht zu realisieren. Man sagt den ‹indischen Aerzten› nach, dass sie theoretisch wohl recht gut seien, aber in der Praxis zu wenig Energie an die Durchführung notwendiger Massregeln wenden.»

Poliklinik Moehamadijah: «Letzten Samstag feierte die Mohammedanische Poliklinik für Unbemittelte hier ihr dreijähriges Bestehen. Sie wurde von einer philanthropisch orientierten Vereinigung intellektueller Mohammedaner Javas ins Leben gerufen und unterhalten. Diese Vereinigung beginnt einflussreich zu werden. Sie gründet auch Schulen. So hörte man kürzlich von ihr, dass sie Schulen gründe in einem Bezirk, wo neue Missionsschulen hätten gegründet weden sollen. Es ist also eine ganz neue Art Mohammedaner, die da aufkommt.»

«Pest in Java. Die Pest wurde 1918 nach Java eingeschleppt, hat dann den Weg ins Innere gefunden und ist seither noch nicht erloschen. Vom 22. Mai bis 28. Mai kamen z. B. in der Abteilung Djocja 15 Fälle mit tödlichem Ausgang vor. Die Pestbekämpfung wird aber sehr energisch betrieben. Sie ist mühsam, da ein dauernder Erfolg erst erreicht werden kann, wenn alle Bambushäuser durch hölzerne ersetzt sind. Das ist in weiten Gebieten bereits erreicht, aber an der Peripherie sind immer noch Pestfälle. Man glaubt, bis in kurzer Zeit völlig Meister zu sein. Überträger sind nur Rattenflöhe.»

Die ärztliche Mission in Niederländisch-Indien:
«An der Hygieneausstellung in Bandung wurden folgende Zahlen für 1925 publiziert:
Ärzte 27
Poliklinische Behandlung/Tag: 3000 Patienten
Geburten im Jahr: 1500
Betten: 3400
Neue Patienten im Jahr: 300 000.»

Über die Politik: «Tout comme chez nous. Vor einigen Jahren wurde ein statistisches Amt eingerichtet mit einem Budget von ungefähr zwei Millionen Gulden. Ein Überschuss der Statistikgebühren werde in erster Linie zur Vergrösserung des Amts verwendet. Nun genügt das Amt bei weitem nicht den Ansprüchen und klagt selbst über Mangel an Arbeitskräften. Letztes Jahr ergaben die Statistikgebühren sechs Millionen. Von den vier Millionen Überschuss wurde eine halbe Million für das statistische Amt bestimmt. Der Direktor der Javabank, als Vertreter des Handels, sprach sich nicht erfreut darüber aus. Wenn aber der Staat Geld nötig hat und es nehmen kann...

Der Volksraad[9], das Parlament, das seit einigen Jahren besteht und durch Ernennung vom Gouverneur-General langsam vergrössert wird, wird immer aggressiver gegen die Regierung, entspricht also nicht ganz den Hoffnungen, die man gehegt hat. Er scheint aber ein sehr wohltätiges Ventil und Correktivmittel zu sein.

Von verhinderten kommunistischen Aktionen kann man häufig in der Zeitung lesen. Es scheinen allenthalben kleine Organisationen unruhiger Elemente zu sein. Man hat aber den Eindruck, dass die Regierung recht gut orientiert wird. Es ist viel Militär übers Land verteilt, bei den grossen Zuckerfabriken und bei den grossen Städten. Die Rädelsführer werden in ein Lager nach Neuguinea deportiert. Man sagt, dass sie es dort zu gut haben. Russischer Einfluss wurde zum Beispiel bei den indischen Studenten in Leiden nachgewiesen und zwar kam er via Deutschland.

---

[9] Der Volksraad wurde 1916 als Rats-Parlament des Gouvernements gestiftet, damit die in Indonesien geborenen, auch die Indonesier, die Möglichkeit hatten, sich zu äussern. In Bandjermasin wurden auch Vertreter des Pakat Dajak einbezogen.

Mit einiger Unruhe werden die Pressestimmen im Ausland verfolgt, die finden, die Kolonien seien für Holland zu gross. So wurde kürzlich der Plan der Italiener, eine grosse Ausbeutungsgesellschaft für Borneo zu gründen, offiziös als unmöglich in den italienischen Blättern zurückgewiesen. Jetzt las man von einem grossen Deutschen Plan für Neuguinea, der auf alte Pläne zurückgehe, die seinerzeit der Anlass waren, für die Reise des Grossherzogs von Mecklenburg. Momentan macht der Handelsattaché der französischen Gesandtschaft im Haag, mit dem französischen Namen Glaser, eine Reise durch die Kolonie, die mit Interesse verfolgt wird.»

«Belastingdruk in Nederland. Zu Nutz und Frommen der Urlaubgänger[10] wird jährlich eine offiziöse Liste aller Gemeinden über den Steuerdruck in Niederland für die verschiedenen Kategorien ausgearbeitet und verbreitet, damit die kinderreichen Familien, oder der reiche Junggeselle, oder der Militär herausdifteln kann, wo er mit einem Minimum von Steuern ein Maximum von Annehmlichkeiten bekommen kann. Das scheint mir eine lobenswerte Einrichtung... Die Steuern sind nämlich nicht klein und die Leute werden ziemlich geschröpft. Wer länger als 1/4 Jahr in Holland bleibt, muss die volle Jahressteuer bezahlen, wer einen Tag weniger als 1/2 Jahr von Indien wegbleibt, aber hier auch. Zunächst muss beides bezahlt werden, dann kann mit der indischen Quittung Restitution der holl. Steuer verlangt werden. Für manche Holländer ist es rentabler, ihren Urlaub im Ausland zu verbringen, und daheim nur kurze Besuche zu machen. Das ist unter anderem der Grund, dass so manche Holländer ihren Urlaub zum Beispiel in der Schweiz zubringen.»

«Doodvonnissen.[11] In der letzten Zeit wurden wieder verschiedene Kommunisten, die Morde begangen hatten, und andere Übeltäter zum Tod verurteilt und gehängt. Sehr oft wird ein Gnadengesuch an den Gouverneur-General, den G.G. gerichtet, der dann die unangenehme Aufgabe hat, in vollster Öffentlichkeit darüber entscheiden zu müssen. Anfänglich hatte er viele Kommunisten begnadigt. Dadurch wurde in den Zeitungen eine kräf-

---

[10] Holländer in der Kolonie, die auf Heimaturlaub gehen.
[11] Doodvonnissen = Todesurteile.

tige Opposition geweckt. Es wurde dem G.G. vorgeworfen, dass er nicht das Recht habe, die Gesetze des Landes zu sabotieren... Eine mohammedanische Partei wollte gegen die Todesstrafe mit religiösen Gründen vorgehen. Nun geht aber durch die Zeitungen die Meldung, die Leute seien mit dem Hinweis darauf, dass die Mekkaregierung in jüngster Zeit verschiedene Unruhstifter mit sehr gutem Erfolg hingerichtet habe und dass die Todesstrafe im Koran nicht verboten sei, von ihrem Widerstand zurückgetreten, und billigten die Anwendung so, wie sie in letzter Zeit die Regierung gehandhabt habe. Es wird in den Zeitungen von jedem Todesurteil und von jedem Gnadengesuch ausführlich berichtet. Die Kommunisten machen gegen die Todesstrafe Opposition, und zwar hauptsächlich die im Haager Parlament. Mit der Mehrheit von einer Stimme wurde kürzlich eine kommunistische Motion verworfen, die den G.G. wegen der Urteile gegen Kommunisten tadeln und von ihm Aufhebung der Todesurteile fordern wollte. Ich weiss nicht, was für einen Eindruck das hierzulande gemacht hätte. Im Ganzen scheint mir, man lasse sich nicht mehr so gern dreinreden. Zeitungen und Volksraad sind eine Macht, der gegenüber sogar der G.G. oder ‹Landvoogd› oft keinen leichten Stand zu haben scheint.

Wegen der Todesstrafe ist es doch ein beachtenswerter Punkt, dass es für einen Verbrecher häufig leichter ist zu sterben, als weiter zu leben. Das wird z.B. in Lienhard und Gertrud so deutlich. Aber demgegenüber stehen die vielen Fehlurteile, die bisher ans Licht gekommen sind. Dazu kommt mir der Tod als ein so hartes Schicksal vor, dass ich finde, wir haben kein Recht, ihn jemand anzutun. Wir haben gerade genug an der Aufgabe, so mit ihm fertig zu werden.»

«Die Javanen. Die eigentlichen Javanen, soweit wir sie bis jetzt kennengelernt haben, finden wir sehr sympathisch. Es sind kleine, grazile, bewegliche Menschen mit ebenmässigen Gesichtszügen. Sie sind bescheiden, höflich, still und meist vergnügt. In den Restaurants bedienen sie ganz ausserordentlich aufmerksam. Aber auch die Tramconducteure oder auch die Diensten im Haus sind sehr aufmerksam und zuvorkommend, ganz im Gegensatz zu den fast ausnahmslos ruppigen Europäern, von denen sie wenig Dank ernten. Wenn eine Hausfrau freundlich mit ihren Diensten ist, dann schliessen sich diese gern an sie an. Frau Menzel z.B. erzählte uns sehr hübsch von ihren Angestellten.

Unsere Koki[12] ist eine Javanin. Ihre Backen sind so braun wie Noisettli, sie ist 29 Jahre alt. Dass sie das weiss, ist eine Ausnahme. Die andern Javanen haben absolut keinen Begriff von ihrem Alter. Der Koki ihre Mutter aber hat seltsamerweise von ihrer Geburt an, jährlich einen Schnitt in den Türpfosten gemacht. Die Koki ist verheiratet, hat aber keine Kinder, was hier oft vorkomme. Ihr Mann ist seit zwei Jahren als Kuli in Borneo. Wenn er dieses Jahr nicht heimkommt, muss er nochmals zwei Jahre bleiben. Nach je zwei Jahren muss die Gesellschaft, die ihn angeworben hat, ihn heimtransportieren, wenn er nicht den Vertrag auf zwei Jahre erneuert.»

«Nun sind wir also glücklichst im eigenen Haus… Die Dienstboten haben keine freien Zeiten (Sonntag und dergl.), doch ist ihre Arbeitszeit meistens so geregelt, dass sie etwa 10 Stunden im Dienst sind. Die Leute arbeiten nur, wenn sie Geld brauchen. Deshalb weiss man eigentlich nie sicher, ob sie am folgenden Tag wieder kommen, wenn man ihnen den Lohn ausbezahlt. Ein Mann, der einmal von seiner grossen Gratifikation seinen Dienstboten auszahlte, musste die Erfahrung machen, dass alle am nächsten Tag auf Nimmerwiedersehen wegblieben. Das gleiche riskiert man, wenn man einem ein Kleid schenkt. Dann wandert es ins Pfandhaus und eine Stelle kommt erst wieder in Frage, wenn das Geld aufgebraucht ist. Ich habe viel an Irene gedacht, die eine neue Magd eindrillen muss, und mich beneidet, dass ich das nicht tun muss, und dass, wenn ich es tun muss, es hier doch viel einfacher sei. Das ist nun absolut nicht der Fall. Was eine Magd bei uns selbstverständlich findet, ist hier alles neu. Hauptsächlich mit ihrer Reinlichkeit ist es gar nicht weit her. Das ist der Grund, weshalb ich mir nach dem Essen ein Becken heisses Wasser bringen lasse, und das Geschirr selbst abwasche.»

«Wenn eine Rasenfläche gemäht werden muss, dann erscheinen am Morgen die Gärtner mit primitiven Sicheln, einem alten Fassreifen, einer Feile und einem Wetzstein, kauern auf den Boden und schlagen scheinbar planlos auf das Gras. Die Sicheln müssen alle paar Minuten mit der Feile oder dem Stein geschärft werden. Sie gehen auch bald in Stücke. Dann werden aus einem Fassreifen oder einem Stück Bandeisen und einem abgeschlagenen Ast, in

---

[12] Koki = holl. Kokki, die Köchin.

aller Musse, neue verfertigt. Als wir im Hotel sassen, war von den vier Gärtnern immer einer damit beschäftigt, sich ein neues Instrument zusammenzubasteln. Am Abend ist der Rasen ganz sauber gemäht. Es ist aber erstaunlich, mit wie primitiven Werkzeugen sich die Leute begnügen.»

«Der Stundenschlag. Bei jedem Kampong[13] steht ein kleines Häuschen für die Kampongwache. In der Nacht ist dort ein Wächter, der auf einer Trommel, die dort hängt und aus einem ausgehöhlten Baumstamm besteht, die Stunde schlägt. Tagsüber wird die Zeit nicht verkündet, dazu ist die Sonne am Himmel. Es ist lustig, dass dieser Brauch im grossen Spital mitgemacht wird. Dort wird die Stunde nicht von der Uhr geschlagen, sondern an einer Glocke vom Portier, aber auch tagsüber.»

«Vendutie! (spr. Vendüzi) Wenn ein Beamter versetzt wird, oder ein Kaufmann nach Europa zieht, oder ein Lehrer in den Urlaub, dann verkauft er sein Mobiliar und das Eine und Andere seines Hausrates. Mitnehmen kann er die Dinge nicht und das Einstellen ist unsicher und teuer. Also inseriert man in der Zeitung durch Vermittlung eines Geschäftes am soundsovielten sei beim Herr Soundso vendutie von den und den Gegenständen, z. B. ein neues Esszimmer, ein weiss bemaltes Schlafzimmer, schönes Service, zwei Grammophone und diverse Platten etc. ‹Schautag› am Vorabend von fünf bis sieben Uhr. Am ‹Kijkavond›[14] sitzt vor dem betreffenden Haus ein Kuli an der Strasse und schlägt alle paar Minuten einen Schlag auf einen Gong. Das klingt ganz melancholisch durch die Nacht. Die Leute kommen und besichtigen alles kritisch. Zum Teil kommen sie nur um zu sehen, wie Herr X eingerichtet gewesen, resp. seine Frau. Da steht nun alles blossgestellt: Betten, Möbel, Service, Küchengeschirr, Grammophon, Blumenstöcke, abgebrauchte Spielsachen, durchgerittene Divane und der geschmackloseste Wandschmuck. Nichts ist zu gut, nichts zu abgebraucht dazu. Am andern Tag wird gesteigert. Man kann schöne Dinge für wenig Geld bekommen, wenn keine Interessenten da sind. Dumme Sachen werden oft hoch gesteigert. Manchmal kommen Möbelhändler, dann ist es schwer, ‹einen Schick zu machen›. Was man gekauft, kann man sich durch

---

[13] Kampong = Dorf.
[14] «Kijkavond» = Vorschau.

Kuli nach Hause tragen lassen. Vier Kuli tragen an zwei Bambus-stangen die schwersten Schränke, sechs Kuli ein Klavier. Betsy war schon an verschiedenen Venduties, hat aber erst zwei Tische, Kindermöbeli von Meerrohr und ein sechs-teiliges Schwarzkaf-feeservice mit Goldrändli (fl. 2.50) heimgebracht. Wenn die Ven-dutie vorbei ist, meint so ein Lehrer, er habe viel Geld. Wenn er aber aus dem Urlaub kommt, hat er es nicht mehr, und muss auf Pump neue Betten und Stühle kaufen.»

«Mama fragt, wie es mit unserm Hab und Gut sei. Wir nehmen alles mit nach Borneo, weil es dort viel schwieriger und teurer ist, etwas Rechtes zu kaufen. Deshalb ging ich auch so brav alle Ven-duties abgrasen; denn nur für den Javabedarf hätte ich nicht genügend Energie dazu aufgebracht.» [Der Hausrat wird hier eingekauft und mit einem grossen Transport nach Borneo ver-frachtet.]

«Was man hier kaufen kann. Es ist schwer, einen bestimmten Gegenstand in Surabaja zu kaufen. Zum Beispiel war es unmög-lich für die Babybox passende Scharniere zu bekommen. Auch für eine wasserdichte Kassette konnten wir keine Scharniere bekommen, sondern mussten sie in einer Maschinenfabrik anfer-tigen lassen, was mehr kostete, als die ganze neue Stahlkassette. Es gibt eben keine soliden Handwerker und keine wohlassortier-ten Eisenwarenhandlungen. Der Möbelfabrikant macht seine Modelle mit seinen gewöhnlichen Schlössern. Ein europäischer Handwerker müsste viel zu hohe Arbeitslöhne berechnen. Des-halb gibt es nur europäische Uhrenmacher und Autoreparateure mit ‹indischen Preisen›. Die übrigen Handwerker sind Inländer, die schlecht und recht die gewöhnlichen Dinge besorgen. Für sehr geschickt gelten die chinesischen Schlosser. Diese wandern mit einem Kistlein voll Dietrichen, einer Feile und alten Schlüsseln durch die Strassen, wobei sie mit einer Klapper aus Blechstück-chen einen wohlbekannten Lärm machen. Zwei Herren hätten einmal gewettet, dass ein solcher Tukang kuntji[15] einen Geld-schrank öffnen müsse. Der Schrank sei in fünf Minuten offen gewesen. Ein zerbrochenes Scharnier kann aber ein solcher Tukang nicht flicken. – Ähnlich wie die Schlosser ziehen die Tuch-

---

[15] Tukang kuntji: Tukang: Gewerbsmann; kuntji: Schlüssel.

händler herum. Auf dem Rücken tragen sie an einem Stock in einem grossen Ballen ihre Ware; vorn ein flatterndes Bündel, die Musterstreifen der Stoffe. Diese kündigen sich an durch eine kleine, mit Schlangenhaut bespannte Trommel, mit der sie ein lautes rhythmisches Geräusch machen. Die Stoffe sind sehr billig. – Noch andere Dinge bringen die Chinesen ins Haus. Aber zum Beispiel Spitzen und Moskitotüll, Fleisch, Gemüse, Milch, Früchte, Vanille bringen Javanen. Am federnden Bambusstab trägt der Blumenhändler über der Schulter zwei Körbe wie grosse Waageschalen. Auf jeder steht ein Blumenstock. Die Blumenkacheln sind aus rotem Ton, unten rund, stehen also nicht auf einer Ebene. Sie werden in eine Art Cache-pot aus dem gleichen Ton gestellt. Oft malt man sie weiss an. So zieht der Mann von Haus zu Haus, bis er seine Palmen los ist.»

«Gewisse Gemüse muss die Koki auf dem Markt holen. Es gibt eine Anzahl solcher Verkaufsplätze, Pasar genannt, wo täglich Fleisch, Fische, Früchte und Gemüse verkauft werden. Papaja ist eine rötliche Frucht wie eine kleine Melone. Sie wächst direkt aus dem Stamm des Baumes. Im Innern gleicht sie ebenfalls einer Melone, die Kerne sehen aus wie Kaviar, das Fleisch ist rötlich, etwas mehlig und hat einen Geschmack, der etwa die Mitte hält zwischen einer gebrannten Crème und einem Flan. Sawo. Dies ist auch eine Frucht. Sie hat Gestalt und Grösse eines Gänseeis. Sie wächst auch auf einem Baum. Ihre Schale ist braungrün. Man halbiert sie der Länge nach. In der Mitte sind vier flache, mandelgrosse Kerne. Das Übrige ist bräunliches Früchtefleisch. Es riecht stechend, nach Azeton. Man isst es aus der Schale mit einem kleinen Kaffeelöffel. Der Geschmack erinnert an eine Pastorenbirne, die beginnt braun zu werden. Tjeruk[16] ist eine grüne Mandarine; sie wird nie gelb und ist herrlich süss. Es gibt verschiedene Sorten. Eine grössere Sorte kann man nicht schälen. Man schneidet die Frucht in Schnitze und nagt das Fruchtfleisch ab, was nicht sehr ästhetisch aussieht.»

«Neben diesen Pasars stehen die grossen, europäischen Kaufhäuser mit europäischem Personal und europäischen Waren. Sie sind meistens wesentlich teurer und bieten keine grosse Auswahl. Die ‹Grands magasins du Louvre› behaupten, sie hätten europäi-

---

[16] Tjeruk, holl. Djeroek.

sche Preise. Dann kommen die grossen Luxusläden für Kunst-
gegenstände, Toilette etc. Die verschiedenen Grammophonfir-
men, ‹Edison›, ‹Columbia›, ‹His masters voice›, haben grossartige
Läden mit grossen Lagern. Unser Reisegrammophon kostet hier
auf den Centime gleich viel wie in Basel. Üppig versehen sind
auch die Automobilfirmen; Buick, Packard, Chevrolet, Ford,
Chrysler stehen en masse zum Aussuchen bereit. (Auf der Strasse
sieht man nicht selten ein Pic Pic.) Auch die Photogeschäfte
haben grosse Auswahl. Zeiss Ikon, Agfa und Kodak machen laute
Reklame.

Die deutsche Industrie fällt hier sehr ins Auge, besonders die
Ablagen der grossen Maschinenfabriken und die Vertreter der
Stahlwerke. Aber auch auf die Schweizerindustrie stösst man häufig, besonders die Sulzer Motoren und Pumpen. Das Zehnder
Motorrad scheint sehr rasch populär zu werden. Geplant ist eine
längs durch Java Non-stop Fahrt. (ca. 1500 km). Natürlich fehlen
nicht die Schweizer Uhren und Uhrmacher. Dass die I.G. Farben-
industrie sehr kräftig auftritt, ist selbstverständlich; für die medizinischen Präparate hat sie eine eigene Abteilung, die im Publikum enorm Reklame macht. Momentan besonders für Aspirin
und Adalin. Überall sind die Reklamen von Nestlé: ‹Susu tjap
nonna› ‹Milch Marke Mädchen› steht überall. Die Milch kommt
aber aus Australien. Nur das Kindermehl stammt aus der
Schweiz. Die ‹Bear brand milk› ist von Obstalden.»

«Eine merkwürdige Art Läden sind die ‹Toko›. Sie gehören
meist einem Einzelnen und repräsentieren ein grosses Kapital.
Der Grundstock ist ein riesiges Lager an Konserven und allen
möglichen Haushaltungsartikeln. Der Witz ist, dass sie nur Waren
führen, die gut eingeführt und sicher gangbar sind. Sie sind auf
grossen Umsatz angewiesen. An der kondensierten Milch verdie-
nen sie z.B. gar nichts, nur die leere Kiste ist ihr Profit. Sie
machen sich gegenseitig scharf Konkurrenz. Das ist für den Ver-
braucher angenehm. Die Lieferanten riskieren aber, bei den nicht
seltenen Konkursen, gleich grosse Verluste. Es ist fabelhaft, was in
einem Toko alles vorrätig ist und in welcher Menge. Zum Beispiel
alle Huntley und Palmer Biskuits, Lenzburgerkonserven, Wybertli, Old Cottage Lavender Soap… Wybertli [kosten] jedoch fl. 1.50,
statt Fr. 1.50. Länger hier wohnende Europäer kaufen vieles auf
Kredit, was für den Chinesen leider oft ein Risiko bedeutet. Wenn
Regierungsbeamte abreisen ohne zu bezahlen, dann wird ihnen

der schuldige Betrag durch die Staatskasse ohne Weiteres am Gehalt abgezogen. Für jeden Kredit-Bezug stellt man nämlich einen unterschriebenen Bon aus. Ausser den genannten Geschäften, gibt es noch die Läden für die Eingeborenen, wo sie ihre Schuhe, Batiks undsoweiter kaufen. Auch in diesen Läden liegen verhältnismässig grosse Lager. Viele Dinge sind nur in einem bestimmten Laden, oder nur bei Gelegenheit erhältlich. Es ist deshalb schwer, etwas richtig zu ersetzen.

Obat njamuk[17] heissen die japanischen Räucherkerzchen gegen die Moskiten. Sie wirken ganz famos, ich hätte es nie für möglich gehalten. Sobald die Sonne weg ist, muss man sie anzünden. Es gibt vielerlei Moskitosorten, die meisten sind ungefährlich (nur gewisse Sorten übertragen die Malaria), aber unangenehm sind sie doch, besonders die harmlosen. Auch mittags gibt es eine Sorte, deren Stich besonders unangenehm ist. Manche Stiche spürt man gar nicht. Wo die Moskiten nicht infiziert sind, wie hier, sind sie ungefährlich. Die verschiedenen Sorten haben ihre bestimmten Stunden, in denen sie stechen. Die Moskiten sind kleiner, als die Schnaken.

Der Pijama ist hier ein Kleidungsstück, kein Nachthemd. Das heisst, die Herren genieren sich nicht, von vier Uhr an zum Tee im Pijama vor dem Haus zu sitzen, die Blumen zu spritzen, oder auch auf der Strasse zu bummeln. Ein wenig liederlich sieht es doch aus.»

Die Briefe brauchen in einer Richtung vier Wochen und werden nur ein Mal in der Woche transportiert. Eine fortlaufende Korrespondenz, bei der Frage und Antwort sich folgen, ist mühsam, da sich Briefe unentwegt kreuzen und die gestellten Fragen des vorletzten Briefes noch nicht beantwortet sind. Grosse Hoffnungen setzt man deshalb auf die Luftpost, aber sie ist sehr teuer und die Taxe ist vom Gewicht abhängig. Luftpostbriefe werden deshalb auf hauchdünnes Papier geschrieben, mit einem Farbband, das bis zuletzt ausgenützt wird. Ausnahmsweise werden auch Telegramme versandt. Da diese nach Anzahl der Worte oder Buchstaben bezahlt werden müssen, wird ein deutsches Code-Verzeichnis mit den häufigsten Wörtern oder Wortkombinationen gebraucht. In diesen Codewörtern von fünf Buchstaben konnten einzelne Buchstaben beim Senden leicht verwechselt werden und dann einen ganz anderen Sinn vermitteln.

---

17 Obat: Medizin, njamuk: Moskito.

«Wenn man versucht, die niederländisch-indischen Briefmarken mit Wasser abzulösen, dann geht, ‹helaas› die Farbe ab und bleibt nur weisses Papier übrig. Das kommt daher, dass die Chinesen früher Gummi oder dergleichen über die Marken strichen, dann den Stempel abwuschen und die Marken wieder verwendeten... Die Flugpost. Die Entwicklung geht rasch voran, denn grosse Energien sind am Werk. Der bisherige geringe Erfolg im Publikum hat schon dazu geführt, dass ab ersten Oktober die Zuschlagstaxe auf 10 Cent per 20 Gramm ermässigt worden ist. Da werden wir die Gelegenheit wohl auch ein Mal benützen, um Euch auf einen Brief, der erst Montag nachts angekommen ist, acht Tage früher zu antworten, als es sonst möglich wäre... In absehbarer Zeit werden wir wohl Flugpostverbindung mit Europa haben. Die Pläne sind schon recht weit gediehen. Man rechnet mit regelmässiger 14tägiger Verbindung. Die Reise soll zuerst 14 Tage dauern, später kürzer werden, 10 bis 8 Tage, sogar 6 Tage erscheinen heute schon möglich, aber noch nicht rentabel. Voraussichtlich soll ein Brief 50 Cent Zuschlag kosten. Dann sollen die Linien mit sehr kleinen Staatssubventionen betrieben werden können. Es ist also durchaus wahrscheinlich, dass in ein bis zwei Jahren die Briefe doppelt so schnell werden reisen, als jetzt. Acht dreimotorige Flugzeuge sollen in Bälde angeschafft werden.»

Betsy mit Marianne tagsüber allein

Während Mattheus tagsüber seine Studien verfolgt, ist die junge Frau mit dem einjährigen Kind allein in einer fremden Welt. Die Hilfe, die sie hat, kommt nur stundenweise. Die Familie lebt zuerst eingemietet in einem Zimmer und einer Garage ohne eigene Küche, ab September in einem kleinen Haus.

10. JULI 1927, BETSY: «Mattheus geht weiter in Spital und Apotheke (ich bin froh, die Pillen und Pülverlein schon gelernt zu haben, wie machen! Mattheus muss noch knorzen!) und ich kopiere und fixiere seine Photos, hüte Marianne, und mache alle meine Kleider kürzer! Aber meine Haare *sind* und *bleiben* lang! Ich kann mich nicht entschliessen, [sie zu schneiden, Zeit der Bubiköpfe] und genieren tun sie mich auch nicht mehr... Marianne sitzt jeden Morgen im Hof, wo es herrlich kühl ist, und wo sie mit den zwei Affen, dem Hund und der Schar Tauben ihr Wesen

Das holländische Arztexamen wird vorbereitet. Aber es ist eine Zeit der ungebundenen Freiheit mit Ausflügen, Surabaja 1927.

treiben kann. Komisch ist sie, wenn sie das Geschrei der Affen nachahmt und man dann wirklich nicht mehr recht weiss, ob es von ihr oder von ihm kommt! Gestern nahm er ihr ein Bauklötzli und sprang damit auf die Mauer, um es zu zernagen. Mit viel Freude beobachtete Marianne die Babu[18], die mit einem Besen bewaffnet ‹hintendrein› sprang, und ein ‹grusig› zernagtes, unförmiges Ding zurückbrachte.»

16. Juli 1927, Betsy an Bua: «Wenn ich Marianne hüte, stricke ich eine hell-violette Cravatte für Mattheus. Letzte Woche habe ich das feuerrote Voilekleid mit der Thalemer[19] Stickerei braun gefärbt. Es ist nun rostbraun geworden, aber das rot war zu schreiig!!… Meine seidenen Kleider kann ich hier fast nicht gebrauchen, weil man nur Kleider trägt, die man alle zwei Tage wäscht; und abends ist hier gar nichts los zum Ausgehen!»

«Mattheus geht morgens immer in Spital und Apotheke, und hört gute Vorlesungen von einem Juden Müller über gerichtliche Medizin und pathologische Anatomie; von ersterer kommt er oft ganz erfüllt heim, wie kompliziert alles sei mit den Geburts- und Todesfallanzeigen! Es kann vorkommen, dass ein Arzt einen Monat ins Gefängnis kommt, wenn er innerhalb zehn Tagen eine Geburt nicht anzeigt und am 11. oder 12. z. B. um zwei Tage zurückdatiert! Wir können also auch in Borneo noch etwas erleben! Grässlich, wenn ich heimtelegraphieren müsste: ‹Mattheus im Gefängnis!› Das gibt es gar nicht im Code; ich müsste also schon telegraphieren: ‹Mattheus sitzt!› – Er hört auch Vorlesungen über Gynaecologie und bald werden Chirurgie und Augenheilkunde anfangen. Es ist immer noch ein wenig Feriensystem! – Diese Kurse sind morgens um sieben Uhr oder abends von sieben bis neun Uhr. Nachmittags geniessen wir zwei Stunden Schlaf. Abends arbeiten, schreiben oder lesen wir.»

17. August 1927, Betsy: «Dass Mai Aff sagen kann, habe ich Dir, glaub geschrieben, aber viel lieber als Aff nennt sie die Tiere ‹Bui›! (sprich u, nicht ü). Es ist wirklich zutreffend: das Gekreisch der Affen klingt genau wie Bui, nur wäre ich nie auf den Gedanken gekommen, das in dieses Wort zu kleiden. Demjenigen, der frei herumspringt, und zu dem sie auch gelangen kann, streckt sie

---

[18] Babu = Haus- und Kindermädchen.
[19] Stickerei von Thal (Appenzell).

die Hand entgegen, und es kommt vor, dass der Affe seine Pfote hineinlegt. Das findet Mai herrlich. Wenn er die Hand nicht geben will, ist es ihr aber auch gleich, dann macht sie eben ‹ada-ada›. Nun ist es also schon so weit gekommen, wie wir in Basel sagten: Sie spielt mit Affen und geht unter Palmen spazieren.»

10. OKTOBER 1927, BETSY: «Zum Kochen haben wir hier Holzkohlen und zwar braucht man ein kleines, rundes Gestell dazu, das die Koki auf den Boden stellt und davor ‹hurt›[20]. Sie könnte das Gestell ebensogut auf den Herd stellen, tut das aber lieber nicht. Das Huren ist für die Inländer ein Ausruhen! Ich habe in der Küche einen grossen Holzherd oder Kohlenherd, den ich aber nie brauche. Zum Backen haben wir einstweilen noch keine Einrichtung. Wir hätten uns etwas anschaffen müssen, das wir in Borneo dann nicht mehr gebrauchen können, denn dort haben wir einen gewöhnlichen Backofen in einem Holzherd, den wir aus Stuttgart direkt nach Bandjermasin schicken liessen… [Erlebnis mit Mai] Eine grosse Überwindung kostet immer noch das Beten. Wenn ein Geko oder Hund seinen Lärm macht, ist es viel interessanter die Tiere nachzumachen; für mich oft eher eine Kunst, nicht zu lachen. Auch schaut sie währenddem in der ganzen Stube herum und macht ihre Bemerkungen dazu.»

MALANG, IN DEN FERIEN, 31. DEZEMBER 1927, BETSY: «Mai streckt mir ‹d'Handi› entgegen und findet es herrlich, wenn ich ihr Gesichtlein auf die Fingernägel mache mit der Feder. Sie sagt immer: ‹meh›, und dann ‹meh Muul›! – Mai sieht Tintenkleckse auf meinem Buvard, und konstatierte, dass es ‹fai Balle› seien, nun sagt sie immerfort: ‹Satu dua Balle›[21].»

Javas Kultur und Natur

In ihrer spärlichen Freizeit, denn das Examen fordert intensives Studium, besuchen Mattheus und Betsy mit der Tochter Marianne die nähere Umgebung, die grossen Kulturdenkmäler und Naturwunder. Dabei lernt man die Tier- und Pflanzenwelt kennen, schreibt über die javanischen Hochkulturen und deren Geschichte. Sie besuchen die schönen Städte Yogyakarta, Surakarta und die Paläste der Sultane, die noch immer eine relativ autonome Sonderstellung innehaben. Tief beein-

---

[20] ‹hurt› = Dialekt für: kauert.
[21] Satu, dua, tiga = eins, zwei, drei auf Malaiisch.

druckt hat sie die Einladung zu einem ‹Wayang kulit›, das ist ein javanisches Schattentheater mit Stabpuppen aus bemaltem Pergament, das alte Tradition weitergibt und aktuelle Probleme, Politik oder ethische Regeln in die alten Geschichten einflicht. Begeistert sind die Berichte über die als Weltwunder eingestuften Bauwerke, den Borobudur, ein buddhistisches Heiligtum, und den Prambanan, ein hinduistischer Tempelkomplex. Ausführlich werden die Reisfelder und Zuckerplantagen beschrieben, aber auch der Betrieb einer Zuckerfabrik mit Transportbähnchen und die Besteigung des Bromo-Vulkans. Sehr beeindruckt hatte sie das Stierrennen auf der Insel Madura, ein Bericht, der amüsant zu lesen ist.

Geselliges Leben, aus ‹Dies und das›

Es ist Papa Vischer ein grosses Anliegen, und er kommt immer wieder darauf zurück, dass von Mattheus und Betsy kein ‹geselliges Leben›, kein Kontakt mit ‹der Gesellschaft› gepflegt wird. Diese Bemerkungen sind wieder dem gemeinsam verfassten Schreiben entnommen:

«Die SOOs heisst in der Umgangssprache die Societeit, der Club, den die Holländer überall gründen. Wir haben merkwürdige Dinge von zuverlässigen Leuten gehört. Man gebärdet sich natürlich recht exclusiv. Es ist viel vornehmer, wenn an einem Ort zwei Soos sind. Innerhalb des Clubs mache man strenge Klassenunterschiede. Einer, der nur 500 fl. Gehalt hat, darf nicht am Tisch sitzen mit denen, die 600 haben, auch wenn er gesellschaftlich zu ihnen gehörte. Für Beamte, Akademiker etc. sind gewisse Ausnahmen stipuliert. Es ist dann der Ehrgeiz der Frau, dass ihr Mann so viel verdient, dass er in die höhere Stufe rücken kann. Kleinbürgerlich nicht? Hier spielt eine grosse Rolle die Grenze 1000 fl. Ein Lehrer an der Nias bekommt 1000 fl. monatlich. Deshalb ist er ewig in einer andern Klasse, als der Polizeibeamte, der ‹zur Klasse mit 950 fl. Anfangsgehalt› gehört, obwohl der Polizeibeamte bald mehr Gehalt bekommt, als der Niaslehrer, der viel langsamer steigt.»

Und schliesslich das holländische Arzt-Examen

Während der Lehrzeit in Java gewinnen Vischers neue Freunde, die sie besuchen, lernen das holländische Kolonialleben kennen, das sie beschreiben. Sie geniessen das halbe Jahr relativer Ungebundenheit in Surabaja mit seinen vielen Anregungen und neuen Erlebnissen.

Im Dezember 1927 besteht Mattheus das holländische Arzt-Examen, das viel anspruchsvoller und strenger war, als vorher gesagt wurde.

Im Januar 1928 wird mit viel Gepäck auf die Insel Borneo übergesiedelt. Man erinnere sich an die Einkäufe bei der Vendutie, weil man in Borneo vieles nicht kaufen kann.

2. Anfang in Borneo: 1928 bis 1930

«Unser Missionsgebiet in Süd-Borneo liegt in der Hauptsache im Tiefland. Grosse Flüsse wälzen trübes Wasser zur See. Zwischen ihnen sind weite Strecken mageren Urwalds. Am Flussufer liegen die spärlichen, kleinen Siedlungen. Wir rechnen für das schwerbeladene Motor- oder Ruderboot mit hunderten von Kilometern und mit Tagen auf unseren Reisen, nicht mit Stunden. Die Bevölkerungsdichte beträgt zirka eine Person pro Quadratkilometer. Wir sitzen fast überall ganz wörtlich ‹zwischen Wasser und Urwald›.

Die meisten unserer Dajaken führen ein halb nomadenhaftes Dasein. Viele Monate leben sie mit ihrer Familie auf abgelegenen Reisfeldern in der Feldhütte. Dazwischen reisen sie weit umher auf der Suche nach Waldprodukten. Diese Sachlage stellt die ärztliche Mission vor besondere Aufgaben. Wie versehen wir die so furchtbar zerstreut lebenden Leute mit der nötigen Hilfe in Krankheitsnot?»[22]

Erste Eindrücke aus Bandjermasin

19. JULI 1928, MATTHEUS: [Ein halbes Jahr nach der Überfahrt von Surabaja, über ein sehr unruhiges Meer im Januar 1928.] «Wir waren froh, endlich so weit zu sein. Durch eine milde, 36 Stunden lange Seekrankheit wurden wir geläutert, etwa so, wie die Goldküstenneger durch Ricinusöl, das sie bei einem Wechsel des Wohnsitzes zu gebrauchen pflegen. Neu gestärkt erwachten wir am Morgen des 16. Januar, denn etwa um Mitternacht war das Schiff in die Mündung des Barito eingefahren und hatte seither unbeweglich auf das Anbrechen der Morgendämmerung gewartet. Ein feiner Sprühregen rieselte nieder, still lagen die urwaldbewachsenen Ufer. Als wir endlich, nach langem Warten im ‹Hafen› von Bandjermasin landeten, schien die Sonne wieder und wir wurden von den anwesenden Geschwistern aufs herzlichste empfangen. Bald sassen wir auf der Vorgalerie des Huberschen Hauses und begannen im Anblick des mit vielen zierlichen Gondeln belebten schönen Flusses zu realisieren, dass wir nun glücklich ‹da› waren. Bandjermasin, die Hauptstadt von Süd- und Ostbor-

---

[22] Mattheus Vischer: in ‹Die Tat der Barmherzigkeit›.

neo, Sitz des Residenten, (der direkt unter dem General-Gouverneur steht,) liegt im Delta des grossen Baritostromes im Sumpf. Es zählt mit all den zugehörigen, ausgebreiteten Siedlungen 65 000 Einwohner, wohl keine 100 Europäer. Das Deltagebiet ist sehr tief, es reicht von der Küste bis 250 km ins Land hinein, dann erst kommt der ‹gewachsene› Boden. Im ganzen Gebiet besteht der Grund aus angeschwemmtem Lehm und Schlamm. Hier in Bandjermasin ist 60 Meter tief schwarzer, schmieriger Schlamm, ‹Modder›, wie der Holländer sagt. Dann kommt der ehemalige Meeresboden. Vom breiten Barito heisst es, er sei 60 Meter tief, das kann sein; der Martapura, an dem Bandjermasin liegt, ist 15 Meter tief. Im ganzen Deltagebiet wirkt sich Ebbe und Flut aus. Der Unterschied beträgt bis zu zwei Metern hier oben oder besser ‹innen›. Dabei kommt viel Land unter Wasser, in der Regenzeit weitaus das meiste. Denn das höchste Land ist eben auch nur angeschwemmtes Land und ist dann durch den Pflanzenwuchs oder durch geringe geologische Vorgänge ein klein wenig höher geworden. Die Folge dieser Tatsache ist, dass man nirgends einen Brunnen graben kann, dass es sehr schwer ist, einen passablen Bauplatz zu finden, dass es nicht möglich ist, einen Garten anzulegen, dass Obstbäume nur sehr schlecht gedeihen und dass das Bauen sehr erschwert ist. In der Trockenzeit bringt ferner die Flut Salzwasser mit, dann ist das Flusswasser, das wegen der geringen Strömung schon normalerweise sehr verschmutzt ist vollends unbrauchbar. Das Klima ist in dem Gebiet durch die grosse Wasserfläche beeinflusst. Die Luft ist immer feucht, wir haben viel Regen aber nie sehr hohe und nur selten sehr tiefe Temperaturen. (Sehr hoch nennen wir Temperaturen über 35 Grad Celsius und sehr tief solche unter 25°. Das Minimum, das ich bisher sah, war 20°.) Diese Temperaturen dürfen nicht mit afrikanischen verglichen werden, weil der Feuchtigkeitsgehalt der Luft für das menschliche Wohlbefinden massgeblich ist. Die Trockene Luft ‹ist› weniger heiss und weniger kalt. Freistehenden Bäumen bietet die Erde zu wenig Halt, deshalb fallen die Kokospalmen in den Pflanzungen, wenn sie eine gewisse Höhe erreicht haben um, auch andere Bäume wie Gummibäume; da fallen oft ganze ‹Gärten› um, nachdem sie durch einen Sturm aus dem Gleichgewicht gebracht worden sind. Wenn man ein Haus bauen will, versenkt man zuerst einen Rahmen aus grossen Baumstämmen in die Erde während der Ebbe und stellt dann auf diese Stämme Eisenholzpfähle, die das Haus tragen. Alle Häuser stehen nämlich auf Pfählen ein bis zwei Meter über dem Erdboden. Das ist nötig, damit die Luft untendurch streichen kann, sonst würde bald alles faulen. Unter den meisten Häusern steht während der Flut Wasser, denn wenn man auch anfänglich viel Grund unter das Haus geworfen hat so kommt das Wasser bald wieder, weil die Erde zusammensinkt. Es ist eben nicht möglich, auf die Dauer einen Platz höher zu machen als seine Umgebung, weil der schlammige Untergrund nachgibt wie zäher Teig, nicht im Lauf einiger Tage, aber von Monaten. Das bei der Flut steigende Wasser erfüllt auch die entferntesten Ritzen und geht nachher wieder weg. Das ist eine gewaltige Arbeitskraft, der nichts standhält. Deshalb versinken alle Strassen und müssen fortwährend erhöht werden, besonders wenn Lastautomobile darauf verkehren und das verschlingt alljährlich Millionen, allein im Bezirk Bandjermasin. Ebenso ist es unmöglich, auf die Dauer einen Körper zu begraben, der leichter ist als Wasser. Die Benzintanks der Automaten müssen kunstvoll im Boden tief verankert werden, sie arbeiten sich aber langsam und sicher wieder herauf. In diesem schwierigen Gelände liegt die ‹Hauptstadt› Bandjermasin und liegen die Missionsstationen Pangkoh, Kuala-Kapuas und Mandomai. Mengkatip liegt just auf der Grenze des Flutgebietes, leidet alljährlich von Überschwemmungen, während uns dieser Begriff fremd ist. Wir haben eben einige Zeit ‹hohes Wasser›. In dem Sumpf gibt es begreiflicherweise viele Mücken, aber in Bandjermasin sicher, in Kuala-Kapuas wahrscheinlich (?) keine Malariaanophelinen. Malaria kommt erst in den höheren Strecken, z.B. Mengkatip. Zirka 50 km nordöstlich von hier liegt der grosse Ort Martapura, der wurde auf guten Sandboden gebaut, als die Holländer in Bandjermasin ihr Fort errichteten. Östlich von Martapura steigt das Land gegen die Berge, es ist fruchtbar und reich bevölkert, meist Mohammedaner... Die Hauptaufgabe des *Missionsarztes,* die ihn prinzipiell von den andern Ärzten unterscheidet, ist eben die Einführung christlicher, häuslicher Krankenpflege in einem Land, das diesen Begriff bisher nicht gekannt hat. Das ist nur auf dem Weg über die Ausbildung eingeborener Pfleger und Pflegerinnen möglich... Wie ist es uns bisher ergangen? Gleich am zweiten Tag begannen wir uns um das grosse, trostlos leere und düstere Haus zu bemühen, das für uns hatte gemietet werden können. Es liegt auch am Fluss, durch die Strasse, auf der leider ein ziemlich reger Autoverkehr herrscht, von ihm getrennt, im besten Viertel der Stadt. Der frühere Bewohner war auch ein Arzt, ein Deutscher, deshalb meinen manche Leute, ich sei sein Freund. Nach acht Tagen harter Arbeit war unser Heim beziehbar. Wir kamen uns in den grossen Räumen recht verloren vor, nach den engen Wohnungen von Java, resp. Surabaja und litten sehr unter den vielen Mücken. Wir hatten einen kurzen Besuch in Kuala-Kapuas gemacht, um das Terrain zu erkunden. Man fährt in sechs Stunden in einem Motorboot dorthin, erst über den breiten Barito, dann durch einen 30 km langen Kanal. Die Distanz, 60 km... ist jedesmal eine Tagesreise, denn da der Kanal arg versumpft ist, kann man nur zur Zeit der Flut durchfahren...»

Aus dem Jahresbericht 1928: «Eine sehr beklagenswerte Tatsache ist die überaus schlechte Verbindung mit Bandjermasin, der Hafenstadt, aus der alle Bedarfsartikel bezogen werden müssen. Die Entfernung in der Luftlinie beträgt nur etwa 60 km, bedingt aber bestenfalls eine siebenstündige Reise im Motorboot, mit nachfolgender halbtägiger Arbeitsunfähigkeit wegen Kopfschmerzen. In den 4 Monaten der Trockenzeit liegt der schlecht unterhaltene Kanal auf weite Strecken, ca. 4 km trocken und kann nur während der Flutzeit mit sehr flachen Booten noch passiert werden. Dann müssen die Motorboote einen Umweg über den Barito machen, der eine ununterbrochene Fahrt von 18 Std. erfordert, was abgesehen von den übrigen Unzuträglichkeiten, viel höhere Kosten verursacht. Wohl ist nun an der einen Seite des Kanals der Weg [die Strasse] verbessert worden; aber nur bis etwa in die Hälfte des Kanals, sodass davon für den durchgehenden Verkehr kein Nutzen gezogen werden kann. Kuala-Kapuas ist ein 7 km langes Dorf, wenn man den Teil am Kanal dazu zählt, etwa 20 km lang. Es zählt 3000 bis 4000 Einwohner. Post kommt ein Mal wöchentlich von Bandjermasin, Telefon und Telegraf sind unbekannte Übel, sind auch in absehbarer Zeit nicht zu erwarten; es müsste wohl die ganze Linie in ein Kabel gelegt werden.» [Der Umweg über den Barito bedeutet, von Bandjermasin auf dem Barito nach Norden zu fahren, um dann in seine Abzweigung, den Murong, zu gelangen, der nach Süden an Kuala-Kapuas vorbei ins Meer fliesst.]

Der Einzug in unser Heim

31. JANUAR 1928, BETSY: «Wir sind also am letzten Dienstag in unser neues Heim, besser gesagt *Palast*[23], eingezogen und sind am Anfang von Arbeit wirklich fast erdrückt worden, d.h. zu Mattheus kamen gleich am ersten Tag Patienten, die mit einem Missionsboot, welches Missionare für die Konferenz[24] brachten, kamen. Dann kamen Missionare selbst oder solche von hier, die Mattheus zu einem Christen-Eingeborenen holten und all mein Flehen und ihn an *sein Versprechen,* dass er mir die ersten Tage helfen werde erinnern, half nichts. Schwester Mina half mir wohl die Koffer auspacken; aber wie es so ist, man muss schliesslich doch alles selbst tun. Es waren eigentlich mehr die Kisten, die noch nicht ausgepackt waren; die Koffer packten wir schon aus, als wir die ersten acht Tage noch bei Hubers wohnten. Es hat uns, nebenbei gesagt, auch ziemlich geärgert, dass uns, als wir an diesem Sonntagabend von Kuala-Kapuas heimkamen, Schwester Mina ganz selbstverständlich die Privatsachen auf *ihr* Gutdünken hin, irgendwo in einen Schrank schoppte, so hatten wir am Montag als erste Beschäftigung, all die Sachen wieder zu suchen; denn sie hatte keine Ahnung mehr, wo alles war. Das war also eine ganz unnötige Anstrengung und wir haben uns gerechterweise im Stillen geärgert. Sagen darf man ja nichts, denn sie meinte es ja gut. Wir assen und schliefen bis Dienstag vier Uhr bei Hubers und zogen von dort mit der neuen Babu und Koki ins Haus. Neben uns steht ein deutsches ‹Universalgeschäft› in dem man *alles,* von der Taschenlampe und Motorvelo und auch Auto bis zu einer Flasche Saft, Kleiderstoff oder Tasse etc. haben kann. Es ist recht bequem, so für alles nur über den Gartenhag zu können. Leider machen sie aber von eins bis drei Uhr den Laden zu und dann wird dieser mit grossem Lärm wieder geöffnet, gerade, wenn wir im besten Mittagsschlaf sind. Aber nun von Anfang an. Babu und Koki meldeten sich gleich am zweiten Tag nach unserer Borneoankunft, und zwar las Schwester Mina die eine auf der Strasse auf,

---

[23] Sehr grosses Haus mit Beigebäude, wie es dort üblich war. Dieses Beigebäude hätte für Patienten gebraucht werden können.

[24] Die Konferenz oder Generalkonferenz fand alle zwei Jahre statt und vereinigte alle Missionarsfamilien zur gegenseitigen Orientierung und Besprechung.

Das «grosse Doktorhaus» in Bandjermasin, 1928.

und diese brachte dann die andere mit. Also es ist nicht so arg, wie uns Frau Huber schilderte. Überhaupt: sie hat von a–z arg übertrieben. Aber wir sind sehr froh darüber, denn sonst hätten wir uns kaum jemals heimisch hier fühlen können, was uns aber jetzt ganz gut möglich scheint. Am Dienstag, gleich nach unserem Einzug erschienen die drei Kinder von Seminarmissionar Zimmermann, (8–12jährig), um uns das, nach deutscher Sitte dem Nachbar überreicht zu werdende Einzugsbrot, zu bringen. Selbstgebacken. Ganz herrlich! Dazu brachten sie einen schönen Blumenmaien und einen Teekuchen. Stotternd sagten sie nette Verslein auf… Nur nebenbei eine lustige Episode: wir waren am letzten Sonntag fast den ganzen Tag bei Zimmermanns, um mit den Missionaren, die bei ihnen wohnen vom Innern Borneos zu schwatzen. Also gingen wir gleich nach der Kirche, dann wieder zum Mittagessen und – wieder zum Tee. Aber erzählen wollte ich Euch, dass es so urkomisch war, als man zum Dessert Obst bekam, welches man auf Suppentellern serviert bekam. Man hat jetzt hier die Obstzeit und es gibt eine ganze Menge der herrlichsten Arten, die es in Java nicht gab. So isst man jetzt viel von den sog. Mangistan. Es ist dies eine dunkelrote Kugel mit einer dicken

Schale, die man, um den Kern zu essen, in der Mitte quer durchschneidet. Dann kommen fünf bis sieben Kerne zum Vorschein, die unter sich wieder eine Kugel bilden. Man nimmt sie nun einzeln mit einer Gabel heraus und gibt Acht keine Flecken zu machen, denn diese gehen in keiner Wäsche mehr aus. Da die Schale sehr dick ist und der Kern relativ klein, so gibt es einen enormen Abfall. Allerdings kommt es auch darauf an, wer die Frucht isst. Mattheus und ich können noch nicht so viel geniessen wie die schon länger im Land Seienden. Wie erstaunt waren wir aber, als der Herr Zimmermann seinen Suppenteller mit der Schale gehäuft voll machte, als die Frau nachher mit einem Körbchen um den Tisch ging, um die Schalen zu sammeln und als er mit viel Gelach und Getue wieder von vorne anfing! Unsagbar! Dabei hatte man schon vorher ein gutes europäisches Essen gehabt! Aber nun wieder zurück zum Anfang: Gleich schon am Mittwochmorgen kam sich, zu unserer grossen Freude ein ‹Djongos›[25] melden, der sich bereit erklärte, alles zu machen. Er hatte gute Zeugnisse von jemand, wo er zwei Jahre war und das will viel sagen für hier. Wir nahmen ihn also mit Kratzfuss. Er frug gleich ob er bei uns schlafen könne, was wir gerne zuliessen, weil die beiden andern Diensten lieber heim gingen und wir froh sind, nachts jemand im Hause zu haben. Da der Djongos auch Auto fahren kann, ist Mattheus vielleicht noch manche Nacht froh um ihn. Einstweilen hat sich dieser ein Velo und ein Motorvelo gekauft, worüber er und alle Missionare mit ihm, sich sehr freuen. Die ersten paar Tage, da er es noch nicht hatte, lief er sich die Füsse fast kaput in der Hitze und auf den ziemlich schlechten Strassen. Nun also der Djongos zeigte sich als enorm anstellig. Er ist überhaupt ein fabelhafter Mensch: gleich am ersten Morgen machte er Kaffee, ohne dass ich ihm je gezeigt hätte, wo die Sachen sind. Das einzig schade ist, dass er eher wunderfitzig ist und dass wir alles, was er nicht finden soll, enorm verstecken müssen. Aber dann ist er auch wieder sydig[26] in seiner Naivität: einmal traf ich ihn, wie er am Boden kauernd mit Mais Spielsachen spielte, um sie soi-disant einzuräumen. Leider heisst er «Ibrahim» und somit müssen wir nun Mai «Marianne» rufen, denn jedesmal, wenn ich

---

[25] Djongos = Hausbursche.
[26] sydig = typischer Basler Ausdruck, etwa «reizend».

mein ‹Mai› erschallen liess, kam ‹Braim›, wie wir ihn nennen, gerannt. Er macht also alles: teils die Zimmer am Morgen, Schuhe putzen, Mattheus's weisse Anzüge waschen und bügeln, Commissionen, Garten. Und was er hauptsächlich gern und mit viel Geschick und rasender Geschwindigkeit macht, ist Tische, Hockker, Schäfte etc. aus den Kistenlatten zimmern und letztere aufmachen. Ich kann Euch gar nicht aufzählen, zu was wir ihn schon allem gebrauchten und alles macht er mit einem seligen Lächeln – heute sang er schallend, als ich ihm bei etwas zusah – und antwortet mit einem Bückling sein «saja» (ihr Diener). Also: la perle des perles. Leider bin ich von der Koki ein wenig enttäuscht: sie ist schon ein Mal nicht gekommen und behauptete, es sei jemand gestorben. Heute Abend nun, als wir ein wenig spät zum Tee kamen, war sie verschwunden und nirgends mehr zu finden. Auch in ihrem Haus, wohin ich die Babu schickte, war sie nicht. Nun muss ich ihr morgen wieder etwas sagen und das finde ich so grässlich, denn sie kann einem mit ihrem untertänigen Ton sofort zum Schweigen bringen. Die Babu ist ein wenig dumm und ich glaube, übelhörig: aber eine gute Seele, die Mai innigst liebt und ihr sehr recht das Essen gibt und mit ihr spazieren geht. Im Haus haben wir Elektrizität, d.h. es ist erst in einigen Zimmern eingerichtet, wird aber in den nächsten Tagen fertig gemacht. Das Wasser haben wir von zwei grossen Backs[27]: Regenwasser natürlich, denn man hat hier noch keine Wasserversorgung. Dieses filtrieren wir dann und dann wird es gekocht und in grosse irdene Krüge gefüllt, wo es rasch abkühlt und gar nicht schlecht zum Trinken ist. Wir brauchen das nur filtrierte Wasser zum Kochen, das gekochte zum Trinken und Zähne putzen und das direkte Backwasser zum Waschen und Baden etc. Das ist also eine kleinere Sorge (hier in Bandjermasin), als ich dachte. Von Tieren werden wir auch ein wenig geplagt: wir hatten am ersten Tag weisse Ameisen in einem Zimmer; aber nach einem guten Gutsch Petroleum sind sie verschwunden. Im Garten haben sie sich um eine Ölpalme angesammelt und das gibt nun für Brahim ein nettes Ärbetlein, diese zu reinigen. Der Garten sieht noch arg verwüstet aus und es wird noch Monate dauern bis nur der Sumpf daraus

---

[27] Holl. bak, das sind Wasserbehälter aus Beton, die auf Pfählen stehen und das Regenwasser vom Dach sammeln.

entfernt ist. Sie haben mit graben begonnen aber bereits vor Schluss wieder aufgehört. Wirklich, man kann sich nicht genug mit Geduld wappnen in diesem Land!... Was sehr unangenehm ist, das sind die massenhaft Moskiten, die es hier hat. Das Haus ist voll davon, sodass wir, wie alle Missionare, nun als erstes Moskitosicherung machen lassen: d.h. alle Fenster werden mit Drahtgitter überspannt. Allerdings hat man dadurch ein wenig weniger Luftzugang aber lieber das, als das aufreibende Gestech der Insekten. Das arme Mai ist total verstochen. Zum Glück kommen aber keine neuen Stiche dazu oder weniger als anfangs, und die alten heilen. Wegen den Moskiten durfte sie in letzter Zeit fast jeden Morgen zu Frau Zimmermann, weil diese die Sicherung hat und Mitleid mit Mai hatte. Leider gehen Zimmermanns in wenigen Monaten nach Europa. Es ist schade. Ein junger neuer Missionar, den Du, Papa bei der Verabschiedung im Missionshaus sahst, Dürr, kommt an seinen Platz. Auch Hubers gehen dieses Frühjahr fort und Gerlach kommt an seinen Platz. Letzterer sowie auch Herr Huber haben uns charmant geholfen bis wir eingerichtet waren, mit Besorgungen machen, Kisten öffnen etc. Die genaue Grösse des Hauses werden wir später einmal schreiben. Es ist immens! Wir hatten zuerst das Esszimmer vorne; da man aber rein gar nichts hört, was hinten in der Küche vor sich geht, haben wir es nach hinten verlegt... Aber nichts hat mich persönlich *so* betrübt und aufgeregt wie die Tatsache, dass ich das Haus sozusagen allein einrichten musste. Ich hatte eine S..wut auf Schwester Mina, die immer mehr und mehr Patienten brachte, sodass Mattheus's Kabinenkoffer, den er wirklich selbst auspacken musste, etwa vier Tage in unserm Zimmer herumstand. Am Mittwoch und Donnerstag war ich einfach fertig und hatte ganz schrecklich den Heuler! Die letzte Woche verlief sehr eintönig, immer auspacken und aufräumen und den Haushalt einfädeln. Aber nun ist es ziemlich soweit, nur hängen noch keine Bilder: einige Kalender erfreuen uns als einzigen Wandschmuck. Am Montag, also gestern, begann die Konferenz. Im ganzen sind es etwa 20 Missionare, wovon ein einziger Holländer, eben dieser Bakker mit seiner Familie, die bei uns wohnen. Wir haben ihnen zwei Zimmer zur Verfügung gestellt. Sie machen selbst Haushaltung... Mit den Bakkers haben wir nur angenehme Unterhaltung. Natürlich allein sind wir eben nicht, denn gewisse Rücksichten nimmt man trotz getrennter Haushaltung. Ich hoffe ja schon ein wenig, dass sie dann nach den geplanten sechs Wochen wieder gehen. Die Konferenz hat also gestern begonnen und zwar besteht sie aus Sitzungen, die morgens von acht bis zwölf dauern. Bis zehn Uhr sind es Besprechungen über Schule etc. und dann werden Frauen zugelassen und die Missionare lesen ihre Berichte vor. Abends hat Mattheus immer verschiedene Leute zu untersuchen, hauptsächlich natürlich Missionsleute. Heute hat er geimpft und so ist immer etwas los.»

Soweit die ersten persönlichen Eindrücke im neuen Aufgabengebiet.

Anfangszeit in Bandjermasin

Die Kolonialregierung in NL-Indien

In Batavia, der Hauptstadt des niederländischen Kolonialreiches, befand sich die Regierung von Niederländisch-Indien. Hier residierte, mit höchster Würde und Vollmacht ausgestattet, der Gouverneur-General, (G.G.) persönlicher Vertreter der Königin Wilhelmine. In Batavia, d.h. in Weltevreden, befanden sich alle zentralen Regierungsämter. Dort residierte der Missionskonsul, der für die Missionstätigkeit im ganzen Kolonialreich zuständig war. Er vermittelte zwischen den Missionen und der holländischen Regierung. In seine Kompetenz fiel die Zuteilung der missionarisch zu betreuenden Gebiete an einzelne Missionsgesellschaften, an die Katholiken, die Evangelischen, Heilsarmee, Pfingstler etc. Er war Mittelsmann zu Oegstgeest, dem Zusammenschluss der holländischen Missionen in Leiden, und Verhandlungspartner der BM. Der ‹Dienst voor Volksgezondheid› (DVG), ebenfalls in Weltevreden, hatte über Spitalbauten und Gesundheitswesen im ganzen Kolonialgebiet zu befinden und war für die Planung in Borneo von grösster Bedeutung.

Bei seiner Einreise aus der Schweiz und der Ankunft in Batavia am 14. Juni 1927 macht deshalb Dr. Vischer als erstes seine Aufwartung und persönliche Vorstellung beim Missionskonsul in Weltevreden. Der Konsul erklärt, dass er dafür eingestanden sei, dass das zukünftige Missionsspital in Kuala-Kapuas gebaut werde, dass er das Gesuch zur Zulassung einer Praxis unter den Einheimischen in Borneo für Mattheus eingereicht habe und auch die Zulassung zum praktischen Arztexamen – obwohl dieses für Missionsärzte ‹eigentlich nicht nötig› sei. Mattheus hat für dieses Argument wenig Verständnis, denn er vermisst eine gründliche Ausbildung in Tropenmedizin, was doch eine Voraussetzung für die Praxis sein müsste. Immerhin erfährt er später die Genugtuung, dass sein Bemühen um dieses Examen geschätzt wird und sich in Borneo als überaus wertvoll erweist, als es gilt, sich gegenüber den Militärärzten zu behaupten.

Bandjermasin, Hauptstadt Süd-Borneos

Bandjermasin[28] war damals Hauptstadt der Süd- und Ostabteilung Borneos; dazu Hauptstadt von ganz Niederländisch Borneo, in welcher sich die Residenz des Gouverneurs von Borneo befand. Die Stadt war ein Umschlagsort von Gütern, mit Export von Gummi, Holz und Rotang und Import von allem, was lebensnotwendig war, wie Reis, Früchte, Gemüse und vieles mehr. Lange bevor die Holländer kamen, war Bandjermasin ein Sultanat. Das Küstenmalaiische Volk, die Bandjaresen, machen etwa 95 bis 100% der Bevölkerung aus, sind malaiischen Ursprungs, aber mit anderen Völkern gemischt, meist Muslime. Sie sind Individualisten und passen sich der westlichen Zivilisation leicht an. Die übrige Bevölkerung, etwa 5%, besteht aus einer bunten Mischung von Dajaken, Chinesen, Arabern und Europäern.

1927 herrscht in Bandjermasin der ‹Resident›, oder Gouverneur, Vertreter des G.G. in Batavia. Die Stadt selbst steht unter einem ‹Assistent Resident›, der zugleich ihr ‹Burgermeester› ist. Ein Militärspital nimmt auch zivile Kranke auf und führt Operationen durch. Dieses Spital untersteht einem ‹Ersten Arzt›, Dr. Satu[29], der auch Vertrauensarzt des DVG[30] in Batavia ist, und einem ‹Zweiten Arzt›.

Die Organisation der BM auf dem Felde

Die ganze missionarische Tätigkeit auf dem Feld, d.h. in Süd-Borneo, wird geplant und geleitet vom Feldausschuss, kurz ‹Ausschuss›[31] genannt, der vom Komitee in Basel bestimmt und in Bandjermasin eingesetzt wird. Der Ausschuss kann ohne den Segen der BM, d.h. des Komitees in Basel, nichts beschliessen. Alle Pläne werden immer nach Basel geschickt, dort beurteilt und beschlossen. In den Jahren 1928 bis 1930 wurde die ärztliche Mission, so muss man sagen, ‹zwischen Basel und Batavia› geplant. Es wurden Pläne entworfen, verworfen, neu geplant, diskutiert, Subsidien von der Regierung versprochen, wieder zurückgezogen und schliesslich doch gewährt. Missionsarzt und Missionsbaumeister mussten sich mit Verhandlungsgeschick und viel Geduld immer wieder auf neue Vorschriften einstellen. Geplant wurde ein Diakonenhaus mit Zimmern für die Krankenschwestern, für durchreisende Gäste wie auch für europäische Patienten. Dazu sollte eine Poliklinik, ein Spital und ein Doktorhaus entstehen.

---

[28] Bandjir: starker Wasserstrom, assin: Salz/salzig.
[29] Indonesisch: satu, dua, tiga, d.h. eins, zwei, drei, also Dr. Satu = der Erste (Arzt).
[30] DVG: Dienst voor Volksgezondheid.
[31] Mitglieder sind Missionare: der Präses als Leiter oder Vorsitzender, der Generalkassier und mindestens noch ein Mitglied (Aktuar).

Die Missionsstation der BM besteht aus einer Kirche, Knabeninternat und Lehrerseminar. Eine Hebammenschwester, Schwester Mina Föll, ist schon seit 1923 ansässig und bei Geburten in Missionshäusern und bei den Einheimischen behilflich. Das Werk in Borneo untersteht dem von Basel aus bestimmten Präses mit seinem Ausschuss.

9. OKTOBER 1927, DER MISSIONSKONSUL, DIR. DR. BROUWER, BETR. SPITALPLANUNG NACH BASEL: «Unserer Meinung nach wäre am besten, vorläufig in Kuala-Kapuas ein kleines Hauptspital zu bauen, wo auch Dr. Vischer stationiert wird und ein kleines Hilfs- oder Nebenspital in Bandjermasin. Später kann man dann sehen, wie die Sache sich entwickelt. Während die Gründe, die für Bandjermasin angeführt werden nach dem Urteil von Gebiets- kennern für unanfechtbar angesehen werden müssen, müssen wir doch von dem Standpunkt ausgehen, dass Kuala-Kapuas darauf angewiesen ist, da die Regierung ihre Subsidie dafür zugesagt hat und es nun nicht gut gehen würde, wenn man nun nochmals anfragen würde, ob man das Spital in Bandjermasin bauen dürfe, denn man wird entgegnen, dass dort schon ein Militärspital und zudem genügende medizinische Hilfe vorhanden ist. Die beste Lösung schiene uns, dass man von Anfang an auf eine Kranken- hausfiliale in Bandjermasin hinarbeiten würde, in der Nähe des Hauptkrankenhauses. Und sowohl die Regierungsbeamten in Bandjermasin mit denen wir darüber sprachen, als der Beirat für das Spitalwesen, Dr. Deggeler, den ich zufällig auf meiner Weiter- reise an Bord des KPM-Schiffes[32] traf und mit dem ich diese Sache auch besprach, schienen mit dieser Lösung völlig einver- standen.»

Doktor Vischer als Planer der ärztlichen Mission

Ankunft und Einzug in Bandjermasin

Kaum steht im Januar 1928 der so lange erwartete Arzt da, fallen die verschiedenen in ihn gesetzten Erwartungen über ihn herein: Die in Bandjermasin lebenden Europäer erwarten, dass er sofort eine Privat- praxis aufnehme.

Auch ist die Diskussion um den Standort des Missionsspitales in Bor- neo in vollem Gang. Dr. Vischer findet sich mitten in Argumenten ‹dafür

---

[32] KPM-Schiff = Koninklijke Pakketvaart Maatschappij (Königliche Pakettrans- port-Gesellschaft).

und dagegen› und kennt doch die Situation in Borneo noch nicht aus eigener Anschauung. Nun erweisen sich die in Java geknüpften Kontakte zu den besuchten Missionsärzten als wertvoll in den Auseinandersetzungen. Die Leitung in Basel, das Komitee, muss letztlich Stellung beziehen und entscheiden.

13. FEBRUAR 1928, DR. VISCHER AN INSP. OETTLI: «Als ich hierher kam türmten sich berghoch die mancherlei Schwierigkeiten vor mir auf, sodass mir fast bang werden wollte. Dann löste sich das Eine und Andere, wir sahen einen Weg, den zu beschreiten wir im Prinzip beschlossen. Nun macht aber der hiesige erste Militärarzt, der nächst Weltevreden massgebliche Instanz ist, mehr Schwierigkeiten, als es zuerst schien, und mehr, als mir gerechtfertigt scheinen. Er hat mich heute zu sich beschieden, um mir zu eröffnen, dass ich hier keine Praxis ausserhalb des Kreises der Mission ausüben dürfe... Wir müssen jedenfalls arg behutsam vorgehen, wenn wir nicht jetzt und für alle Zeit die Subsidien verlieren wollen, denn wenn wir jetzt erklären auf die Subsidie verzichten zu können, so besteht m. E. die grosse Gefahr, dass uns das ewig als Vorwand zu abschlägigen Bescheiden vorgehalten wird. Wir haben einen grossen Fehler gemacht, als wir das Gesuch um Subsidie für Kuala-Kapuas einreichten, denn nun sind wir festgenagelt und können uns nur sehr schwer die nötige Handlungsfreiheit zurückerobern... Wahrscheinlich sind Sie erstaunt, dass ich den Kampf wegen der Platzfrage überhaupt schon eröffnet habe, nachdem Sie mir bei der Ausreise gesagt hatten, die Platzfrage solle vorläufig nicht aufgerollt werden. Ich kann nichts dafür. Ich bin aber eben damit überfallen worden. Schon bei der allerersten Begegnung fragte mich der erste Arzt ob wir *nicht nach* Kuala-Kapuas gehen würden. Die Frage liegt eben auf der Hand... Der Burgermeester van Bandjermasin, Assistent Resident van Suchtelen sagte beim ersten Besuch, er begrüsse jeden Arzt, der komme, denn es sei ein sehr dringendes Bedürfnis nach Ärzten hier, die drei genügten für die 70 000 Menschen lange nicht. Er trug mir auch gleich eine neu zu gründende Poliklinik an und war eher enttäuscht, als wir ihm wegen Mangel an Zeit und Hilfsmitteln absagten. Er werde in einigen Monaten wieder fragen. Anscheinend hat er aber weder die Energie noch die Macht gegen den Vertrauensarzt des DVG vorzustossen... Auch der Resident sagte im Gespräch, für unsere weitere Absicht wäre doch wohl Bandjermasin richtiger. Aus all dem glaubten wir

schliesslich schliessen zu können, dass die öffentliche Meinung uns in Bandjermasin nicht ungern sähe, dass uns aber die Herren Militärärzte um ihres Prestiges willen und wohl auch um ihrer Nebeneinnahmen willen gern möglichst gründlich ins Binnenland drängen möchten. Die Sache beschäftigt anscheinend die Gemüter ausserhalb der Mission mehr als wir ahnen.[33] [...Hier hätten wir ein Haus] und das dürfen wir nicht benützen, weil wir zur Pflege der Eingeborenen Unterstützung der Regierung wünschen. Es ist nun doch so herausgekommen, wie Crommelin[34] und die Herren... es voraus sahen, als sie uns dringend rieten, wir sollten *ohne* die Regierung beginnen und dann, wenn wir die Situation beherrschten erst für ganz bestimmte Dinge die Hilfe der Regierung in Anspruch nehmen. Ich bitte Sie nun mit Geduld die Dinge sich entwickeln zu lassen... Zunächst müssen wir still abwarten ob sich das Land kaufen lässt. Fällt dieses aus, dann ist es überhaupt unmöglich in Kuala-Kapuas einen Spital zu errichten, wohl aber einen Kleinen Hilfsspital der als Ausläufer die Patienten hierher leiten würde. Sobald ich klar sehen kann will ich nach Weltevreden reisen, um mit dem Konsul zusammen bei dem DVG persönlich unsere Sache zu vertreten. Es will mir nicht recht in den Kopf, dass wir in Kuala-Kapuas stille sitzen und unter so viel ungünstigeren Bedingungen arbeiten und hier das Feld, das der Bearbeitung harrt, glücklicheren Konkurrenten räumen sollen. Es ist mir in diesem Zusammenhang doch wichtig, dass uns die Schlangenklugheit doch auch geboten worden ist, nicht nur die Demut. Ich möchte oft viel lieber einfach gehorchen und die Dinge nehmen wie sie eben einmal sind, aber kann ich das im Hinblick auf die Zukunft so ohne Weiteres verantworten? Mir scheint Nein!... Sehr eingenommen sind wir beide von der Persönlichkeit von Herrn Henking. Wie er als Präses die Verhandlungen leitete, war immer wieder bewundernswert. Er ist eben immer suverän, ruhig, überlegt, freundlich, sachverständig. Auch

---

[33] Es ist eine ärgerliche Situation: In Kuala-Kapuas kann man kein Land kaufen, weil die Eigentümer weg sind, vielleicht wieder kommen, dann kann man vielleicht kaufen und bauen... oder sonst eben nicht. In Bandjermasin wird in einem grossen Haus gewohnt, das frei in Garten steht, Platz hat, evtl. für Operationen, auch für kranke Missionsleute.

[34] Missionskonsul im Ruhestand in Holland.

im privaten Verkehr ist er so. Er sollte der Borneo-Mission erhalten bleiben. Etwas schwierig ist, das muss ich Ihnen im Vertrauen, aber mit aller Deutlichkeit jetzt schon sagen, die Situation der Schwester Mina. Sie hat sich nach dem Urteil aller Missionare, die ich befragt habe, den Dajak nicht anpassen können... Das beeinträchtigt den Wert ihrer hohen Tüchtigkeit. Es wurde mir sehr ernstlich geraten, sie im Interesse des Werkes zurückzuhalten, sie schrecke die Leute ab und verletze sie. Ich habe weniger Mühe mit ihr, als meine Frau, da sie oft ungestüm mit ihren Bedürfnissen, denen man ja gerne entsprechen will, in den Haushalt platzt. So geht es dann eben auch auf den Missionsstationen, wenn sie zur Wochenpflege da ist, da wird dann auch manches auf den Kopf gestellt, kurzerhand und ohne zu fragen. Doch dulden das die Geschwister, weil sie ja dankbar sind und wissen, dass es nicht aus Bosheit geschieht, sondern aus tappiger Eigenart... Ich bitte um baldige Zusendung einer Schwester, die v.a. *sehr* taktvoll ist, feinfühlig, aber mit einer zähen Konsequenz. Fachkenntnisse sind von untergeordneter Bedeutung. Sie muss Holland aber gut kennen...»

Anfang Februar findet die ‹*grosse allgemeine Konferenz der Missionare*› in Bandjermasin statt. In diesem Gremium wird die Frage des zukünftigen Standortes des neuen Spitals heftig diskutiert. Nach Dr. Vischers Antrag wird ein Beschluss gefasst und vom ‹Ausschuss›, dem obersten Organ der BM in Süd-Borneo, nach Basel an das ‹Komitee›, das oberste Organ der BM, gesandt. Die Bitte geht dahin, den Standort des Spitals nicht in Kuala-Kapuas, dem Hauptort der Dajaken, sondern in Bandjermasin festzulegen.

25. FEBRUAR 1928, STELLUNGNAHME DR. VISCHERS NACH BASEL: «*Zur Wahl des Standortes für die ärztliche Mission in Borneo,* etwas veränderte Wiedergabe der Ausführungen vor der Generalkonferenz. Die 11 Anträge an das Komitee: 1) der Arzt nehme jetzt seinen Standort in Bandjermasin... / 2) In Kuala-Kapuas werde sofort das ins Auge gefasste Land für den Spital gekauft und werde der Bau eines kleinen Spitals energisch vorbereitet, um den Bedürfnissen der Dajak und dem Wunsch der Regierung möglichst entgegenzukommen... / 3) An diesen Zweigspital werde Br. Göttin gestellt... / 4) In Bandjermasin beginne man mit einem kleinen Spital für Frauen und für operative Patienten und bereite den Bau einer grösseren Anlage vor... / 5) Die Bitte um schleunige Aussendung einer zweiten Schwester wird ausgesprochen... /

6) Ein Diakon ist bereit zu stellen, um Br. Göttin[35] abzulösen... /
7) Basel möge sich entschliessen, nötigenfalls im Interesse eines
rationellen Aufbaus des ärztlichen Werkes auf die Subsidie der
Regierung zu verzichten... / 8) Der Arzt erhalte die Kompetenz... in Gegenwart des Missionskonsuls in Weltevreden mit den
massgebenden Fachleuten zu sprechen... (Es eilt einigermassen,
da wir bis 6. Nov. feste Pläne haben sollten.) / 9) Die Verlegung
des Seminars (in Bandjermasin) sei endgültig zu beschliessen... /
11) Dem Arzt sei so bald als möglich, ein leichtes Motorboot zu
beschaffen... Es wurde und wird noch häufig das Schlagwort laut,
der Missionsarzt gehört an die Front. Die Praxis hat aber im
Gegensatz zu doktrinären Erwägungen erwiesen, dass der Missionsarzt, wo es anders möglich ist, d.h., wo nicht der Missionsarzt
den Missionaren das Land erst erschliessen muss, (wie im Tibet
u.a.) an die Etappe gehört, genau so wie das Feldlazarett im
Krieg. Wir müssen zuerst die Etappe besetzen, wo die Verbindungen zu allen Stationen zusammenlaufen, um von dort aus das
Werk der ärztlichen Mission aufzubauen. So wie in der Heimat
die christliche Krankenfürsorge das Volk durchsetzt, so muss es
auch hier werden. *Pflege der Kranken* ist eine unausweichliche
Verpflichtung für die christliche Gemeinde und rationelle *ärztliche Hilfeleistung* entsprechend dem jeweiligen Stand der med.
Wissenschaft, soweit es irgend in unserer Macht steht, ist unsere
Pflicht vor Gott, der uns diese Wissenschaft gegeben hat. (Nicht
nur gegenüber unserer Kultur, denn die ‹Kultur-mission› ist ein zu
umstrittenes Wertobjekt.) Die *Basis* soll uns also ermöglichen:
alle Stationen so gut als möglich zu erreichen; sie muss jede dringende ärztliche Behandlung ermöglichen, Gelegenheit zu guter
Krankenpflege bieten und uns in den Stand stellen, Pflegepersonal und Hebammen auszubilden... Als Basis kommen nur zwei
Orte in Frage: Bandjermasin und Kuala-Kapuas... In der *Instruktion für die ersten* Basler Missionare spricht das Komitee schon
die Absicht aus, in Borneo mit ärztlicher Arbeit zu beginnen.
Gleich setzten auch zwischen Präses, Behörden und Basel die
mühseligen Verhandlungen ein, die noch lange nicht an ihrem

---

[35] Br. = Bruder. Göttin ist als Diakon eingestellt, sollte aber als Missionar
wirken können.

Ende sein werden. Auf mir ruht nun die grosse Last, den inzwischen entstandenen, fast Gordischen Knoten aufzulösen, oder zu durchhauen. Letzteres entspricht meinem Temperament weniger, – (aber mich in den Knoten einflechten zu lassen, ebenso wenig.)...»

In Basel findet diese Stellungnahme und der Vorschlag, in Bandjermasin zu beginnen, keine Gnade und wird, wie sich später herausstellt, mit guten Gründen abgelehnt.

17. APRIL 1928, ANTWORT DR. VISCHERS AN INSP. OETTLI: «Man hat ein Stückchen Land in Kuala-Kapuas gefunden, das allerdings nur 50 m breit und 200 bis 500 m tief ist. Aber es würde für einen Hilfsspital vorderhand genügen. Freilich wollen die Eigentümer dafür 5000 Gulden, was ein unverschämter Preis ist, aber wir müssten fast nicht aufhöhen[36], was bei andern Grundstücken, die nun auch zur Diskussion stehen, der Fall wäre. Z.B. müssten wir bei einem Stück, das der Regierung gehört, wahrscheinlich mehr als 5000 fl. ausgeben, bis wir das Land brauchbar hätten. Mir persönlich gefällt Kuala-Kapuas immer besser. Ich würde gerne dort niederlassen, abseits dem Weltgetriebe; ich schaue die Bertriebsfrage nicht mehr gar so düster an; freilich schwierig genug wäre sie. Für mich ist nun der Hauptgrund für Bandjermasin der, dass ich befürchte, dass wir in Kuala-Kapuas nicht genügend Spitalpatienten bekommen würden, um Pflegeschüler haben zu können. Eigentlich schiene es mir das Richtigste, einige Zeit in Kuala-Kapuas zu fuhrwerken und dann, wenn es möglich erschiene, wenn der Diakon käme, nach Bandjermasin zu zügeln...»

Die Schwierigkeiten in bezug auf die Berufsausübung als Missionsarzt und als Planer der ärztlichen Mission, des Spitalbaues und seines Standortes im speziellen, brauchen alle Kräfte und scheinen zu keinem Ende zu führen. Der negativ gefasste Beschluss des Komitees zum Vorschlag, in Bandjermasin zu beginnen, enttäuscht Dr. Vischer, da er die sachliche Stellungnahme des ‹Ärztlichen Beirats› der BM vermisst.

18. MAI 1928, DR. VISCHERS ARBEITSHYPOTHESE: «Wir warten mit Sehnsucht auf Richtlinien. Ich muss nun bald Handlungsfreiheit haben, denn der jetzige Zustand ist unbefriedigend. Heisst es

---

[36] Das zu tief liegende Land wird in der Regenzeit oder bei Hochwasser überschwemmt, deshalb muss das Bauland mit Erde «aufgehöht» werden.

doch schon den ganzen Barito hinauf, der Doktor Zending[37] in Bandjermasin dürfe niemand behandeln. In Kuala-Kapuas geht die Langweilerei weiter: wir haben noch immer kein Land... Ich werde bescheiden. Ich habe als Arbeitshypothese folgenden Plan gemacht: Ich schaffe mir Praxisfreiheit in Bandjermasin, sei es mit oder ohne Subsidie. Dann eröffne ich hier die Praxis, die aber nicht aufblühen wird, weil ich in den nächsten zwei Jahren viel fort sein werde. Ich werde meine Hauptkraft der Arbeit in Kuala-Kapuas widmen und daneben schauen mit dem Binnenland, auch am Barito, mehr Fühlung zu bekommen. Ich werde in meinem Haus ein Krankenzimmer einrichten und... Damit habe ich dann dem öffentlichen Ruf genüge getan und brauche wohl kaum zu fürchten, dass uns die Katholiken in den Rücken schiessen werden. In Kuala-Kapuas hat sich die Arbeit recht nett angelassen. Ich habe den Eindruck, wir könnten aus eigenen Kräften eine kleine, zweckmässige Anlage gut unterhalten. Sie müsste bestehen aus einem Haus für den Diakonen und einem Poliklinikgebäude und einem Haus in dem die von Fern her kommenden Leute wohnen könnten. Für den Diakon brauchen wir ein Missionshaus mit allem Zubehör. Es muss auch ein Gastzimmer für mich enthalten, etc.... Die Poliklinikbude kann klein sein... Ein Motorboot muss ich *bald* haben... Wie denkt man sich in Basel die fernere Entwicklung der ärztlichen Mission? Wenn wir in Bandjermasin bleiben wollen, dann müssen wir zwei Ärzte sein, einer hier und einer in Kuala-Kapuas. Beides ist nach den bisherigen Erfahrungen zusammen zu viel, um intensive Arbeit zu treiben. Haben Sie einen zweiten Arzt in Aussicht? Dieser sollte ein perfekter Chirurg sein, der vor nichts zurückschrecken braucht, denn sein Stand hier wird nicht leicht sein. Ich kann eben auf den Titel Chirurg keinen legitimen Anspruch machen, ich bin Feld-, Wald- und Wiesenarzt. Um den Diakon kommen wir nicht herum. Es sollte auch jetzt schon eine Schwester zur Nachfolge von Schwester Mina Föll bestimmt werden. Und für die bitte ich dringend um das holländische Hebammendiplom! Da sie zu dessen Erwerbung drei Jahre braucht, so sollte sie in diesem Jahr dorthin geschickt werden, denn in drei Jahren ist Schwester Mina

---

[37] Zending = Mission, Doktor Zending = Missionsarzt.

72

ganz gewiss urlaubsreif... Eine grosse Beruhigung wäre es mir zu wissen, dass Sie für mich einen Ersatz hätten, falls es nötig wäre. Ich gedenke zwar meine sieben Jahre zu absolvieren, es sollte aber doch ein Ersatzmann bereit stehen, da ein frisch begonnenes Werk nicht abgebrochen werden sollte, was durch eine Krankheit unbedingt geschehen würde, und dann würde sich gewiss die Regierung hineinsetzen, um zu ernten, wo sie nicht gesäht hat... Bis dahin (in ein bis zwei Jahren) kann wohl Göttin in der Poliklinikbaracke nach meinen Anordnungen wirken. Wir denken daran, sie neben der Kirche aufzustellen.»

Die konkrete Planung aber harzt, denn die Briefe in die Schweiz und ihre sofortige Antwort zurück nach Borneo brauchen ca. 16 Wochen. Wenn in Basel die Komitee-Sitzung eben abgehalten worden ist und die nächste erst einige oder gar viele Wochen (Sommerferien) später einberufen wird, sind es rasch 20 Wochen und mehr.

Der Missionskonsul in Weltevreden muss alle Planung begutachten, selbst unterstützen und beim DVG und vor der Regierung vertreten. Auch diese Verhandlungen sind äusserst schleppend, wie der folgende Brief belegt:

Bandjermasin, 18.5.28

«Sehr geehrter Herr Missions-Konsul!
Ihr hartnäckiges Schweigen bringt mich in grosse Verlegenheit. Haben Sie denn die Briefe vom 3.4. und 8.5. nicht erhalten? Ich sollte wirklich *sehr nötig* wissen, wann ich nach Weltevreden kommen kann...

Es hat sich mittlerweilen sehr deutlich gezeigt, dass unter allen Umständen danach muss getrachtet werden, dass ich für Bandjermasin Praxisfreiheit bekomme, denn ich bin schon am ganzen Barito bekannt, als der Zendingsarts, der keine Chinesen und Europäer behandeln dürfe, also als Doktor II. Klasse der *unter* dem Doktor djawa [von Java] und unter dem ‹dokter› djapaan [von Japan] steht. Und gerade, um nicht ein Doktor II. Klasse sein zu müssen, habe ich doch das teure Examen in Surabaja gemacht. Es kommen deshalb bisher fast keine Patienten vom Barito, während vom oberen Kahajan und Kapuas schon welche gekommen sind. Jetzt kamen einige Dajak vom Barito und die haben mir schon wieder andere geschickt. Daraus ergibt sich die Richtigkeit unserer Annahme, dass trotzdem manche Ärzte am Barito sind, doch noch für einen Missionsarzt in Bandjermasin Arbeit übrig bleibt...

Ich bitte Sie also höflich um Ihre Vermittlung und um baldige Antwort. Womöglich würde ich eben gern vorher eine Binnenlandreise machen. Und ein Brief von Weltevreden hierher braucht eine Woche!...

Zuerst vor Allem muss doch die Lage in Kuala-Kapuas klar sein. Das ist sie noch nicht. Dann muss die Antwort von Basel da sein. Das ist noch nicht möglich. Dann muss ich selbst wissen, was ich in Bandjermasin machen kann und was nicht. Dazu gehört doch auch die Sicherung der nötigen Häuser... Dass ich es für richtig halte in Bandjermasin zu bleiben, wissen alle Amtsstellen, es wissen aber auch alle, dass ich mich bemühe den Wünschen der Regierung entsprechend, in Kuala-Kapuas mir ein Wirkungsfeld zu schaffen... Die Abgabe von Medizinen, die das Gouvernement liefert darf nicht gratis geschehen, die Missionare sowohl, als die Regierungsärzte sind verpflichtet, etwas zu verlangen, da die Regierung die Erfahrung auch gemacht hat, dass bezahlte Medizinen mehr geschätzt werden, als geschenkte. In allen Missionsspitälern, die ich sah, wird für Medizin und Behandlung Bezahlung verlangt...
Mit vorzüglicher Hochachtung
und höflichen Grüssen
Ihr ergebener *Dr. M. Vischer*»

Nach mehrmaligen, fast verzweifelten Versuchen, mit dem Missionskonsul in Kontakt zu kommen, gelingt endlich die Reise für eine persönliche Besprechung in Weltevreden, Batavia.

4. SEPTEMBER 1928, WELTEVREDEN, DR. VISCHER AN INSP. K. EPPLE, STELLVERTRETER VON INSPEKTOR OETTLI: «Ich habe den Eindruck, es sei jetzt gerade der rechte Moment gewesen, um die Lage zu besprechen. Sie war doch in jeder Hinsicht so weit abgeklärt, dass ich bestimmt auftreten konnte. Durch das Verbot der Privatpraxis, das also *nicht* haltbar ist, habe ich nichts verloren. Dass es nun fällt, ist freilich sehr an der Zeit. Unser ruhiges Fortgehen hat *hier* jedenfalls einen guten Eindruck gemacht und die Lage in Bandjermasin auch verbessert. Es geht nun alles mit weniger Aufregung und Reibung.»

Die Praxis in Bandjermasin

17. APRIL 1928, DR. VISCHER AN INSP. OETTLI: «Meine Praxis entwickelt sich recht ordentlich, besonders in Kuala-Kapuas habe ich immer mehr Patienten. Dort aber neben mancherlei interessan-

ten, auch schon viel langweilige «Klöni»[38], denen nichts fehlt, denen man aber die Ehre antun muss, sie zu untersuchen und sie wichtig zu nehmen.»

4. JUNI 1928, DR. VISCHER AN INSP. OETTLI: «Die Opposition der beiden Militärärzte flaut ab; die Herren haben Urlaubspläne. Dr. van Andel geht im Mai nach Holland, der zweite ein Jahr später in die Schweiz. Für ihre Nachfolger bin ich dann schon der Ältere, die werden kaum etwas denken, umsomehr, als sie sehen, dass ich ihre Wege kaum kreuze.»

22. OKTOBER 1928, DR. VISCHER AN INSP. OETTLI: «Die Poliklinik in Kuala-Kapuas steht und bewährt sich vortrefflich… Mit Ungeduld warten wir auf die Genehmigung meines Voranschlages 1928, denn ich habe keinen Kredit beim Generalkassier, um die Baurechnungen bezahlen zu können. Das ist mir peinlich…»

Betsys Zusammenarbeit mit Mattheus ist ihr von grösster Bedeutung. Die Praxis befindet sich im Wohnhaus. Der Gang, das Zentrum des Hauses, ist zugleich Warteraum für die Patienten im hinteren Teil und im vorderen das Familien- und Esszimmer. In den hinteren Räumen oder Nebengebäuden werden Patienten mit ihren Familien, die oft von weit her kommen, untergebracht. Sie werden von Schwester Mina betreut, aber Betsy muss immer wieder mithelfen, was sie gerne tut.

16. OKTOBER 1928, BETSY: «Am Mittwoch haben wir zusammen eine Frau an ihrem Augendeckel operiert. Es war eine Kleinigkeit, aber doch ganz interessant. Nun haben wir wieder Patienten mit drei Kindern in unserem Hinterhaus; d.h. es sind jetzt nur noch zwei Kinder, weil letzte Woche ein zweijähriges Mädchen gestorben ist. Sie haben alle Disentherie und sind eher krank. Dasjenige welches starb, kam schon fast tot von der Reise in unser Haus. Es ist eben schrecklich, dass die Leute, sogar Christen, nicht zur Zeit zum Arzt kommen und dann sind eben diese riesigen Reisen auch ein schreckliches Hindernis. Wenn die Leute dann einmal da sind, dann sollte man sie auch unter ständiger Aufsicht haben, denn sie geben perse Reis und Fisch den Kindern, die noch so krank sind. Sie sind immer die selben: unvernünftig, ob Christ, Mohammedaner oder Heide! Und was das Einspringen für Schwester Mina anbelangt, so tue ich das nur

---

[38] ‹Klöni›: Dialekt für eine Person, die viel jammert.

gerne und müsste es nicht tun, wenn es mir zu viel wäre. Es ist zudem auch meistens ‹Sitzarbeit›, wie z.B. das Pulvermachen oder Papier schneiden oder Karten schreiben etc.»

23. APRIL 1929, BETSY: «Brahim hilft Mattheus ganz gut. Dieser geht auch mit nach Tewah. Nun muss ich diese Woche Mattheus seinen Proviant zusammenstellen, dann Pfannen, Kochlöffel und anderes Geschirr für die Reise kaufen; er ist eben zehn Tage im Schiff und da braucht er allerhand. Auch einen Überzug für seine Reisematratze werde ich ihm wohl noch nähen müssen und sonst noch allerhand. Aber ich habe ja acht Tage Zeit noch und so wird es keine Hetze geben.»

1929: Die Spitalplanung wird konkreter

21. MÄRZ 1929, INSP. OETTLI AN DR. VISCHER: «Die Pläne des Spitales müssten hier noch dem ärztlichen Beirat vorgelegt werden, möglichst zusammen mit Plänen des Spitales in Agogo an der Goldküste… [Vielleicht könne man nicht viel machen, weil Vorschriften der niederländischen Regierung die Hände binden…] Manche Gemüter auf Borneo scheinen sich noch nicht darüber beruhigt zu haben, dass der Spital nach Kuala-Kapuas kommen soll. Herr Epple hält das aber unentwegt für das Richtige und ich war froh, aus Ihrem Brief zu ersehen, dass auch Sie sagen, missionstrategisch sei Kuala-Kapuas der rechte Platz. Wie die technischen Schwierigkeiten überwunden werden sollen, ist eine offene Frage… Eine ärztliche Mission unter den Mohammedanern dürfte vielleicht einmal der erste Vorstoss in ein Gebiet sein, das uns bisher so gut wie völlig verschlossen war. [Zusammen mit einem evtl. späteren Spital in Bandjermasin.]»

26. MÄRZ 1929, DR. VISCHER AN BORNEO-INSPEKTOR BETR. SPITAL-PLÄNE: «Ich bitte um Besprechung der Pläne in Basel, v.a. mit dem medizinischen Beirat. Die Sache ist drängend… Wir haben nämlich auf unser Gesuch hin Zeit zur Einreichung der bereinigten Pläne bis 1. Februar 1930 bekommen.»

3. MAI 1929, DR. VISCHER AN INSP. OETTLI, *zum Spitalbau:* «Das Diakonenhaus soll also zuerst entstehen. Zurzeit sind sie mit der Herrichtung der Eisenholzpfähle beschäftigt. Über Tempo und Kosten der Bauarbeiten kann noch nichts gesagt werden. Die Säge, auf die so viel Hoffnung gesetzt wurde, läuft ja noch nicht. Ihre Ankunft hat sich schliesslich sehr lang hinausgezogen, nach-

dem es zuerst geheissen hatte, «der Baumeister bringe die Motor-
säge mit». Gegenwärtig fehlen auch die notwendigen Daten über
den Motor betr. Umdrehungszahl und dergl. Deswegen kann ihn
Röder noch nicht aufstellen, da er die nötige Übersetzung nicht
konstruieren kann ohne diese Unterlagen... Ein Nachteil ist der
rege Verkehr der Werkleute, die nun zum grossen Teil noch im
Missionshaus wohnen, aber das ist ja nur ein Provisorium. Nun
entsteht in Kuala-Kapuas eine eigentliche Missions*station*, wie sie
im Buche steht, mit Kirche, Schule, Spital und Werkstätten...»

20. JUNI 1929, WELTEVREDEN, VON DR. O. DEGGELLER, DVG, AN
DR. VISCHER: [Aus Batavia erfolgt die Rücksendung der provisorischen Entwürfe und des Voranschlages für ein *Krankenhaus in
Kuala-Kapuas*] «Nach genauem Studium der Erläuterungen,
kommt es mir erwünscht vor, mit dem Bau des Krankenhauses in
viel einfacherer Weise zu beginnen. Es ist die Rede von Schülern,
Pflegerinnen, während es doch sehr zweifelhaft ist, ob es wohl in
den ersten Jahren zu einer regelrechten Krankenpflege kommen
kann... Unter solch' primitiven Umständen kann von Ausbildung
keine Rede sein. Ihre Ansicht, dass ein Spital von durchschnittlich
13–20 Patienten per Tag Anspruch auf einen Diakonen als Pfleger
und zwei europäische Pflegerinnen hat, beruht auf einem Missverständnis. Nach der Subsidienregelung hat solch' eine Einrichtung ein Recht auf eine europ. Pflegerin, einen diplomierten eingeborenen Pfleger und etwas nicht diplomiertes Pflegepersonal
(nämlich auf durchschnittlich 12 Patienten per Tag eine Subsidie
von 500 fl. per Jahr.)... Dann werden Sie damit rechnen müssen,
dass für die Wohnung des Arztes vom Staatsbauamt 110 m² zugestanden werden, während Sie 332 wünschen, was doch einen recht
grossen Unterschied ausmacht. Ob einstöckige Bauweise in dieser Sumpfgegend möglich ist, bezweifle ich; es müsste jedenfalls
erst bestätigt werden durch den ersten Wasserbau-Ing. in Bandjermasin. [Alles ist zu gross!] Ich schlage Ihnen also vor zu beginnen mit: 1.) Arztwohnung,... 2.) Schwesterwohnung... 3.) einfache Wohnung für sechs nicht-diplomierte, eingeborene Kräfte, 4.)
Haus für Kranke mit Familien, 5.) Krankensaal für Männer und
Frauen ohne Familien, 6.) Poliklinik, Apotheke, Magazin und
Operationszimmer... Sowohl das Gelände, als auch die geringe
Entwicklung der Bevölkerung rechtfertigen nach meiner Ansicht
diesen *einfachen* Anfang, woraus sich dann vielleicht später eine
gute Spitaleinrichtung entwickeln kann... Höflich ersuche ich Sie

mit meinen Bemerkungen rechnen zu wollen bei der Aufstellung des endgültigen Kostenvoranschlages… Beilage: Modellpläne»

9. JULI 1929, DR.VISCHER AN INSP. OETTLI, REAKTION AUF DIE PLÄNE: «Die Normalmasse der Regierung sind für Kuala-Kapuas zu klein, das sei evident, sagt der BOW[39] Herr. Er hatte seinerzeit die Pläne gesehen und gut gefunden. Er riet mir, an meinen Massen festzuhalten, obwohl sie mir in einigen Fällen nun auch ein wenig gross vorkommen. Der einstöckige Bau hat eben den Nachteil, dass man die unteren Zimmer ziemlich tief machen muss, damit die gewünschte Zimmerhöhe kann eingehalten werden, ohne dass es einen Kirchturm gibt. Aber eine behagliche Wohnung ist in Kuala-Kapuas eine Notwendigkeit und kein verwerflicher Luxus… Es ist doch sicher im Sinne von Basel, dass wir unsere Wohnhäuser und die ganze Anlage so bauen, wie wir es für richtig… halten. Sie kennen ja die Gouvernementshäuser. Küche 3 × 3 Meter, Bedientenkämmerlein 280 × 280 & dergl. Kleine Wohnzimmer, dafür eine prächtige Vorgalerie, die Kinderzimmer, Studier- Näh- Rauch- und Esszimmer ist. Oder täusche ich mich darin?… Im Ganzen ist ja den Holländern unsere etwas unabhängigere Denkweise fremd; sie tun ja fast nur, was subsidiert wird, wissen aber freilich eine Menge Hintertürlein und Vorteile, sodass schliesslich die Bestimmungen in ihrer Wirkung sehr ‹gemildert› erscheinen.»

Der Bau des Arztbootes ‹Barimba›

19. MÄRZ 1928, DR.VISCHER AN INSP. OETTLI: «Ich bin intensiv mit Plänen für mein Motorboot beschäftigt. Man kann es hier machen lassen, muss es auch, da es sonst hier nicht passt und nicht repariert werden kann. Es soll einen Fordbootmotor bekommen von 12 Pferdekräften und Platz haben für sechs bis acht Personen. Der Bau dauert etwa vier Monate, wenn es also bewilligt wird, von Basel, dann kann ich es im November etwa einweihen, das ist fein. Es kostet etwa 8000 Fr. so viel sollte zusammenkommen.»

3. MAI 1928, INSP. OETTLI AN DR.VISCHER: «Das Motorboot sollen Sie natürlich bekommen und wenn Sie noch anderweitige

---

[39] BOW.: Bouw en Woningtoezicht, Bauaufsichtsbehörde in Batavia.

Wünsche haben, so wollen wir Ihnen nach Kräften Rechnung tragen, soweit, diese Einschränkung muss ich ja leider hinzufügen, die Mittel der Missionskasse dies gestatten.»

19. JUNI 1928, DR. VISCHER AN INSP. OETTLI: «Nun muss ich Ihnen leider mitteilen, dass ich gestern einen kleinen Nervenschock erlitten habe… durch Herrn Kühner[40]. Er schreibt mir nämlich ‹dass Sie ein Motorboot für Ihre Bedürfnisse brauchen werden, kann ich mir wohl denken, aber dafür müssen Sie durch die dortigen Instanzen einen Antrag an das Komitee richten und wenn das Geld vorhanden ist, *so wird man wohl darauf eingehen.*› Was soll das nun heissen? Das Motorboot ist mir schon seit ich denken kann zugesagt worden; es wird in verschiedenen Berichten erwähnt und an manchen Orten dafür gesammelt. Endlich habe ich einen *formellen* Antrag an das Komitee *fertiggestellt,* der von der Konferenz einstimmig zur Genehmigung empfohlen wurde und dieser Antrag wurde, laut Ihrer Mitteilung, vom *Komitee angenommen.* Es ist wirklich keine Liebhaberei von mir und kein Sport. Das Boot ist eine absolute Notwendigkeit. Ich habe mit dem Präses die Vorprojekte besprochen und werde sie mit dem Motorbootbauer de Jong hier, der die ‹Hardeland› und die ‹Basel› zur Zufriedenheit aller gebaut hat, definitiv ausarbeiten…. [Es wird etwa 9000.– Fr. kosten und braucht ca. ein halbes Jahr Bauzeit.] Nachdem ich nun bald ein halbes Jahr hier bin und seit Mitte Feb. den Antrag um Genehmigung des Kredits gestellt habe, wird die Sache dringend… Es hätte wirklich keinen Sinn nochmals einen Antrag zu stellen, zumal ja gegenwärtig keine ‹Instanzen› hier sind, weshalb da nochmals zwei bis drei Monate verlieren?… Eine andere Lösung würde mich sehr kränken, denn sie käme nicht nur einem Misstrauensvotum gleich, sondern würde meine ohnehin schon sehr beschränkte Wirksamkeit noch mehr beengen. Wozu noch mehr Zeit, Energie und Geld verlieren? Ihr ergebener…»

17. JULI 1928, MATTHEUS AN SEINEN VATER BETR. MOTORBOOT: «Er weiss auch, welche Motore sich hier bewährt haben… Er muss dann später das Schiff auch pflegen und reparieren und das ist auch wichtig… Es ist hier ein Motor zu kaufen für einen ermässigten Preis, nämlich für 1500.– fl, den hätte ich gern und deshalb

---

[40] Kühner war Generalkassier in Basel.

bitte ich um baldige Überweisung einer ersten Rate. Damit ich in etwa vier Wochen den Motor, falls die Prüfung dessen einwandfreie Qualität ergibt, dann kaufen kann. Wäre telegr. Meldung dieser Transaktion, die am besten via die Missionsverwaltung gehen würde, möglich? Aber nun die Hauptsache: ich bin natürlich überglücklich über die schöne Spende und frage mich, wer der Stifter ist.»

19. JULI 1928, DR. VISCHER AN DAS KOMITEE DER BM: «Soeben habe ich eine telegraphische Mitteilung erhalten, dass ein noch nicht genannter Stifter mir für die Anschaffung eines Motorbootes 10 000.– Fr. schenken will. Ich nehme an, dass das Komitee nichts dagegen hat... Danach bitte ich für das kommende Jahr um Bewilligung eines Kredites für Bootsbetrieb und Motorist. Vorläufig beabsichtige ich es mit meinem Djongos, der Chauffeur gelernt hat und geeignet erscheint, zu probieren...»

1. AUGUST 1928, ANTWORT DES KOMITEES AN DR. VISCHER: [Der Kostenvoranschlag für 1928 wurde erhalten, das Telegramm «einverstanden» abgeschickt, und am 26. Juli der Generalkassier in Bandjermasin angewiesen, dass betr. Motorboot, 4000.– Fr. auszuzahlen sind. Alles ist in Ordnung.] «Sie können dann natürlich zukzessiv bis 10 000.– Fr. beim Generalkassier erheben, ohne dass dieser jedes Mal besondere Anweisung von hier bekommen müsste. Sie hätten nach der Bewilligung des Bootes, (offizielles Schreiben vom 3.5.) sofort den zunächst benötigten Betrag beim Generalkassier bekommen können. Schade, dass Ihnen da, weil Sie nicht genügend im Bilde waren, kostbare Zeit verloren gehen musste... Es tut uns leid, dass Sie noch den bewussten ‹Nervenschock› erleiden mussten den Ihnen Herr Kühners Antwort zufügte.»

14. AUGUST 1928, ERSTER AUFTRAG FÜR DAS MOTORBOOT, MATTHEUS AN SEINEN VATER: «Ich danke Dir für die Bemühungen für mein Motorboot. Ich war heute beim Erbauer, die Pläne beginnen langsam Gestalt zu gewinnen. – Leider konnten wir den Motor, einen Gelegenheitskauf, doch nicht kaufen, weil die gewünschte erste Rate nicht ordnungsgemäss überwiesen worden ist. Es kam nämlich ein Telegramm ‹betale vischer vierduizend franken›. Es fehlte erstens eine Unterschrift, zweitens war der Name des hiesigen Kassiers verstümmelt, drittens telegraphiert die BM-Verwaltung immer deutsch und mit Unterschrift und in Gulden. Infolgedessen wollte der Kassier die

schriftliche Bestätigung abwarten. Nun möchte ich aber doch sicher sein, dass der Motor gut ist, infolgedessen werde ich telegraphisch nachfragen lassen. – Ich bin sehr froh, dass das Boot in Sicht kommt, denn gerade in den letzten Tagen wieder vermisste ich es sehr.»

24. FEBRUAR 1929, MATTHEUS: «Also mein Motorboot ist nun endlich begonnen worden. Wann es fertig wird, ist aber noch ganz dunkel.»

2. APRIL 1929, BETSY: «Übrigens das Boot ist noch laaange nicht fertig… Damals war Mattheus gerade beim Schiffbauer und der hat ihm stolz gezeigt, wie ‹tapfer› er daran arbeite. Dabei hatte er *efange* ein einziges Brett gerichtet! Seitdem ist wieder nichts geschehen. In einem halben Jahr, nein sieben Monaten sogar, hat er also ein Brett gerichtet. Das ist eine ‹Zuversicht›.»

5. MAI 1929, DR. VISCHER AN INSP. OETTLI: «Was das *Motorboot* betrifft:… das Gerippe ist fertiggestellt… Ich lasse mein Boot zunächst ohne Kabine bauen, werde aber demnächst ein Beiboot in Auftrag geben, in dem ich eine Kabine einrichten lasse. Mein Plan ist, das Motorboot als Frachtfahrzeug einzurichten und das Beiboot zum Wohnen auf der Reise, zum Arbeiten und zum Krankentransport… Das Circular betr. *Spezialsammlungen*… Es wurde aber gesagt, dass die Missionsverwaltung zuweilen von eingehenden Spezialbeträgen den damit beglückten Missionaren nichts mitgeteilt habe, sodass diese nichts erfuhren, also befremdlicherweise nicht danken konnten. Auch ich weiss, dass für *mein Boot* Spezialgeschenke gemacht worden sind, es ging mir nie eine Mitteilung zu. In einem Fall betrifft es eine *Gemeinde* in der Schweiz, dieser teilte die Verwaltung den Empfang des Geldes mit, mit der Bemerkung, es sei aber nicht mehr nötig gewesen, weil inzwischen die nötige Summe schon anderweitig gegeben worden sei. Ich meine, man hätte mir dies doch melden sollen, dann hätte ich gedankt und ein kleines Fädelein persönlicher Beziehungen wäre angeknüpft gewesen und hätte helfen können die Enttäuschung über die unnötige Bootsbegeisterung und -anstrengung zu überwinden…»

1. JULI 1929, BETSY: «Der Rumpf des Motorbootes ist fertig! Nun muss nur noch der Motor eingebaut werden und der steht auch schon hier bereit. Die Kabine und die ganze Innenausstattung will Mattheus von Röder machen lassen, denn de Jong würde ja ein halbes Jahrhundert dazu brauchen.»

27. AUGUST 1929, BETSY: «Das Motorboot ist nun also endlich fertig! Nur die Jalousieen auf der Seite des Schiffes, zum Schutz gegen die Sonne und Regen, sind noch nicht angebracht, weil der Lieferant uns im Stich liess. Aber das macht ja nichts.»

Das tägliche Leben in der neuen Welt

Die Haushaltführung hängt in hohem Masse von der Jahreszeit ab. Die Trocken- oder Regenzeit bestimmt, ob genügend Wasser vorhanden ist oder nicht, und darnach richtet sich alles. Die hohe Feuchtigkeit, welche alles durchdringt, ist das erste Haushaltproblem bei der Niederlassung in Bandjermasin. Im Prinzip ist Regenzeit während unseres Winters und Trockenzeit im Sommer. Die Übergangszeit scheint kurz zu sein oder ganz auszufallen. Gilt während der Regenzeit die ganze Auf-

Barimba, das Doktorboot, 1929.

merksamkeit der Abwehr von Nässe und Feuchtigkeit, so gilt sie in der Trockenzeit der Bewahrung von Wasser. Dieses wird gesammelt in grossen Backs, Betonbehälter neben den europäischen Häusern, in welche das Regenwasser von den Dächern geleitet wird. Diese Zisternen sind mit einem Schloss versehen und werden unter Verschluss gehalten. Die Hausfrau gibt in der Trockenzeit täglich morgens und abends das benötigte Wasser heraus.

Das Leben der Hausfrau und ihres Haushaltes hängt wesentlich davon ab, ob die Diensten[42] willig und geschickt sind oder nicht. Immer hängt die Frage in der Luft, ob sie bleiben oder gehen. Kommen sie wieder, wenn der Lohn bezahlt ist? Gehen sie, wenn Gäste mehr Arbeit verursachen? Wie findet sich wieder guter Ersatz? Aus den Briefen vernehmen wir auch, wie die *Dienstenfrage unter den Europäern* wichtig war: man ‹spannte sie sich gegenseitig aus›, Man rechnete mit deren Unehrlichkeit und Unzuverlässigkeit. Betsy vertraut aber darauf, dass das entgegengebrachte Vertrauen auch erwidert werden wird.

Im ersten Jahr ist Mattheus während 120 Tagen unterwegs, also Betsy ist mit Marianne in dieser Zeit alleine. Auch wenn Mattheus in Bandjermasin ist, hat er oft auch nachts zu tun. Das Zusammensein, vor allem am Sonntag, wird deshalb geschätzt und gefeiert. Besonders herzerwärmend sind die vielen Schilderungen der Kinder, wie sie aussehen, was sie tun und sagen. Stolz und Wärme, Freude an den Kindern strömen aus den Briefen.

Die Briefe, die das tägliche Leben schildern, Freude und Ärger rapportieren, sind oft mit sehr pointierten Aussagen, persönlichen Urteilen und Vorurteilen gespickt. Die Nachrichten aus der Schweiz über Verlobungen, Eheschliessungen, Scheidungen und Tod, Berichte über Konzert und Theater, zugesandte Artikel und Zeitungen oder auch Bücher werden kommentiert.

Aus den Briefen erhält man den Eindruck, dass sich das Verhältnis zu den verschiedenen Missionaren und ihren Frauen immer wieder ändert. Die Freundlichkeit und das anfängliche Wohlwollen werden hinterfragt, nachdem die Weisungen des Arztes nicht befolgt werden. Die Ernüchterung über die persönlichen Fehler Einzelner, über Neid und Missgunst, über Unehrlichkeit und gegenseitig schlechte Nachrede schmerzen sehr. Das Gefühl des ‹Anders- oder Ausgestossenseins› belastet den Willen zur Zusammenarbeit. Betsy und Mattheus leiden sehr darunter, vermögen aber nichts dagegen zu tun; sie müssen sich abfinden. Die Einsicht, dass eben die Herkunft, die Erziehung und das ganz andere Milieu Schranken bedeuten, die kaum überwunden werden können, auch durch den besten Willen und den Glauben nicht, muss zu einer gewissen

---

[42] Babu = Kindermädchen, Koki, holl. Kokki = Köchin, Djongos = Hausbursche.

Resignation führen. Das geistige und menschliche Niveau einzelner ‹Geschwister› scheint sehr unterschiedlich zu sein, die Ausbildung am Missionshaus nicht immer zu genügen. Der gesundheitliche Zustand, d.h. die mangelnde Tropentauglichkeit, geben zu schweren Sorgen Anlass. Im Jahresbericht 1930 steht, dass von 20 Missionshaushalten deren 17 den Missionsarzt auch wegen schwerer Erkrankungen beanspruchen mussten.

Zudem erfahren wir durch kleine Bemerkungen von der herrschenden Diskrepanz der Anschauungen zwischen den Missionsleuten auf dem Feld und dem Komitee in Basel, sind doch alle Lebensumstände, vor allem auch das Klima der beiden geographisch diametral entgegengesetzten Orte, ganz verschieden.

20. FEBRUAR 1928, BETSY: «Viel mehr ärgern mich einstweilen noch unsere Sachen, die wegen der Feuchtigkeit alle schimmlig werden oder rostig. Aus der Fleissknungele[43] habe ich Nadeln und Stecknadeln gestrickt, die total rostig waren und einen Film, bei dem wir uns auch fragen, wie der noch ist. Die Filme, die wir hier kaufen, sind eben alle in Zinn eingelötet, damit sie die Feuchtigkeit vertragen. Meine Scheren muss ich alle in einer Stopfflasche[44] aufbewahren. Es ist eher mühsam, bis man alles weiss und doch gehen einem die Sachen kaput. Grammophon und Schreibmaschine werden über Nacht weiss, wenn wir sie auf dem Tisch stehen lassen. Wir müssen sie in einen Stahlkoffer, mit Kalk dabei, tun. Alles ist feucht zum anrühren: grusig[45], bis man sich daran gewöhnt hat. Ja, Mattheus's Instrumente sind dem Rost allerdings unterworfen. Deshalb muss er sie immer *eingefettet* im Schrank aufbewahren.»

19. MÄRZ 1928, MATTHEUS: «Also Du hast eine Köchin in Aussicht und eine, die nicht so alt und grausig[46] ist, wie unsere Koki. *Die* solltest Du einmal sehen! Ich glaube so, wie sie in unserer Küche herumläuft, dürfte sie nicht… herumlaufen. – Item, Betsy macht jetzt ‹Dienstanzüge› damit sie wenigstens in unserem Haus anständig und nicht fotzlig herumtschumpelt. Sie ist nämlich ausserdem noch altersblödsinnig. Das äussert sich darin, dass sie

---

[43] Ein liebevolles Geschenk: Die zu verstrickende Babywolle wird um ein kleines Geschenk gewickelt und dann bei jeder Lege wieder etwas Kleines dazugewickelt. Beim Stricken fällt jeweilen wieder so ein kleines Päckchen heraus, eben wenn man ‹fleissig› ist. Knungele ist ein Knäuel.
[44] Flasche mit eingeschliffenem Stöpsel.
[45] Dialektausdruck für widerlich.
[46] Schmuddelig, schmutzig.

Aufträge schon beim zweiten Schritt vergessen hat. Wenn wir sie vom Tisch zum Büffet schicken, um etwas zu holen, so sagt sie den Auftrag immer vor sich hin. Am Anfang haben wir uns stets gewundert, mit wem sie denn spreche, wenn sie in die Küche gehe, es war aber nur dies, dass sie sagte: ‹Jetzt muss ich das Gemüse und das Fleisch holen und nachher die Kartoffeln.› Auch wenn man sie schilt, macht sie es so, dann brummelt sie: ‹Ich soll das Handtuch nicht am Boden liegen lassen.› Anfangs meinten wir, sie ‹maule›, aber sie ist eine gute Seele, nur hat sie meist Ausreden, wenn sie etwas vergessen, oder ganz anders gemacht hat, als sie hätte sollen. Das gehört aber zum Bild.»

19. MÄRZ 1928, BETSY: «Gestern hatten wir einen herrlich ruhigen Sonntag. Mattheus hat es genossen, wieder einmal in Ruhe lesen und schreiben zu können. Mai hat bei uns gespielt, was wir alle drei recht genossen haben und ich habe ihnen Grammophon vorgespielt: die prächtige Patethique von Beethoven, die mir immer Heimweh nach dem Bon Secours macht, weil sie dort ein Mädchen so ergreifend spielen konnte.»

9. APRIL 1928, BETSY: «Gestern haben wir Mai sechs Ostereier im Garten versteckt, die wir mit: Karbolfuchsin, Pikrinsäure, Eosinrot, Methylenblau, Gentianaviolett und Opiumtinktur anmalten. Sie wurden wunderbar! Ich hätte gerne eines mit Jodtinktur angemalt; aber natürlich verdunstete der Alkohol und das Jod verschwand, sodass wir am nächsten Tag nur wieder ein weisses Ei hatten. Mit Opiumtinktur wurde es aber dann prächtig! Mai hatte eine riesige Freude an den vielen «Bälli» und immer, wenn sie eines entdeckte, war ein grosses Hallo. Dann versteckte ich sie ihr noch in der Stube, weil wir draussen in dieser kurzen Zeit dermassen von Moskiten verstochen wurden. Den Rest des Morgens beschäftigte sie sich damit, die Eier alle beisammen auf einem Teller zu bewundern oder sie durch das Zimmer zu rugeln. Eine dankbare Beschäftigung war es auf alle Fälle. »

22. MAI 1928, BETSY: «Wir müssen unsere Dachrinne flicken. Der spärliche Regen, der jetzt in der Trockenzeit fällt, geht meist nicht in die Backs, sondern neben dem Känel[47] durch auf den Boden. Nun habe ich die Diensten soweit gebracht, dass sie jeden Regentropfen in Becken auffangen und so ist jetzt, wenn es hie

---

[47] Dialekt für Dachrinne.

und da regnet, ein eher komischer Betrieb bei uns: alles rennt mit Becken und Eimern!»

Marianne vor dem «Dittibett» mit geöffnetem Klambu (Moskitonetz), 1928. Die Einheimischen hängen das Netz mit Schnüren an den Dachbalken auf.

9. Juni 1928, Betsy: «Es hat mich gestern wieder von Neuem gewundert, wie wenig uns die andern zu sich zählen. *Wir* sind keine von den sogenannten ‹Missions-geschwistern›! Das merkte ich gestern wieder, als… Schwester Mina sagte, wie lustig sie es finde, endlich einmal einem Mädchen auf die Welt geholfen zu haben. Bis jetzt seien fast alles Buben unter ihr geboren. Dann fügte sie bei, dass sie sehr hoffe, nun wieder ein paar Mädchengeburten zu haben. Ich lachte und sagte, dass wir eigentlich auf einen Bub hoffen, worauf sie, Frau W. ansehend, erklärte: ‹Ja *das* ist ja dann nicht das Selbe›! (Damit meinte sie, dass sie jetzt nur von den Missionsgeschwistern rede.) So ist es in allem und immer wieder finden sie uns aus anderem Dreck gemacht. Aber Mattheus sagt, dass es vielleicht ganz gut sei; übrigens soll das auf allen Stationen in den andern Ländern auch mehr oder weniger

sein, dass eben die Arztfamilie anders behandelt wird. Nun, wenn sie halt nicht wollen, sollen sie es eben sein lassen!»

17. Juni 1928: Ruth Elisabeth, die zweite Tochter, wird am Sonntag geboren. Es ist ein Freudentag für alle und Betsy geniesst die liebevolle Pflege durch Schwester Mina Föll.

19. JUNI 1928, BETSY, ZWEI TAGE NACH RUTHS GEBURT: «Ruth ist eben ein Schätzli und lieb ist Mattheus, wenn er ans Bettchen steht und ihm ‹Spätzli› zuruft. Auch Mai hat eine grosse Freude und steht voll Andacht auf einem Stuhl am Bettchen und bewundert s'klai, klai Busseli[48].»

12. AUGUST 1928, BETSY: «Nun sind beide Backs aber wieder gefüllt und so kann man wieder mit Regenwasser waschen. Denn es scheint, dass die Trockenzeit nun dem Ende zugeht, wenigstens regnet es seit drei Tagen täglich mehr oder weniger. Der Regen hat ganz plötzlich wieder angefangen. Vorher hatten wir drei bis vier Wochen keinen Tropfen und vor einem Monat so hie und da ein wenig. In den letzten Jahren sei keine so ganz ausgesprochene Trockenzeit mehr, sagen die langhiersitzenden Europäer. Das hat entschieden mehr Vor- als Nachteile. Denn in der Trockenzeit sind die Flüsse im Innern *und* auch der Kanal von Bandjermasin nach Kuala-Kapuas nur zu gewissen Zeiten fahrbar. Die Flut geht dann eben nicht mehr so weit hinauf, wie in der Regenzeit und manchmal auch nur einmal im Tag (alle 24 Std.). Zur Ebbezeit kann man dann nicht fahren. Im Binnenland sind kleine Flüsse ganz ausgetrocknet und es bleibt den Leuten nichts anderes übrig, als die Schiffe zu *ziehen*… Nun werden wir wieder einen bis zwei Monate Übergangszeit haben; in der es von Zeit zu Zeit regnet und dann wird die eigentliche Regenperiode wieder beginnen. Dann kann man wieder Schuhe sonnen und Kleider unterhalten, damit sie keine Schimmelflecken bekommen. Und dann muss man die Wäsche wieder vor dem Mittagessen hereinnehmen, damit sie vom Abendregen nicht durchnässt wird.»

8. OKTOBER 1928, BETSY: «Aber die Diensten sind wirklich grundehrlich und recht und ich habe mit allen drei das grosse Los gezogen. Nur ein kleines Beispiel ihrer Ehrlichkeit: Ich gab der Babu am zweiten den Lohn und dachte nicht mehr daran, dass ich

---

[48] Kindlich: eigentlich baslerisch: Buschi, d.h. Säugling.

ihr schon im Laufe des Monats einen Gulden Vorschuss gegeben habe. Sie kam sofort zu mir und brachte mir diesen Gulden wieder. Das ist für *hiesige* Verhältnisse viel! Viel ist auch für *europäische* Verhältnisse, was mir heute passierte. Ich gab der Koki Geld, um Bananen zu kaufen, sagte ihr aber nicht mehr als einen Cent pro Stück auszugeben. Als sie nämlich das letzte Mal auf dem Markt war, kosteten sie mehr als einen Cent. Nun kam sie zurück und brachte nicht nur soviel Bananen, als ich ihr Cent gab, sondern fast das Doppelte! Das ist doch wirklich ehrlich! Sie hätte mir ja gut ein viertel weniger geben können und ich hätte es immer noch fein und billig gefunden. So ist es eben hier: die Preise schwanken enorm, hauptsächlich die Obstpreise fallen oder steigen von einem Tag auf den andern oft.»

11. DEZEMBER 1928, BETSY: «Ich hätte auch viel zu sehr Angst, dass mir die Diensten mit der Mehrarbeit wieder davon laufen, wenn diese drei dann kommen (Henkings also); aber wenn ich ihnen sage, dass die Koki dann einen Monat Ferien bekomme und die Babu mit auf die Reise dürfe, dann ist das auch ein Köder für sie und dann bleiben sie sicher lieber. Es muss alles schrecklich gründlich überlegt werden, sonst steht man eines Tages ganz allein in seinem riesigen Haus und das möchte ich lieber nicht. Mit der Koki geht es also ganz gut. Sie gibt sich Mühe und kocht nicht übel, auch ist sie ganz sauber[49]. Ich finde eben keine Junge, so behalte ich sie einstweilen. Sie weiss es und deshalb gibt sie sich vielleicht auch mehr Mühe.»

22. JANUAR 1929, MATTHEUS: «Während der Regenzeit... Bleibt die Wäsche etwas lange nass liegen, so bekommt sie schwarze Stockflecken, die nicht mehr ausgehen. Für Lederwaren gibt es besondere Schmieren, die den Schimmel verhüten sollen, das Beste ist aber doch, wenn man sie von Zeit zu Zeit an der Sonne trocknet und dann eventuell mit gebranntem Kalk in einen Blechkoffer tut. Sehr gut gegen Schimmel ist übrigens auch Naphtaline, auch in den Bücherschränken muss man viel davon haben. Wir merken es jetzt, dass die Einbände rosten[50], es geht nicht so schnell, aber sicher. Deshalb denken wir, dass wir vielleicht doch eine Anzahl Bücher einmal heimschicken werden.

---

[49] Sie ist reinlich.
[50] Die Bücher ‹rosten›, weil sie nicht gebunden, sondern mit Eisenklammern geheftet sind.

Gegen den Holzwurm, der alle Gegenstände aus weichem Holz und Bambus frisst, habe ich Formalin versucht, aber nicht sehr gute Resultate gehabt. Man müsste vielleicht den ganzen Gegenstand in Dampf einschliessen, besser wirkt doch Durchtränken mit Petroleum.»

18. FEBRUAR 1929, BETSY: «Der gute Mattheus hat wieder viel Ärger von Kuala-Kapuas heim gebracht, nicht nur was die Arbeit, sondern bes. was die Leute anbetrifft. Es ist eben traurig, dass die Missionare im Allgemeinen sich mit kleinen dummen Sachen das Leben sauer machen. Sie können sich absolut nicht über Dinge hinwegsetzen, die im Grund so furchtbar unwichtig sind. Und dabei gibt es einige, die sich immer etwas ‹Besseres› finden, grässlich frömmeln und das auch immer wieder sagen! Es ist oft traurig, dass man nie, nie mit unseresgleichen sprechen kann, nie ein *rechtes* Gespräch führen, sondern immer nur Dinge erörtern, die sich hier abspielen. Auch über Musik oder so kann man ja mit niemand schwatzen. Deshalb ziehen wir uns immer mehr zurück. Wir wissen jetzt, und *hören* eben durch andere viel zu viel, wie die Missionsleute hier sind.»

10. MÄRZ 1929, MATTHEUS: «Vielen Dank für das *Festspiel*[51], das uns doch interessiert hat. Es ist ja schon wahr, es packt nicht besonders, wie könnte es das aber auch, der Stoff ist uns doch gar zu fremd, wir wissen ja eigentlich nicht, was katholisch sein bedeutet, noch was reformiert. Einen Hauch davon bekommt man durch das Festspiel eben doch, das wenigstens, wenn man's liest, doch ganz lebendig und anschaulich ist.»

19. MÄRZ 1929, BETSY: «Die letzte Woche war mohammedanisches Neujahr. Da gaben wir allen drei Diensten einen halben Tag frei. Sie zogen selig ab und kamen abends wieder brav. Als ich das Tante N. erzählte, sagte sie, das macht sie doch nicht. Sie ist überhaupt in gewissen Dingen nicht ganz, wie man sein sollte. Ich meine gerade solche Sachen, auf die die Inländer doch gar viel Wert legen. Komisch naiv ist sie auch hie und da. Sie erzählte mir, dass sie ihrem Djongos 40 Gulden Vorschuss gege-

---

[51] Am 25./27. Januar wurde die vierhundertste Wiederkehr der Basler Reform feierlich begangen. Festspiel von E. Stickelberger mit Musik von Dr. h. c. H. Münch.

ben habe, und war dann ganz erstaunt, dass er ein paar Tage nachher nicht mehr kam. Aber so eine Idee! Das ist ja mehr als ein Vermögen für die Inländer, die nur von der Hand in den Mund leben. Sie erzählte mir auch von einem andern Djongos, dem seine Herrin einmal 12 Paar Socken zum Zeichnen gegeben habe, und diese Frau war entrüstet, als nur noch sieben Paare zurückkamen. Wenn man so dumme Sachen macht, dann muss man lieber seine Socken selbst zeichnen. Das würde man ja auch bei uns tun!»

29. April 1929, Betsy: «Nur am Sonntag Abend können wir manchmal einen kleinen Spaziergang machen, vorher gehen wir hie und da in die Bibelstunde. Im ganzen sind diese recht nett, man *hat* wenigstens immer etwas davon. Man lernt auch die Missionsleute kennen.»

7. Juni 1929, Betsy: «Die Trockenzeit hat nun ganz plötzlich begonnen; es gab fast keine Übergangsperiode. Nun hat es schon seit vier Wochen nicht mehr geregnet. Wir haben nur noch wenig Regenwasser, das man zum Trinken sparen muss. Das Andere zum Waschen etc. und Baden, schöpft man eben aus dem Fluss! Es ist eher ‹grusig›; aber es gibt keine andere Möglichkeit. Nun ist aber Mondwechsel, und da hoffen wir auf Regen, der dem Himmel nach auch kommen wird.»

8. Juni 1929, Kuala-Kapuas, Betsy auf Besuch: «In Bandjermasin waren beide unsere Backs voll Regenwasser, als wir hierherfuhren; aber, wer weiss, ob man es uns nicht gestohlen hat. Die Hahnen sind ja mittels Schlösser abgeschlossen; aber im Seminar, wo dies auch war, haben diese Lausbuben scheints nachts den Deckel abgehoben und so das Wasser heraufgeholt! *Die* sind eben alles im Stand. – Wir werden ja sehen… Letzthin war Ruth eher komisch: es sass eine Fliege gegenüber von ihr auf dem Tischtuch. Nun riss Ruth am Tuch, worauf die Fliege rasch aufflog und sich zwei mm weiter hinten wieder setzte. Ruth riss *selig* nochmals, das Schauspiel wiederholte sich zum zweiten Mal und unter *lautem* ‹Gekreisch› auch zum dritten!»

22. Juli 1929, Betsy: «Mattheus behauptet immer, dass ein Mädchen nie restlos glücklich sei, wenn sie nicht heiratet. Also *weniger* restlos glücklich natürlich, als eine verheiratete Frau. ‹Restlos glücklich› ist überhaupt niemand. Also, ich weiss nicht, ob das so ist, denn mir scheint, ich habe mich spät verheiratet… und mir hat doch nie ein Mann gefehlt. Damals war es mir, im

Gegenteil, eher ein Schmerz, meinen Beruf lassen zu müssen und ich glaub fast, dass, wenn Mattheus kein Arzt wäre, er noch viel länger auf meine Antwort hätte warten müssen.»

27. AUGUST 1929, BETSY: «Ein ‹Püppchen› haben wir nun allerdings nicht in Ruth. Nichts weniger als! Sie ist ein wildes, rechtes *Tropen*-kind, das am liebsten durch das Haus rennt und in die Küche und anrührt, was am schmutzigsten ist etc. Wenn ich sie im Zimmer mit Mai spielen lasse und sie nachher wieder in den Hag[52] setze, gibt es ein unsinniges Geschrei. Aber wenn sie mit Mai spielen sollte, dann will sie alles selbst und kraischt, dass einem die Nachbarn leid tun…»

3. MÄRZ 1930, BETSY: [Die Missionare sind in Bandjermasin an der grossen Konferenz.] «Morgen soll die ganze Gesellschaft photographiert werden, aber: die Frauen müssen Kleider mit langen Ärmeln haben!! Es haben sich scheint's in Europa einige Leute in Briefen darüber *entsetzt,* dass an der letzten Konferenz, vor zwei Jahren, die Frauen nicht recht gekleidet seien!! Zum Glück habe ich einen Rock mit langen Ärmeln, aber wir finden es *alle* einen verrückten Befehl! So dumme Stündeler[53], die sich da entsetzen. Die sollen einmal hierher kommen und versuchen, ob es ihre Frauen länger als vielleicht ein Jahr in langen Ärmeln aushalten.»

30. JUNI 1930, DR. VISCHER AN INSPEKTORAT: «Von hier aus müssen wir auch sagen, dass *Bräute,* die heiraten müssen, um gesund zu werden, besser zu Hause bleiben und nicht heiraten, denn es gibt hier noch schlimmere Zeiten, als die sehnsüchtige Verliebtheit und die muss man meistern können. Die Heirat bedeutet für die Missionsfrau nicht ein Einlaufen in einen ruhigen Hafen, sondern eher Besteigung eines Kriegsschiffes und erst noch eines solchen, wo der Mann oft auf Expedition muss und die Frau allein im Sturm treiben muss.»

Am Sonnatg, den 27. Juli 1930 wird Alfred Matthäus, der erste Sohn und Stammhalter, geboren. Das ist ein besonderer Freudentag für die Familie. Wiederum geniesst Betsy die Pflege von Schwester Mina Föll.

---

[52] Dialekt für: Laufgitter.
[53] Bezeichnung für frömmelnde Leute, die ‹Stunden zusammensitzen›.

5. August 1930, Betsy an Esthy, drei Tage nach Alfreds Geburt: «Dein Gottebueb[54] hat schwarze Haare und dunkelblaue Augen, aber sonst ist er anders als Mai und Ruth bei ihrer Geburt waren. Ich glaube, die Missionsleute haben recht, wenn sie finden, dass man ihm den *Bub* ansehe. Er hat kein so feines Gesichtlein wie Mai und Ruth hatten.»

18. August 1930, Betsy: «Du gute Mama, Du schreibst so rührend, wie Du hoffst, dass ich frohen Muts in mein neues Lebensjahr treten werde etc. Ich glaube wirklich, dass Du Dir zu viel Sorgen machst. Ich bin eben überzeugt, wie ich Dir auch schon schrieb, dass wir es daheim nie mehr so gut haben werden, wie hier im Bezug auf Ungestörtheit und im Bezug darauf, was *wir* hier von uns gegenseitig haben. Ich bin restlos glücklich, kann ich fast sagen, wenn ich Mattheus und die Kinder gesund um mich habe. Und die ‹viele Arbeit, die zu überwältigen ist›, ist nämlich gar nicht so arg. Wir haben ja so gut Zeit zu allem, das musst Du Dir auch sagen. Wir haben nicht, wie Ihr in Visiten zu gehen oder in Konzerte, Familientage etc., die einem doch viel Zeit wegnehmen. Leider haben wir alles das nicht! Dafür können wir auch abends in Ruhe noch etwas arbeiten, tun dies ja auch, müssen es, um ‹fertig› zu werden mit den Aufgaben. Aber es ist nicht, um sich deswegen zu beklagen.»

2. September 1930, Betsy: «Es ist jetzt eher eine Aufgabe mit den drei, denn wenn ich die zwei Grossen einen Augenblick allein lasse, macht Ruth gleich etwas Unerlaubtes, und Mai schaut ihr selig zu. Wenn man nicht alles versorgt, so geschieht etwas. Mit Vorliebe tippen sie Briefe ‹fertig› oder spielen mit roter oder schwarzer Tinte, sodass alles voll ist, wenn man zurückkommt, oder sie spulen meinen Faden von der Nähmaschine ab, und wenn man denkt, dass es nützt, wenn man ihnen einmal auf die Finger gegeben hat, dann machen sie es am nächsten Tag wieder. Letzthin haben sie zum mindesten vier Mal Cigaretten von Mattheus aufgekniebelt und den Tabak den Ditti [Puppen] zu essen gegeben! Es nimmt mich wunder, ob sie sich wirklich nicht mehr erinnern, dass sie es nicht tun dürfen, oder ob sie eben lieber *einmal* rasch ein wenig auf die Hand bekommen, und dafür einige Minu-

---

[54] Deutsch: Patenkind

ten den Ditti Tabak zu essen geben dürfen! Sonst sind sie in einem netten Alter, und die Zärtlichkeit für Alfred besteht nach wie vor...»

15. SEPTEMBER 1930, BETSY: «Meine Spaziergänge enden immer im Seminar, wo die Kinder [Mai, Ruth und vermutlich auch Nachbarskinder] dem Hirschlein und dem Schäflein Brot und Rüben bringen und dem Orang-Utan und dem Bär ein Stück Brot. Dann hat man noch einen Schwatz mit Frau Schwarz und Frau Weisser, gewöhnlich auch Frau Weiler und Frau Bart, die sich alle dort treffen. Und alle haben ihre Männer bei sich, das ist herrlich, denn diese machen von sechs Uhr an, wenn irgend möglich, Feierabend. Aber das bleibt *uns* eben übrig. Ich möchte aber nicht tauschen, mit keiner von ihnen, denn so gut wie ich, haben sie es doch nicht, indem sie ihren Männern nie etwas helfen können, d.h. helfen schon, aber eben anders als ich, und es ist nicht das herrliche Zusammenarbeiten. Deshalb hätte ich ja gerne, dass Schwester Maria noch lange nicht zurückkommt zu uns zum Wohnen. Frau Weisser wird ja ihr Kind bald bekommen, und dann hat Schw. Mina die Pflege bei ihr.»

1. NOVEMBER 1930, BETSY: «Es ist etwas so Deprimierendes, wenn der Mann etwas besser machen kann als die Frau, etwas, mein ich, das in *unser* Fach gehört, wie eben das Kochen, Mattheus *kann* eben kochen und ich kann es nicht. Aber nun bist Du mir also ein Trost und da möchte ich Dir sagen, wie dankbar ich Dir bin!... Ach, und überhaupt, ich muss manchmal ebberem[55] schreiben, weil ich es ja niemandem *sagen* kann, *wie* glücklich ich mit diesem ‹Fund› bin. Gelt, Du begreifst das. Du sagtest mir ja einmal, Mattheus sei eben *Dein* Kind!»

Zurück zur Spitalplanung

Aus dem Jahresbericht 1928

[ohne Datum] Kuala-Kapuas: «Im Okt. 1928 konnte die Poliklinik-Baracke [in Kuala-Kapuas] bezogen werden. Das war eine grosse Wohltat. Nun ist' das Missionshaus von der Belagerung durch die unsauberen, neugierigen und gefährlichen Patienten

---

[55] Dialekt für: jemandem.

befreit und hat der Arzt Räume bekommen, in denen er rationell arbeiten kann.

Das etwa 11 m. lange Haus steht 50 m. vom Missionshaus entfernt auf Gemeindeland, am Weg. Es enthält zwei 4 × 4,5 m. grosse, durch eine offene Tür verbundene Zimmer und eine 3 × 4,5 m. grosse Kammer, die ursprünglich als Benzindepot für die Station gedacht war, nun aber auch als Notkrankenzimmer benützt werden kann. Es kommt ein Bett hinein, sodass in Zukunft kleinere Operationen vorgenommen werden können, wie Bauchpunktionen und Entfernung kleiner Geschwülste. Im vorderen Raum, der gegen den Fluss ein breites Fenster mit schönem Ausblick hat, steht mein Schreibtisch, ein Gestell für die Kartothek und ein Gestell für die Medizinen. Ich bringe jedesmal die nötigen Medikamente in Flaschen und Büchsen, in Petroleumblechdosen handlich verpackt von Bandjermasin mit. Auf diese Weise habe ich mir allmählich eine Reiseapotheke geschaffen, die mich nur selten im Stich lässt. – Im zweiten Raum sind die Instrumente, die Kocher, die Injektionsspritzen mit Zubehör, auch ist dort eine kleine Dunkelkammer eingebaut zur Untersuchung von Kehlen, Ohren, Nasen und v.a. Augen. Ich bemühe mich im Augenspiegeln in der Übung zu bleiben, das ist stets wieder interessant und dankbar.

Das Dach haben wir mit gewelltem Eternit gedeckt, eine etwas teure, aber sehr saubere Dachbedeckung, die uns schönes, reines Wasser liefert und sehr gut gegen die Wärme isoliert. Vor dem Haus mussten wir gegen Regen und Sonne eine Wartehütte aus Blattgeflecht, (den bei Albert Schweitzer so berüchtigten ‹Blätterziegeln›) mit je einem Raum für die Männer und für die Frauen aufstellen, es hätte sonst keine Ordnung und Ruhe gegeben. Auch war es für die Leute selbst sehr nötig, müssen sie doch unter Umständen vier Stunden warten, bis die Reihe an sie kommt.

Wie müssen wir den Spital berechnen? Das macht viel Kopfzerbrechen. Wir glauben für 24 Bettpatienten mit einer Durchschnittszahl von 12 Patienten zu rechnen. Dazu kommen dann noch die Familien, die von weit her gereist kommen und für einige Tage ein Unterkommen haben müssen. Für solche Familien planen wir vier Doppelzimmer, sodass wir zur Not auch sechs bis acht Familien aufnehmen können.» Der inländische Evangelist hilft, übersetzt und behandelt und bei Abwesenheit behandelt er allein. – Die Poliklinik im Spital wird wohl täglich etwa 40–50 Besucher aufweisen.

Es ist uns nach vielen Anstrengungen also gelungen, in der Nähe des Missionshauses einen Bauplatz zu erwerben. Er liegt mit 69 m breiter Front am Fluss und ist 318 m tief. Unser Grundstück selbst liegt ein klein wenig, ca 10 cm, höher als die Umgebung, ist aber umgeben von sumpfigem, fast undurchdringlichem Wald. Die Mückenplage wird also nicht gering und unbesiegbar sein. Zur Zeit wird das Grundstück gesäubert. Architekt Röder hat sich in Liebe der Spitalpläne angenommen und hat die hiesige Bauweise studiert, sodass wir in Bälde mit den ersten Arbeiten beginnen können. Ein Teil des Bauholzes ist bereits gekauft.»

Ein besonderes Zusammenarbeiten ergab sich mit dem Missionsbaumeister Röder[56], der nächste Nachbar, Erbauer aller Häuser der Mission und sonntäglicher Malbuch-Lehrer für Marianne. Er war ein gemütlicher Württemberger, geachtet und geliebt von Vischers. Aber er war wohl mehr ein Künstler als ein geübter Architekt. Wir finden immer wieder Kritik, weil Ungeschicklichkeiten passierten. Das Komitee in Basel konnte die Arbeit Herrn Röders nicht einschätzen.

1930: Endlich die abgeänderten Pläne

28. JANUAR 1930, DR. VISCHER AN DAS KOMITEE: «Ich ersuche deshalb nochmals dringend um Baugenehmigung. [...Finanziell: Wie viel das Haus kosten wird, wissen wir nicht,...] Ich ersuche Sie nun, so unangenehm mir das auch ist, um Blankogenehmigung des Baues des Diakonhauses, wir *müssen das Haus* haben, und zwar bald und über die Kosten können wir bindende Voranschläge nicht machen, wenigstens nur nach der oberen Grenze, nämlich 19 000 fl. Es wäre sehr zu wünschen, dass die Genehmigung telegraphisch erteilt würde, denn Röders Betrieb frisst sonst andauernd Geld ohne wesentliche Produktion und wir verlieren eine Menge Zeit. Das ist auch im Hinblick auf die übrigen Spitalbauten wichtig... Pläne folgen bald.»

3. FEBRUAR 1930, DR. VISCHER AN DAS KOMITEE: «Wie Sie wissen sind im Juli letzten Jahres die Pläne mit einigen Abänderungsvorschlägen vom DVG zurückgekommen. Sie mussten dann von Herrn Röder vollkommen umgearbeitet werden, da inzwischen auch die Vorschriften für die Aufmachung der Pläne und den

---

[56] Röder ist also auch ein Bruder.

Kostenvoranschlägen geändert worden waren... Auf Wunsch des DVG wurde vom Diakonhaus ein Stück abgeschnitten und daraus ein spezielles Schwesternhäuslein gemacht, wofür wir Subsidie bekommen, was nicht der Fall gewesen wäre, wenn die Schwesternwohnung im Diakonhaus geplant worden wäre... Das Diakonhaus ist wesentlich kleiner geworden,... Das Personal musste eine eigene Wohnung bekommen. Das Doktorhaus wurde aufs Möglichste reduziert, vielleicht bekommen wir nicht drei viertel, sondern etwas weniger Subsidie, doch kann die Differenz nicht gross sein... Die Gebäude wurden etwas zusammengerückt, auf Wunsch des Gesundheitsamtes, bis an die Grenzen dessen, das ich für verantwortlich halte...»

5. FEBRUAR 1930, DAS KOMITEE AN DR. VISCHER: «Wir verfolgen hier mit Interesse den Fortgang Ihrer Arbeit. Die Spitalfragen haben auch uns schon mancherlei Kopfzerbrechen bereitet. Eine starke Verzögerung bedeutet es, dass die Regierung die ersten Päne, die ihr vorgelegt wurden, weil zu gross geraten, nicht genehmigte. Hoffentlich konnten die neuen Pläne noch rechtzeitig [eingesandt werden].»

25. FEBRUAR 1930, DR. VISCHER AN DAS KOMITEE: «Dieses Diakonen-Haus wird billiger, wenn man es zweigeschossig baut, noch kleiner kann man es nicht machen. Es müsste denn sein, dass Basel, wie ein Gerücht meldet, einen Diakonen definitv ablehnt, dann aber würde ich vorschlagen, auf den Bau des Spitales überhaupt zu verzichten, da ich mir dann einen Betrieb nicht mehr vorstellen kann. Darüber werde ich noch eingehender schreiben. Will man also den Spital in Kuala-Kapuas, dann sehe ich keine Möglichkeit das Diakonenhaus noch mehr zu beschneiden... Ich habe in meinem letzten Brief vor meiner Abreise etwas zu schlecht über den Baubetrieb in Kuala-Kapuas geurteilt. Ich habe inzwischen den Betrieb dort angesehen und mit Herrn Röder über verschiedene, hier gegen ihn im Umlauf seiende Gerüchte, eingehend gesprochen und bin nun sehr beruhigt. Freilich die Probe aufs Exempel fehlt noch.... Einzelne gegen Herrn Röder entstandene Gerüchte sind sehr verkehrt und gehen auf sehr leichtfertige Aussagen zurück, aber ein Körnlein Wahrheit bleibt übrig: er kennt Material und Leute noch nicht genügend. Das Diakonenhaus muss nun das Versuchsstück werden.»

Die Suche nach gangbaren Lösungen ohne Regierungshilfe

29. JUNI 1930, DR. VISCHER AN BORNEO-INSPEKOR, WEITERES BAU-PROGRAMM: «Wenn wir keine Bauaufgabe bekommen von der Regierung, so genügt das Diakonhaus mir nicht zur Ausübung meiner Tätigkeit. Ich muss noch weitere Räume haben und da wäre die beste Lösung, die Nebengebäude des Doktorhauses als vorläufiges Spital zu erstellen, denn diese würden mir genügend Patientenräume und: anstelle der künftigen Küche, einen schönen Operationssaal geben. Auch wäre die Lage sehr geschickt. Es ist damit auch für später gar nichts präjudiziert. Baut man das Doktorhaus gut, baut man es nicht, so ist's auch gut. Dumm ist, dass eben die Fundamente in den nächsten drei Monaten in den Boden müssen, während der Trockenzeit. Ich bitte sehr um Ihre Genehmigung… Das Doktorhaus selber müssen wir auch bauen, wenn Basel ständig einen Arzt in Borneo haben will… Das jetzt bestehende Poliklinikgebäude kann noch den Dienst tun bis auf Weiteres. Später wird es dann gut sein, wenn alles auf das Spitalland kommt.»

Das Problem mit der Regierung und den Subsidien,
ein ständiges Thema

15. JULI 1930, DR. VISCHER AN INSPEKTORAT: «Es könnte nämlich in Basel befremden, dass wir so sang- und klanglos auf die Subsidie zu verzichten scheinen und nichts tun. Von Basel gesehen muss es doch scheinen, als breche die Regierung auf höchst einfache Weise ein gegebenes Versprechen. Das ist ja auch einigermassen so und es ist staunenswert, wie die Regierung kurzerhand alle möglichen Kredite und Gehälter beschneidet. In unserm Fall liegt die Sache so, wie ich schon lange klar erkannt habe und wie es die andern Spitäler auch schon erfahren haben… [Das Missionskonsulat wird wohl versuchen für uns einzustehen, aber] ich befürchte, es wird bei der Rücksichtslosigkeit der hiesigen Regierungsleute nicht viel herausschauen. Nun hoffe ich sehr, dass es Ihnen möglich sein werde, mir umgehend zu schreiben, dass wir die Beigebäude des künftigen Doktorhauses als provisorisches Spital bauen dürfen. Dann können wir hier draussen doch mit einem gewissen inneren Frieden der Entwicklung der Dinge den Lauf lassen.»

24. AUGUST 1930, DR. VISCHER AN DAS BORNEO-INSPEKTORAT:
«Ich hoffe immerhin, dass ich in den nächsten Wochen von Ihnen die gewünschte Genehmigung für das erste ‹Spitalgebäude› bekommen werde… [Es braucht allerdings schon bald die gewünschte Isolierbaracke, weil so viel Leprapatienten und Lungenkranke kommen. Dass Subsidien nicht kommen, ist auch ein Glück und eine Erleichterung, worüber Freude herrscht. Jetzt kann man frei die Sachen sich entwickeln lassen,] und sind [wir] aller der unangenehmen Schnüffelei und Bürokratie enthoben.»

10. DEZEMBER 1930, DR. VISCHER AN BORNEO-INSPEKTORAT:
«Sehr erstaunt bin ich, dass Basel gar nicht sich verwundert oder empört zeigt über die so merkwürdige Handlungsweise der hiesigen Regierung. Ich hatte mindestens eine energische Stellungnahme auf dem Rechtspunkt erwartet, die uns evt. hätte den Rücken stärken können… Wir sind also wieder einmal am Warten in der Ungewissheit.»

Die Reaktion im bornesischen Ausschuss

6. SEPTEMBER 1930, INSP. K. EPPLE[57] REFERIERT DEM KOMITEE:
«Herr Dr. V. macht uns nun den auch vom Ausschuss befürworteten Vorschlag, vorläufig ohne Rücksicht auf den noch ausstehenden Entscheid der Regierung betreffend unserer Pläne, die Errichtung des Nebengebäudes des Doktorhauses in Angriff zu nehmen, damit es als provisorisches Spital dienen könnte. Dabei fragt man sich aber doch bei einiger Überlegung, ob es wirklich ganz klug gehandelt wäre, jetzt sofort, noch ehe die Regierung gesprochen hat, sich zu diesem Schritt drängen zu lassen. Übereilt getroffene Massnahmen können einen bald wieder reuen. So wäre es wohl richtiger, noch einige Wochen zuzuwarten,… inzwischen erlaube ich mir, dem verehrten Komitee zwecks genauerer Orientierung über die Subsidienbedingungen der Regierung die Herr Dr. V. als für uns fast untragbar ansieht, beiliegend einen Auszug zugehen lassen.»

24. OKTOBER 1930, KOMITEE AN DR. VISCHER: «Und nun die Spitalangelegenheit: Wir meinen, dass, falls wir nicht auf Subsidie

---

[57] Von Mai 1928 bis März 1931 war K. Epple – ein Missionar mit Felderfahrung – ausnahmsweise für Insp. W. Oettli stellvertretender Borneo-Inspektor im Komitee der BM in Basel.

rechnen dürfen, wir nicht anders können, als in der von Ihnen gezeigten Richtung vorzugehen... Beschluss: Das Komitee ist einverstanden, dass der Bau auch ohne Subsidie genehmigt wird, aber erst dann beginnen sollte, wenn die Pläne von der Regierung genehmigt sind. Gerne wird Kenntnis davon genommen, dass der Missionsarzt vorläufig in's Diakonenhaus einzieht. Sobald die Pläne genehmigt sind, soll das Nebengebäude des Doktorhauses als vorläufiges Spitalgebäude errichtet werden... Die Isolierbaracken für Leprakranke und Lungenleidende können, entsprechend dem sich meldenden Bedürfnis noch beigefügt werden.»

Endlich Baubeginn des Spitals

10. DEZEMBER 1930, DR. VISCHER AN INSPEKTORAT: «Es ist wichtig, dass... das Spitalgebäude eben *jetzt* errichtet werden muss und zwar eben dann, wenn wir noch auf Subsidie hoffen dürfen, weil wir eben gerade dann nicht Zeit haben auf die Genehmigung der Pläne zu warten. Da ich ohne dieses Gebäude einfach nichts machen kann in Kuala-Kapuas, so haben wir mit dessen Bau gleich nach Erhalt des Telegramms begonnen. Leider war ja der günstige Moment damals schon verpasst, da die Regenzeit schon eingesetzt hatte. Nun mussten eben die Fundamente mit Kunst im Wasser versenkt werden. Ich fürchte, das werde ungünstige Folgen haben. Man kann ja natürlich immer nachflicken, aber besser wäre eine Lagerung in der Trockenzeit doch gewesen.»

Das missionsärztliche Ziel

Immer wieder hält Mattheus fest, dass der christliche Auftrag eines Missionsarztes nicht darin bestehe das, wie behauptet wird, aussterbende Dajakvolk zu retten. Es gehe auch nicht darum, alle Kranken zu heilen. Er gehe nach Süd-Borneo, um dort christliche Krankenpflegerinnen, Hebammen und Krankenpfleger auszubilden, welche dann den Pflegedienst in ihren Gemeinden übernehmen sollen. In christlichen Gemeinden und deren Nachbarschaft dürften die Kranken nicht ihrem Elend und der Zauberei überlassen werden. Christus habe die Botschaft der Liebe, des Mitleidens und der Pflege gebracht. Der Tod hat nicht das letzte Wort. Das ist die Botschaft, die gebracht werden muss mit der TAT DER BARMHERZIGKEIT, nicht nur mit schönen Worten. Um dieser Tat willen geht er hin.

Grosse Sorge bereitet ihm der Gesundheitszustand des Geschwisterkreises. Die Missionare und ihre Gattinnen arbeiten bis zur Erschöpfung und lassen sich nicht bremsen, weil sie ihre Ehre darein setzen, nicht aufzugeben. Die Durchführung regelmässiger Erholungsferien in Java stösst teilweise auf erbitterten Widerstand. Die Berichte nach Basel über bedenkliche Zustände bei einzelnen Familien führen schliesslich zu einer Verkürzung der Aufenthaltsdauer auf dem Feld. Dr. Vischers Wunsch, es möchten die Frauen zur Entbindung nicht auf den Stationen bleiben, sondern zu ihm kommen, wird umgangen und erwidert mit Aufzählungen der Hausgeburten, die alle problemlos verlaufen seien. Nicht zuletzt ist Mattheus erbost über die Aussendung von Missionaren und auch von Bräuten, welche nicht tropentauglich sind und oft schon nach kurzer Zeit wieder zurück nach Europa müssen. Es haben sich verschiedene Dramen abgespielt.

26. MÄRZ 1929, DR. VISCHER AN DAS KOMITEE: «Die letzten Missionare waren nicht gegen Pocken geimpft vor der Ausreise, nur vor vielen Jahren. Ich bitte sehr, es möchte dies nicht mehr vergessen werden. Ferner bitte ich gegen Cholera und Typhus vor der Ausreise zu impfen. Soviel für heute.»

30. MÄRZ 1930, DR. VISCHER AN INSPEKTORAT: Im ärztlichen Bericht über das Missionsfeld: Frau A. ist gestorben. Frau C. war krank mit schwerer Infektion. Frau I. spricht ‹auf der Basis körperlicher Erschöpfung› vom baldigen Tod, v.a. nach dem Tod von Frau A. «Frau O. ist eben nicht leistungsfähig und absolut untauglich für die hiesigen Anforderungen». Auch Herr P. hat ordentliche Entspannung nötig. Missionar Q. ist leidend, U. «hat in diesem Jahr noch keine ernstlicheren nervösen Störungen gezeigt, doch ist seine psychische Konstitution ein stetiger Anlass zur Sorge und ist in mancherlei Weise hinderlich im Missionsbetrieb.»

12. MAI 1930, INSP. K. EPPLE AN DR. VISCHER: «Wie schade ist es doch, dass Bruder U. auch dann und wann unter seelischem Druck steht. Auch in diesem Fall wurde bei der Bestimmung für Borneo viel zu wenig auf die psychische Konstitution geachtet. Basel scheint da erst Lehrgeld zahlen zu müssen. Wie manchmal habe ich schon bei Verlobungen, Aufnahmen oder Bestimmungen für gewisse Gebiete warnend den Finger erhoben.»

30. JUNI 1930, DR. VISCHER BETR. DIE AUSWAHL DER BRÜDER UND BRÄUTE FÜR DAS FELD AN INSP. K. EPPLE: «Sie schrieben, Basel scheine noch mehr Lehrgeld zahlen zu müssen. Nun, das hat es, scheint mir, schon viel bezahlt in den letzten hundert Jahren. Nun möchte ich das lieber ‹Strafe zahlen› nennen. Die vielen neuen Komiteemitglieder sollen ein wenig historische Studien treiben. Protokolle sind ja genug da. Herr Q. ist in letzter Zeit munter,

seine Frau gefällt uns sehr gut, aber seine Arbeitsweise hat etwas ungeheuer Gehemmtes an sich. Wir haben in diesem Jahr viel Arbeit vor uns. Nun ist also Frau X. erkrankt und wird wohl längere Zeit unten im Haus von Schwester Mina verpflegt werden müssen. Herr Y. ist Halbpatient. Im Juli erwarten wir ein Kind, im Sept. zwei Kinder, im Okt. wieder eines, auch im Nov. und auf Ende Dez. haben sich nicht weniger als drei Missionsfamilien mit der Bitte um Geburtshilfe gemeldet.»

24. AUGUST 1930, DR. VISCHER AN INSP. K. EPPLE: «Der Gesundheitszustand im Geschwisterkreis ist zur Zeit einfach bedenklich. Die Borneo Mission steht vor sehr schweren Jahren, sagen Sie das dem Komitee. Ich sehe als Arzt mit schweren Besorgnissen in die Zukunft. Es liegt eine ganze Reihe von grösseren und kleineren Verstössen gegen die Anforderungen der Tropentauglichkeit vor, die nun als Summe schwer auf dem Gebiet lasten. Angefangen bei Frau A., endend bei Frau I., deren Tauglichkeit auf 90% bewertet worden ist.»

5. DEZEMBER 1930, DR. VISCHER AN INSP. K. EPPLE: «Frau P. macht mir rechte Sorge. Sie scheint eine sehr zarte Konstitution zu haben, sowohl geistig als körperlich. Sie hat bald nach ihrer Ankunft, hier, bevor sie akklimatisiert war, geheiratet. Die Akklimatisierung macht ihr rechte Beschwerden, trotzdem sie viel guten Willen hatte. Sie ist arbeitsunfähig seit ihrer Schwangerschaft und kann kaum ihren kleinen Haushalt versehen. Ob sie fähig werden wird, die Station mit ihren vielen Anforderungen mit dem räumlich so ausgedehnten Dorf zu versehen?»

7. DEZEMBER 1930, MATTHEUS: «Wegen der Bemerkung über die widerspenstigen Missionspatienten von Betsy, die ja vielleicht unnötig war, wenigstens fand ich es damals, schriebst Du, das wäre daheim auch so. Das weiss ich natürlich. Ich habe nicht so gar viel Illusionen, dass meine Anordnungen befolgt werden. Aber es ist hier doch ein wenig anders. Während zuhause natürlich jeder tun und lassen kann, was er will und man sich höchstens ärgern darf, dass man seine Kraft… [vergebens einsetzt], ist das hier doch ein wenig anders. In gewissem Sinn bin ich eben der Missionsleitung für die Gesundheitsverhältnisse hier verantwortlich und sind die Missionare verpflichtet, die Anordnungen zu befolgen. Dann tut und spricht man auch immer so brüderlich, und dann tut es immer wieder, das heisst schon fast gar nicht mehr, weh, wenn man dann von solchen Brüdern einfach betro-

gen, wohl auch gar noch belogen wird. Es kommt ja dann meistens doch aus. Und das ist natürlich bedauerlich, aber kaum vermeidlich, dass man vor Katastrophen warnt, sie aber nicht verhindern kann. Wie oft haben alle Leute die Frau Q. gewarnt... Das ist so Missionsmethode, man ist nie sachlich und klar. [Viele Kranke unter den Missionaren, die Beurteilung der Tropentauglichkeit sollte besser sein.] Daneben ist noch ein, meiner Meinung nach, schwerwiegender Übelstand, das ist, dass eine Leitung fehlt. Unser ganzes Gebiet ist innerlich krank. Es fehlt bitter der zielbewusste, teilnehmende Inspektor in Basel und es fehlt hier draussen der überlegene Präses... Das finde ich einfach unerlaubt.»

Der für Euopäer in Borneo notwendige Erholungsurlaub in Java

17. DEZEMBER 1929, DR. VISCHER AN INSP. K. EPPLE: «Ich halte die Java-Ferien für eine unerlässliche Notwendigkeit und möchte an der Konferenz sehr dafür eintreten, nach den diesjährigen Erfahrungen. Nun haben aber einige Missionare sehr Skrupeln dagegen. Ich wäre Ihnen sehr dankbar für eine Äusserung an mich bis zur Konferenz, ob das Komitee wirklich so dagegen ist, wie angedeutet wird oder ob ich auf die Zustimmung des Komitees im Rahmen der diesjährigen Ausgaben: zwei Familien, je sechs Wochen, nach je vier Jahren, rechnen darf. Ich hoffe es sehr.»

18. JANUAR 1930, INSP. K. EPPLE AN DR. VISCHER: «Das Komitee hat zu der Frage der obligatorisch zu nehmenden Java-Ferien noch in keiner Weise Stellung nehmen können, weil die Frage noch gar nicht vor dies Forum gebracht wurde. Man wollte erst die Berichte der beiden Brüder X. und U. abwarten, die als Proefballons [Versuchsballons] dorthin gesandt waren. Sie haben sich nun wenig mutmachend geäussert; Bruder U. auch nach nachträglicher Aufforderung, gar nicht und Br. X. ziemlich zurückhaltend. Was ist nun zu machen? Sie müssen darüber auf der Konferenz verhandeln. Wenn dann einige Brüder gegen obligatorische Java-Ferien starke Bedenken erheben, so werden sie das gewiss deswegen tun, weil sie meinen, dass nicht jeder schon nach vier Jahren durchaus solche Ferien nötig haben werde und dann auch, weil die betreffenden viel zu sehr an ihrer Arbeit hängen und auch an den Kostenpunkt und allerlei damit verbundene andere Dinge denken. Mir wäre es ebenso gegangen. Niemand hätte

mich schon nach vier Jahren Borneoaufenthalt nach Java bringen können zur Erholung. Schon die Arbeit hätte es damals gar
nicht zugelassen und die Gesundheit liess nicht viel zu wünschen
übrig. Dennoch würde ich jedem Missionar mit Familie auch solche verpflichtete Ferien gönnen, falls sie in überwiegender Zahl
dafür stimmten. Es kommt da gar nicht auf die Privatmeinung des
Borneo-Referenten an, sondern auf das Bedürfnis und den
Beschluss der Konferenz. Die entstehenden Unkosten wären ja
noch zu tragen und brauchten einen nicht zu reuen, wenn's um
die Gesundheit geht. Man kann ja auch nur für die Notfälle so
etwas vorsehen.»

Die Wirtschaft

4. JUNI 1928, DR. VISCHER AN INSPEKTOR OETTLI: Der Land-
tausch (Bandjermasin) komme nicht mehr in Frage, weil die wirtschaftliche Lage so schlecht geworden sei. «Da die wirtschaftliche
Lage mich interessiert, werde ich nach Besprechung mit den Herren Neufer und Spaeth einen Bericht darüber zustellen. Bei Zimmermanns Abreise galt der Rohgummi fl 70.–, einige Tage später
fl 50.– und jetzt 25.– bis 35.– Gulden/Pikol.» (Es folgen Fragen
das Land und das Seminar betreffend.)

1929 setzt auch in Niederländisch-Indien die grosse Krise ein

22. JANUAR 1929, DR. VISCHER AN INSPEKTORAT (BETR. HANDEL
MIT KROKODILSHÄUTEN, SCHLANGEN, AFFENHÄUTEN, UND MEER-
ROHR): «Das ist so betrübend momentan: Preise für Gummi und
Meerrohr fallen! Die Ausfuhrmenge des Gummis hält sich aber
pro Monat etwa auf dem dreifachen des letzten Jahres. Rottankri-
se: Das komme daher, dass zwei grosse deutsche Firmen scheints
fast den ganzen Rottan Süd-Borneos abnehmen. Bisher konkur-
renzierten sich die beiden Aufkäufer in Bandjermasin, nun aber
haben sich die beiden Firmen zusammengetan, deshalb hält sich
der Preis auf dem erreichbaren Minimum. Die Konkurrenz der
Chinesen spiele keine Rolle… Als der grosse Krach war im Mai,
wo in Bandjermasin über zwei Millionen Gulden verloren gingen,
haben sich die europäischen Kaufleute zu einer ‹Handelsvereeni-
ging› zusammengetan.»

17. JUNI 1930, DR. VISCHER AN INSPEKTORAT: «Es ist wieder eine
arge Gummikrisis, und trotzdem nun im Mai nirgends hier

Gummi gezapft wurde, in der Hoffnung, dass dann die Preise steigen, bestehen die niedern Preise immer noch und sind sogar wieder ein wenig gefallen. Sie scheinen eben in Amerika einen riesigen Gummivorrat zu haben. Es ist auch für die Chinesen ein grosser Schaden, denn die grössten und angesehendsten können sich nicht mehr halten. Und dadurch können sie die Schulden in den europäischen Ländern etc. nicht bezahlen, und so leidet alles darunter. Es ist auch langweilig, wenn ein Arzt nichts zu tun hat.»
29. JUNI 1930, DR. VISCHER AN INSP. K. EPPLE: «Inzwischen kamen Alarmnachrichten in den Zeitungen: Niederländisch-Indien hat infolge der allgemeinen Krise im ersten Quartal 40 Mio weniger eingenommen, als budgetiert war; 13 Mio weniger, als letztes Jahr... Alle Departemente haben Zirkulare erlassen, Personal wird abgebaut, den Beamten über 100 fl. sind die Ortszulagen gestrichen, etc. Also, der indische Staat tut, was der europäische nicht kann: er sperrt die Ausgaben, wenn er kein Geld mehr hat. Nächstes Jahr 1931, werden die Steuern erhöht. Das Einreisegeld steigt von 100 fl auf 150 fl. pro Person. [In Java werden Bauarbeiten von Spitälern eingestellt! Modjowarno, Malang.] Nun bin ich gespannt, was sie uns vorschlagen werden. Mir wäre es am liebsten, sie liessen uns ganz ungeschoren und gäben uns weiterhin gratis Medizin und vielleicht noch meine Traktementsubsidie.»

Diese Situation hat zur Folge, dass der Staat konsequent zu sparen beginnt und eben die Subsidien kürzt oder streicht. Dies ist mit ein Grund, dass die ganze Spitalplanung nicht vorankommt, dass immer wieder neue Vorschriften entstehen, alle Pläne für die Regierung geändert werden müssen, was immer noch von Basel sanktioniert werden muss, wobei auch Basel ‹kein Geld mehr› hat und nicht selbst einspringen kann.

Persönliches Verhältnis zum leitenden Komitee in Basel

Bei der Bewertung des Standortes in Bandjermasin oder Kuala-Kapuas wird im Zusammenhang mit der Schwestern- und Hebammenausbildung das Argument der ‹sittlichen Gefahren in der Hafenstadt› herangezogen. Im Komitee in Basel befindet sich zu dieser Zeit ein bewährter Borneo-Missionar, der offenbar diese Meinung vertritt und seinen Standpunkt durchzusetzen weiss.

5. OKTOBER 1929, DR. VISCHER AN INSP. K. EPPLE, PERSÖNLICH: «Noch muss ich zu Ihren übrigen Bemerkungen einige Worte, ergänzend beifügen: Es hat mich manches ein wenig erstaunt. Vor allem schreiben Sie für mein Gefühl ein wenig spitzig, wie mir scheint, ohne meine Schuld. Ihren Einfluss scheinen Sie mir ein wenig zu unterschätzen, denn sowohl aus meiner eigenen Erfahrung, als aus den verschiedenen Äusserungen in von daheim erhaltenen Briefen, muss ich sagen, dass er sehr gross ist. Dass Sie Ihren Standpunkt haben und verteidigen, ist durchaus in Ordnung, dass ich einige Argumente, die mir in anderem Lichte erscheinen als Ihnen, anders bewerte, und daraus andere Schlüsse ziehe, ist es auch. Obwohl ich Neuling im Lande bin, darf ich eine abweichende Meinung so nachdrücklich vertreten, als ich kann, weil ich durch meine spezielle Vorbildung zur Beurteilung von gewissen Zuständen und Verhältnissen doch auch eine gewisse Kompetenz erworben habe.»

Dieses Beispiel soll genügen; es ist nicht das einzige, das auf Spannungen hinweist.

Zukunft der ärztlichen Mission

29. JUNI 1930, DR. VISCHER AN INSP. K. EPPLE, ALLGEMEINE ÜBERLEGUNGEN: «Ich habe schon die Frage angetönt, die mich sehr beschäftigt hat, nämlich *ob wir überhaupt ärztliche Mission treiben wollen.* Ich dachte daran, den Antrag zu stellen, dies nicht zu tun, sondern nach meiner ersten oder zweiten Dienstperiode keinen Arzt mehr auszusenden. a) Das Schlagwort vom ‹sterbenden Dajakvolk› ist, soweit es Ngadju-Dajak betrifft, noch unbewiesen. Es gibt Leute, die das Gegenteil annehmen; ein Ausbreiten unserer Dajaken. b) Das Schlagwort vom ‹Samariterdienst am sterbenden Dajakvolk› ist auch sehr schön, muss aber nüchtern analysiert werden. Brauchen wir dazu die teure ärztliche Mission? c) Siecht das Dajakvolk dahin wegen Krankheitsnöten? Erreicht also der Arzt die Wurzel der Not? Ich glaube nicht. Krank ist das Volk und von viel Krankheiten geplagt auch, aber wichtiger als alles ist die sittliche und ökonomische Degeneration. Die Leute sind vom Hunger geschwächt und von Trägheit durchseucht und haben einen kranken, überlebten Kommunismus, der jeden Fortschritt hindert. Da kann nur eine völlig geistige Erneuerung helfen. d) Leistet die ärztliche Mission Pionierdienst? Öffnet sie ver-

schlossene Türen? Nicht in dem Mass, wie in anderen Gebieten. Es fehlt uns an Mission hier, weniger an Türen, als an Leuten, die sie benützen. Man denke an Gebiete, wie den Rungan. e) Können wir nicht ruhig dem Staat die ärztliche Versorgung überlassen? Nach den Erfahrungen mit dem letzten Regierungsarzt könnte man das ruhig bejahen, aber schon sein Nachfolger scheint weniger bedeutend zu sein. Auch ist es fraglich, ob nun, wenn die Krisis andauert, was ja wahrscheinlich ist, für die paar Dajaken die Regierung einen Arzt übrig haben wird. Und dies leitet uns nun zu den *positiven* Punkten, die mir die missionsärztliche Arbeit in Borneo zu *rechtfertigen,* ja zu *fordern* scheint.: d) *Sehr wichtig ist die Krankenbehandlung durch die Missionare.* Es ist mit Händen zu greifen, welcher Schaden dadurch dem Ansehen des Heidentums zugefügt wird, dass eine Krankheit, die bisher für teures Geld und mit sehr zweifelhaftem Erfolg bezaubert werden musste, nun für wenig Geld und mit einfachen Mitteln geheilt werden kann (Framboesie, Dysentherie). In dieser Arbeit werden die Missionare sehr wesentlich gefördert... Auch die Krankenschwestern brauchen zur Rückendeckung einen Arzt. Durch diese mehr indirekte Hilfe allein schon rechtfertigt sich die Anstellung eines Missionsarztes. f) Vollends *bedürfen die 69 Missionsangehörigen eines Missionsarztes.* Schon einen grossen Teil meiner Zeit und Kraft hat die Sorge für die Missionsangehörigen in Anspruch genommen... Ich komme zum Schluss, dass für Borneo die Anwesenheit eines deutschen Missionsarztes unbedingt nötig ist, obwohl der ärztlichen Mission nicht die grosse Bedeutung zuerkannt werden kann, die sie auf andern Gebieten hat, und obwohl die ärztliche Mission allein nicht das sterbende Dajakvolk wird retten können, wie gewisse Idealisten daheim sich das etwa denken mögen...»

24. Oktober 1930, Insp. K. Epple an Dr. Vischer, die Antwort aus Basel: «Dass die *ärztliche Mission* gerade für Borneo grosse Bedeutung hat, das steht für mich ganz fest, nach all den von mir gemachten Erfahrungen. Ich bin gar nicht damit einverstanden, dass ihr auf Borneo ‹nicht die grosse Bedeutung zuerkannt werden kann, die sie auf andern Gebieten hat›, sie bedeutet für Borneo mehr, als für Indien, China und auch die Goldküste, wo anderweitige ärztliche Hilfe viel leichter erreichbar ist... Sehr wird dadurch auch dem Zauberpriester und den ‹weisen Frauen›, auch den berüchtigten balian [Priestern] Abbruch getan. Und erst

die Christen haben am Missionsarzt ganz unberechenbar viel, da sie doch die heidnische Heilmethode nicht mehr anwenden dürfen und die Kunst der Missionare so gar unzureichend ist. Ich gebe der ärztlichen Mission, ob sie von Laien oder von Fachleuten ausgeübt wird, gleich nach der Verkündigung der frohen Botschaft die Palme, noch vor dem Schulbetrieb. Nein, Sie haben da zu düster gesehen, oder besser gesagt zu bescheiden gedacht... Das sagen nicht Sie selbst, das sagen wir.»

3. Missionsleben 1931 bis 1934
Aufbau der ärztlichen Mission in Kuala-Kapuas

Ende 1930 wird zuerst das Diakonenhaus in Betrieb genommen. Die Familie Vischer zieht in dieses noch unfertige Haus, da das Doktorhaus nur in ferner Zukunftsplanung besteht. Der Spitalbetrieb kann noch nicht beginnen, da das Gebäude erst im Rohbau vorhanden ist. Die Poliklink, 1929 neben dem Missionshaus in Kuala-Kapuas aufgerichtet und von Missionar Göttin betreut, wird noch über längere Zeit gebraucht. Der Zustand des ewigen Bauens wird für die nächsten Jahre währen; für Überraschungen und Diskussionen ist gesorgt.

Die Weltwirtschaftskrise wirkt sich auch in diesem versteckten Winkel der Erde aus. Die Niederländisch-Indische Regierung hat kein Geld mehr, kürzt Gehälter und streicht Subsidien. Von keinem Jahr auf das andere ist sicher, dass noch länger gearbeitet werden kann. Auch die BM kürzt allenthalben finanzielle Zusagen, da auch sie sich einschränken muss. Die notwendige und auch aufwendige Unterstützung der ärztlichen Mission erweckt Neid und Unverständnis bei den Missionaren, welche die medizinische Tätigkeit zum Teil offen ablehnen.

Am 1. Juli 1931 kann endlich das Spital eingeweiht werden und beginnt zu funktionieren. Mattheus ist glücklich in seiner Arbeit und muss oft wochenlang die grossen Flussgebiete bereisen. Betsy, diplomierte Krankenschwester und ausgebildete Operationsschwester, verrichtet die Arbeiten im Labor, führt die Patientenkartei, bereitet Medikamente zu, assistiert bei Operationen, hilft in der Poliklinik, schreibt Berichte und Abrechnungen. Dies tut sie, bis eine erste Krankenschwester eintritt und dann immer wieder bei Bedarf.

Betsy führt einen grossen Haushalt, denn neben der eigenen Familie leben nach einiger Zeit immer eine bis zwei Schwestern im Haus, dazu Gäste und europäische Patienten. Es ist an ihr, die Angestellten so anzuleiten, dass diese trotz Mehrbelastungen bei der Familie bleiben und nicht weggehen. Zu ihrer grossen Freude darf sie als Begleiterin des Arztes die Dienstreise auf dem Kapuas im Juni 1932 miterleben. Im Jahre 1933 wird das vierte Kind, Emilie, geboren und im Februar 1934 kann die ganze Familie in den ersehnten Europa-Urlaub, nachdem endlich ein holländischer Arzt, Dr. Th. Höweler, gefunden wurde, der die Ablösung während des Urlaubs für zwei Jahre übernimmt.

Die 1931 einsetzende politische Entwicklung unter der erstarkenden NSDAP[58] in Deutschland belastet auch das Verhältnis unter den Missionaren in Süd-Borneo. 1933 ist das Jahr, in welchem Adolf Hitler die Macht übernimmt. Die Bestrebungen der deutschen Missionsgesell-

---

[58] Nationalsozialistische Deutsche Arbeiterpartei.

schaften, welche unter der Leitung der Berliner Mission zu einer Verkirchlichung, d.h. zur Gleichschaltung auch der Missionen mit der Deutschen Evangelischen Kirche und dem Deutschen Reich, führen könnten, werden für die Basler Mission, die sich weder politisch noch konfes-
sionell binden lässt, zu einem Prüfstein. Erschwerend wirkt sich wohl die
pietistische Einstellung aus, wonach der von Gott gegebenen Obrigkeit
in der eigenen Organisation und im Staat unbedingter Gehorsam
gebührt. Dies mag erklären, dass unter den deutschen Missionaren im
Reich und in der Fremde manche Anhänger A. Hitlers zu finden sind.
Auf dem Feld werden die politischen und kirchlichen Ereignisse in der
europäischen Heimat unter den schweizerischen und deutschen Missionaren unterschiedlich interpretiert, was die schon immer bestehenden
Spannungen zwischen ihnen zunehmend verschärft.

Kuala-Kapuas, das bedeutet: an der Mündung des Kapuas

Die ärztliche Mission erhält ihr Zentrum in Kuala-Kapuas, dem
Hauptort der Ngadju-Dajak.

Aus «Die Gottesidee der Ngadju Dajak in Süd-Borneo» von
H. Schärer: «Der Name Ngadju bedeutet Oberländer… Der
Name Dajak, wahrscheinlich abgeleitet vom Malaiischen adja,
bedeutet Inländer und ist wohl eine Bezeichnung, die durch die
zugewanderten Malaien, die sich an der Küste niedergelassen
haben, der heidnischen Bevölkerung von Borneo zugelegt worden ist… so ist er heute zur Bezeichnung geworden der eingeborenen christlichen und heidnischen Bevölkerung… Die Dajak
nennen sich nach den verschiedenen Flüssen an denen sie
wohnen… Die Bevölkerungsgruppe der Ngadju zählt vielleicht
ungefähr 50 000 Seelen. Sie ist nicht nur nominell die grösste
Gruppe… sondern auch wirtschaftlich, politisch und kulturell
die wichtigste. Hier liegt ihre besondere Bedeutung. Seit dem
Jahre 1836 arbeitet die Evangelische Mission unter den Ngadju-
Dajak. Ihre mehr als 100 Jahre dauernde Tätigkeit ist nicht ohne
Einfluss auf die Ngadju geblieben. Die Mission begann ihre
Arbeit mit Schulen, führte die Schrift ein und schuf für die entstandenen Christengemeinden eine kleine Literatur… Mehr und
mehr zog die Regierung die in den Missionsschulen ausgebildeten
Ngadju in ihren Dienst um sie, für ihre Pazifikationspolitik be-
nützend, unter fremden Stämmen und an anderen Flüssen als

Beamte an Stelle der nicht weiter anerkannten Stammesfunktionäre einzusetzen... Manche auch heute noch bestehenden Rivalitäten finden hier ihren Ursprung. Bedeutungsvoll ist, dass durch [diesen] Einfluss... die Sprache der Ngadju zur lingua franca in ganz Süd-Borneo geworden ist. Der grösste Teil der Ngadju beschäftigt sich mit dem Reisbau, dem Kleinhandel am eigenen und an fremden Flüssen und dem Einsammeln von Waldprodukten (Gummi, Rotan, Wachs, Harz etc.) Die meisten Ngadju leben noch in ihrem alten Gottesdienst. Etwa 15 000 Ngadju gehören der christlichen Gemeinde an und bilden mit den Christen aus den andern süd-bornesischen Stämmen zusammen seit 1935 die selbständige Dajakkirche, die von einer eigenen Synode[59] verwaltet wird und 15 eigene Pfarrer in ihrem Dienst hat. Die Beziehungen zwischen Christen und Heiden sind gute, beide fühlen sich als Glieder eines Volkes. Einige Gruppen... sind zum Islam übergetreten. Diese mohammedanischen Ngadju betrachten sich nicht mehr als Glieder ihrer früheren Volksgemeinschaft und sie nennen sich auch nicht mehr Ngadju oder Dajak, sie zählen sich zu den Malaien...»

Kuala-Kapuas, Hauptort der Dajaken, ist altes Missionsgebiet[60]. Kuala-Kapuas, die grosse Ortschaft, ist ein Konglomerat von verschiedenen Dörfern. Rechtsufig befindet sich Selat, wohin das Aussätzigendörfchen Kabulat, eine Häusergruppe des Missionsspitales, hinkommt. In Pasar stehen das alte holländische Fort und die Residenz des Kontrolleurs. Linksufrig ist Barimba, gegenüber von Selat, anschliessend Hampatong und zuunterst beim grossen Kanal, dem Serapatkanal, Membulan. Kuala-Kapuas besteht in seiner spannungsreichen Zusammensetzung aus Adligen und Sklaven, Kommunisten und Pietisten, Dajak, zugezogenen Malaien (Muslime) und Chinesen, die mit ihrem Handel flussaufwärts kommen. Es ist eine Händlerstadt mit einer Christengemeinde, die als grösste Inlandgemeinde eine führende Rolle am Kapuas spielt. Kuala-Kapuas wird Trägerin des Dajakbundes, des ‹Pakat Dajak›, einer säkularen Fortschrittsbewegung, die sich im Dajakland

---

[59] Synode ist die Zusammenkunft der durch die Gemeinde gewählten Gemeindegliedern zur Beschlussfassung und Leitung der Kirche. Es gibt Gebietssynoden und ‹allgemeine Synoden› zu der dann die Delegierten aller Gemeinden kommen.

[60] Siehe Anhang: Die Geschichte der Evangelischen Missionsgesellschaften von Barmen und von Basel in Borneo.

kristallisiert und bestrebt ist, das Dajakvolk zu ‹retten›, zu stärken, zu Selbstbewusstsein und Selbständigkeit zu führen und hierfür Schulen einzurichten. 1930 versucht der Pakat in der Kirche von Kuala-Kapuas zwei Älteste der Gemeinde abzusetzen. Aber dank der klaren Stellungnahme der Dajakfrauen und dem für die folgende Ältestenwahl eingeführten Frauenstimmrecht wird diese Bestrebung verhindert. Kuala-Kapuas ist die erste Gemeinde, welche Frauen als Gemeindemütter in den Kirchenrat wählt[61].

16. Juli 1928, Mattheus beschreibt anlässlich seiner ersten Reise nach Mengkatip, am Barito, die Ortschaft Kuala-Kapuas:
«Kuala-Kapuas ist nämlich eine Versammlung von zusammengewachsenen Dörfern, die an dem günstigen Platz am Zusammenfluss der zwei grossen Ströme Murong und Kapuas und dem Kanal liegen. Das Missionshaus liegt etwa vier km. oberhalb der Mündung des Kanals, das Dorf zieht sich aber noch gut drei km weiter flussaufwärts. Von der Kanalmündung ist nun auch ein Weg mit Brücken auf dem nördlichen Ufer [des Kanals] gemacht worden, sodass es (wenigstens in der Trockenzeit) möglich ist mit einem soliden Velo und mit Vorsicht, 14 km weit dem Kanal entlang zu fahren [von Kuala-Kapuas aus]. Deshalb werde ich das nächste Mal mein Motobécane mitnehmen und einmal versuchen die 20 km abzufahren. Ich werde auch einmal in einem Dörflein im Kanal Sprechstunde abhalten, weil es für die Leute bis zum Missionshaus recht weit ist. Das letzte Mal sagte mir einer, er müsse drei Std. rudern bis zum Missionshaus. Unterhalb des Kanales ist ein Kampong und dann sind unten am Kapuas noch Dörfer. [Mambualu etc.] Die Siedlungen sind sehr lang, weil die Häuser sehr weit von einander stehen und weil nur je ein Haus am Ufer steht, die Häuserreihe hat keine Tiefe. In einem Haus leben aber meist mehrere Familien, in zweien, wo ich war, leben rund 20 Kinder, wovon fünf bis sechs Säuglinge. Da gibt es dann oft gestörte Nachtruhe. Die Tochter bleibt eben oft im Haus der Mutter, der Schwiegersohn zieht dorthin und dann lebt die Familie in einem Zimmer, unter diversen Klambus[62], die nachts auf mehr oder weniger kunstreiche und zweckmässige Manier aufgehängt werden. Kommt man nachts in ein solches Haus, so sind die

---

[61] Witschi, ‹Christus siegt›.
[62] Kelambu: Moskitonetz.

tags so grossen Räume gefüllt mit an Schnürchen aufgehängten Klambuhäuslein. Aus denen kriechen dann unzählige neugierige Männlein, Weiblein und Kinder. Sie schlafen am Boden auf einer Matte, die über eine dünne Matratze gebreitet ist und auf einigen schwarzen glänzenden fettig anzufühlenden Rollen und Kissen. Da muss man dann hinkauern oder knien, um den Patient untersuchen zu können. Das Dajakhaus hier unten steht auf etwa ein Meter hohen Pfählen. Der Fussboden besteht aus Brettern oder Bambus und hat sehr viele Löcher durch welche der Unrat hinaus kann und durch die man spucken kann, wenn einem etwas in den Hals kommt, oder wenn einem ein Zahn ausgezogen worden ist. Meist ist vorn ein kleiner Vorraum, dann kommt ein grosses Zimmer, wo Besuche empfangen werden und wo die Männer abends ruhig zusammen sitzen, dann kommt eine grosse Halle, an die sich seitlich vier bis sechs Zimmer anschliessen. Nach hinten kommt man aus der Halle, oft durch ein Gänglein, in die Küche. Die Zimmer sind Familienwohnungen, in der Mitte des Hauses schlafen die Überzähligen und die Gäste. Gäste hat man nämlich immer. So hat z.B. eine Familie von Mandomai bei einem Verwandten sechs Wochen acht Köpfe stark gewohnt, um auf mich zu warten. Es sieht malerisch aus, so ein Haus bei Nacht, die vielen Menschen im Schein der russenden kleinen Öllämpchen. Lästig sind bei einem Besuch nur die Vielen, die sich mit mehr oder weniger Geschick einmischen. Jeder Befehl oder Ausspruch geht durch die Kette von Interessenten, der Vater übersetzt es und erläutert es für die Mutter, diese gibt es weiter an Grossmutter, diese an Tanten und Schwägerinnen. Es geht eine zeitlang bis die Meldung durch ist, dann, wenn man längst bei etwas anderem ist, kommt von der Urahne eine Rückfrage oder die Bestätigung, dass sie just das Gegenteil verstanden hat; dann fängt man halt wieder von vorne an, bis man die Illusion hat, die Leute hätten es begriffen. Wenn man Skeptiker ist, geht man mit der Überzeugung heim, dass dann doch etwas ganz anderes vorgenommen wird, als verordnet ist. Nur der Enthusiast glaubt, die Menschen seien hier anders als in Europa! Zum Glück wird aber das doch oft besser, oft kann man ja auch die ärgsten Dummheiten verhindern, besonders, wenn den Leuten anfängt ‹die Katze auf den Buckel zu steigen›, wie wir zuhause zu sagen pflegen. Nämlich, wenn z.B. ein kleines Kind Fieber hat, so baden sie es mitten in der kältesten Nacht im Fluss. Und dergleichen mehr.»

Das Diakonenhaus, in das die Doktorfamilie einzieht

Dieses Haus ist, wie alle andern auch, auf Pfähle gebaut, ist aber zweistöckig! Auf der dem Fluss zugekehrten Seite sieht man über den Holzpfählen zwei übereinander liegende Veranden, darüber ein grosses Dach, das alles Regenwasser sammelt und über Dachrinnen in die Backs, d.h. in die auf Pfählen stehenden Betonbehälter, leitet, denn in der Trockenzeit gibt es kein anderes Wasser. Das Flusswasser ist kaum brauchbar. Brunnen kann man in diesem tiefen ‹Modder›[63] nicht graben. Das Haus steht hinter der Dorfstrasse, die das Ufer auf Dorflänge säumt, und wird mit einem Boot, dem üblichen Transportmittel, erreicht. Am Ufer, beim Spitalbatang[64], stand damals auch eine kleine Bank, auf

Das Diakonenhaus, in das die Doktorfamilie einzieht.

der man abends den Sonnenuntergang betrachten konnte. Der Batang, ein kleines Floss, mit einem beweglichen Steg am Ufer vertäut, damit er sich mit Flut und Ebbe senken und heben kann, ist der Landeplatz für alle Boote, Einkaufs- und Handelsort. Hier spielt sich das Leben ab. Die

---

[63] Das holländische Wort «Modder» bezeichnet lehmigen Grund.
[64] Batang ist das Floss, das zu jedem Haus gehört.

Händler fahren mit ihren Waren vor, Kinder und Erwachsene baden und waschen sich und ihre Kleider mit viel Seife, Kinder schwimmen schon von klein an und tummeln sich im Wasser. Auf dem Batang ist aber auch die Toilette, wofür eigens ein kleines Hüttlein über einem Loch angebracht ist. Natürlich haben sich die Missionare nicht an diese Lebensart angepasst. Wir Kinder mussten auf diese Wassergenüsse verzichten. Im übrigen ist ‹das Haus› nicht nur ein Gebäude; es ist mit Nebengebäuden oder einem Hinterhaus versehen. Der Weg, der vom Diakonenhaus zur Spitalbaracke führt, ist mit einem Dächlein versehen, damit man trockenen Fusses von einem Ort zum andern kommen kann, denn der Regen ist heftig und in der Regenzeit steht das Wasser. Im Schatten dieses Daches warten auch die Aussätzigen auf den Doktor, denn sie dürfen sich nicht den andern Patienten nähern, die sich im eigens für sie erstellten Wartehäuschen befinden.

29. DEZEMBER 1930, BETSY: «Der Umzug war einfach dank der Hilfe von Seminarschülern in Bandjermasin und den Röder-Lehrlingen in Kuala-Kapuas. Wir wurden von Flückigers, Göttins und Röders freudig begrüsst. Nur die Prouw[65] mit den Möbeln war noch nicht da, weil sie 24 Stunden warten musste bis zur nächsten Flut im Kanal. Im Haus hat Röder noch riesig gearbeitet. Alle Zimmer, die wir bewohnen, sogar im ersten Stock, sind fast fertig. Nur noch Kleinigkeiten fehlen, aber die pressieren nicht. Auch ist noch nicht geweisselt, aber das macht man sowieso erst in der nächsten Trockenzeit, wenn das Holz ganz ausgedörrt ist. Unten haben wir zwei fertige Patientenzimmer, ferner ein Wohnzimmer, daneben das Esszimmer (Eckzimmer) und die Apotheke, in der Mattheus seine grossen Vorräte an Salben etc. macht und aufbewahrt. Die zwei Patientenzimmer liegen links neben dem Eingang an einem kleinen Gänglein… In den Nebengebäuden sind die Zimmer für die Dienstboten, die Küche, Badezimmer und WC, die Vorratskammern und noch eine extra Patientenküche für Leute, die selbst Haushaltung hier machen. Einstweilen wohnen noch Göttins in einigen Dienstbotenkammern und werden auch während der Geburt der Frau dort bleiben. Im ersten Stock auf der Flussseite, gerade oben an den Patientenzimmern, haben wir unser Schlafzimmer, daneben ein Wohnzimmer und das Kinderschlafzimmer. Vor unserer Schlaf-

---

[65] Prouw, deutsch Prau = malaiisches Boot.

stube und der Wohnstube geht eine drei Meter breite Galerie durch und unten, also vor den Patientenzimmern ebenfalls. Diese ist ganz herrlich, wie Du Dir denken kannst. Abends besonders geht ein frisches Lüftlein dort oben, und so sitzen wir wenn möglich draussen. Die Kinder können herrlich spielen und ich muss keine Angst haben, denn Röder hat vorsorglich ein Drahtgitter gemacht, sodass sie nicht an den Latten hinaufsteigen können. Die ersten Wochen unseres Hierseins sind rasend vergangen, denn mit dem Einräumen und Einrichten und Kisten auspacken war fast der ganze Tag ausgefüllt. Ich habe Vorhänge genäht, an der Haustüre eine Kuhglocke angebracht... Ja, auf einem Bauplatz werden wir noch lange wohnen, denn unser jetziges Haus ist, wie gesagt, noch lange nicht fertig:... und dann erst kommen die Beigebäude des Doktorhauses, gerade gegenüber von unserm Schlafzimmer an die Reihe. Diese werden zuerst gebaut, um vorläufig inländische Patienten darin unterbringen zu können. Einstweilen haben die noch nichts, um ihr Haupt hinzulegen... [Das bedeutet also, dass das ‹Diakonenhaus› nun bewohnt wird und in den Räumen seines Hinterhauses quasi eine erste Krankenstation besteht. Das Doktorhaus selbst, dessen Beigebäude für inländische Patienten nun als erstes gebaut werden sollen, wurde auch später *nie* gebaut.] Unser Tag teilt sich also so ein: wegen dem Gehämmer, das schon gleich nach sechs Uhr beginnt, stehen wir etwa um sieben Uhr auf. Dann hat Mattheus bis jetzt auch im Haus geholfen beim Einräumen seiner Sachen. Vom ersten Januar an wird er aber den ganzen Morgen Sprechstunde haben. Die Kinder und ich sind in unserm Wohnzimmer, das wir in zwei Teile eingeteilt haben. Alles was unten am Tisch ist, ist das Kinderzimmer und dort dürfen sie ihren unsagbaren Grimpel haben! Sie gewöhnen sich ganz nett daran und Ruth sagte gleich strahlend: ‹au, so-n-e grossi Stube hän s'Mai und s'Ruthli.› Mai ist auch ganz selig mit dem neuen grossen Haus und hat gleich am 2. Tag konstatiert, dass das ein lieber Onkel Röder sei, der Mai und Ruth solch ein grosses Haus zur Weihnacht geschenkt habe. Wir hoffen, dass wir schon um 12 Uhr essen. Dann können wir von eins bis drei Uhr ein wenig abliegen, denn das muss man hier einfach. Um zwei Uhr fängt allerdings das Gehämmer wieder an, aber wenn die Kinder einmal eingeschlafen sind, wachen sie deswegen nicht auf. Dann trinken wir um drei Uhr Tee und nachher gehe ich mit den Kindern bis fünf spazieren, bis Alfred den Schoppen bekommt. Dann sitzen wir auf die Galerie oder ins Wohnzimmer bis zum Nachtessen um halb sieben die Kinder und sieben wir. Wenn die Kinder im Bett sind, sitzen wir ins obere Wohnzimmer. Ich hoffe sehr, dass es dabei bleibt und dass Mattheus nicht jeden Abend im Labor zubringt oder beim Medizinmachen. Einstweilen bin ich dankbar für jeden freien Abend.»

Betsys Alltag in Kuala-Kapuas

Das Leben in Kuala-Kapuas ist eine einsame Sache. Es ist ein Dorf ohne Einkaufsmöglichkeit, ohne kulturelle Anregungen, das kann sehr eintönig sein. Auf dem braunen Wasser treiben grüne Pflanzen, die Wasserhyazinthen, und bilden kleine Inseln. Ebbe und Flut bremsen und beschleunigen den Fluss. Der Batang hebt und senkt sich. Der Murong bleibt immer gleich und immer anders; grosse weisse Wolken spiegeln sich darin, dann wieder überschlagen sich starke Wellen und über den Fluss kommt der Regen; erst hört man ihn mächtig daherrauschen, sieht ihn am andern Ufer; er nähert sich als grosser, dichter Vorhang, schweift über das Wasser bis er auf das Dach prasselt. Der Tag beginnt um sechs, die Nacht beginnt um sechs, Regenzeit und Trockenzeit, Ebbe und Flut, unaufhörlicher Kreislauf. Das grosse, zweistöckige Haus, auf den hier üblichen, hohen Pfählen, liegt am breiten, träg dahinfliessenden braunen Fluss, nur durch die Dorfstrasse von diesem getrennt und umgeben vom dichten Urwald, der die Pflanzung stets zu überwuchern droht und aus dem abends Affenhorden sich mit viel Gekreisch über die Bananen und das mühsam gezogene Gemüse hermachen. Europäische Nachbarn sind die Missionarsfamilie Flückiger, der Missionsbaumeister Röder und das Ehepaar Göttin. Anfang Juli 1931 wird Schwester Maria in den Haushalt aufgenommen, später auch Schwester Lydia. Für den Haushalt sind eine Koki und eine Babu angestellt. Der Garten wird von einem Burschen besorgt und im Spital sind einige auszubildende Gehilfinnen und Pfleger angestellt. Nicht zu vergessen ist der holländische Kontrolleur, welcher mit seiner Familie am gegenüberliegenden Flussufer in Pasar residiert und meist nach kurzer Zeit wieder abgelöst wird. Ein persönliches oder gar herzliches Verhältnis zu diesen holländischen Familien ist nicht immer möglich. Beim Einzug im Dezember 1930 beleben drei Kinder das Haus, Marianne ist viereinhalb, Ruth zweieinhalb und der Jüngste, Alfred, halbjährig.

Über die Vorbereitung zum Umzug von Bandjermasin nach Kuala-Kapuas erfahren wir, wie eine Reise auf dem Fluss vorbereitet und organisiert wurde und wie die Medikamente, die Utensilien für den Arzt und die Lebensmittel verpackt werden mussten.

30. NOVEMBER 1929, BETSY: «Herrlich ist aber, dass man ein Schiff hat und dass man die Sache nicht ‹einpacken› muss, sondern dass man eben einfach alles ins Boot stellt. Wir hatten gut Platz für alles: also die Haushaltung etc, dann etwa 20 Petroleumbleche, die Matth. für seine Medizinen immer auf seine Reisen mitnimmt und die sich fein bewähren. Diese Petroleumbleche sind auf der Seite aufgeschnitten und mit einem grossen Deckel zum Schliessen versehen. Dann sind sie gestrichen: rot, blau, grün und jedes Blech hat noch zwei Drähte als Henkel. In ein Blech kommen die Pulver, die Instrumente in diesen Säckchen, die ich einmal machte etc. So findet man alles gut und der Djongos Brahim sorgt nett dafür, dass jedes sein Plätzlein behält.»

10. JANUAR 1931, BETSY: «Die Kinder sind selig im neuen Haus und alle sind wir zum Glück gesund. Alfred gedeiht und ist ein komischer Bub, aber wem er gleicht, weiss ich nicht. Ich glaube, es gibt auch ein Vischerli. Das wäre fein!… Es ist hier noch viel feuchter als in Bandjermasin. Alles schimmelt noch rascher als dort! Im ersten Stock ist es herrlich kühl; fast ‹kalt› und wir geniessen es abends oben zu sitzen. Überhaupt es ist fein, nun hier zu sein!»

19. JANUAR 1931, BETSY: «Mama fragt auch, ob es schwer ist, hier Lebensmittel zu bekommen. Ja, das ist es, indem man überhaupt ausser Krebs und Fisch hie und da, nichts bekommen kann. Die frischen Gemüse und Kartoffeln etc. kommen von Bandjermasin, wenn einmal ein Schiff hierher kommt, also ein Missionsschiff, dem dann Missionar Weissinger die Sachen mitgibt. Und auch sonst muss man alles von Bandjermasin kommen lassen. Mehl und Reis, denn hier gibt es das nur hie und da und zudem viel teurer. Eier kann man hier haben, aber z.B. Fleisch nie. Das schickt mir auch Frau Weiler aus Bandjermasin, wenn es Möglichkeiten gibt. Brot backt Frau Flückiger und gibt mir auch bis der Herd richtig steht. Die Küche ist eben bei uns auch noch laaange nicht fertig und wir kochen erst in einem Provisorium. Auch die Holzkohlen zum Bügeln, z.B. kommen nur von Bandjermasin. Kochen kann man mit Holzabfällen, die unter dem Haus liegen.»

19. JANUAR 1931, EIN BESUCH AUS BASEL! BETSY AN SCHWÄGERIN LISETTE: «Und nun ist also Onkel Felix bei uns. Es ist natürlich ganz herrlich und wir können seinen Besuch noch ausgiebig geniessen, denn er widmet uns eine ganze Woche… Ja, wir erfahren allerhand und weisst Du, es ist fast zu viel des Guten. Jemand

zu haben mit dem man sprechen kann aus der Familie wäre schon genügend gewesen und nun ist dieser Jemand erst noch Onkel Felix! Er macht halt urkomische Bemerkungen und schildert die Sachen, dass man glaubt, sie miterlebt zu haben... Ich bin auch für Matth. so froh, dass er kam; nun kann er doch wieder einmal mit einem Mann sprechen und ist nicht immer nur auf mich angewiesen. Das tut ihm entschieden gut und er ist gesprächiger denn Je! Überhaupt an Gesprächsstoff fehlt es uns nie...»

Man darf gewiss annehmen, dass sich Mattheus bei dieser Gelegenheit alle Informationen für das wissenschaftlich korrekte Vorgehen bei ethnologischen Sammlungen holte, ein Anliegen das er auch gegenüber der Mission als Verpflichtung gegenüber den Gastvölkern vorbrachte.

22. Februar 1931, Betsy an Bua: «Mai und Ruth sind nämlich schrecklich mit ihrem ewigen ‹Mama lueg, Mama sag und Mama darf-i› etc. Und dazu schreit Alfred in seinem Kistlein, weil Ruth auf den Kistenrand steht, um ihm Gefräser[66] zu machen. Ruth ist das rechte Tropenkind: immer wild und ausgelassen und was folgen[67] ist, weiss sie sowieso nicht. Dein Gottemaitli scheint bräver zu werden.»

11. März 1931, Betsy: «Spazieren gehen kann man Dorf auf und- ab, es ist immer dasselbe: Hütten, die durch einen Weg vom Fluss getrennt sind, umgeben von Fruchtbäumen und hohem Gras. Der Weg ist ganz gut, aber wenn es stark geregnet hat, kann man besser mit blutten[68] Füssen gehen, als mit Schuhen, durch die das Wasser oben hereinkommt. Dann ist der Weg schrecklich: alles voll Wasserlachen. Von Flückigers sind wir ca 50 m entfernt, es steht nur ein inländisches Haus dazwischen... Nein, gut isoliert ist der Boden nicht, indem eben alles Holz ist und nur *eine* Lage. Deshalb hört man fast jeden Tritt, den wir oben machen, ein wenig gedämpft durch den Teppich im Wohnzimmer. Aber weil auch aussen durch alles offen ist und man keine Fenster hat, hört man auch ziemlich gut, wenn man spricht. Letzthin waren Flückigers bei van den Berg's, unter unserem Wohnzimmer und da hat

---

[66] Dialekt für: Grimassen.
[67] Dialekt für: gehorchen.
[68] Dialekt für: nackten.

es uns so lebhaft an ein Essen daheim erinnert, wenn wir als Kinder noch ins Bett mussten und man nur das Lachen vom Esszimmer hörte! Die Kinder können unten im Wohnzimmer sich ziemlich vertun, weil doch noch das Gänglein und die Medizinkammer zwischen diesem Zimmer und den Patientenzimmern liegt.»

30. MÄRZ 1931, BETSY: «Nun muss ich Dir aber zuerst erzählen, dass ich Dein Bachbuch jetzt lese; weisst Du, die kleine Chronik der Anna-Magdalena. Und nun hat mich das Buch so angemacht wieder Bach zu spielen, dass ich meine Noten hervorgeholt habe: die Fugen und das wohltemperierte Klavier etc. und zu Frau Röder gegangen bin. Nun hat sie mir gern, wie sie sagte, erlaubt, jeden Tag eine Stunde auf ihrem Harmonium zu spielen. Ist das nicht fein!... Zudem sollte ich heute noch seine Patientenkarten ordnen, die er auch morgen mitnehmen will. Bevor er, wenn er auch nur einen Tag ist, fortgeht, gibt es immer alle Hände voll zu tun. Eher fein, ich sage es immer wieder, oder *denke* es also hier, dass man immer etwas zu tun hat. Ich glaube, je länger man in den Tropen ist, desto mehr hat man das Bedürfnis, etwas zu tun und desto ärger ist es, wenn man nicht weiss, dass die Arbeit, die man tut, nötig ist und das Gefühl hat, sie könnte gerade so gut liegen bleiben. Vielleicht ist es auch nur eine gewisse Nervosität, die einen immer wieder anspornt... [Die Ferien werden auf den November verschoben] weil wir sonst gerade im September wieder heimkämen, wenn es hier am aller unangenehmsten ist, weil die Luft dick und stickig voll Rauch ist, weil die Reisfelder im September abgebrannt werden, bevor die Leute die neuen anlegen. Das ist jedes Jahr so und deswegen gehen wir lieber erst im November, wenn das vorüber ist und... wenn die Regenzeit wieder angefangen hat. Das ist auch einer der Hauptgründe, weshalb wir erst im November gehen: wir können durch den Kanal fahren, um nach Bandjermasin zu gelangen und dann ist es auch in Java schön grün und nicht so ausgedörrt, wie vor zwei Jahren, als wir in der Trockenzeit dort waren.»

13. APRIL 1931, BETSY: «Eine grosse Freude habe ich nun an meinem, endlich fertig gewordenen, Blumentisch, den mir Röder nun *end*lich (nachdem wir jetzt vier Monate hier sind und er am ersten Tag sagte: ‹ja, das machen wir morgen!› Das ist nämlich sein berühmter Ausspruch, den er bei *allem* sagt.) [gemacht hat.] Er sieht recht hübsch aus und meine Blattbegonien und grünen Pflänzlein machen sich sehr hübsch im Hausgang. Man sieht

vom Esszimmer aus gerade darauf. Die andern Stöcke habe ich auf die Hintergalerie gestellt, wo mir Mattheus zu diesem Zweck einen Schaft machte. Bis Röder diesen geknorzt hätte, wären mindestens nochmals vier Wochen vorüber gegangen. Aber bei Mattheus brauchte ich ihm nur zu sagen, wo ich den Schaft gern hätte und in einer Viertelstunde konnte ich die Blumen draufstellen.»

21. Mai 1931, Mattheus geht wieder auf Reise. Betsy will ihn mit einem der drei Kinder bis zu Weissers nach Mandomai begleiten, wo sie bis zu seiner Rückkehr bleiben darf. Betsy: «Und manchmal möchte ich wirklich hier drauslaufen, denn die ewige Bauerei und das nicht-mehr-enden-wollende Klopfen und Hämmern ist zum-aus-der-Haut-fahren. Mattheus hat wenigstens seine Sprechstunde und hört dann nichts davon, aber ich sitze den ganzen Tag auf dem Bauplatz und *muss* das Hämmern mit anhören. Nachmittags, wenn andere herrlich schlafen können, haben wir auch keine Ruhe – und das geht nun noch zwei bis drei Jahre, wenn wir wieder zurückkommen, fängt es wieder an! Mattheus bekommt nun im ersten Stock noch ein kleines Arbeitszimmer. Es ist zu klein ausgefallen für ein Wohnzimmer für die Schwester und so will es Mattheus für sich verwenden. Schwester Marias Zimmer ist noch nicht fertig.»

15. Juli 1931, Betsy: «Müde sind wir eben alle. Auch ich habe oft zu gar nichts Lust, oder dann bin ich so auf Drähtli, dass mich nur *viel* Arbeit befriedigen kann. Am Anfang, als Schwester Maria da war, war es mir ganz grässlich, ich kann gar nicht sagen *wie*, dass ich da plötzlich so *ganz überflüssig* war. Ich hätte ebensogut fort sein können und Mattheus hätte gar nichts davon gemerkt, denn die Haushaltung und alles wäre von Schwester Maria genau gleich gut gemacht worden. Ich kam mir ganz abgesetzt vor und war es ja schliesslich auch. Mit den Patienten habe ich nun von einem Tag auf den andern rein gar nichts mehr zu tun und überhaupt auch sonst befriedigt mich mein Leben lange nicht mehr so, wie es der Fall war bis vor drei Wochen. Und es wird auch nie mehr anders kommen. Letzthin durfte ich ja schon noch eine Narkose machen und einmal auch noch assistieren; aber wenn ich nicht da gewesen wäre, wäre es auch ohne mich gegangen. Ich bin eben verwöhnt, denn bis jetzt hatte ich Sachen zu tun, die eben nicht getan worden wären, wenn ich nicht gewesen wäre.»

Aus dem Jahresbericht 1931: «In der Trockenzeit kann man abends so herrlich ein Viertelstündchen in der kurzen Dämmerung auf dem Landungssteg sitzen, wenn man Zeit dazu hat! Es hat fast keine Mücken… Dann kann man so gemütlich auf dem Weg dem Fluss entlang durch's reinliche Dorf bummeln, die Luft ist frisch, die Wärme angenehm. Gegen drei Uhr kommt vom Meer die Briese, ein ziemlich starker, gleichmässiger, angenehm föhnig warmer Wind. Dann wirft der breite Fluss hohe schaumgekrönte Wellen. Bis in die Nacht hinein rauscht die, immer wieder schöne Melodie des regelmässigen Wellenschlages, am Ufer. Kleine Motorboote dürfen sich nicht hinaus wagen. An meinem Boot, ‹Barimba›, brechen sich die Wellen mit Wucht. Dann ist es dramatisch zu fahren und lustig, wenn auch etwas ermüdend, besonders wenn die harte Sonne blendet. Die Nächte sind hell, kalt und feucht. Schon wenn man um 8 Uhr in die Nacht hineinzufahren gezwungen ist, friert man empfindlich, denn das Thermometer, das um halb sechs Uhr auf 33 °C im Schatten gestiegen war, fällt seither, zeigt um acht Uhr nur noch 30 °C, um 10 Uhr 28 °C und der Feuchtigkeitsmesser steigt seit Mittag drei Uhr von 65 % an und zeigt seit acht Uhr 99 % bis 100 %. Morgens nach 6 Uhr ist das Temperaturminimum der Trockenzeit mit 22°–21°C, deshalb hat man um 4 Uhr im Halbschlaf zur zweiten Kamelhaardecke gegriffen. In der Regenzeit sind die Temperaturschwankungen geringer, da ist das Maximum mittags etwa 30 °C, und das Minimum meist etwa 25 °C. Wie die Feuchtigkeit in der Regenzeit ist, weiss ich nicht, da ich den Hygrometer erst seit kurzem habe.»

24. SEPTEMBER 1931, BETSY: «Unser Haus wurde jetzt auf der Aussenseite zuerst geteert und jetzt geweisselt. Ersteres nur teilweise, damit es da, wo es dem Regen am meisten ausgesetzt ist, länger hält. Da nun verschiedene Bretter kleine Löcher haben, ist der Teer auf der Innenseite, also in den Zimmern, teilweise durchgesickert und da hat Alfred gestern natürlich die Gelegenheit benützt, um in einem unbewachten Augenblick mit einem Finger dieses lustige Teerbächlein abzuwischen!! Es ist also momentan wieder eher arg mit dem Gehämmer und Gelärm im Haus. Es wird nun die Zwischenwand aufgestellt zwischen den zwei oberen Schwesternzimmern, weil Röder nasses Holz brauchte, das sich nun dermassen zusammengezogen hat, dass es ganz breite Spälte bekommen hat. Es regnet fast jeden Mittag, manchmal so stark, dass das halbe Esszimmer unter Wasser steht. Bis zur Hälfte geht

eben oben an diesem die Terrasse, sodass der Regen durch die
Ritzen ohne Mühe durchkommt. Wir haben heute wieder konstatiert, dass es ekelhaft ist, in einem unfertigen Haus wohnen zu
müssen. Dann wird nun endlich auch der gedeckte Gang, d.h. ein
Dach über den Weg gemacht zu dem Spital (von unserm Haus
aus), damit man trocken hinüber kann. Das ist wirklich nötig,
denn gestern gerade wieder hat es dermassen gekübelt und gewit-
tert, dass man nicht trockenen Fusses von dem einen Haus ins
andere gelangen konnte... [Gewitter:] Einmal hat es gestern
ziemlich eingeschlagen und der Schlag war so stark, dass das
ganze Haus zitterte. Ich war gerade im Spital. Mai erzählte dann,
als es so gedonnert habe, sei Alfred nur abgesessen in seinem
Haag, aber ihre, Mai's Ditti haben alle ‹Mama› geschrien und es
sei, mit dem Donner zusammen, ein schrecklicher Lärm in der
Stube gewesen.»

Blick aus dem oberen Stock des Wohnhauses: Das gedeckte Weglein
führt zur Poliklinik, zur Patientenbaracke und im Hintergrund zum
Absonderungsgebäude. In der Bildmitte sind die Backs, mit Zuleitung
vom Dach, gut sichtbar.

12. NOVEMBER 1931, BETSY: «Ruth und Mai feierten in Mandomai eine rührende Begrüssung. Zuerst musste Ruth alles von
Mai's Kinderli erzählen, was sie auch ausführlich tat und dann
war Mai's erster Gang hier, nach den Kinderli zu sehen, ob sie
gesund und brav in ihren Bettchen liegen. Auch von den orang
sakit[69], Alfred und Schwester Maria musste Ruth viel berichten
und das ganze Nachtessen durch war ein Frage- und Antwortspiel
von den beiden. Weissers fanden es zum Glück mehr lustig als
störend. Es war auch eher lieb. Aber natürlich findet das ‹die
Mutter› immer und gibt sich oft keine Rechenschaft, wie unangenehm es für fremde Leute ist. Ich bemühe mich aber, nicht *zu*
sehr verblendet zu sein, was das anbetrifft. Ruth hat immer noch
ihre komischen Einfälle. Das herrlichste ist für sie, wenn sie ihre
Hände waschen darf. Und da habe ich sie ihr also auch einmal
abends gewaschen und ging dann rasch hinaus. Als ich wieder
kam, waren die Hände natürlich wieder nass und Ruth erklärte
mir, die Hände seien eben einfach beide ‹in's Wasser gfalle›.
Letzthin haben die Maitli mit Dittigeschirrli gespielt und Alfred,
der jetzt nicht mehr im Hag ist, sondern auch herumspringt wie
und wo er will, musste die Kokki sein, die die schmutzigen Teller
wegräumt. Mai gab sie ihm und sagte dazu jedesmal: ‹Kokki nä!›
Dann trug sie Alfred selig fort. Aber das Essen dauerte ihm etwas
zu lange, sodass er schliesslich auch die saubern Teller und überhaupt alles, was auf dem Tisch stand, wegräumte. Es war eher
komisch, aber Mai passte das nicht recht, denn sie musste doch
zuerst fertig essen! In Mandomai hat Mai Weihnachtslieder
gelernt und nun singt sie den ganzen Tag Ihr Kinderlein kommet
oder stille Nacht. Sie ist dann so im Singen, dass sie oft auch alles
singt, was sie *sagen* will. ‹Mama, darf i Brot haaaa› oder so. Dann
hat sie ausgeschnitten und auch gesungen: ‹Halleluja, soll ich
uuusschniede›, so in diesem Stil.»

7. JANUAR 1932, FERIEN IN SUMBER-URIP, BEI BATU IN JAVA, BETSY:
«Doch, sagten sie, [die Freunde] am nächsten Tag sei ein wunder-
bares Konzert in Malang von dem Geigenspieler Heifetz, der ein
Amerikaner sein soll. Wir gingen an einem wunderbaren Abend
zu Fuss nach Batu und dann in einem Taxi zu Dr. Nortiers zum
Nachtessen und von dort ins Konzert. Es war wirklich wunderbar

---

[69] Orang: Mensch, sakit: krank; orang sakit = Patient.

und wir waren nachher so aufgeregt von der Pracht, dass wir miserabel schliefen. Er spielte ein Mendelssohnkonzert und einige kleine Stücke von Bach, Schubert und einigen Modernen. Dann musste er etwas dreingeben und ein Stück musste er wiederholen. Es war wirklich wie daheim und für uns eben noch besonders herrlich, weil wir seit viereinhalb Jahren in keinem Konzert waren.»

9. März 1932, Betsy: «Die Kinder geniessen noch die Flückigerbuben und mir graut es ganz schrecklich auf den Moment, wo die Familie heimreist. Die Frau wird mir sehr fehlen, denn sie war doch für viele Ratschläge herrlich und auch die Kinder hatten es so gut mit den Buben, mit denen sie lieb spielen konnten... Nach dem Nachtessen, auch an diesem Tag, kamen dann Flückigers und Röders und Herr Schwarz, der über den Tag hier war, zu uns. Wir waren dann 12 Personen. Ich machte die ersten Schenkelein[70] in meinem Leben!, die zum Glück auch gut ausfielen. Es war recht heimelig und man sass vergnügt zusammen. Aber die Haushaltung macht mir doch noch eher zu schaffen.»

6. April 1932, Betsy: «Man kann nie wissen und das Leben hier besteht eigentlich aus Unvorhergesehenem. Manchmal ganz lustig, aber oft wird es auch ein wenig viel. Kuala-Kapuas ist eben die Station, wo alles und alle vorbeifahren, wenn sie vom Innern kommen. Und selten fährt jemand direkt nach Bandjermasin, weil man von hier aus noch fünf bis sechs Stunden dorthin rechnen muss und deshalb lieber erst nach einer durchschlafenen Nacht diese Strapaze auf sich nimmt.»

14. April 1932, Betsy, wieder in Borneo: «Abends sitzen wir hie und da an die Batang zu Gerlachs und Röders, was immer recht heimelig ist und angenehm kühl. In letzter Zeit sind prächtige Sonnenuntergänge. Es regnet noch meist an den Nachmittagen, aber dann, wie gesagt, gibt es nachher einen prächtigen Abend noch. Auch die Morgen sind meist schön... H. Röder hat noch zwei Backs gebaut bei den Patienten, sodass wir also für unsere Haushaltung allein vier Backs haben und das sollte reichen, auch wenn es drei Monate hintereinander nicht regnen sollte... Am Samstag habe ich die Sprechstunde allein gemacht, d.h. der Gehilfe von Mattheus half mir noch; aber ich hatte doch

---

[70] Gebäck.

die Verantwortung. Schwester Lydia hatte viel Patienten im Spital zu besorgen. Es kamen dann am Samstag fast 30 Patienten und ich hätte doch gedacht, dass sie alle wieder fortgehen, wenn sie hören, dass Mattheus nicht da ist und schon nach drei Tagen wieder kommt. Aber es ist keiner fortgegangen. Am Montag hat es noch bis 8 Uhr gegossen[71], sodass die Wege fast ganz unter Wasser standen. Darum kamen nur 28. Wenn es so geregnet hat, ist es immer ein halber Sonntag für Mattheus, weil sich sogar die Barfuss-gehenden Dajaken nicht gern nasse Füsse holen und dann fast niemand kommt. Mir war es recht, denn es ist doch eine Verantwortung, die Kranken so ganz allein zu behandeln und fortschicken kann ich sie auch nicht. Das würden sie nicht begreifen und womöglich als beleidigend auffassen.»

23. APRIL 1932, BETSY: [Missionar und Frau O. kamen auf ihrer Rückreise vorbei, was sehr gemütlich war.] «Wir sind glücklich im Gedanken, dass *sie*... dankbar sind und anerkennen, wie Mattheus sich Mühe gegeben hat, als die Frau krank war. Beide sind vergnügt heimgereist. Da muss man natürlich immer eine Menge Proviant richten, denn wenn man sechs Stunden im Kanal fährt, nimmt man eine Mahlzeit dort ein. Das ist immer noch eine ziemliche Arbeit bei jedem Besuch, der kommt. Gerade als wir zum Nachtessen wollten, kam ein Schiff und brachte X. von Bandjermasin und Schwester Maria. Der Schrecken war vorüber und die Frau ist wieder gesund. Dass Schwester Maria wieder hier war, war eher gut, denn ich weiss doch nicht, wie es gegangen wäre, wenn ich Frau I. noch hätte pflegen müssen.»

23. APRIL 1932, DR. VISCHER PERSÖNLICH UND VERTRAULICH AN INSP. WITSCHI, 16 MONATE NACH DEM EINZUG: «Ermüdend für uns ist auch der so schrecklich harzige Gang der Bauarbeiten. Noch immer ist unser Wohnhaus nicht fertig und schon beginnen sich die kommenden Reparaturen anzumelden. Es müssen noch Böden gelegt werden, die nur provisorisch sind. Vier Zimmer konnten noch nicht gemalt werden, was z.T. mit den Böden zusammenhängt. Die Dachrinnen sind nicht fertig. Noch haben wir keinen Fensterladen. Die Küche ist auch nicht eingerichtet. Seit etwa einem Monat haben wir die definitive Abortgrube, aber der Bade- und Waschraum muss auch noch kommen.»

---

[71] Umgangssprachlich für: stark geregnet.

7. Juni 1932, Präses Epple an Herrn Insp. Witschi, vertraulich: «Dass ich so für den Sandhaufen für die Doktorskinder
sorgte, hat seinen Grund. Sie sollten es schöner haben können.
Wenn doch Frau Doktor nicht so gerne im Spital hantierte! Das
nimmt ihr ja die Zeit für den Haushalt weg. Die Schwestern leiden darunter.»

Das Leben in den Tropen, das Klima aber auch die Geschwister, welchen man sich doch nah fühlen sollte, haben auf die Dauer auch zermür-
bend gewirkt. Wir finden in einem Brief von Betsy:

23. Juli 1932, Betsy: «Weisst Du, wenn *das* [der Spitalerfolg]
nicht wäre, dann möchten wir am liebsten heimkommen, denn,
was in letzter Zeit wieder geschwatzt wird hier im ‹Geschwisterkreis› – es ist fast nicht zum aushalten! Ganz verrückte Sachen
greifen sie einfach aus der Luft und verbreiten sie dann und dann
hat jeder einen ‹lieben Freund›, der es ihm wieder hinterbringt.
Nein, so etwas! Man sollte nicht denken, dass man unter Christen
lebt und erst noch unter Missionaren! Es ist krass.»

1. Oktober 1932, Betsy: «Das Kinderzimmer ist fertig gestrichen, aber die Böden noch nicht gemacht, weil das Holz noch
feucht ist. Man wird es in den Ferien machen müssen.»

15. Oktober 1932, Betsy: «Denk die Kinder haben nun endlich
eine Sandkiste bekommen und nun dürfen sie jeden Morgen san-
deln, was eben ganz herrlich ist. Das ist auch etwas das sie schon
lange hätten haben können, wenn Röder nicht so langsam wäre.
Die Kinder gehen so oft als möglich zu Frau Röder, die wirklich
auch herzig mit ihnen ist.»

21. Oktober 1932, Betsy: «Am Sonntag machten die Schwesten
mit Röders einen Spaziergang, den sie uns enorm anpriesen,
sodass wir auch hingingen. Es war wirklich auch nett: ein schma-
les Weglein zwischen ziemlich hohem Gras führte uns hie und da
durch einen schönen sauberen Gummiwald, resp. Wäldchen.
Dann kam wieder ein Hüttlein mit einem Reisfeld dazwischen
und prächtigen, sog. ‹kelakaj› haben wir haufenweise nehmen
können am Weg. Das ist ein herrlicher Salat und gibt ein gutes
Gemüse. Es sind kleine grüne Blättlein, sehr zart. Herrlich ist
eben, wenn man einmal einen *un*abgebrühten Salat essen kann,
weil man ihn selbst geholt hat. Aber sonst kommt das *nie* vor, *darf*
nie vorkommen, weil sogar der Kohl evt. von schmutzigen Händen angerührt wurde und also auch gebrüht werden muss zum

Salat. Zum Schluss kamen wir auf unserm Spaziergang zu einer alten Christin, die ein wirklich schönes Stück Land hat, das enorm sauber, für hiesige Verhältnisse, gehalten ist. Auch hat sie schöne Blumen und 60 grosse und kleine Schweine. Das ist die, die mindestens ein Mal pro Woche schlachtet und uns von ihrem Schweinefleisch verkauft. Wir sind in einer Stunde hin gegangen und wieder in einer Stunde zurück, waren aber müde, wie wenn es vier anstatt zwei Stunden gewesen wären und ich musste schnaufen! es war ein Graus, aber ich würde es trotzdem wieder machen. Einen richtigen Spaziergang haben wir in *Borneo* noch nie gemacht! Auch dorthin kann man nur gelangen, wenn es Trockenzeit ist, sonst ist der Weg zu schlecht und die Baumstämme, die zu Brücklein dienen, viel zu schlüpferig. Ich habe es aber auch *so* möglich gemacht in eine grusige gelbe Brühe zu fallen, resp. mit beiden Füssen hinein zu kommen, weil ich vom Baumstamm das Gleichgewicht verloren habe.»

10. FEBRUAR 1933, BETSY AN LISETTE: «Wir haben letzte Woche mit Alfred eher einen Schreck gehabt. Er hatte plötzlich über 39° Temperatur und hat Blut gebrochen und war entsetzlich elend und matt. Mattheus dachte zuerst an Dysenthrie oder befürchtete sogar Typhus, wie wir Fälle im Spital hatten… Aber als er anfing Blut zu brechen, hat Mattheus gleich gesehen, dass es sich um eine ganz hässliche Magen-Darminfektion handelte. Woher er das hat, wissen wir nicht: irgendwo etwas Dreckiges gegessen oder ungekochtes Wasser getrunken. Es ist halt arg, *wie* furchtbar man die Kinder beaufsichtigen sollte. Nun schliesst sie aber Frau Röder an den drei morgen auch in einem Zimmer ein, damit ihr die drei nicht davonspringen können, um sich mit Wasser etc. zu bedienen. Sie machen eben den Hahn allein auf und lassen sich das Regenwasser ins Maul laufen. Auch der Abe[72] und das Handwasser im Hausgang, in Krug und Handwaschbecken, ist nicht sicher vor den Kindern!… Ich war meist bei Alfred am Bett mit einer Flickarbeit oder etwas. Die letzten Tage waren auch Mai und Ruth dabei, selig, dass sie wieder zum Alfred durften.»

Der dritte Höhepunkt in der Familie Vischer: Am 26. Februar 1933, ebenfalls ein Sonntag, wurde Emilie, das vierte Kind, in Kuala-Kapuas

---

[72] Die Toilette, hergeleitet aus dem früher gebräuchlichen Wort «Abtritt».

geboren. Wiederum ist Betsy bestens aufgehoben unter der sorgfältigen Pflege von Schwester Mina, die eben erst mit ihrem neu erworbenen Hebammendiplom aus Java zurückgekehrt ist.

26. APRIL 1933, BETSY: «Am 16.4. war also Emilies Taufe. Um vier Uhr war der Akt und zwar im Operationssaal, den die Schwestern nett hergerichtet haben, mit einem Tischlein und Blumen und ein weisses Tuch darauf. Missionar Kühnle taufte im Talar natürlich und eine Menge Leute waren da, die Angestellten und viel Patienten und auch einige aus dem Dorf. Getauft wurden noch ein Aussätziger, der wegen seiner Krankheit nicht in die Kirche durfte und ein Kind. Natürlich waren auch alle Missionsleute von hier dabei. Schwester Maria und Onkel Röder waren Vizepaten.»

13. JULI 1933, BETSY: «Nun haben wir also wieder Arbeiter im Haus. Erstens also wird der Herd gemacht und zweitens muss die Dienstenkammer eine Holzdecke bekommen. Bis jetzt war nur ein Gitter gegen Ratten darüber. Das ist ein schrecklicher Dreck. Mattheus wollte es gleich auch über unserer Vorratskammer machen lassen, aber das will ich nun wirklich nicht, denn dann müsste ich noch alles ausräumen etc. Und diesen Dreck jetzt noch, nachdem es zweieinhalb Jahre gut ging. Das kann dann der Nachfolger machen.»

Der Spitalbetrieb

Weil die Patientenbaracke bei Einzug in Kuala-Kapuas noch nirgends bereit ist, ziehen die ersten Patienten in die Kammern des Nebenhauses des Diakonenhauses. Dieses Nebenhaus ist Wohnort der Angestellten und enthält auch Hilfsküche, Bade- und Waschraum.

10. MAI 1931, DR. VISCHER AN HERRN INSP. WITSCHI: «Übermorgen wird das erste Häuslein einer Leprastation bezogen, die ich auf dem andern Flussufer begonnen habe. Das Geld dazu erhielt ich geschenkt.»

Diese Hütten stehen am Ufer, inmitten eines kleinen, von der Christengemeinde gerodeten Stückes Urwald. Das Los der Aussätzigen, welche von der Gemeinschaft ausgestossen und ihrem traurigen Schicksal überlassen werden, ist Mattheus immer besonders am Herzen gelegen. Nun sollen sie von überall herkommen und sich in einer Gemeinschaft selbst unterhalten und verpflegen können, Gemüse anbauen, fischen und bei Bedarf sich gegenseitig pflegen. Sie kommen regelmässig mit ihren Booten ins Spital zur Untersuchung, zur Entgegennahme von Medikamenten und Lebensmitteln. Die Hoffnung, es möchte sich mit der Zeit ein kleines Dorf daraus entwickeln, blieb unerfüllt. Es sind immer nur wenige Häuser geblieben.

Am 1. Juli 1931 kommt Schwester Maria Hörsch nach Kuala-Kapuas. Nun kann der Spitalbetrieb beginnen.

15. JULI 1931, BETSY: «Der Operationssaal hat nun sein Oberlicht, also einige Scheiben anstatt Schindeln. Aber sonst ist immer noch nicht alles fertig, besonders die Schränke sind noch unbrauchbar und so lange die nicht fertig sind, kann Mattheus keine Sprechstunde darin abhalten. Auch muss noch ein 2. Mal geweisselt werden und die Moskitogaze fehlt auch noch. Aber die Patientenkammern darin und auch der Saal für 10 Betten sind fertig…»

28. JULI 1931, BETSY: «Schwester Maria hat auch noch viel zu räumen, jetzt dann erst recht, wo wirklich diese Woche noch die Patientenbaracke[73] fertig werden soll. Dann muss alles für die Sprechstunde auch hierher gezügelt werden. Wenn das dann der Fall ist und alles hier, gerade gegenüber von unserm Haus, vor sich geht, dann kann ich Mattheus auch wieder helfen und die Patientenkärtlein, etc. schreiben. Denn dann sehe und höre ich ja, was im Haus vor sich geht.»

Dr. Vischer zügelt die Poliklinik beim Missionshaus in die neue Spitalbaracke:

19. AUGUST 1931, MATTHEUS: «Nun ist unsere Spitalbaracke in Betrieb. Sie ist eigentlich schon fast immer voll. Letzten Mittwoch wurde sie vom neuen Resident besichtigt, dem sie anscheinend gefallen hat. Am Donnerstag weihte ich den Operationssaal ein mit der Operation eines Blasensteins bei einem 15 Jahre alten Hausbuben des Missionars in Pangkoh. Es war ein grosser Stein, den ich nur mit Mühe herausbrachte, da mir noch ein Instrument dazu fehlte… Alle solche ersten Sachen sind natürlich viel aufregender und anstrengender. Schon nur bis man alles zusammengesucht hat. Es ist ja auch noch lange nicht Alles

---

[73] Ursprünglich Nebenhaus des zukünftigen Doktorhauses.

fertig. z. B. die Instrumentenschränke nicht, da liegen die Instrumente in allerlei Behältern und nie dort, wo man sie sucht, d.h. ich weiss wohin ich sie getan habe, aber inzwischen sind noch allerlei Hände dran gewesen. Es braucht noch viel Mühe bis wir uns zu Operationen einfach nur hinsetzen können. Die Betten machen wir selber nach eigener Erfindung, d.h. Röder macht sie. Auf die warten wir auch mit Ungeduld. 7 Stück sind nun fertig und werden dieser Tage bemalt, sollen also in 10 Tagen gebrauchsbereit sein. Es geht eben elend schlecht Leute zu behandeln, die am Boden liegen. Aber ihnen ist es so am wöhlsten, sie haben Angst, dass sie aus den Betten fallen. Aber der Patientenzulauf ist recht befriedigend. Wir legen schon die Fundamente für eine weitere Baracke. Die Bauerei wird also noch lange weiter gehen und noch ist ja unser Haus nicht fertig, es fehlen noch 2 Türen, die Fenstersimsen und sämtliche Läden, sowie die ganze Malerei.»

26. AUGUST 1931, BETSY AN BUA: «Seitdem die Patientenbaracke fertig ist, hat auch das Gehämmer ziemlich aufgehört. Es ist herrlich, dass nun Mattheus seine Sprechstunde in dieser Krankenbaracke abhalten kann und auch darin den Operationssaal hat, sodass jetzt herrlich alles beieinander ist und er nicht mehr so weit zu gehen braucht für die Sprechstunde. Wir haben 10–15 Patienten im Spital, für den Anfang ist das sehr befriedigend.»

18. OKTOBER 1931, DR. VISCHER AN INSP. WITSCHI, PRIVAT: «Der Spitalbau geht langsam weiter. Wir wursteln weiter. Voranschläge, Termine, Abrechnung, das sind alles leere Begriffe, von denen ich mich frei zu machen suche... Die Leproserie besteht aus drei Hüttchen von Palmblättern, haben jedes 25.– Fr. gekostet, ein Geschenk. Sie mussten in aller Eile erstellt werden; ich habe nicht erst angefragt, was Sie hoffentlich billigen werden. Meine Arbeit hier ist entsetzliche Kleinarbeit, sie können sie sich gar nicht klein genug vorstellen und doch brauchen wir die ganze Kraft darin. Ich kann mir nicht vorstellen, dass das irgendwelchen Eindruck auf irgendwelche Regierungsorgane machen wird. Denken Sie doch nur, was die durchschnittlich etwa 30 Poliklinikpatienten für das grosse Gebiet bedeuten, was die durchschnittlich 11 Spitalpatienten. Viel eher kann ich mir denken, dass die Regierung scheel sehen wird auf diese Separatbestrebungen, die nur die Ansprüche der Massen auf intensivere und bequemere Krankenhilfe weckt und steigert.»

12. November 1931, Betsy: «Nun ist das Absteigehaus fertig für die Familien, die mit ihrem Patienten vom Binnenland kommen. Alles, was gesund ist, hat jetzt ein besonderes Absteigequartier, sodass die Patienten dann allein im Spital sind und man nicht mehr dieses Durcheinander hat von Angehörigen noch. Dadurch auch mehr Platz und weniger Lärm!...»

12. Februar 1932, Betsy: «Momentan arbeitet Röder an der Fortsetzung des Spitals, was recht gefreut zu werden verspricht. Das zweite Haus steht direkt in fortlaufender Richtung zum vorderen Spitalgebäude.»

13. September 1932, Betsy an Anneli: [Das Röderhaus hinter dem Nebenhaus des Diakongebäudes ist fertiggestellt.] «Gemütlich war der Abend, resp. die Teezeit bei Röders, die uns auf vier Uhr einluden, um ihre neu angebaute Galerie einzuweihen. Sie wurde dann – leider – auch fest eingeweiht, indem es, kaum sassen wir, ganz fürchterlich anfing zu regnen und wir mit allem ins Zimmer flüchten mussten. Nur eine kurze halbe Stunde konnten wir draussen sitzen. Frau Röder hatte alles reizend mit Blumen garniert und zwei kleine Tischchen gerichtet, an die sich Schwester Maria, Fräulein Zimmer, die Kinder und wir mit Röders setzten. Es war wirklich nett und eigentlich das erste ‹Fest›, das man veranstaltete. Man musste ziemlich brüllen beim Sprechen, weil der Tropenregen schrecklich aufs Dach ‹klatschte›! Dann haben Röders jetzt Fensterläden (wir warten nun schon seit bald zwei Jahren auf die unsrigen!), aber mit dem Nachteil, dass sie noch nicht anhängbar sind und somit die ganze Zeit der Laden auf und wieder zu geht mit mehr oder weniger grossem Krach. Also ganz à la Röder, der sich aber nicht vorläufig mit einem Schnürlein zu helfen weiss, sondern eben den Krach Krach sein lässt. Ihr Haus ist eben viel mehr dem Regen ausgesetzt als das unsrige und deshalb ging es unmöglich bei ihnen ohne Läden zu existieren. Es regnete ihnen direkt ins Bett, denn die Regen kommen meistens sehr schräg und sind meist von viel Wind begleitet, der sie noch erst recht ins Haus weht.»

25. November 1932, Betsy: «Mattheus hat ganz unsagbar viele Patienten in letzter Zeit. Fast immer über 70 an den meisten Morgen, der Spital momentan mit Typhuspatienten zu einem Drittel etwa besetzt, die andern zwei Drittel andere, auch nicht alles nur leichte Fälle.»

Das Spitalpersonal; hinten: Dr. Vischer, Betsy und Schwester Maria Hörsch.

31. März 1933, Betsy: «Im Spital ist alles besetzt, nun ist auch die neue sog. Absonderungsbaracke in Gebrauch. Und, wer weiss, wie lange es noch geht, bis auch die erste Verrückte ihren Einzug in die Tobzelle nimmt... Eine dritte inländische Hilfe hat Mattheus nun auch bekommen, vor einigen Wochen.»

5. Juni 1933, Dr. Vischer an Insp. Witschi: «Was das Spital angeht: wir haben die Absonderungsbaracke bezogen, obschon sie eigentlich noch nicht fertig ist... Wir bauen zurzeit eine kleine Küche, die bestehende haben wir abgerissen und bauen sie als Waschhaus abseits wieder auf, sie war zu klein und zu nahe beim Krankenhaus. Wenn wir damit fertig sind, müssen wir um die Isolierbaracke einen Zaun machen und die Tobzelle fertig stellen.»

Patientengeschichten

11. Juni 1931, Betsy: «Am Samstag also, Missionar Bär's hatten einen ersten Raufenden vom Kanal, wo eine Schlägerei war, mitgebracht. Er hatte vier ziemliche Wunden am Arm, Hand und

132

Rücken und Mattheus hatte eine Stunde an ihm zu flicken. Kaum waren die Instrumente wieder geputzt und der Mann in unserm Nebenhaus versorgt und der Tee für ihn gekocht, als es wieder läutete und sein ‹Freund› kam, der sich mit ihm balgte. Also wurden die Instrumente wieder ausgekocht und alles zu einem grossen Eingriff bereit gemacht, denn die Begleiter sagten, er habe aus Mund und Kopf geblutet und machten schreckliche Beschreibungen. Auch kam er in einer kleinen Ohnmacht und war auch noch eins bis zwei Tage nachher ziemlich beduselt. Dann stellte sich aber heraus, dass er ‹nur› einen Schädelbruch hatte und ein winziges Löchlein im Kopf, das aber nicht einmal genäht werden musste. Also die Vorbereitungen umsonst. Er wurde auch ins Nebenhaus gelegt und zwei Leute blieben bei ihm. Am nächsten Tag kamen noch drei bis vier weitere, die aber Mattheus wieder fortschickte. Dies ist eine ganz unverschämte Bande, wie wir noch nie im Haus hatten. Es war auch zufällig eine Patientenmatratze in dieser kleinen Kammer, die sich dann die zwei Begleiter aneigneten, natürlich ohne zu fragen und frech, schmutzig wie sie waren, drauf schliefen. Freche Malaier eben, der eine ein Hadji[74], der sowieso meint, schon auf der Welt sei *ihm* alles erlaubt. Im Himmel ja dann sowieso!… Nun haben wir fünf Patienten, so viel hatten wir noch nie zusammen! Der fünfte kam mit einem Krokodilenbiss.»

1931, DR. VISCHER, JAHRESBERICHT 1931: «Sehr bezeichnend für den Geisteszustand der Leute hier waren die Erlebnisse mit dem Mann, der vom Krokodil gebissen worden war. Zu Beginn der Nacht, als er sich nochmals zum Badhäuschen auf dem Landungssteg begeben hatte, wurde er von einem grossen Krokodil am Fuss gepackt, und dieses wollte ihn auf diese Weise ins Wasser ziehen. Der Mann hatte die Geistesgegenwart und die Kraft, sich mit dem andern Fuss am Kopf des Tieres anzustemmen und sich festzuhalten. Es gelang ihm so, sich loszureissen. Im rechten Fuss hatte er zwei tiefe, bis zum Fussgelenk reichende Bisswunden. Er kam aber erst fünf Tage nach diesem Unfall zu mir in Behandlung, als der Fuss zu einem geschwollenen, stinkenden Gebilde geworden war, und der Mann vom Fieber geschüttelt wurde. Drei

---

[74] Ein Hadji oder Hadsch ist ein Muslim, der die Pilgerfahrt nach Mekka gemacht hat.

Tage lang hatten ihn die Angehörigen nicht zu berühren gewagt, weil er von Schreck und Angst wahsinnig, wie ein Wilder, im Haus getobt hatte. Auch als er wohl verbunden und fast entfiebert bei mir in Pflege war, packte ihn immer wieder die Angst und mit grosser Skepsis dachte er an die Möglichkeit, ob es ihm wohl gelinge, dem Geist des Krokodils zu entrinnen. Seine alte Mutter hielt das so gut wie ausgeschlossen. Nur sehr selten entgeht einer, auf den das Krokodil sein Begehren gerichtet hat, demselben. So oder so fällt er dem mächtigen Geist zum Opfer, immer wird er von ihm gewissermassen umgeben und umworben. Als ich nach einigen Tagen einen Gipsverband machte, kam diese tiefsitzende Furcht, die im Stande ist, jeden Genesungswillen zu töten, wieder zum Ausdruck. Stolz ob des gelungenen Werkes hatte ich abends den Patienten verlassen; am Morgen, als ich seine Kammer betrat, lag mein schöner Gipsverband grösstenteils auf dem Regal an der Wand, der Patient schlief friedlich. Als ich ihn um Aufschluss bat, war er sehr erstaunt: Das sei aber sehr merkwürdig, *er* wisse nicht, wie das gegangen sei, das müsse der Satan gemacht haben. Ja, gewiss! Allmählich gab er dann diese Darstellung: er habe geträumt, der Satan sei gekommen und habe ihm gesagt, er müsse den Verband abmachen, er aber habe gesagt, nein, der Verband muss bleiben. Am Morgen sei dann der Verband neben seinem Bett gelegen. Von einem Messer, womit er den Verband aufgeschnitten hatte, sei aber nirgends eine Spur zu finden gewesen. In Wirklichkeit hatte der Mann von den Manipulationen beim Verbinden Fieber bekommen und hatte dann nachts in den Fiebern, wahrscheinlich aber mit ziemlich viel Bewusstsein, den ihn bedrückenden Verband aufgeschnitten. Später glaubte er aber fest an Satan, der ihn doch noch verderben wolle. Auch als er geheilt entlassen wurde, begab er sich nur mit Angst zu seinem Boot für die Heimreise. Während seines Aufenthaltes bei mir hatte aber, da noch andere Unglücksfälle mit tötlichem Ausgang vorgefallen waren, in seinem Dorf Krokodilenjagd stattgefunden. Es waren gegen 100 Tiere erlegt worden. Er war aber eben nicht sicher, ob ‹sein› Krokodil dabei gewesen war.»

Im Juli 1932, Mattheus, Bericht von seiner Reise nach Pudjun: «Die Krokodilenplage ist noch riesig, nicht nur am Kapuas, sondern besonders auch am Kahajan. Es werden immer wieder ahnungslos Badende angefallen und wehrlose Frauen werden einfach mitgerissen. Es ist jetzt nicht mehr so, dass die Heiden Angst haben vor dem Krokodilengeist, dass der sich rächen kommt, wenn sie ein Krokodil getötet haben. Deshalb gehen sie nun auch ohne Rache nehmen zu müssen auf die Jagd nach ihnen. Früher war es so, dass man nur Krokodile jagen durfte, wenn ein Mensch von einem angefallen wurde und dann durfte man so lange jagen, bis man das betreffende Tier gefunden hat: wenn es einen Ring oder ein Armband oder dergleichen vom Verschwundenen im Bauch hatte!»

19. Mai 1932, Betsy: «Diese Nacht vom Samstag auf den Sonntag war dann gerade dazu angetan, die Frau Controleur im Haus zu haben. Zuerst läutete es an der Hausglocke um drei Uhr nachts, weil im Spital ein Kind [hohes Fieber hatte.]... Kaum war Mattheus wieder im Bett, so hörte man auch schon ein ganz unsinniges lautes Gebrüll und Getue, sodass man gleich merkte, dass es natürlich Chinesen waren. Dann wurde ganz verrückt an der Glocke geläutet und als nicht sofort jemand kam, gleich wieder. Dazu immerfort das Geschwätz und Gelärm, dass das ganze Haus erwachte. Es war ein Chinese, der sich mit Gift das Leben nehmen wollte und dem musste nun Mattheus den Magen auspumpen. Sie brachten ihn bewusstlos, als aber der Schlauch in seinen Hals kam, kam er zu sich und brüllte wie am Spiess... [dies] dauerte so etwa eine Stunde.»

Planung für ein Spital in Bandjermasin: vorläufig Frauen- und Kinderklinik

Schon Anfang 1928, als die Planung der ärztlichen Mission mit grossen Diskussionen unter den Missionaren und den Behörden geführt wird und erwogen, welches der beste Standort für das Missionsspital sei, stellt sich heraus, dass wohl auf Dauer ein zweites Spital unumgänglich sei. Das erste Spital wird in Kuala-Kapuas gebaut, aber in Bandjermasin soll bald eine kleine Station für Frauen und Kinder entstehen, welche unter der Leitung von Schwester Mina, der Hebamme, stehen soll und wo Frauen gebären können. Später könnte dann ein eigentliches Spital errichtet werden, abhängig von der Situation der Militärspitäler und -ärzte. Mit der Schaffung dieser Klinik besteht die Hoffnung, auf diese Weise an die muslimischen Frauen heranzukommen. Obwohl die Klinik errichtet wurde und Erfolg hatte, hat sich diese Hoffnung auf Kontakt mit der muslimischen Welt nicht erfüllt.

31. Mai 1932, Präses K. Epple an Insp. Witschi: «Dr. Vischers Gutachten betreffend eines Spitales in Bandjermasin habe ich *nicht* unterzeichnet. Es ist darin ja so vieles wieder viel zu pessimistisch dargestellt worden. Das habe ich Dr. Vischer sofort nach Kenntnisnahme mündlich gesagt. Daraufhin arbeiteten wir dann den Antrag vom 16.5.32 aus. Dr. Ketel[75] hat etwa zu gleicher Zeit von Java aus, nach seinen hier gemachten Beobachtungen, auch an Sie ein Gutachten oder einen Vorschlag geschickt. Er sah in manchem nicht tief genug z.B. in Bezug auf den grossen Segen, der unser Spital für das Dajakvolk darstellt und seiner Entwicklungsmöglichkeit. Er kennt zu wenig das grosse Hinterland. Sowohl als auch Kuala-Kapuas und Bandjermasin: das ist die rechte Lösung.»

5. Juli 1932, Insp. Witschi an Dr. Vischer: [Positiver Komitee-Beschluss betreffend Ihrem Plan für Aufbau von Klinik und Poliklinik für Frauen in Bandjermasin.] «Das Komitee bejaht die Notwendigkeit der geplanten Einrichtung sowie die zusammentreffenden Umstände, die den Anlass ihrer Realisierung bilden. Wir glauben Ihnen, dass die Fähigkeiten Schwester Minas in richtiger Weise im Rahmen einer Gemeindepflege für unser Werk fruchtbar gemacht werden können. Also eine kleine Klinik für weisse und braune Wöchnerinnen: für erstere in zwei Zimmern im Hause Schwarz, wo Schwester Mina Wohnung nimmt, für letztere in einem Saal mit zehn Betten in einem der Nebengebäude des Seminars. Ausserdem wird eine Poliklinik für Frauen und Kinder mit Milchküche eingerichtet. Schwester Mina hat die Leitung.»

20. Dezember 1932, Dr. Vischer an Insp. Witschi: «Was die Bandjerpläne betrifft, so kämpfe ich gegen unsichtbare Feinde. Ich sehe, dass man furchtbar gerne eine ‹Klinik› betreiben möchte, aber ‹hübsch unter uns›. Einen Arzt will man nicht. Herr Schwarz ist registrierter Homöopath, wie auch Herr Epple. Beide möchten diese Sache unter ihre Fittiche nehmen. Mit unendlicher Verachtung reden sie über Ärzte. Da ist eine Zusammenarbeit natürlich schwierig. Mich widert dieses Scheinwesen und die klägliche Verantwortungslosigkeit an. Wegen meinem *Nachfolger*: Sie schrieben von einem ‹Student!›. Ich empfehle Ihnen, einen selbst-

---

[75] Missionsarzt in Java.

sicheren *Deutschen* zu bestimmen! Ich habe keinen Schweizer-krattel[76], bin aber entscheidende Jahre in Deutschland gewesen, aber ich fühle mich unter den Missionaren hier unendlich fremd. Mit den Schweizern verstehe ich mich sofort. Ich habe gehört, dass man schon bei meiner Bestimmung hierher bedauert hat, dass ‹nur ein Schweizer› komme... Abgesehen von dieser beruflichen Vertrauensmauer besteht aber noch die seelische Isolierung, die sich aus der ganzen Mentalität ergibt.»

5. MÄRZ 1933, DR. VISCHER AN INSP. WITSCHI, (VON PRÄSES K. EPPLE MITUNTERZEICHNET): «Ich habe wenig dazu beizufügen. Dr. Höweler, oder wie er nun heisse, komme so bald wie möglich und beginne mit der Frauen- und Kinderklinik in Bandjermasin. Kuala-Kapuas werde während meiner Abwesenheit als Hilfsspital durch die Schwestern weitergeführt. Es scheint entschieden höchste Zeit zu sein, in Bandjermasin etwas zu unternehmen, die Katholiken scheinen ihre Schulpläne und den Kirchenbau herausgeschoben zu haben, zugunsten eines Spitales. In jedem Fall ist uns Bandjermasin als Basis überaus wichtig und müssen wir so oder so dort einen kleinen Spital haben und in Borneo einen zweiten Arzt. Für die Mohammedanermission ist eine Frauenklinik natürlich sehr wichtig. Wir hoffen und bitten also sehr, dass das Komitee unsern Vorschlag annehme. Das finanzielle Risiko bewegt sich zwischen 3–5000 fl., dank der Subsidie von SIMAVI[77] und einer einmaligen Ausgabe von 2000 fl. Dieses Geld *muss* gefunden werden.»

5. JUNI 1933, DR. VISCHER AN INSP. WITSCHI, BETREFFEND BAND-JERMASIN: «Wir haben jetzt eine spärlich besuchte Sprechstunde für inländische Frauen und Kinder, daneben ein Lokal, worin auch kranke Frauen aufgenommen werden könnten, das ich noch nicht Spital, sondern Krankenzimmer nennen möchte, obwohl es logisch schon ein ‹Spital› oder eine ‹Klinik› mit freier Arztwahl darstellt und daneben haben wir das Wochenzimmer für Europäerinnen, das zur Hebammenstation Schwester Minas gehört. Die Poliklinik laufe scheints nicht, es scheint sich zu

---

[76] Schweizerische Überheblichkeit
[77] SIMAVI: ‹Steun in medische aangelegenheden voor Indië (Indonesië)›, eine holländische Stiftung, welche mit erheblichen Mitteln die medizinische Bemühungen unterstützte und noch heute unterstützt.

zeigen, was ich früher voraussah, dass es nicht geht ohne Hausbesuche, was man hier ‹wijkverpleging› nennt und ferner, dass Schwester Mina allein das nicht alles leisten kann. Eine javanische Pflegerin kam prompt auf Abwege. Nun ist also wieder einmal Alles futsch.»

Das Verhältnis des Missionsarztes zu den vorgesetzten Stellen

Die Leitung in Borneo liegt beim Präses, Missionar K. Epple[78], einem altverdienten, autoritären Herrn. Er ist als Homöopath ein Gegner der ärztlichen Mission. Der Missionsarzt wird durch ihn nicht unterstützt, was ihm die Arbeit auf dem Felde erschwert, da die ärztliche Mission sich gegen die ansässigen Militärärzte behaupten muss und auf die Unterstützung der Niederländischen Behörden in Batavia, aber auch in Bandjermasin, angewiesen ist. In Basel ist für Borneo Inspektor Witschi zuständig. Er ist Nachfolger von Borneo-Inspektor Oettli und dessen zeitweiligem Stellvertreter, Missionar K. Epple. Er hat alle Borneo-Geschäfte vor die ‹Inspektorenkonferenz› oder das ‹Plenum› des Komitees zu bringen, was für eine längerfristige Planung als Vorgehensweise ohne Nachteil sein kann. Bedenkt man aber, dass zur Einreichung der Baupläne in Batavia Fristen gesetzt sind, welche einzuhalten sind, und dass die Briefe zeitweise fünf bis sechs Wochen unterwegs sind (Antworten somit zehn bis zwölf Wochen), so ist diese Arbeitsweise doch sehr schwerfällig. Nicht zu unterschätzen ist die Tatsache, dass Komiteesitzungen nicht immer alle Traktanden behandeln können, Ferien halber ausfallen und oft erst nach Wochen anstehende Probleme behandeln. Bei Bauplänen, die von der einen oder andern Seite Änderungen erfahren, sind solche unbenützt verstrichenen Tage für Bauherren und Baumeister bei einzuhaltenden Terminen von grösster Bedeutung. Telegramme werden der Kosten wegen nur in den dringlichsten Fällen angewendet.

Der Missionsarzt sitzt mitten in diesem Netz Bandjermasin-Basel-Batavia und muss unendlich viele Briefe hin und her schreiben, die z.T. über den Präses zu gehen haben oder doch wenigstens von ihm zu visieren sind. Auch das führt zu Missverständnissen und Irritationen. Überaus lästig sind Intrigen, die nicht auf dem Feld selbst gelöst, sondern bis in die höchsten Kreise in Basel getragen werden.

---

[78] Paul Epple war Präses in Bandjermasin 1921–1925 und Juni 1931–1938.

19. März 1931, Bescheid des Komitees in Basel als Reaktion auf das Protokoll der Generalkonferenz in Borneo vom 24.2.–7.3.1930: «Dem Präses muss das Recht gewahrt bleiben, Berichte der Brüder mit Anmerkungen zu versehen. Er kann, sofern er es für angebracht hält, dem Berichtschreiber Mitteilung darüber machen, ist aber keineswegs dazu verpflichtet... Was die Abfassung des Protokolls betrifft soll man hierfür ältere Brüder nehmen, welche die Situation kennen und nicht die jüngsten, die Neulinge sind, wie wieder geschehen.»

Diese Bemerkung ist insofern von Bedeutung, als die Rolle und Befugnis des Präses damit wieder geklärt wird: Er ist aus Prinzip unbedingte Autorität, wie es damals in allen Organisationen und Betrieben üblich war.

Finanzieller Hintergrund und Entwicklung in NL-Indien und in Basel

23. März 1931, Dr. Vischer an Insp. Witschi: «Bausubsidie werden wir keine bekommen in absehbarer Zeit, so bin ich doch endlich diese langweilige Schererei los!»

18. Oktober 1931, Dr. Vischer an Insp. Witschi (privat): «Unser *Lohnabzug* [für alle Mitarbeiter der BM] ist gar nicht schmerzlich, da hier allgemein Löhne um 10 bis 20% vermindert werden.»

8. Dezember 1931, Insp. Witschi an Dr. Vischer: «Den zweiten Arzt, obwohl notwendig, kann man wegen der Finanzlage nicht schicken.»

23. Januar 1932, Dr. Vischer an Insp. Witschi: «Mit reger Teilnahme verfolgen wir die Berichte über die Finanzlage. Wertvoll wäre gewiss in den derzeitigen unruhigen Zeiten etwa vierteljährlich eine kurze Mitteilung an alle Stationen über den Stand der Finanzen und die allgemeine Lage daheim, vor allem eine Beruhigung derjenigen Brüder, die aus ihrem beschränkten Bekanntenkreis gerade besonders schlechte Berichte bekommen mussten, oder die irgendwo einen Wichtigtuer haben, der sie mit Alarmnachrichten speist. Viele unserer Missionare glauben auch an den Nationalsozialismus wie an das tausendjährige Reich. Das ist auch so ungesund, denn dort wird so viel Hass gesät und Schaum geschlagen. Lesen Sie regelmässig das Blättlein ‹Licht und Wahrheit› vom Pfarrer Gaugler? Das sollten Sie, denn das ist *die* geisti-

ge Nahrung vieler Stationen. Zum Glück kommt der ‹Volksbote› auch noch hin mit seiner ruhigen abgeklärten Art und wird gelesen.»

25. MAI 1932, INSP. WITSCHI AUS BASEL: «In Bezug auf die Gesamtlage scheint bei Herren wie Dr. Alfred Sarasin eine ziemliche Ratlosigkeit und merkwürdiger Pessimismus vorzuherrschen. Speziell die Lage in Deutschland wird immer gespannter und es ist ein Wunder, dass es noch nicht zu grösseren Entlassungen gekommen ist. Die kirchlich positiven Kreise, auch weithin die Gemeinschaften und damit das Gros unserer Missions-Freunde in Deutschland, scheint auf Hitler zu schwören.»

25. MAI 1933, DR. VISCHER AN INSP. WITSCHI: «Wir haben im Spital immer sieben Leute mehr als wir subsidienberechtigt sind, nämlich 32 statt 25 Patienten.»

1. SEPTEMBER 1933, DR. VISCHER AN INSP. WITSCHI: «Höweler: Nicht wahr, das habe ich geschrieben, dass seine Subsidie nicht mehr 300 fl, sondern nur noch 3/4 davon, nämlich 225 fl pro Monat betragen wird. Es ist ja wahr, dass diese Reduktion, die denjenigen der Beamtengehälter entspricht, tatsächlich hinter dem Index zurückbleibt, aber es lebt eben nicht Jeder nach dem europäischen Index, besonders die niederen Einkommen nicht. Man macht der Regierung jetzt den Vorwurf, ihre ganze Sparpolitik sei eigentlich eine Fiction, denn sie bekomme für die verringerten Summen die gleichen Sachleistungen. Wahr ist jedenfalls, dass das Defizit stets gleich bleibt. Nun bezahlen die Europäer in NL-Indien 50% der Staatseinnahmen, während es früher nur gegen 20% gewesen waren, die Inländer 25%. Von der imposanten Zuckerindustrie werden kaum 40% gerettet werden können. Es ist schwindelerregend zuzusehen, wie in kurzer Zeit riesige Werte einfach verschwinden.»

Probleme mit den Geschwistern

Vergegenwärtigen wir uns die Situation in Süd-Borneo in der Zeit von 1931 bis 1934. Da befinden sich im unwegsamen Urwald die Missionsstationen, die nur mit den kleinen Dajakbooten, mit Prauen und zu der Zeit manchmal auch mit motorisierten Missions- und Handelsbooten erreichbar sind. Die grossen, braunen Flüsse, die unentwegt Boden ins Meer tragen, haben manchmal zu viel, manchmal zu wenig Wasser, sodass die Stationen gar nicht erreicht werden können. In den Kanälen und schmalen Rinnsalen lauern manche Gefahren, Krokodile,

Schlangen, Untiefen und Stromschnellen. Die Dajak, von der Zivilisation noch unberührt und im animistischen Glauben verhaftet, sind kaum Gesprächspartner. Die grosse Einsamkeit auf den Aussenstationen, welche oft nur mit mehreren Tagereisen zu erreichen sind, ist für uns heute kaum mehr vorstellbar. Daher kommt der Vorschlag, man möge sich gegenseitig auch besuchen.

Auch ergeben sich unvermeidliche Probleme aus der unterschiedlichen Herkunft der Mitarbeiter und Mitarbeiterinnen, welche aus Deutschland und der Schweiz stammen. Wohl sind sie alle dem Pietismus verbunden und durch die sechsjährige Schulung im Missionhaus verpflichtet, was aber nicht genügt, um die grossen Gegensätze der grundsätzlichen Wesensart der Württemberger, Basler, Berner etc. zu überbrücken. In den Jahren 1930 bis 1945 ist zudem die Belastung durch das politische Geschehen in der Heimat zu gross, als dass sie ohne Auswirkungen auf das Feld bliebe. Adolf Hitler und der Kirchenkampf, welcher seinen Einfluss auf die BM in Basel hat, zwingen zu einer Stellungnahme. Die Spannung zwischen den Geschwistern wird schwer erträglich; der neu amtierende Präses K. Epple kann sie nicht beheben. Schon vor seiner Wahl werden in Borneo zum Teil Bedenken geäussert, da seine komplizierte Art von seinem früheren Aufenthalt her noch in Erinnerung ist.

18. Oktober 1931, Dr. Vischer an Insp. Witschi, (privat): «Es kommt doch jeder etwa nach Bandjermasin. Es ist sehr zu begrüssen, dass wir nun gastfreundliche Familien in Bandjermasin haben, man wird dort gut aufgenommen, und das ist wichtig. Die *gegenseitigen Besuche der Stationen* müssen mehr gefördert werden. Dafür hat Epple mehr Verständnis, als sein Vorgänger, der viel Bitterkeit geschaffen hat, die immer noch warm ist. Unsere Missionare können schwer vergessen und vergeben… Und nun ein Wort über die *jungen Brüder*, die hinauskommen werden. Ich habe nun Tränen in den Augen von Missionsfrauen gesehen, weil die jungen Ankömmlinge Ansprüche machten, dass sie sich in die Kindererziehung mischten… Wenn es Ihnen gelänge, die Jungen dazu zu bringen, dass sie sich still und bescheiden einzupassen suchen. Dass der Neuankömmling die Missionsmethoden und Ansichten kritisiert, weil er es besser weiss, das gehört wohl zum Lauf der Welt, aber es sollte doch ein wenig mit mehr Liebe oder doch Takt geschehen, als bisher… [Die Neulinge, welche frisch von der Ausbildung kommen, können sich nicht immer gebührend in ihre Gastfamilie einordnen.] Herr Epple ist also frisch und unternehmungslustig hier angekommen und hat sich auf eine

recht wohltuende Weise eingeführt. Man merkte eben gleich, wie er doch das Land und die Leute kannte, und er durchschaute eine Menge Situationen sofort... Nun aber – so scheint es uns hier – hat ihn scheinbar die alte Unentschlossenheit schon wieder gepackt. Er fasst Beschlüsse, vergisst sie, wirft sie um, oder sorgt nicht für deren Ausführung. Herr Röder hat das kürzlich sehr treffend charakterisiert: ‹Meinen Sie, Herr Doktor, dass nun etwas geschieht? Nein, sondern jetzt hat man doch einen allgemein befriedigenden Beschluss gefasst und jetzt freut man sich doo [sic] daran, das ischt doch soo [sic] in der Missioo› [sic]. Es hat schon etwas.»

Auch andere Stimmen äussern sich gegenüber dem Borneo-Inspektor über die starre Haltung des Präses und seine Unsicherheit in der Führung. Gegenüber der ärztlichen Mission hat der Präses seine Vorbehalte. Wohl betont er ihre Notwendigkeit in Bandjermasin, kritisiert aber zugleich, dass der Herr Doktor zu wenig dort sei, und kann dessen Wunsch, die Frauen möchten zur Entbindung ins Spital kommen und nicht auf den entlegenen Stationen bleiben, gar nicht verstehen.

19. DEZEMBER 1931, PRÄSES K. EPPLE AN INSP. WITSCHI: «Dr. Vischer dringt neuerdings sehr darauf, dass möglichst jede Missionarsfrau zur Geburt ins Spital nach Kuala-Kapuas geht, wenn Unwilligkeit dazu vorhanden ist, soll der Präses befehlen. Das wird er aber wohlweislich nicht tun, v.a. nicht, wenn es sich um in Bandjermasin, mit der Nähe guter Ärzte, wohnende Frauen handelt. Sollen etwa Missionarsfrauen auch zu Lehrzwecken ins Missionsspital? Man möchte es vorerst nicht glauben. Schon aus missionstechnischen Gründen geht es nicht, dass in jedem Fall der Missionar wegen bevorstehender Niederkunft seiner Frau für längere Zeit seine Station verlässt. Nebenbei bemerkt sollen anfang nächsten Jahres im März drei Missionarsfrauen zugleich im Spital Kuala-Kapuas das freudige Ereignis abwarten. Es wird befohlen, aber nicht vom Präses und so wird wenigstens eine dieser Familien ungehorsam sein, was man ihr gar nicht verdenken kann.»

19. JANUAR 1932, INSP. WITSCHI AN PRÄSES K. EPPLE: «Das Komitee unterstützt K. Epple in Sachen Geburten, d.h. kein Zwang zur Entbindung in Spital oder bei Schwester Mina!»

22. AUGUST 1932, BETSY: «Weisst Du, der Präses hat sich doch so absprechend darüber geäussert, dass ich im Spital helfe und hat auch Mattheus geschrieben, dass er doch einmal gesagt, ich brau-

che im Spital *nicht* mehr zu helfen und er höre, dass ich es doch noch tue. Nun hat Mattheus in seinem letzten Brief, den er nach Basel schrieb, das auch erwähnt und zwar schrieb er, dass ich eben sowohl bei Operationen als auch im Labor einfach helfen müsse. Den Brief hat der Präses auch gelesen und hat sich hoffentlich nun einmal die Sache gemerkt. Es wurde überhaupt wieder so dumm geschwatzt...» (Der Inhalt des ‹dummen Schwatzens› ist nie und nirgends erwähnt.)

11. OKTOBER 1932, PRÄSES K. EPPLE AN DR. VISCHER BETREFFEND SCHWESTER MINA UND SCHWESTER MARIA, WELCHE NACH MEHREREN VERZÖGERUNGEN DAS HOLLÄNDISCHE HEBAMMENDIPLOM IN JAVA ERARBEITEN SOLLEN: «Bruder Schwarz und ich haben grosse Bedenken gegen den Plan, dass jetzt zwei Schwestern zugleich das Diplom auf Java holen sollen. Wir wissen nicht, warum Schwester Maria es haben muss, wenn Schwester Mina es holt? Nur sie, die Bandjermasin-schwester hat es wirklich nötig. Und sie erspart uns die javanische Hebamme. – Wir sind im Ausschuss immer mehr gegen Einstellung einer Javanin und bitten Sie aufzuhören, eine zu suchen. Sie wäre auch Fremdkörper in unserem Betrieb, weil wir unter uns bleiben müssen.»

Aus diesem Schreiben wird deutlich, wie wichtig es Präses und Ausschuss ist, dass man ‹unter sich bleibt›, also keine Fremden zur Mission kommen. Der Präses hat besonders die Mitarbeit Betsys im Spital abgelehnt, was nicht leicht einzusehen ist, da es Aufgabe und Pflicht aller Missionarsfrauen ist, sich ganz ihrem Gatten unterzuordnen und ihm in allem behilflich zu sein. Nur Betsy soll ihren gelernten Beruf, Krankenschwester im Operationssaal, nicht ausüben dürfen.

Bezeichnend für die scheinbar unüberwindlichen Missverständnisse sind die Kontroversen über die Ernährungsfrage, die sich über längere Zeit hinziehen, Briefwechsel und sogar Weisungen aus Basel bewirken. Eine der neuen Schwestern hatte bei Vischers Kost Gewicht verloren, was schliesslich dazu führte, dass die Schwestern nicht mehr bei Vischers essen sollten, sondern bei Röders.

30. DEZEMBER 1932, DR. VISCHER AN PRÄSIDENT BURCKHARDT: «Noch ein Wort zur *Ernährungsfrage* hier in Borneo. Im Ganzen wird ihr zu viel Gewicht beigelegt. Es haben sich hier mehr Missionsfrauen geschadet durch zu vieles und zu gutes Kochen, als durch das Gegenteil. Die meisten Missionare und ihre Frauen sind zu dick und schaden sich damit. Es ist auch das, was dem Neuling auffällt, wie viel und wie gut gegessen werde.»

Enttäuschung und Resignation tönen aus folgendem Brief:

I. JANUAR 1933, MATTHEUS: «Es ist eben schade, dass der Präses keineswegs ein Leiter ist. Seine oberste Richtschnur ist: ‹das lesen sie in Basel gern und das lesen sie in Basel nicht gern.› Ist ja recht, dass er sich Basel anpassen will u.s.w. aber es hat Alles seine Grenzen, man muss auch Sachen tun und sagen können, die sie in Basel nicht gern lesen... Präses Henking [Präses K. Epples Vorgänger] fehlt mir sehr... Seit er fort ist, habe ich niemand mehr hier an dem ich mich halten könnte und das ist auf die Dauer ermüdend.»

Die Missionsbraut, ein spezielles Thema

Eine Erläuterung zu diesem Begriff ist unumgänglich. Ich fasse mich kurz und verweise im Weiteren auf die Bücher von Jon Miller[79] und Waltraud Haas[80]. Im Grunde waren, besonders in der Gründungszeit, die Herren im Komitee der Auffassung, die Missionare sollten sich ganz in den Dienst der Mission, d.h. nur ‹der Sache›[81] stellen. Es war für sie naheliegend, dass Frauen nur Störfaktoren sein konnten und es deshalb besser wäre, die Männer blieben ledig. Andererseits war aber auch ihnen klar, dass die Missionare gegen die Unmoral der Heiden anzukämpfen hatten und ein gesundes Familienleben unterstützen sollten. Wie konnten sie das, ohne selbst einer Familie vorzustehen? Schon 1837 wurde deshalb von der Vorstellung eines Zölibats zu Ehren Gottes abgerückt. Aber in der Praxis ergaben sich Probleme. Während der sechsjährigen Ausbildungszeit im Missionshaus durften die Zöglinge, wie man ihnen sagte, sich nicht mit Weibspersonen einlassen. Jeder Kontakt war strengstens untersagt. Wohl gab es Gelegenheiten und einzelne Zöglinge fanden trotz allem die Möglichkeit, eine junge Frau kennenzulernen, sei es bei einer Einladung[82] oder einem Kirchenanlass. Heiraten durften sie aber erst dann, wenn sie sich auf dem Felde zwei Jahre lang zur Zufriedenheit des Komitees bewährt hatten. Auf Anfrage des jungen Missionars wurde die Auserwählte durch das

---

[79] Siehe Bibliographie.
[80] Siehe Bibliographie.
[81] Die ‹Sache› ist ein pietistischer Begriff. «Die Sach ist dein, Herr Jesus Christ, die Sach für die wir stehn, und weil es deine Sache ist, kann sie nicht untergehn.»
[82] Zöglinge wurden zu Familien, ‹Freunden der Mission›, z. B. Komiteemitgliedern, eingeladen.

Komitee begutachtet, für würdig befunden und im Schwesternhaus ausgebildet, dann zu ihrem Bräutigem auf das Feld gesandt, wo sogleich geheiratet wurde. Wie aber, wenn ein junger Missionar keine Bekanntschaft hatte, bevor er ausreiste? Auch in diesem Fall setzte sich das Komitee ein, und suchte gottesfürchtige, gehorsame, nette junge Töchter in der Bekanntschaft, in Pfarrhäusern oder bei den zurückgekehrten Missionaren. Im pietistischen Milieu konnten zwanzigjährige Mädchen dazu bewegt werden, ihr Leben, ja sich selbst zu opfern und in die Fremde zu ziehen, um einen vom Komitee vorbestimmten Mann zu heiraten, ihm getreulich zu dienen, ihn in seiner Aufgabe zu unterstützen und ihm Kinder zu gebären. Für Missionstöchter war es sicher einfacher, sich diesen Weg vorzustellen, wenn sie selbst in ihren Familien Ähnliches erlebt hatten. Andere Töchter mussten sich auf gehörte und gelesene Geschichten stützen und gingen mit viel Mut und Gottvertrauen, manchmal auch mit schwärmerischen Vorstellungen in dieses unbekannte Schicksal. Es kann nicht erstaunen, dass bei diesem Verfahren auch etwa das gegenseitige Verstehen und Lieben nicht eintrat, eine Verlobung aufgelöst wurde oder auch zwei Missionare ihre eben angekommenen Bräute in gegenseitigem Einvernehmen austauschten. Sehr bemerkenwert ist hingegen, dass solches nur selten geschah und die arrangierten Ehen in der Regel gut funktionierten. Diese Besonderheit der Familiengründungen über das Komitee erhielt sich in vereinzelten Fällen bis in die Mitte unseres Jahrhunderts.[83] Vergessen wir nicht, dass auch in anderen Kreisen auf dem Land und in der Stadt damals Heiraten vermittelt wurden. Das Besondere bei der BM war nur, dass Braut und Bräutigam sich erst vor der Hochzeit zum ersten Mal sahen.

Zurück zur konkreten Situation in den dreissiger Jahren in Borneo. Immer wieder finden sich bei Mattheus Briefstellen, wo er auf die unzumutbare Lage eines ledigen Missionars, der zwei Jahre lang auf abgelegenster Station bleiben sollte, hinweist und auf die grossen Probleme der frisch eingereisten Bräute mit ihrer notwendigen Anpassung an die neuen Verhältnisse. Als verantwortlicher Arzt richtet er seine sehr kritischen Bemerkungen hinsichtlich der zu wenig sorgfältigen Auswahl der Missionare und der Bräute vor allem an die Adresse des Komitees. Die fehlende Tropentauglichkeit und charakterliche Eigenheiten sind in diesem Land gefährlich. So wendet er sich entschieden dagegen, dass die Bräute sofort bei Ankunft schon heiraten sollen; sie sollten sich zuerst akklimatisieren, bei einer Missionarsfrau die Sprache und die ganz andere Haushaltführung erlernen.

---

[83] Nach Waltraud Haas.

24. Januar 1931, Insp. K. Epple, Stellvertreter des Borneo-Inspektors Oettli, aus Basel an Dr. Vischer: «Betr. der Akklimatisierungszeit der *Bräute*, soll noch der Ausschuss gefragt werden. Wir dürfen darüber nicht ohne Weiteres von hier aus bestimmen, sonst gäbe es leicht rumor in casa. Bis jetzt machte man gerade mit der Akklimatisierungsfrist, wenn sie einmal verfügt wurde, keine guten Erfahrungen. Die mitgebrachte europäische Frische ist für den Beginn des Ehestandes auch viel wert. Ich glaube, dass wir die dreimonatige Frist auf Borneo nur dann einführen dürften, wenn sie auch für die andern Gebiete verpflichtend würde. Die Bräute müssten dann auch schon vor zwei Jahren ausgesandt werden, wogegen man sich hier neuerdings wieder sehr sperrt.»

Im April 1931 reist Inspektor K. Epple als Präses nach Bandjermasin, wo er die Nachfolge von Präses Henking antritt.

1. August 1931, Inspektor Witschi an Dr. Vischer: [Der wertvolle Vorschlag betr. Akklimatisierungsaufenthalt für *Bräute* wird gern entgegengenommen.] «Wir möchten fortan jede der Bräute wenigstens ein Vierteljahr im Haushalt einer tüchtigen Missionsfrau sich akklimatisieren und vertraut werden lassen.»

8. Dezember 1931, Insp. Witschi an Dr. Vischer: «Was Sie über Bruder Röder schreiben, ist mir recht wichtig. Die Tatsache, dass die Neubauten in Mandomai und Bandjermasin nicht durch ihn ausgeführt werden können, gibt uns hier recht zu denken und ich bin dankbar, dass Sie sich deutlich über seine Art äussern. Es stellt sich doch die Frage, ob der an sich so liebe Mensch seiner Aufgabe auf die Dauer gewachsen ist.»

23. Januar 1932, Dr. Vischer an Insp. Witschi: «Sie schreiben, dass Ihnen die Tatsache, das die Bauten in Mandomai und Bandjermasin nicht durch Herrn Röder gebaut werden können, zu denken gebe, das wundert mich ein wenig… Ein Mann kann eben nicht Alles. Sie vergessen scheinbar, dass Bandjermasin von Kuala-Kapuas so weit weg ist, wie Basel von Waldshut und dass man nach Mandomai auch drei Stunden mit dem Motorboot fährt und dass die eingeborenen Handwerker eben nur richtig arbeiten unter andauernder Zusicht und dabei sollten doch alle Bauten zur ungefähr gleichen Zeit fertiggestellt werden, das ist ja rein unmöglich, denn in Kuala-Kapuas werden die Bauten ja auch erst in einigen Monaten fertig sein.»

Einen Einblick in das Verhältnis zum andern Geschlecht während der Lehrzeit gibt folgende Bemerkung:

20. DEZEMBER 1932, DR. VISCHER AN INSP. WITSCHI: «Miss. Haekker kann nicht schwimmen, weil wegen des gemischten Betriebes in der Badanstalt die Missionsschüler nicht mehr schwimmen lernen, so sagt man mir... Es ist eine grosse Glaubensprobe, hier zu reisen, wenn man nicht schwimmen kann. Herr Göttin wäre vor meinen Augen ertrunken, wenn er nicht schwimmen könnte. Ich selber fiel schon drei Mal in den Fluss.»

Die heftigen Auseinandersetzungen

Dem Missionsarzt obliegt ausser dem Spitalbetrieb und der Pflege der Einheimischen auch die medizinische Betreuung der Missionare. Er erfährt schon bald, wie schwierig die klimatischen Verhältnisse in Süd-Borneo sind und wie rasch die Gesundheit der weniger robusten Geschwister angegriffen wird, was zu Besorgnis erregendem Zustand vieler führt. Er empfiehlt daher eine kürzere Gesamtaufenthaltsdauer der Missionare und eine neue Ferienregelung mit einem Aufenthalt im besseren Bergklima von Java. Ausserdem begründet er seinen Wunsch, die Frauen möchten zur Geburt ins Spital oder nach Bandjermasin kommen, wo es zur Not Ärzte hat, und nicht ‹allein› in der Wildnis gebären. Mit nur drei europäischen Schwestern in Bandjermasin und Kuala-Kapuas ist es nicht möglich, bei den langen Reiserouten, für die Wochenpflege eine Schwester in die abgelegenen Stationen zu schicken. Nicht zuletzt hat die Frage der zu schaffenden Schwesterntracht die Gemüter sehr bewegt und dazu geführt, dass diese Frage offen blieb. Bedenklich ist der ausgesprochene Neid auf die vielen ‹Backs›, welche das Doktorhaus und das Spital benötigen. Die Atmosphäre scheint recht getrübt und für alle Teile unerfreulich.

18. JUNI 1932, DR. VISCHER AN INSP. WITSCHI: «Es besteht Bedürfnis nach einer Schwesterntracht. 1.) Das einfachste Requisit, ein Häubchen, kann hier nicht getragen werden. In den Tropen muss man sowieso Hüte tragen. 2.) Weisse, einfache Waschkleider von einigermassen einheitlichem Schnitt mit *kurzen* Aermeln und *weitem* Halsausschnitt. Darüber eine Schürze. Ausserhalb des Spitals sind sie ‹irgendjemand› und frei. Holländer empfinden Kleidervorschrift als Eingriff in die persönliche Freiheit. 3.) die Heilsarmistinnen tragen einfache, weisse Waschanzüge mit ihren roten Abzeichen auf dem Umlegekragen, dazu einen Tro-

penhut mit dem Heilsarmeeband. Ich finde, es wäre wünschenswert, dass unsere Krankenschwestern sich stets als solche kennzeichnen würden, mit Ausnahme von den Festtagen etwa. 4.)...
5.) Da meine Anregungen zu einer Arbeitskleidung und Amtskleidung bisher von den Schwestern nicht aufgenommen worden sind, dagegen eher abgelehnt mit dem betonten Hinweis, dass ‹man ihnen im Schwesternhaus nichts derartiges vorgeschrieben habe› und dass sie sich nun eben mit farbigen Kleidern eingedeckt hätten, so bitte ich den Borneo-Inspektor, sich diese Sache zu überlegen.»

21. AUGUST 1932, DR. VISCHER AN INSP. WITSCHI: «Dass die Trachtenfrage vor dem Komitee entschieden werden soll, finde ich schwerfällig. Könnte man nicht erst einmal für Borneo, das ja mit den andern Gebieten keinerlei Berührung hat, einmal meine Vorschläge probeweise durchführen. Es fuxte mich, als mir kürzlich Herr Epple erzählte, dass er den Antrag gestellt habe: dunkle Kleider mit Häublein, nachdem ich glaubte, ihn mit meinen Gegengründen überzeugt zu haben. Er schimpfte über die holländischen Schwestern, die so mondän seien und keine rechten Schwestern. Das brachte mich sehr auf, denn das ist ungerecht und nicht sachlich. Tatsache ist, dass unsere Schwestern hier keine Haube tragen können. Wir haben es zur Zeit ein wenig schwer hier in Kuala-Kapuas, da uns der Ausschuss, wie Sie gesehen haben, das Leben ein wenig versauert. Ich finde die Herren machen es auch gar so ungeschickt und schickanös und hoffe, es möchte wieder besser kommen. Ich wünsche, man möge uns wieder ein wenig in Ruhe lassen und uns wieder Vertrauen schenken. Es will so eine Dreinregiererei einreissen, das ist ungesund. Auch der Trinkwasserhandel gehört dazu. ‹Man hat beschlossen, es sei genug›, ohne mir Gelegenheit zur Rechtfertigung zu geben, dabei ist das Wasser für ein Spital wirklich etwas vom Nötigsten und wäre selbst ein kleiner Luxus damit noch nicht verboten. Der ‹Generalkonferenzbauausschuss› beneidet mich wegen der 14 Backs, wie übrigens noch andere Missionare, dabei haben wir fürs Doktorhaus, das die Schwestern beherbergt und die Missionare auch zu Wochenpflegen aufnehmen soll, 28 m^3 für drei Monate Vorrat, Röders haben 16 m^3 und der Spital für durchschnittlich mehr als 20 Patienten, wozu noch eine grosse Zahl Begleitpersonen (unentbehrliche) kommen und für täglich gegen 70 Poliklinikpatienten 40 m^3 für drei Monate, das ist doch wahrhaftig nicht zu viel. Es kann auch

vier Monate nicht regnen und gerade, wenn man es am nötigsten hätte, dann ist das Flusswasser salzig und ganz unglaublich verschmutzt und anderes Wasser kann man hier nicht kaufen. Und das Sparen mit Wasser ist etwas vom Schwierigsten und Aufregendsten. Man muss immer hinterher sein, damit nicht verschwendet wird, nicht gestohlen wird, kein Flusswasser nachgefüllt wird und ist nie sicher, ob es nicht doch noch ausgehen wird. Zum Glück haben wir dieses Jahr wieder eine abnorm regnerische Trockenzeit gehabt; es wird wieder Reisknappheit eintreten, weil sie die Felder nicht abbrennen können, aber unserem Wasser war geholfen. Der damalige Halteruf kam zum Glück zu spät, die Spitalbacks waren schon gemacht, ein weiteres Back für unser Wochenzimmer konnte wegbleiben. Die Isolierbaracke ist nun begonnen, kommt aber nur langsam zustand. Ich wollte, ich hätte sie schon. Es kommen zuweilen Typhuspatienten und Lungenschwindsüchtige, die habe ich nicht gerne im Spital. Dringend klopft an unsere Türe die Pflege mässig Geisteskranker.»

6. JANUAR 1933, DR. VISCHER AN INSP. WITSCHI: «Und das Andere: Sie schrieben einmal die Inspektorenkonferenz habe prinzipielle Bedenken, die Missionare zu nötigen, zur Geburt ihre Station zu verlassen. Wie mag es im Herzen einer Hebamme aussehen, die nicht von Stahl ist, wenn sie bestenfalls in 12 Stunden in einem kleinen Boot mit Anhängmotor den nächsten Arzt erreichen kann, wenn die Geburt nicht programmgemäss vor sich gehen will? Die letzte Geburt von Frau O. war so ein Fall. Schwester Mina war mit ihr in Kuala-Kapuas allein. Ist es da so unverständlich, wenn Arzt und Schwestern wünschen, dass die Frauen zur Entbindung nach Kuala-Kapuas oder Bandjermasin kommen? Herr Präses sagt ja freilich, früher hätten Missionare selber ihren Frauen geholfen und alle Geburten bei seiner Frau seien gut gegangen, nur bei der einzigen im Spital, da habe sie Venenentzündung bekommen.»

Mattheus und Betsy über Missionsaufgabe und Glaube

23. MÄRZ 1931, DR. VISCHER AN INSP. WITSCHI (ERSTER BRIEF AUF OFFIZIELLEM KUALA-KAPUAS-SPITAL-PAPIER!): «Mit Interesse und dankbar habe ich heute die Thurneysenpredigt, die wir zugesandt erhielten, gelesen. Sie berührt Gedanken, denen ich in letzter Zeit öfter begegnet bin. Wie, steht nicht im Glaubensbekenntnis: ich

glaube an die Auferstehung des *Fleisches?* Wie setzt sich dann Thurneysen damit auseinander? Mir war es immer sehr merkwürdig, wie sehr die Schwaben hier immer auf der Auferstehung des Fleisches herumreiten; es schien mir dies gerade wegen dieses Predigttextes ein wenig gewagt. Es sagte einmal einer: ‹Das sei das Grosse an Ostern: die Auferstehung des Fleisches, ohne die hätte Ostern ‹gar keinen Wert› für ihn. Und wie viel fromme Leute sprechen von einem Wiedersehen im Jenseits, wo ‹sich dann alle Rätsel lösen werden› etc. Solche Dinge sind doch entschieden sublimierte Diesseitigkeit. Ich bin gespannt, wie diese Leute auf diese Predigt reagieren werden. Es wird mancher Kopf geschüttelt werden und man wird vom neuen Kurs im Missionshaus reden. Im Ganzen ist mein Eindruck, dass solche Aufregungen uns gut tun, nur sollte für mein Gefühl hier aussen ein überlegener Präses sein, der unsere Brüder geistlich zu leiten und zu nähren im Stande wäre. Es scheint mir zu viel Subjektivismus und mancher infantile Komplex zu herrschen. Unsere Sonntagabend Bibelbesprechungen in Bandjermasin haben mir oft einen etwas unbefriedigenden Eindruck gemacht. Den Einzigen, der dann oft die Situation biblisch, nüchtern und kritisch rettete, Henking, haben wir ja leider verloren… Auch im Hinblick auf die geistige und geistliche Hygiene finde ich es bedauerlich, dass der erste Aufenthalt so lang bemessen ist und dass dann die schon maximale Frist von acht Jahren noch überschritten wird. Ein junger Missionar ist doch oft noch etwas sehr Unreifes. Nun sind unsere Heimkehrenden zehn Jahre auf ihren einsamen Stationen gesessen, oft mit als einziger Nahrung ‹Licht und Leben› und die ‹Bochumer›, ‹Schwarzwälder› oder sonst eine Zeitung. Sie haben von den jungen Brüdern etwas von einem neuen Kurs gehört, sind aber sonst wenig davon berührt worden. Sie kennen das Missionshaus nicht mehr, das Missionshaus sie nicht. Es hat sich eine Kluft aufgetan und wenn sie heimkommen, so heisst es: ‹Hier hat niemand Zeit für Sie›, sondern sie bekommen ein Programm in die Hand gedrückt, wenn sie nicht schon in Genua einen Brief bekommen haben, worauf steht, wo sie am folgenden Sonntag etc. zu reden haben… Ich sage es ein wenig krass, aber so sieht es hier aus. Mir schiene es demgegenüber rationeller zu sein, wenn die Leute etwas früher in den ersten Heimaturlaub kämen und nach weniger langer Abwesenheit neu aufgerüstet wieder geschickt würden. Mir kommt vor, diejenigen Missionare, die schon sieben Jahre und länger hier sind, produzieren keine volle Leistung mehr, weil ebenso, wie die körperliche auch die geist-*liche* Spannkraft nachgelassen hat. Sie sind andere geworden, kennen nun das Land und die Leute, sollten nun aber neu geladen und aufgeschliffen werden. Das ist mein Eindruck.»

24. APRIL 1931, INSP. WITSCHI AN DR. VISCHER: «Nachdem ich im Komitee die Vertretung Borneos übernommen habe, ist es mir doch ein grosses Anliegen, dass man sich nicht nur auf die Kirche verlassen könne, sondern auch die alten, verbundenen Gemeinschaften weiterhin braucht. Die Barth'sche Theologie hat einen wesentlichen Einfluss auf unser Seminar und darüber hinaus vielleicht auch auf die Darbietungen mancher Mitarbeiter im Land herum gewonnen. Auf der andern Seite ist zu sagen, dass wir Jüngeren, die wir diesen Einfluss durchaus bejahen, uns zugleich mit einiger Energie gegen ihn abgrenzen durch das Festhalten an der biblizistischen Linie. Es ist im Gegenteil so, dass gerade durch Direktor Hartenstein der Barth'sche Kreis bis zu Barth selber wesentlich zu einer grösseren Achtung vor dem Gut des Pietismus veranlasst worden ist.»

17. MAI 1931, MATTHEUS AN SCHWAGER OTTO SULZER: «Mit der Äusserung, dass unsere Kreise verzweifelt wenig Verständnis für die Missionsaufgabe haben, meinte ich natürlich nicht *Deine* Familie, sondern meine Freunde und Schulkameraden. Die wissen ja kaum mehr, was das Christentum ist. Worum es geht, das wird allerdings in der Mission besonders anschaulich und darum ist es so bedauerlich, dass die schweizerischen Kirchen im Allgemeinen sich von der äussern Mission so ferngehalten haben. Es geht eben beim Christentum nicht um eine mehr oder weniger aesthetische oder mehr oder weniger ideale oder mehr oder weniger ethische Weltanschauung und Lebensauffassung, es geht, wie der Katechismus sagt, um die Frage: Was ist Dein einziger Trost im Leben und im Sterben? Es geht nicht um irgend eine Bekehrung, es geht um die Versöhnung mit dem ewigen und allmächtigen Gott, und die Befreiung vom Druck und der Verstrickung der Sünde. Das sind keine angelernten Phrasen. Ich habe bisher die Erfahrung gemacht, dass in jedem Menschen dieses von Gott trennende Schuldbewusstsein ist, nur schläft es oft tief und lange. – Die Existenz Gottes kann nicht weggeleugnet werden. Und dass die Erzählungen der Bibel trotzdem sie vielleicht Entstellungen und einige Irrtümer enthalten viel wahrer sind, als

man bis vor Kurzem glaubte zugeben zu können, das zeigen mit –
im Hinblick auf die Lehren der Aufklärung wahrhaft erschreck-
kender – Deutlichkeit die Ausgrabungen der jüngsten Jahre. Dies
gilt sowohl für das alte, wie für das neue Testament. – Dass manche Gedanken über Gott und über das Verhältnis der Menschen
zu einander auch in Religionen enthalten sind, die auf ältere
Dokumente zurückgehen als die Bibel ist gewiss. Ist deshalb die
christliche Lehre weniger wahr? Ist eine Religion wahrer, weil sie
älter ist? Dann wollen wir doch lieber heute als morgen zu ihr
zurückkehren. Die so hoch gepriesenen alten Religionen wie der
Buddhismus deren Lehren übrigens nur wenigen hochgebildeten
Leuten zugänglich sind, vermögen nichts auszusagen über die
Versöhnung mit Gott ‹Wie bekomme ich einen gnädigen Gott?›
(Luther), vermögen von der Sünde nicht zu befreien. Erst Jesus
brachte uns die Freiheit und zwar in einer so einfachen Form,
dass sie vom einfachsten Menschen erfasst und behalten werden
kann. Warum Christus uns erst vor 1900 Jahren gekommen ist
und nicht viele Tausend Jahre früher und warum Gott seinen Jün-
gern aufgetragen hat: Gehet hin in alle Welt und verkündiget die
frohe Botschaft und nicht seine Engel dazu geschickt hat, das
gehört zu den vielen Rätseln des Erdenlebens, die der Menschen-
geist niemals wird lösen können. Es ist auch nicht nötig. Ich glaube, man darf die sogenannten grossen Religionen auch nicht
überschätzen. Man muss sie auch sehr vorsichtig beurteilen, da
das Christentum in früheren Zeiten schon viel verbreiteter gewesen ist, als man wusste. So z. B. sind im chinesischen Konfuzia-
nismus eine Menge christliche Lehren enthalten, die zurückge-
führt werden können auf Nestorianischen Einfluss. Diese Sekte
hatte in China einmal grosse Verbreitung. Von Mohammed wollen wir gar nicht reden. Goethe nennt den Islam eine ‹düstere
Religionshülle, die jede Aussicht auf reinere Fortschritte zu ver-
hüllen wusste.› Man muss gesehen haben, wie durch das Christentum unglückliche Menschen zu freien, tätigen Leuten werden.»

19. AUGUST 1931, MATTHEUS: «Ich habe mich in der letzten Zeit
wieder sehr geärgert über das ewige scheinbar diskrete und ‹brü-
derliche› Heimlichtun. Es ist tragisch, aber es ist so, irgendwo
muss eben die menschliche Bosheit sich offenbar betätigen.
Wahrscheinlich ist das überall so, aber bisher hatte ich noch das
Ideal für durchführbar gehalten, dass einige gleichgestimmte
Männer brüderlich und offen miteinander arbeiten könnten,

obwohl man vielerlei Meinungen habe. Ich gewöhne mich nun langsam daran. Früher einmal wollte ich mich mit den Missionaren anfreunden und ihnen auch ausser der Medizin helfen, aber nun will ich mich um meiner Seelenruhe und Frische willen damit begnügen, ihnen medizinischen Rat zu geben und will auch nicht mehr darauf dringen, diesen zu befolgen.»

24. SEPTEMBER 1931, BETSY: «Im Spital ist immer viel Betrieb. Ich darf jetzt zwei Mal in der Woche in der Sprechstunde helfen, damit Schwester Maria den Patienten nachgehen kann. Ein ganz schwerkranker 15jähriger Bub ist auch schon einige Zeit hier, der aus dem Zahnfleisch, Nase und Mund blutet und sehr ernstlich krank ist. Er kam als Heide, war aber schon drei Jahre in der Schule und wusste also vom Christentum. Nun hat ihn Flückiger noch genügend bearbeitet und schliesslich liess er sich taufen. Wir fanden es ein wenig arg, dass er ihn nicht in Ruhe liess, als er so schwerkrank war; aber eben, weil er schon drei Jahre in die Schule ging und davon gehört hat und also wusste, um was es sich handelte, fand es Flückiger notwendig. Es war dann abends acht Uhr, als er in seinem Bett getauft wurde und wir waren alle dabei. Nun heisst er also Gottfried. Mattheus sagt ihm aber immer den Namen seines Freundes, der bei ihm schläft *oder* noch seinen Heidennamen, sodass Schwester Maria und ich ihn nur den ‹Dreinamigen› heissen. Dann braucht man sich nicht lang zu besinnen. Diesem Dreinamigen muss ich nun alle zwei Tage eine genaue Blutuntersuchung machen, mit dem Resultat, dass es ihm eine Spur besser geht. Mattheus hat ihm noch von einem Lehrling Röders Blut eingespritzt und das tat ihm gut. Wenn es anhält, aber eben das ist sehr fraglich.»

18. OKTOBER 1931, DR. VISCHER AN INSP. WITSCHI: «Warum macht man das *ethnologische und religiöse Wissen* der abgetretenen Missionare nicht für uns Junge nutzbar? Fast jeder hat Material gesammelt, besonders von Zimmermann weiss man, dass er reiche Schätze hat, die er während seines Hier-seins eifersüchtig hütete, nichts davon mitteilte. Nun finde ich das ein schreiendes Unrecht. Denn sein *Wissen ist Missionsgut* und sollte der Borneomission zugute kommen, wie auch andere Missionare, die viel wissen und die auch drauf hocken und sich mokieren über die ignoranten Anfänger. Die Heimkehrer hätte man in Europa ausquetschen sollen. Es ist ja kläglich, wie ignorant wir alle sind, was die Anschauungen, Sitten und Gebräuche des Volkes angeht, in

dem wir leben. Und dann ist es jammerschade, wenn all das kostbare *Wissen* über die heidnischen Anschauungen *ganz verloren* geht, denn es wird eine Zeit kommen, da auch die Dajaken sich wieder dafür interessieren werden und dann wird man die finstern Missionare verachten, die alles verderbt haben und keine Achtung vor dem Alten hatten. Die Dajaken sind noch nicht im Stande, dieses alte Erbgut, das ja auch nicht ausschliesslich vom Teufel ist, zu konservieren.»

23. JANUAR 1932, DR. VISCHER AN PRÄSES K. EPPLE AUS DEN FERIEN IN JAVA: «Unsere Ferien haben wohl getan. Es wäre ganz gut, wenn die hiesigen Ärzte ein wenig einen Begriff von unserer Missionsarbeit bekämen. Kurz nach unserer Ankunft hier in Java fand übrigens die feierliche Gründung der ersten Javanischen Kirche statt, indem die Ostjavamission ihre Kirche selbständig machte. Es besteht nun eine ähnliche Organisation wie in unserm China. Interessant ist auch hier, dass nachdem man den Leuten die anfänglich so sehr begehrte Selbständigkeit gegeben hatte, sie bald wieder den Missionar haben wollten. Man ist ihnen aber nur wenig entgegengekommen. Das bedeutet für uns, dass man den Selbständigkeitswünschen viel mehr entgegenkommen darf und soll, als ängstliche Gemüter meinen. Der hiesige Inländer kommt wieder zurück, wenn er sieht, es geht nicht und vergisst nicht, wenn man ihn nicht brüskiert hat, sondern ist dankbar, wenn man ihn nicht zu Zwängerei genötigt hat. Wir haben uns anlässlich der Gründung des dajakischen Lehrerbundes viel zu ängstlich benommen und nun, so *scheint* es mir, lassen wir ihn viel zu schadenfroh um seine Existenz ringen, anstatt das Instrument harmonisch zu bespielen.»

16. JUNI 1932, DR. VISCHER AN PRÄSIDENT BURCKHARDT: «Nun soll also bei uns die Ausbildung der ‹eingeborenen Pfarrer› beginnen. Ich bin sehr gespannt, wie das gehen wird. Die Dajaken haben ja bisher noch so verschwindend wenig von den Eigenschaften gezeigt, die sie haben sollten. Ich verstehe nun erst die Grösse des Schmerzes der im Krieg[84] vertriebenen Missionare, die ihre Gebiete ‹im Glauben› sich selbst überlassen mussten. – Andererseits finde ich müssen wir doch nüchtern bleiben und dürfen jetzt nicht schon alle Stationen mit pandita Dajak [Dajak-

---

[84] 1914–1918

pfarrern] besetzen, die wir noch lange nicht haben. Interessant ist, was Herr Göttin kürzlich erzählte, dass die Dajakkirche schon beginnt eine Gefahr zu werden für unsere Christen, die sich so gern an grossen Worten berauschen und mit Zukunftsträumen befriedigen. ‹Ja, die geredja Dajak, da wird dann Alles besser sein›. Ja, das ist jetzt doch nicht wichtig, wir haben ja noch keine ‹geredja Dajak›. Etc. Etc. Nein, sagt der Missionar, nicht geredja Dajak, die Gemeinschaft *aller* Gläubigen, die Verantwortlichkeit des einzelnen Christen für alle Menschen und die treue Mitarbeit jetzt und hier. Hier liegt entschieden ein Problem. Mit unvorsichtigem Hinweis auf die kommende Dajakkirche schaffen wir leicht eine Art chauvinistischen Nationalismus und engen den Blick der Leute ein.»

2. Juni 1933, Betsy: [Die Familie war krank mit einer Magendarminfektion.] «Gottlob war ich ja auch nur einen Tag ziemlich krank und am zweiten noch ein wenig. Es wird uns ja auch *so* immer geholfen und wir sind ja auch *da* wieder so bewahrt worden und ich habe wirklich Gottes Nähe gefühlt. Es ist arg, aber ich kann diese Sätze eigentlich nicht leiden. Warum nicht? Andere Leute können das so schreiben, ich finde das grässlich. Ich *denke* natürlich so, wie es eben Leute gibt, die das schreiben; aber aufs Papier bringe ich das nicht und auch sprechen kann ich nicht darüber. Ist das falsch? Ja, vielleicht; aber vielleicht auch findest Du es nicht so arg.»

5. Juni 1933, Dr. Vischer an Insp. Witschi: «Ich danke für Ihre Antwort betr. Ethnographica, bin aber insofern nicht ganz einverstanden, als ich mich wie gesagt, dem Missionsmuseum wenig verpflichtet fühle. Das wäre die Aufgabe der vielen Missionare. Aber die lassen so manches Stück aus Gleichgültigkeit verkommen, werfen es weg, um es nicht einpacken zu müssen und behalten viele schöne Stücke in ihrer Familie, wo sie oft verloren gehen. Sie kriegen von mir aber schon etwas, z. B. einen Büffelpfahl, den vier Männer nicht tragen können, aus Eisenholz [sic!].»

Die Weltwirtschaftskrise

16. November 1931, Mattheus: «Über die schlechten geschäftlichen Berichte wundern wir uns gar nicht, wir haben sie im Gegenteil schon lange erwartet. Frage Onkel Felix, welche Gefühle er

hatte, als er im Januar bei uns war. Wir sahen hier ja wie Alles begann stillzustehen und da konnte man die kommende Absatzkrise mit allen Folgen voraussehen. Im NL-Indien freilich sieht es besonders arg aus. Die Regierung, die aus den Steuern der europäischen Unternehmungen und den Aus- und Einfuhrzöllen lebte und zwar ziemlich large, bekommt einfach kein Geld mehr. Sie suchen überall zu sparen, wollen sogar den Kontrolleuren, wie man hört, 35% am Gehalt abziehen. Das ist dann ziemlich saftig. Auch an den Pensionen soll reduziert werden. Man sagt schon ‹Not kennt kein Gebot›, denn rechtlich ist das natürlich ein Unding. Diese Krise wird wohl mehrere Jahre dauern und nachher wird, so sagt ein hervorragender Holländer, ein anderes Europa übrig bleiben, da man allerorts über seine Mittel gelebt hat, was Lebenshaltung und Versicherung etc. betrifft. Wir müssen uns also drein schicken und nehmen, was die Zukunft bringt. Es kommt so etwas wie ein zweiter Weltkrieg. An Revolutionen glaube ich nicht. Es wird aber sonst mancherlei Veränderungen geben. Mit Kongressen ist, wie Du schreibst, nichts geholfen. Der Gedanke an die Mission kann einem auch Sorge machen. Jedoch sehe ich einigermassen hoffnungsvoll darein, weil die Not die Leute wieder zur Einkehr bringt und damit doch auch wieder zu mancher Gabe Anlass gibt. ‹Scherflein› gibt es ja immer wieder, bis jetzt gab Mancher von seinem Überfluss wenig, der in der Not mehr gibt. Das sehen wir wenigstens hier bei den Dajaken. Im Holländischen Missionsblatt stand kürzlich auch, die Lage sei noch gar nicht beunruhigend, die Leute sollten nur einmal anfangen wirkliche ‹Opfer› zu geben. Ein Missionar sagte man solle einmal beobachten wieviel Geld die Leute für Kaffee und Kuchen auslegten an einem Missionsfest und wieviel sie ins Kässlein legten. Dies ist eine Bemerkung, die nicht unbedingt richtig ist, aber woran etwas ist. Wenn ich an Einschränkungen im Missionsbetrieb denke, so tut mir das deshalb leid, weil in der Notzeit die Leute zugänglicher werden. In der Gemeinde hier, die so hart und stolz war, ist seit etwa einem Jahr ein ganz anderer Geist. Und in Heidendörfern, wo man bisher keinen Zugang hatte, wird der Missionar mit offenen Armen und Ohren empfangen. Es ist hier nicht, wie Missionar Kühnle am Missionsfest dergleichen tat, eine ‹Erweckung› entstanden, aber eine sehr deutliche Änderung in der Einstellung der Leute. Das melden alle Stationen. Und nun möchte man natürlich besonders nachdrücklich angreifen.»

Die Planung der Heimkehr und die einsetzende Erschöpfung

13. September 1931, Dr. Vischer an Insp. Witschi betreffend Europa-Urlaub: «Ursprünglich war mir in Aussicht gestellt worden, dass ich nach sieben Jahren, nämlich wie alle Ärzte ein Jahr früher, als die Missionare, in die Heimat kommen dürfe. Die Regierungsnorm ist, dass nach sechs Dienstjahren man das Recht hat auf einen achtmonatigen Urlaub, d.h. nach 72 Subsidienmonaten. Nun habe ich aber sieben Monate keine Subsidien bekommen, wegen des Aufenthaltes in Surabaja. Deshalb hätte ich von Regierungswegen erst im Feb. 34 das Recht auf regulären Urlaub[85] und dann nur für acht Monate, incl. zwei Reisemonate. Das wären dann beinah die sieben Missionsjahre. Nun fühle ich mich aber so sehr ausgepumpt, dass ich wenn irgend möglich zuhause ein volles Wintersemester studieren möchte und zwar in Basel. Bis zum Winter 34/35 dauert es aber ein wenig lang. Deshalb möchte ich bitten, dass mir erlaubt werde, im September 33 heimzukommen und im April 34 wieder auszureisen; heisst das, wenn die Mission meine Dienste weiterhin wünscht, denn ich würde gerne ein zweites Mal hierher kommen, weil meine Arbeit allzu sehr als Torso zurückbliebe. Obwohl ich seinerzeit mich in den Missionsverband habe aufnehmen lassen und obwohl ich den Missionsdienst als Lebensaufgabe betrachte, möchte ich aber doch in absehbarer Zeit um meine Entlassung bitten, da ich im Hinblick auf meine Familie daheim noch eine Praxis beginnen möchte. Im Hinblick darauf möchte ich den zweiten Aufenthalt noch auf vier Jahre vorsehen. Wir würden dann die beiden grösseren Kinder daheim lassen, den Alfred nochmals mitnehmen, evt. vorzeitig heimschicken.»

23. Juli 1932, Betsy: «Frau Kühnle schreibt aus Europa, dass man Anstoss erregt, weil man so anders geworden ist in den Tropen. Ach ja, das merken wir ja alle auch und es wird mit uns sicher

---

[85] Dass die Regierung in der Frage des Urlaubs ein Mitspracherecht hat, mag erstaunen, da Dr. Vischer doch im Auftrag der BM tätig ist. Weil er als Arzt aber subsidienberechtigt war, musste er sich an die holländischen Urlaubsvorschriften halten. Subsidien waren eine Art Subventionen, welche aber nicht auf einer klaren gesetzlichen Grundlage beruhten, aus welcher sich dann auch bestimmte Ansprüche ableiten liessen. So befand sich die BM in einer dauernden Unsicherheit, ob und wieviel Subsidien fliessen würden, was beim Spitalbauprojekt deutlich zum Ausdruck kam.

genau so gehen, wie es eben Allen geht, die nach 6-7-8 Jahren heimkommen. Da hoffe ich nur, dass Ihr Euch alle nicht zu sehr aufregt und dass wir uns gegenseitig Zeit lassen, uns wieder aneinander zu ‹gewöhnen›. Denk doch, was wir für Eigenbrödler geworden sind und unsere Kinder, die ja sozusagen mit Niemandem hier zusammenkommen und die eben alles so sagen, wie sie es finden und keine ‹guten Sitten› gelernt haben. Ich hoffe nur, dass Ihr nicht *zu* schrecklich enttäuscht seid von unserer Familie!!!»

22. OKTOBER 1932, DR. VISCHER AN PRÄS. BURCKHARDT: «Was mich betrifft, so habe ich zurzeit fast eine Phobie vor unerwarteten störenden und demütigenden Eingriffen in meine Funktionen und Verantwortlichkeiten. Es ist nicht mehr das Zusammenarbeiten zwischen Präses und Arzt. Ich finde manchmal, ich sei zu gut für die Anödereien und Nadelstiche, dann schäme ich mich des Mangels an christlicher Demut. Ob das Zweck meines Hierseins sei, dass ich herrschsüchtigen oder einmischkranken Missionaren Stoff zu ihrer Dialektik liefere? Ad majorem gloriam dei, will ich mich ja gerne demütigen. Ich fühle mich aber in eine Athmosphäre gehüllt von: Der Doktor soll es nur einmal fühlen, dass er nicht mehr ist als ein Missionar, besonders nicht als ‹wir in der Leitung›. Damit ziele ich auf ein bestimmtes Glied, aber nicht nur auf dieses. Ich finde die ärztliche Mission darf nicht Spielball der Missionare werden. Frühere Basler Missionsärzte haben über das Gleiche geklagt. Wir bedeuten ja nur einen ‹Hilfszweig› über dessen ‹Nutzen› man sehr oberflächlich aburteilt. Anfechtbar finde ich auch die besondere Rechnungsstellung in der Jahresrechnung, unrichtig auch deshalb, weil ein grosser Teil des Postens aus Leistungen für die eigenen Missionare besteht. So wird bei uns eine von den drei Schwestern ganz absorbiert von den Missionaren und ein nicht unbedeutender Teil des Arztes auch. Es ist ein ungutes Gefühl als Reklameposten in der Mission mitgeführt zu sein... Wir fühlen uns europabedürftig. Die Europareife besteht darin, dass man jede kleine Extrabeanspruchung empfindet, dass man unter der Hitze beginnt zu seufzen und ungeduldig ‹eigen› wird. Dazu kommt eine quälende Vergesslichkeit und die Unfähigkeit Neues anzufangen und aufzunehmen z.B. neue Wörtlein zu lernen. Man bekommt auch, die in der ersten Zeit an den ‹alten› kritisierte Neigung herumzusitzen und nichts mehr zu tun. Man schreibt nicht mehr gerne heim wird aber damit nicht ‹dajakischer›. Man hat das Gefühl stehen zu bleiben oder eher noch

allmählich zu versimpeln. So ist es, wenn man europareif wird. Wenn man überreif ist, dann sagt man: Mir ist es noch lang wohl hier, ich verstehe nicht, warum man so ein Wesen macht und mich nicht in Ruhe lässt. Ich verstehe nicht warum die andern Schwächlinge alle nach Europa zu gehen verlangen. Die vielen Wechsel und die Unruhe ist nicht gut. etc. etc. So weit sind wir noch nicht. Was heimzieht sind die lieben Menschen, wenn die nicht mehr da sind, dann kann wohl auch Indien zu einer Art Heimat werden. Dann wird man ein Wanderer sein zwischen zwei Welten. Vielleicht wird sich doch das Wunderbare ereignen, dass wir uns im Missionshaus heimischer fühlen werden als ausserhalb. So recht kann ich mir das freilich noch nicht vorstellen.»

26. APRIL 1933, BETSY: «Ich hätte ganz gern ein kleines Fest gegeben nach Emilies Taufe, sei es zum Tee oder so; aber Mattheus wollte nicht. Einesteils ist er zu allem zu müde, was nicht absolut sein muss und dann auch ist es wirklich traurig, comme tout le monde se fiche de nous! Seitdem die Schwestern nicht mehr hier essen ist wirklich nichts mehr mit ihnen los… – Aber einstweilen leben wir in einem unhaltbaren Zustand. Kühnles haben wir auch schon seit Wochen nicht mehr gesehen ausser in den Bibelstunden. Wir leben eben unser Leben für uns, aber die Essen sind nicht mehr so, wie sie eben mit Sr. Maria *allein* waren.»

20. MAI 1933, DR. VISCHER AN PRÄS. BURCKHARDT: «Ihre ruhigen sachlichen und doch so herzlichen Zeilen haben mir unendlich wohl getan. Wir kommen uns ein wenig verwaist vor. Das hängt zusammen mit unserer Urlaubsreife, und der Unsicherheit über die Vertretung während meiner Abwesenheit. Das Alles zehrt an den Nerven, ob man es zugeben will oder nicht. Wir geben uns ja Mühe ruhig und gelassen zu bleiben, aber so ganz kann man das ja nicht. Unter Anderem muss ich auch mit der Regierung wieder Briefe wechseln wegen meines Urlaubs. Ich habe im letzten Jahresbericht eine kurze Charakterisierung des Durchschnittsneulings versucht. Meine paar Zeilen haben einen Sturm der Entrüstung entfesselt und mir grobe Vorwürfe eingetragen, obwohl man mir bei gemeinsamer Besprechung Punkt für Punkt als durchaus richtig bestätigte. Nur wollte man nicht, dass es nach ‹Basel› gehe, weil man glaubte, es könnte meine Schilderung als moralische Disqualifizierung, besonders der Schwestern, aufgefasst werden. – Also, was unseren jetzigen Zustand betrifft, so ist er nicht ganz uninteressant insofern als ich nun an uns selber eine ganze Reihe

Erscheinungen feststellen kann, die ich bei den andern bisher beobachtet hatte, kann nun also vom innern heraus einen Zustand ansehen, den ich erst äusserlich kannte. Gerade herrlich ist das nicht. Quälend ist das täglich sich wiederholende Erlebnis des Ungenügens. Man kommt einfach nirgends mehr nach. Merkfähigkeit und Gedächtnis lassen im Stich, die Phantasie wird träge und unbeholfen. Wie ein Arzt so arbeiten kann, werden Sie nachfühlen können, respektive dass er es nicht kann, oder doch nur mit dem Gefühl der Unsicherheit und einer nicht mehr erlaubten Verantwortungslast. Deshalb *können* wir nicht länger bleiben, als vorgesehen war. Nach so einem Vormittag mit 60–70 Poliklinikpatienten habe ich meine Tageskraft ziemlich ausgegeben, obendrein mit dem Bewusstsein, manchen Fall nicht gebührend aufgefasst und untersucht und durchdacht zu haben. Schrecklich, wenn man so ein paar Tage braucht zum Ablauf einer einfachen Gedankenreihe, die sonst in ein paar Minuten erledigt werden kann, wenn einem erst zwei Tage später einfällt, dass es ein Typhus sein könnte, wenn inzwischen Gelegenheit zu allerlei Unheil gegeben wurde etc. Ich erzähle das Ihnen nicht um zu klagen, nur als Illustration; einer Apologie meines Urlaubsverlangens bedarf es ja Ihnen gegenüber nicht.»

28. JUNI 1933, BETSY: «… aber ich möchte Dich doch *sehr* bitten, die ‹leise Andeutung› in Mattheus letztem Brief, dass wir evt. nicht mehr hierher kommen, nicht falsch aufzufassen! Ich glaub' das schrieb er nur für den Fall, dass wir aus finanziellen oder politischen Gründen nicht mehr kommen könnten. Die Subsidie steht ja jedes Jahr in Frage und die Japaner – !?[86] Aber es *wäre* eben befriedigender, wenn er nochmals kommen könnte, denn bis jetzt war ja alles so *sehr* Anfang und Ausprobieren. Ich würde es *Mattheus* gönnen; das andere fragt man besser nicht; ich gehöre halt hin, wo Mattheus ist, sonst ist alles letz!»

Viel Mühe bereitet es, einen Arzt als Ersatz zu finden

Während des Vischer-Urlaubs in der Schweiz muss ein Arzt den ärztlichen Betrieb weiterführen. Mit grosser Mühe wird schliesslich ein junger Holländer gefunden, Dr. Th. Höweler, der Ende 1933 seine Stelle antritt. Für Bandjermasin muss eine Ärztin für den Aufbau der geplan-

---

[86] Japan: Rücktritt aus dem Völkerbund.

ten Frauen- und Kinderklinik gefunden werden. Eine holländische Ärztin aus Java, welche das Examen hat, Holländisch und Javanisch kann, wird vom Ausschuss abgelehnt, dagegen eine deutsche Ärztin ohne holländisches Examen und ohne Sprachkenntnisse vorgezogen. Mattheus äussert seine Bedenken, weil die holländische Antipathie gegenüber den Deutschen unterschätzt werde und das Leben dieser deutschen Ärztin, Frl. Dr. G. Hessberg, erschweren könnte.

4. NOVEMBER 1933, DR. VISCHER AN INSP. WITSCHI: «Niemand ist sich klar, dass ein Spital eine öffentliche Sache ist, wir also nicht ‹unter uns›, ein Argument des Ausschusses, bleiben können. Niemand rechnet mit der starken deutschfeindlichen Stimmung der Durchschnittsholländer.»

30. NOVEMBER 1933, INSP. WITSCHI AN DR. VISCHER: «Frl. Dr. Hessberg kommt ohne alle Prätention, bereit in ihrer Arbeit eingesehen, kontrolliert zu werden, bereit sich in die Verhältnisse zu schicken. Diese Bereitschaft liegt nicht nur in ihren Worten, sondern in ihrem Wesen. Das ist jene Sorte der ersten Generation von Judenchristen, die ganze Hingabe kennen. Ich Bitte Sie, womöglich telegraphisch Bescheid zu sagen. Dr. Höweler ist hocherfreut über den Vertrag und hat einen sehr guten Brief geschrieben.»

1933 – beunruhigende Entwicklung in der Heimat

Politisches Geschehen

Das Jahr 1933 ist ein historischer Wendepunkt. In Deutschland kommt der Nationalsozialismus zum Durchbruch: im Januar bestimmt Reichs-Präsident Hindenburg Adolf Hitler zum Reichskanzler. Im Februar erfolgt der Reichstagsbrand, dessen Ursache unklar bleibt, aber den Nationalsozialisten Gelegenheit bietet, die Kommunisten und Sozialisten zu verfolgen. Nach Hindenburgs Tod im August 1933 übernimmt Hitler die ganze Macht, ist zugleich Reichs-Präsident, Kanzler und Oberster Befehlshaber der Armee. Sein Ziel ist die Gleichschaltung aller bestehenden Institutionen mit der Nationalsozialistischen Bewegung. Auch die Kirchen werden genötigt, diese nationalsozialistische Bewegung als Wiederaufrichtung eines christlich-konservativen Staatsgefüges religiös zu legitimieren. Trotz einigen ideologischen Vorbehalten kommen sie zunächst diesem Wunsch Hitlers entgegen.

Dies führt 1933 zum deutschen *Kirchenkampf.* Innerhalb der Kirche entsteht die ‹*Deutsche Christen Bewegung*› der ‹*Deutschen Christen*› *(DC)*, welche die Gleichschaltung der Kirche mit dem Dritten Reich unterstützen. Wer dieser Bewegung nicht folgt, wird als Regierungsgegner diffamiert, verfolgt und seines Amtes enthoben. Im Juli 1933 wird eine neue Verfassung der ‹Deutschen Evangelischen Kirche› beschlossen.

Im September 1933 ruft Pfr. M. Niemöller zur Gründung des *Pfarrernotbundes* auf, um jene Pfarrer, welche suspendiert werden, weil sie nicht regierungskonform sind, zu unterstützen.

Im November 1933 findet im Berliner Sportpalast eine *Kundgebung der DC* statt. Das Alte Testament soll aus dem Kanon gestrichen werden, ein *Arierartikel* wird in die Kirchenverfassung aufgenommen.

1934 tritt die *Bekennende Kirche* gegen die DC und die ‹Deutsche Evangelische Kirche› an. Anlässlich der ersten Bekenntnissynode in Barmen (Mai 1934) entwirft *Karl Barth,*[87] der ‹Vater der Bekennenden Kirche›, die ‹Barmer Theologische Erklärung›. Der Arierparagraph der Deutschen Reichskirche wird abgelehnt. Einige der Landesbischöfe widersetzen sich der Führung der Reichskirche und werden von ihr ausgeschlossen.

Karl Barth ist Mitbegründer und Wortführer der dialektischen Theologie, mit welcher der Pietismus des 19. Jahrhunderts in Frage gestellt wird. Dies ist für die BM eine Herausforderung, denn auf dem Pietismus steht das Missionswerk. 1938 wird Karl Barth als Hauptreferent des Missionsfestes eingeladen. Aus Rücksicht auf die Deutschen wird er aber kurz vor diesem wieder ausgeladen, was zu Kontroversen führt. In der BM entbrennt die theologische Diskussion heftig.

Bedeutung für die Basler Mission: Unter der Führung der ‹Berliner Mission› sollen die Missionen einer ‹Verkirchlichung›, d.h. der Gleichschaltug mit dem Reich, zustimmen. Die BM gerät in ein Dilemma, denn sie will keinesfalls diesen Kurs einschlagen, will aber auch nicht die vielen deutschen Brüder verlieren oder verraten. Die BM versucht daran festzuhalten, dass sie, ohne auf Nationalität oder Konfession zu achten, Schweizer und Deutsche im grossen Missions-Auftrag vereinen kann. Aber bei Kriegsausbruch kommt es doch zu einer vorläufigen Loslösung der württembergischen Missionsbrüder von der BM. Direktor K. Hartenstein zieht im September 1939 nach Deutschland. Die BM wird mit diesem Schritt ein rein schweizerisches Werk, was auch im Ausland anerkannt wird und dazu führt, dass im kommenden Krieg nicht

---

[87] Karl Barth, geb. 1886, gest. 1968 in Basel, war Pfarrer in Safenwil, Prof. theol. in Göttingen, 1921, Münster 1925 und Bonn 1930 bis 1935, als er am 22. Juni 1935 seines Amtes enthoben wurde. Im Juni 1935 wurde er auf den theol. Lehrstuhl in Basel berufen, den er von 1935 bis zur Emeritierug 1962 inne hatte.

wieder, wie 1914–1918, Schweizer Missionare mit den Deutschen von den Alliierten in den indischen und afrikanischen Kolonien interniert werden.

In der vorliegenden Korrespondenz zwischen Dr. Vischer und Insp. Witschi finden sich nur wenige Hinweise auf eine grössere Diskussion über politische Angelegenheiten. Dabei wird auch deutlich, dass ‹auf dem Feld› andere Sorgen und Ängste vorherrschen als in Basel, wo niemand von Japan spricht.

Denn auch im Osten ist die Politik unruhig.

China: 1931 wurde die ‹Chinesische Sowjetrepublik› gegründet. Chiang Kai-Shek vernichtet in grossen Feldzügen die Kommunisten, deren Hilfe er zuerst gebraucht hatte. Auf dem berühmten ‹Langen Marsch› durch China erlangt Mao Zedong seine unumstrittene Führerposition der Kommunistischen Partei.

Japan: Seit 1928 herrscht im imperialistischen Japan der Gottkaiser Hirohito. Auch sein Reich ist nicht verschont von Krise und Arbeitslosigkeit. Die Offiziersgruppen gewinnen an Einfluss und verbreiten einen aggressiven Nationalismus. 1931 wird die Mandschurei von den Japanern erobert, besetzt und 1932 als Staat (Kaiserreich Mandschukuo) ausgerufen. Da der Völkerbund diesen nicht anerkennt, tritt Japan aus und kündigt einzelne Abkommen. Diese unheimliche Entwicklung wird in Europa wohl nicht genügend zur Kenntnis genommen, bereitet aber in Borneo Bedenken und Sorgen. Wir finden einige Bemerkungen in späteren Briefen.

Da sich die Vereinigten Staaten durch den Börsenkrach 1929 in einer schweren Krise befinden, greifen sie in Japan bei dessen Übergriff auf China nicht ein. 1933 anerkennen die USA die Sowjetunion als souveränen Staat.

Auf dem Hintergrund des oben kurz Zusammengefassten sind folgende Stellen leichter zu verstehen:

21. MÄRZ 1933, DR. VISCHER AN INSP. WITSCHI: [Was bringt die Zukunft? Wird man die ärztliche Mission auch weiterhin betreiben können oder wird sie zu teuer?] «Schliesslich könnte der Missionar wieder wie früher schlecht und recht mit Aspirin doktern. Ein Arzt kann das nicht in dieser Weise. Die Regierungssubside ist ja eigentlich eine Luxusausgabe, keine lebenswichtige, ich verstände es nur zu gut, wenn sie nicht käme. Im Januar haben sie in Batavia alle meine Bedenken in dieser Richtung kategorisch zerstreut, aber seither ist die Lage der Landeskasse noch viel schlechter geworden. Es kommt erst jetzt so recht deutlich zum Ausdruck, wie humanitär die holländische Kolonialregierung

eigentlich eingestellt war und ist, allerdings fiel ihnen das nicht so gar schwer, da sie aus der Zuckerindustrie sehr grosse Mittel hatten, oder es wenigstens meinten. Nun kommt ein schwieriger Abbau. Aber im Grunde ist der Holländer ein gutmütiger Mensch und ein grosser Teil von ihnen gehört zur ‹ethischen Richtung›, den philanthropisch eingestellten Leuten. Dafür freilich scheint mir der andere Teil umso brutaler geschäftsmässig zu sein in einem stärkeren Gegensatz, als ich ihn z.B. in der Schweiz empfunden habe.»

7. APRIL 1933, INSP. WITSCHI AN DR. VISCHER: «Über die Lage in der Heimat ist nicht einfach zu berichten. Man steht augenblicklich ständig unter dem Eindruck einer stets noch zunehmenden politischer Spannung unter den europäischen Mächten. Es ist ein Wunder, wenn es nicht zu einer Explosion kommt. Namentlich an der polnischen Grenze ist es nicht geheuer. Der Dollarrutsch stellt den Erfolg der Washingtoner Weltwirtschaftskonferenz von vorne herein in Frage. Auswirkungen auf unsern Franken liegen keine vor. Doch macht hier der Plan einer allgemeinen durchgängigen Inflation wie er in diesen Tagen von Amerika und England ausgeheckt worden sein soll, stutzig. Näher liegt uns die Frage nach der Entwicklung in Deutschland. Mit Spannung verfolgen wir Schweizer die Bestrebungen zur Gleichschaltung auch der evangelischen Kirche. Die Befürchtungen, die wir dabei hegen, können von deutschen Brüdern im Werk leicht missverstanden werden. So ergibt sich eine Situation, die derjenigen während des Krieges nicht unähnlich ist...»

7. JUNI 1933, INSP. WITSCHI AN DR. VISCHER: «Über die Ereignisse hier wird es mir augenblicklich nicht leicht zu schreiben. Das Geschehen in Deutschland nimmt unsere besondere Aufmerksamkeit in Anspruch, besonders das kirchliche Geschehen. Sicher haben Sie in den vergangenen Monaten mit uns zusammen die politischen Ereignisse und kirchlichen Vorgänge in Deutschland mit grösster Aufmerksamkeit verfolgt. Von besonderem Interesse ist die Auseinandersetzung der sogen. Glaubensbewegung deutscher Christen einerseits mit den Vertretern der bisherigen Kirchenregierungen, die hinter dem Drei-Männerkollegium von Loccum stehen und der jungreformatorischen Bewegung andererseits, eine Auseinandersetzung, wie sie anlässlich der Wahl Friedrich von Bodelschwinghs zum Reichsbischof angehoben hat. Bisherige Richtungsfragen und auch die konfessionellen Unter-

schiede treten zurück hinter das Problem der Einstellung zum Volkstum und vor allem zum Staat. Der Ausgang dieser wichtigen Auseinandersetzung ist noch völlig ungewiss. Ihm kommt umso mehr Bedeutung auch für unser Werk zu, als die Neugestaltung der Kirche die Missions-Gesellschaften mitberührt. Konfessionelle und andere Missions-Gesellschaften Deutschlands drängen unter Führung der Berliner Mission aus Prinzip und auch um ihrer schwierigen Finanzlage willen, auf eine stärkere Verkirchlichung hin. Der DEMA[88] ist am Tag nach Himmelfahrt in Berlin zusammengetreten, hat sich als verantwortliches Organ des deutschen Missionslebens konstituiert und hat Richtlinien für ein künftiges Verhältnis zwischen Mission und Reichskirche resp. Kirchenländern entworfen. Direktor Dr. Knak von der Berliner Mission wurde bevollmächtigt, als Sprecher des DEMA bei etwaigen Verhandlungen mit der Kirche im Sinne dieser Richtlinien das Anliegen der Mission zu vertreten. Im Herbst sollen die Vertreter des Deutschen Missionsbundes zusammenkommen. Es besteht kein Zweifel, dass auch die Basler Mission durch dies alles vor wichtige Fragen gestellt ist, deren Bedeutung denjenigen in der Kriegszeit nicht nachstehen… Gott schenke es, dass diese Einheit am gleichen Werk seitens der Heimatgemeinde am kommenden Missionsfest von hüben und drüben kräftig zum Ausdruck kommt.»

1. SEPTEMBER 1933, DR. VISCHER AN INSP. WITSCHI: «Mit Spannung verfolgen wir die politischen Berichte über Deutschland. Es scheint dort in mancher Hinsicht recht dilettantisch regiert zu werden. Schade! Schade ist es um die Einbusse an Ansehen den das deutsche Reich dadurch erleidet. Der Reklameminister scheint nach Ihnen mächtig zu wirken; im Ausland aber ist er unwirksam. Unsere Zeitung ist durchaus nicht deutschfeindlich, sondern sehr objektiv. Die Verflachung des ‹deutschen Gedankens› tut mir persönlich weh. Nun tritt aber die ganze Unkultur der Nachkriegszeit zutage. Der Glaube an den Führer und arisches Blut ist doch eine kläglich oberflächliche Sache. Es wird auch vorübergehen. Wenn nur nicht zu viel zugrunde geht bis dahin.»

---

[88] DEMA: Deutscher Evangelischer Missions-Ausschuss.

10. Oktober 1933, Insp. Witschi an Dr. Vischer: «Ihren Ausführungen über Deutschland muss ich weithin beipflichten. Immerhin bewegt mich das politische Geschehen weniger kritisch als die zunehmende Radikalisierung der Kirche. In diesen Tagen wird im gleichen Zusammenhang beraten und wohl auch entschieden über die Neuordnung des Missionslebens im Zusammenhang mit der neuen Reichskirche. Es ist zu hoffen, dass die besondere Stellung Basels gewahrt wird.»

17. November 1933, Mattheus an Bua und Otto: [Heimkehr im Februar 1934] «Wir reisen mit kleinem Frachtschiff der ‹HAPAG› Linie, das nur 6 Passagierkabinen hat. Wir hoffen, dass nun nicht ausgerechnet die paar Passagiere besondere Ekel sein werden, so vom Stil jenes Herrn, der kürzlich verkündete: ‹die Schweizer werden Hitler noch dankbar sein, dass sie mit eingeschlossen werden.› oder seid Ihr am Ende auch dieser Meinung??? Es ist ja jetzt, so kommt es uns vor, Alles möglich. Schrecklich dieser Hitlerkultus! Das war doch sonst noch nie, dass man lebenden Staatsmännern Denkmäler setzte und Strassen nach ihnen taufte. Und überhaupt. Aber freilich, es ist ja auch hierzulande so, dass man sich einen Diktator schon gefallen liesse, man sieht ja keine Möglichkeit, wie man mit dem gegenwärtigen System der Schwierigkeiten Herr werden soll. Es nimmt mich wunder, wie sich dieser Knäuel von Schwierigkeiten einmal lösen wird, vielleicht erleben wir das noch. Ein unheimliches Gefühl bekommt man hier von dem langsamen zielsicheren unaufhaltsamen Vordringen Japans, dagegen verblassen alle europäischen Probleme gänzlich. Es würde mich schon interessieren, *dieses* Land einmal näher kennenzulernen. Die Japaner, die wir hier trafen, waren alle keine unsympathischen Leute. Höflich, gewandt, vergnügt, fleissig.»

6. Dezember 1933, Insp. Witschi: «Daneben bin ich besonders dankbar, dass die Ereignisse, spez. die kirchlichen in Deutschland, unser Werk bis jetzt nicht zu ändern vermochten in seinem eigentlichen Wesen, und dass die ökumenische Linie[89] durchgehend gehalten werden konnte. Die Schwierigkeiten sind noch

---

[89] Ökumenisch im ursprünglichen Sinn: weltumfassend.

nicht behoben, so weit sie von aussen drohen können, aber es ist uns noch nie so deutlich geworden, wie in diesem Jahr, was uns in unserem Werk geschenkt ist und wie Gott zu seinem So-Sein gnädig sich bekennt.»

Urlaub in der Schweiz: März 1934 bis September 1935

Im März 1934 traf die ganze Familie zum Urlaub in Basel ein. Schon während der ärztlichen Kontrolle im Tropenheim in Tübingen und einem Besuch bei Freunden wird die ‹neue› Stimmung in Deutschland erfasst.

17. APRIL 1934, AUS DEM TROPENGENESUNGSHEIM IN TÜBINGEN, BETSY: «Wir haben mit ihnen [Freunden] alle Photos durchgesehen und haben uns viel von der Lage Deutschlands erzählen lassen. Es ist schon unglaublich, was sie jetzt wieder durchmachen mit der Kirche und kirchlicher Synoden, die einfach am Vorabend von Hitler verboten werden abzuhalten etc. Auch soll der Reichsbischof Ludwig Müller eben lügen wie gedruckt und Prof. Olpp, der mit ihm in der Schule war, kann es nicht begreifen, dass man solch einen an die Spitze kommen lässt. Am Sonntag ist immer grosser Umzug von Hitlerianern mit Musik und Trommel und unser Tropenarzt Fischer geht jeden Samstag Abend in der braunen Uniform an Versammlungen. Er hat seine Gamaschen schon am Morgen an!! Komisch auffallend sind die Hakenkreuzfahnen an fast jedem Velo! Als wir zum 1. Mal in Stuttgart waren, war grosses Fest oder Stimmtag, weiss ich was und die ganze Stadt beflackt mit Hakenkreuzen und deutschen Fahnen. Auch haben wir am Samstag Abend, als wir spazieren gingen, Kinder Soldätlis machen sehen in ihren braunen Hemden. Die Deutschen sagen dem zwar nicht so, aber was dabei herauskommt, ist genau das Gleiche mit Achtungstellung etc. Dann sind über die Strasse Tücher gespannt, dass man helfen soll, den Erwerbslosen Arbeit zu geben. Eine riesige Ordnung ist natürlich und es muss ein Riesenunterschied sein von vor zwei Jahren, als Kühnles noch hier waren und man vor Bettler fast nicht existieren konnte.»

Zu dieser Zeit wurde auch die Schweiz von den grossen Nöten der Deutschen Kirche bewegt. Wahrscheinlich war Mattheus durch folgenden Brief so sehr beeindruckt, dass er ihn aufbewahrte. Ich fand ihn bei seinen persönlichen Briefen.

STUTTGART, 14. APRIL 1934 VOM EVANG. OBERKIRCHENRAT BETR. LANDESBISCHOF WURM, DER NICHT MEHR TRAGBAR SEI: «Durch die Rundfunkmeldung von einem drohenden Eingriff in die Württ. Landeskirche ist in unsern Gemeinden und in den Kreisen der Amtsbrüder tiefe Bestürzung und Beunruhigung entstanden. Um wilden Gerüchten und absichtlichen Falschdarstellungen über den Gang der kirchlichen Entwicklung in unserer Landeskirche entgegenzuwirken, seien die entscheidenden Dokumente im Wortlaut wiedergegeben. Unter dem 13. April 1934, aufgenommen in Berlin 19 Uhr, ist an Landesbischof Wurm folgendes Telegramm aus Berlin gerichtet worden: ‹Auf Grund eines an mich gerichteten Telegramms des Reichsstatthalters Murr habe ich mich veranlasst gesehen, Herrn Präsident Steger zu ersuchen, den Ständigen Ausschuss des Landeskirchentags auf Sonntag, den 15. April nachmittags 5 Uhr einzuberufen. Ich werde an dieser Sitzung teilnehmen und ersuche Sie um Teilnahme. Der Reichsbischof.› Da nach dem Scheitern der letzthin im Ständigen Ausschuss stattgefundenen Verhandlung das Plenum des Landeskirchentags zur Lösung der schwebenden kirchlichen Fragen zuständig und auch einberufen war, so lag ein Rechtsgrund für eine neuerliche Anberaumung einer Sitzung des Ständigen Ausschusses nicht vor. Deshalb wurde dem Herrn Landesbischof und auch seitens des Oberkirchenrats mitgeteilt, dass für sie eine offizielle Teilnahme nicht in Frage komme. Dagegen wurde (vom Herrn Landesbischof) die Bereitschaft erklärt, an einer Aussprache des Herrn Reichsbischofs mit Vertretern verschiedener Gruppen sich zu beteiligen. Eine verhängnisvolle Zuspitzung erfuhren die Verhältnisse durch eine Mitteilung, die am Samstag abend durch das Radio durchgegeben und am Sonntag wiederholt wurde. Sie lautet: ‹Der Synodalausschuss hat dem Landesbischof Wurm das Vertrauen versagt. Dem Landesbischof wird von seinen Gemeinden vorgeworfen, dass er durch seine Haltung Beunruhigung ins Volk gebracht habe. Insbesondere würden seine Beziehungen zu dem sattsam bekannten Pfarrernotbund nicht verstanden werden. Dadurch sei ein Kirchennotstand hervorgerufen worden. Landesbischof Wurm sei als öffentliche Persönlichkeit im neuen Reich nicht mehr tragbar. Der Herr Reichsstatthalter habe sich genötigt gesehen, den Herrn Reichsbischof zur Beilegung des Notstandes herbeizurufen. Bereits morgen sei der Herr Reichsbischof hier in Stuttgart.› Der Inhalt dieser Radiomeldung veran-

lasste den Herrn Landesbischof anlässlich des von ihm abgehalte-
nen Gottesdienstes in der Stiftskirche in Stuttgart vor der versammelten Gemeinde folgende Erklärung abzugeben: ‹Der Ständige
Ausschuss des Landeskirchentags hat keine Sitzung gehalten, in
der ein derartiger Beschluss gefasst worden wäre. Es ist für heute
Nachmittag fünf Uhr auf Veranlassung des Herrn Reichsbischofs
eine solche Sitzung einberufen; ob sie zu diesem Ergebnis führen
wird, ist abzuwarten. Nach der Württ. Kirchenverfassung kann
der Landesbischof nur durch Zweidrittelmehrheit des Plenums
des Landeskirchentags abberufen werden. Aus der weit überwie-
genden Mehrheit der Pfarrerschaft des Landes, hinter der auch
die Gemeinden stehen, hat der Landesbischof bis in die letzten
Tage hinein so viele Vertrauensbeweise erhalten, dass die Annahme, der Landesbischof sei für die evangelischen Gemeinden nicht
mehr tragbar, schwerlich zutreffen dürfte. Seine positive Einstellung zum dritten Reich hat er so oft unter Beweis gestellt, dass
auch dieser Vorwurf zurückgewiesen werden muss. Nicht um mei-
netwillen, sondern um unserer Kirche willen, werde ich eine auf
diese Weise erzwungene Absetzung nicht anerkennen. Auch der
Oberkirchenrat und die überwältigende Mehrheit der Pfarrer
und Kirchgemeinderäte werden das nicht tun. Es wäre dankens-
wert, wenn auch aus der Gemeinde heraus die wahre Stimme des
Kirchenvolkes bekundet würde. Wachet, stehet im Glauben, seid
männlich und seid stark! Alle eure Dinge lasset in der Liebe
geschehen!› Diese Erklärung unseres Herrn Landesbischofs hat
in der ganzen Stuttgarter Gemeinde eine tiefgreifende Erregung
ausgelöst, die sich sogar während der Verlesung der Erklärung im
Gottesdienst in lauten Rufen kundgab. Eine überaus grosse
Menge versammelte sich nach dem Schluss des Gottesdienstes
auf dem grossen Platz und bezeugte durch den gemeinsamen
Gesang ‹Aus tiefer Not schrei ich zu dir› ihre Bereitschaft in dieser Stunde der Anfechtung treu zu Evangelium und Kirche zu
stehen…   *Der Evang. Oberkirchenrat.»*
    18. AUGUST 1934, PRÄSES K. EPPLE AN DIREKTOR HARTENSTEIN:
«Soweit es nötig war habe ich in passender Weise die deutschen
Brüder mit dem Inhalt des streng vertraulichen Schreibens vom
17.5.34 bekannt gemacht. Zur Beruhigung für jedermann durften
wir daraus entnehmen, dass wir bisher mit unserer vorsichtigen
Zurückhaltung auch im Sinne des Komitees gehandelt hatten. Im
Nov. vorigen Jahres zirkulierte auch in unserem Kreise eine Auf-

forderung des Deutschen Generalkonsulates in Batavia, der zufolge die Deutschen im Auslande, sich zu den damaligen Beschlüssen der Reichsregierung bekennen sollten, auch zum ‹Führer›. Da unterschrieben deutsche Brüder und Schwestern, bis auf einen, der sich mit Hand und Fuss dagegen wehrte. Auch ich unterschrieb, nachdem ich mich davor versichert hatte, dass das nicht den Beitritt zur N.S.D.A.P. bedeute. Als unlängst zu einer nationalen Deutschen Feier eingeladen wurde, wies ich darauf hin, dass ich der Vertreter einer Schweizerischen Missionsgesellschaft sei, für den es sich gezieme, schon der schweizerischen Kollegen wegen und auch gegenüber der Kolonialregierung, seinen Nationalismus nicht zu sehr zur Schau zu tragen. Das wurde dann durchaus verstanden. *Wie* der deutsche Name draussen in der Welt am besten und nachhaltigsten geehrt [wird], das wissen wir ja, nicht gerade durch Feste oder Sonnenwendfeiern, wie unlängst in Batavia. Welch› einen guten Klang der Name ‹Djerman› oder ‹Duits› hier im Osten, besonders auch durch das Wirken deutscher Missionare und Missionarsfrauen bekommen hat, davon weiss wohl auch der ‹Führer› zu wenig. Und welch einen nicht mehr gut zu machenden Schaden würde das deutsche Ansehen auf den Missionsgebieten vollends bekommen, wenn eines Tages etwa der Reichsbischof oder der Staat dem Wirken der Mission Grenzpfähle oder Zielpunkte setzen sollte! Wie beliebt sind unter den Einheimischen hier aussen auch rechtschaffene Kaufleute, Pflanzer, Ärzte, Forscher deutscher Nation! Dagegen muss man sich nun hier draussen gründlich ärgern, wenn sich als wahr erweisende Berichte über Massnahmen der neuen Kirchenregierung zugleich auf das Dritte Reich ein ungutes Licht werfen wollen. Es wäre töricht, daheim glauben zu wollen, dass wir hier draussen *nur* Verdrehung zu hören bekommen; die braucht man nicht zu fürchten, weil sie so kurze Beine haben. Das sahen wir während des Weltkrieges, wo man Dajak sagen hören konnte: ‹Du lügst wie Reuter›[90]. ‹Havas›[91] versteht dass Verdrehen ja noch besser... Es treibt einen eben oft schwer um, so heute Nacht bis in die Träume hinein, das mit der Deutschen Kirche.»

---

[90] Britische Nachrichtenagentur.
[91] Französische Nachrichtenagentur.

Weihnachtsgruss 1933: Spitalanlage in Kuala-Kapuas; Federzeichnung vom Missionsbaumeister Hans Röder. Das Spital wird sich bis 1938 noch weiter ausdehnen.

Die Stellung der ärztlichen Mission im Missionsganzen

Vortrag von Dr. Mattheus Vischer,
gehalten am Missionsfest im Juni 1934

Dr. Mattheus Vischer stellt in diesem Vortrag anlässlich der General-konferenz am Missionsfest 1934 seine Überzeugung betreffend die Aufgabe der ärztlichen Mission klar. Seine bitteren und schmerzlichen Erfahrungen aus den ersten Jahren spiegeln sich darin wider.

BASEL, IM JUNI 1934: «Die ärztliche Missionsarbeit wird immer noch als Sondergebiet der Missionsarbeit betrachtet und behandelt und ist noch immer ein Diskussionsobjekt, das sehr verschieden bewertet wird.

Inwiefern das richtig ist, will ich nicht besprechen. Sobald man eben die ärztliche Mission als ein Selbständiges betrachtet, erheben sich die Fragen nach Begründung und Berechtigung. Ich kann in diesem Zusammenhang die Anmerkung nicht unterdrücken, dass auf jeden Fall jede stiefmütterliche, oder besser jede lieblose, oberflächliche Beurteilung dieses Arbeitsgebietes uns Missionsärzten weh tut.

Von einem verstorbenen Basler Missionstheoretiker wurde seinerzeit postuliert, dass der Missionsarzt nur, oder fast nur, an die Angriffsfront gestellt werde auf neugegründete Inlandstationen, auf Unternehmungen unter Mohammedanern. Rücksichten auf die bestehenden Christengemeinden dürften nicht wegleitend sein für die ärztliche Mission... Wie jede spekulative Formulierung zeigt auch diese ihre Unvollkommenheit bei der Anwendung im praktischen Leben.

Die ärztliche Mission ist nicht nur Angriffswaffe, Wegbereiter für die Missionsarbeit, sondern mehr; sie ist auch nicht *nur* Hilfsdienst, weltlicher Schössling der Missionsarbeit, den man in der Notzeit abschneiden sollte, sondern mehr.

Das habe ich in den fast sieben Jahren meiner Arbeit in Borneo erlebt und möchte Ihnen das kurz vortragen.

Den ersten oder doch kräftigsten Anstoss zur ärztlichen Arbeit in Borneo gab der Eindruck von der, das Volk bedrohenden Krankheitsgefahr. Man rief: ‹Ich kann nicht ansehen des Knaben Sterben›, man sprach vom aussterbenden Dajakvolk und bat um ärztliche Hilfe.

Theoretisch könnte gegen solche Unternehmung gesagt werden, dass sie vorwiegend humanitär geartet sei, also ebenso gut der Regierung oder anderen menschenfreundlichen Organisationen übertragen werden könnte. Krankendienst ist aber, was wir in Europa nicht mehr so gut wissen, ein wesentlich christlicher Dienst, auf dem Missionsfeld von der Evangeliumsverkündigung nicht zu trennen. Missionar und Arzt arbeiten unter einer, sogenannt primitiven, Bevölkerung Hand in Hand. Der Arzt wird zum Mitarbeiter, auch neben seiner eigentlichen Aufgabe, da es ihm obliegt, dem Missionar dadurch Hilfe zu leisten, dass er ihm nach Möglichkeit die verantwortungsschwere und zeitraubende Krankenbehandlung abnimmt.

Den neugetauften Christen, denen in Krankheitsfällen zunächst alle Heilmittel fehlen, weil die früher gebrauchten, obwohl an sich vielleicht gut und wirksam, derart mit heidnischen Vorstellungen verbunden sind, dass Christen sie nicht mehr gebrauchen können, neue Mittel und Methoden zu geben, ist also zunächst Aufgabe des Missionares und da *ihm* bald die Zeit hierfür und die mannigfachen Fachkenntnisse fehlen, bald auch die des christlichen Arztes und seiner Hilfspersonen. Es ist eine eigentliche Aufgabe der Mission, den jungen Gemeinden zu verhelfen zu christlicher Krankenpflege und zu den nötigen Diakonen und Diakonissen. Entscheidend bei der ärztlichen Missionsarbeit ist auch, dass es gilt, nicht nur die Kranken medizinisch und technisch richtig zu behandeln, sonden auch die Kranken und die Pflegepersonen die rechte Einstellung des Christen gegenüber der Krankheit zu lehren.

Ferner: der massgebende Teil meiner ersten Patienten bestand aus Christen. Sie, die mit dem Missionar vertraut waren, wagten es zum Arzt zu kommen. Sie hinwiederum veranlassten die Heiden und Mohammedaner auch zu kommen.

Die weither zugereisten Leute suchten und fanden Unterkommen bei ihren Verwandten im Unterland. Dadurch wurden diese in Mitleidenschaft gezogen und an der Tätigkeit des Missionsarztes interessiert. Zuerst vorwiegend die Christen, dann auch die Mohammedaner und Heiden. Es entwickelte sich ein Zusammengehörigkeitsbewusstsein mit dem Blick zum Missionsspital und aus diesem floss zurück ein Einfluss auf die entstandene Interessengemeinschaft. Eine bemerkenswerte Erscheinung in diesem Geschehen war z. B., dass die jungmohammedanischen Pfadfinder uns Patienten zuführten oder uns zu ihren Kranken riefen. Das war Liebestätigkeit aus christlichem Einfluss, aus der Konkurrenz geboren, aber doch Ausfluss unserer Interessengemeinschaft und damit die Möglichkeit zu weiterem Kontakt bietend.

Echte Krankenpflege kann nur getragen werden von einem kräftigen Opfersinn, von Selbstverleugnung und Treue, die dem Heidentum fremd sind.

Unser Spital ruht also auf der christlichen Gemeinde; wir sind auf ihre Hilfe angewiesen in mancher Hinsicht.

Bald zeigt sich umgekehrt auch eine andere Seite, nämlich, dass es sich auch handelt um eine lebensnotwendige Äusserung christlichen Lebens der jungen Christengemeinden. Die Sorge für erkrankte Volksgenossen ist dem Christen nicht nur *Pflicht*, sondern auch *Bedürfnis*. Uns, als Heidenboten, ist es eine Pflicht und ein köstliches Vorrecht, sie dabei anzuleiten und ihnen zu helfen.

Selbstlose Krankenpflege, die Äusserung christlicher Nächstenliebe, ist zunächst *Same* unter den Heiden, wird bald auch zur

Frucht dankbaren Glaubens der jungen Heidenchristen. Sie ist also nichts weniger als sekulare Betätigung.

Es ist ein wichtiger Teil der Missionsarbeit, die Christen zu lebensstarker Gemeinschaft zusammenzufügen, nicht nur zu empfangender, sondern auch zu gebender Vereinigung. Im Vordergrund steht naturgemäss die Missionierung der, noch heidnischen, Volksgenossen. Das wissen unsere Gemeinden; sie arbeiten auch mit; nicht weniger wichtig ist aber, im Unterschied zu dieser, sich gern lehrhaft äussernden Betätigung, die gegenseitige Hilfeleistung der Gemeindeglieder, das Dienen dem Nächsten, selbst wenn er nicht verwandt, ja nicht einmal Christ ist. Das geschieht in besonderer Weise durch die vielseitige Hilfe in Krankheitsnot (Pflege, materielle Unterstützung aller Art, Fürbitte).

Solche Betätigung steht zudem ausserhalb der gefährlichen Bedrohung durch Eigennutz und materielle Vorteile, die fast alle anderen Gebiete menschlicher Hilfeleistung belasten.

Und deshalb sehe ich im Zusammenschluss der Gemeinden zu möglichst kräftigem Dienst an den Kranken und Schwachen eine wichtige Missionsaufgabe, besonders auch auf dem Wege zu einer lebenskräftigen, künftigen Eingeborenenkirche.

Versuche von Selbstverwaltung von Gemeindekassen, selbständige kooperative Handelsvereinigungen bergen grosse Gefahren und sind schon oft gescheitert. Gemeindepflege auf christlicher Basis ist eine, dem Verständnis näher liegende Aufgabe, die erzieherisch wirken kann.

Wir Europäer im Missionsspital dienen freudig Christen, Mohammedanern und Heiden. Wir rufen aber zur Mithilfe auf unsere braunen Brüder und Schwestern; ohne sie können wir unsern Dienst, der nicht nur Krankendienst, sondern auch Zeugendienst sein muss und ist, nicht erfüllen. Gross ist die Krankheitsnot, wenn man auch nicht von einem aussterbenden Volk reden kann, da es zahlenmässig zunimmt, aber die grossen Aufgaben unter den vielen Geisteskranken und Schwindsüchtigen und Aussätzigen können wir nicht leisten, ja kaum in Angriff nehmen, wenn nicht die Gemeinden uns opferwillige junge Leute als Gehilfen zuschicken; wir können ihren Kindern und Frauen nicht helfen, wenn nicht Pflegerinnen sich ausbilden lassen; wir können die Pflegerinnen nicht in die Dörfer senden, wenn sie und die Kranken nicht von den Gemeinden wiederum getragen werden.

Nicht finanziell, diese Sorge ist geringer, sondern moralisch, geistlich.

So ungefähr stellen sich meine Erfahrungen und Erlebnisse dar im jungen Spital in Kuala-Kapuas, das Dajakspital ist eng verbunden mit unsern dajakischen Gemeinden.

Etwas Anderes ist die Lage in unserer Hafenstadt Bandjermasin. Dort nämlich stellt sich die Aufgabe der bornesischen ärztlichen Mission anders dar. Dort gilt es die frohe Botschaft unter die vorwiegend mohammedanische Bevölkerung zu tragen. Deren Ohr bleibt unserer Botschaft verschlossen. Es ist unerreichbar unserm Wort und doch möchten wir ihnen das Köstlichste, das wir kennen, vermitteln. Deshalb soll dort ein Frauen- und Kinderspital in diesem Jahr geöffnet werden. Möge Gott uns dazu die Mittel geben und uns auch in der Dajakgemeinde Leute erwecken, die uns dabei helfen.

Die Erfahrungen in Borneo zeigen ganz deutlich dies:

1.) dass die ärztliche Mission eines kräftigen Rückhalts in der eingeborenen Christengemeinde bedarf,

2.) dass aber ihrerseits die jungen Gemeinden (fast mehr noch als die Heiden) auch der Hilfe der ärztlichen Mission in mehr als einer Hinsicht dringend bedürfen,

3.) dass die ärztliche Mission innerhalb des Missionsganzen, ausser dem Dienst am Kranken, noch wesentliche Dienste zu leisten vermag, zur Heranbildung kräftiger Gemeinden und damit mizuhelfen am Unterbau der kommenden selbständigen Eingeborenenkirche.»

4. Ausbau der ärztlichen Mission: 1935 bis 1938
Die neue Situation 1935

Während des beinah zweijährigen Urlaubs, Reisezeit eingerechnet, hatte sich Mattheus an verschiedenen Orten weitergebildet. Anfang Dezember 1935 kommt die Familie mit Emilie, der jüngsten Tochter, nun zweieinhalbjährig, nach Borneo zurück. Die drei grösseren Kinder, Marianne, Ruth und Alfred, werden zur Einschulung in Basel gelassen in der guten Pflege und Obhut von Grossmama Esther Vischer-Speiser und Tante Lisette Vischer. Der zweite Aufenthalt in Borneo soll dazu dienen, die ärztliche Mission so auszubauen, dass sie als fester Bestandteil der Basler Mission einem nachfolgenden Missionsarzt anvertraut werden kann. Während des Heimaturlaubs war die ärztliche Station in Kuala-Kapuas mit einer zusätzlichen Baracke nach den vorhandenen Plänen weiter ausgebaut worden.

Die Weltwirtschaftskrise und ihre Folgen machen der Kolonialherrschaft ihre prekäre Situation bewusst. Hatte der hohe Gummipreis über die Ausfuhrzölle bisher die Kassen in Batavia gefüllt, so bringt sein Zusammensturz viel Elend, das Volk ist unzufrieden. Die Regierung möchte sich das Wohlwollen der murrenden Bevölkerung mit humanitären Aktionen sichern. Sie plant den Ausbau des Schulwesens und ein umspannendes Gesundheitswesen. Sie ernennt 1934 den ‹Arzt der BM› in Kuala-Kapuas zum ‹Civiel Geneesheer›[92], der Aufgaben des DVG übernehmen muss – gegen ein kleines Entgelt an die BM. Dr. M. Vischer hat nun gegenüber der Regierung die Verpflichtung zu zusätzlichen Binnenlandreisen mit Rechenschaftsberichten und Statistiken über den Gesundheitszustand, das Vorkommen der Malaria und anderer Infektionskrankheiten in der Bevölkerung. Vielerorts werden Regierungs-Polikliniken geplant, gebaut und mit Regierungs-Mantris[93] versehen, oft Muslime, was nicht immer harmonisch mit den bestehenden christlich-heidnischen Strukturen funktioniert. Da aber Dr. M. Vischer offizieller Zivilarzt ist, kann er auch Einfluss nehmen auf diese Entwicklung. Er hat einige Polikliniken und den von der Regierung nach Kuala-Kapuas beorderten javanischen Arzt in Kuala-Kapuas selbst zu beaufsichtigen. Die Zusammenarbeit zwischen Dr. M. Vischer und dem islamischen Arzt aus fürstlichem Hause erweist sich schliesslich als fruchtbar – und führt nicht zur scheinbar beabsichtigten Diskriminierung des europäischen Missionsarztes.

Diese Mehrbelastung führt schon rasch zur ‹tropischen Erschöpfung›, wie sie im Brief an den Präsidenten der BM, Herrn Pfr. W. Burckhardt, im Mai 1933 beschrieben wird, und die 1937/38 wieder einsetzt. Eine baldige

---

[92] Civiel Geneesheer ist ein ‹Zivilarzt›, ein Amtsarzt; aber nicht ‹Regierungsarzt›.
[93] Mantri = diplomierter Krankenpfleger.

Heimkehr ist denn auch eines der brennenden Themen für Mattheus und Betsy. Aus Spargründen werden statt der vereinbarten vier Dienstjahre, bis Herbst 1939, deren fünf beschlossen. Dann wird das Dienstverhältnis nochmals verlängert, weil für den festgesetzten Termin kein Nachfolger gefunden werden kann. Mit Dr. Th. Höweler, der während Vischers Heimaturlaub dessen Stellvertreter war, werden 1938 endlich Verhandlungen geführt. Mattheus und die ganze Familie rechnen damit, dass 1940, also ein Jahr später als ursprünglich geplant, das Weihnachtsfest in Basel gemeinsam gefeiert werden kann.

Über die europäische Politik im Allgemeinen und ihren Einfluss auf die BM in Basel und auf dem Felde erfahren wir aus den Schriftstudien wenig, deshalb sind auch Bemerkungen zum Kirchenkampf in Deutschland und zu den theologischen Kontroversen in Basel nur Hinweise auf den brodelnden Hintergrund. Nicht vergessen sei, dass auch ‹im Osten› die Politik unruhig ist.

Ganz anders gestaltet sich der zweite Aufenthalt auch für Betsy. Die Haushaltführung und ihr persönliches Befinden haben sich wesentlich geändert mit dem Zuhauselassen der drei älteren Kinder. Sie und auch Mattheus schreiben nicht oft darüber, aber beim Lesen der Briefe kann man sich des Gedankens nicht erwehren, dass das Heimweh beide sehr geplagt hat.

Wegweisend für Betsy war die Begegnung mit der Oxfordgruppe[94] in Langenbruck 1934, ein für sie erschütterndes Erlebnis. Nachdem sie in Solo, Java, mit der dortigen Gruppe zusammentraf, wird Betsys Leben so tiefgreifend verändert, dass der Einfluss auf Haus und Spital nicht ausbleiben kann, was auch Mattheus dankbar vermerkt.

Nicht nur das politische Geschehen und die finanziellen Folgen dieser Jahre erschweren das Leben, auch das Klima, Trocken- und Regenzeit, hält sich nicht an die üblichen Monate. Bei der grossen Bedeutung, die das Wasser für den ganzen Betrieb hat, denn Brunnen graben kann man in Kuala-Kapuas nicht, und Wasser kaufen wie in Bandjermasin auch nicht, wird mit dem rechtzeitigen Einsetzen des Regens gerechnet. Das Vorhandensein und der gute Zustand der Backs kann nicht überschätzt werden.

Der zweite Aufenthalt ist ganz anders als der erste, eine allgemein bekannte Erfahrung. Was aber für die Missionare der BM ganz besonders war: Sie mussten ihre Kinder zuhause lassen[95]. Diese wurden in der Hei-

---

[94] Die Oxfordbewegung war eine im 19. Jahrhundert in Oxford entstandene kirchliche Erneuerungsbewegung, welche eine Rückbesinnung auf das altkirchliche Verständnis von Kirche, Amt, Sakrament und Liturgie anstrebte.

[95] Auch Kinder der holländischen Beamten und der Angestellten ausländischer Firmen wurden je nach Wohnort in den Tropen und der Schulungsmöglichkeiten nach Holland geschickt.

mat in die Schule geschickt und erzogen. Je nach der besonderen Situation eines Missionars musste er schon Kleinkinder zurücklassen bei der zweiten Aussendung. Grosses Glück hatte, wer die Kinder bei eigenen Verwandten unterbringen konnte und die Geschwister nicht trennen musste. Wer keine eigene Lösung hatte, gab die Kinder ins ‹Kinderhaus› des Missionshauses in Basel, in welchem sie nach Geschlecht getrennt wurden. Die Schicksalsgemeinschaft der ‹Missionskinder›, deren Eltern sich in Afrika, China und Asien befanden, war für manche für das ganze Leben belastend. Auch ihre Eltern litten oft unerträglich unter der Trennung.

In den Briefen kann miterlebt werden, wie die Eltern für ihre Kinder in Basel planen und ihre Zukunft gestalten wollen. Für die Kinder sind die elterlichen Anweisungen aus der Ferne, die zeitliche Verzögerung durch die lange Zustellungsfrist eine Belastung. Oft entsprechen sie nicht der aktuellen Situation, können nicht befolgt werden, auch bei bestem Willen nicht. Sie widersprechen auch dem täglichen Leben bei Grossmama und in der Schule. Die Kinder schreiben Briefe, aber bis eine elterliche Reaktion kommt, ist so viel Zeit verstrichen, dass die Antwort nicht mehr aktuell, nicht mehr sehr interessant ist.

Die Rückkehr nach Borneo im Dezember 1935
Betsys Wirken und Leben in
der ganzen Vielfalt

Der erste Brief nach der Ankunft in Borneo, zunächst in Bandjermasin:

BANDJERMASIN, 8. DEZEMBER 1935, BETSY: «Auch hier wurden wir von den Missionsleuten und von den Inländern ganz rührend empfangen. Mattheus fuhr gleich nach Kuala-Kapuas, um zu sehen, was dort anders geworden ist. Eine neue Krankenbaracke wurde zuerst gebaut, sodass wir nun Platz für 40 Patienten haben! Sonst blieb es noch ziemlich beim Alten. Unser Haus, in dem der Baumeister Röder mit Familie und unendlich viel Gästen immer, diese eininhalb Jahre unserer Abwesenheit gewohnt hat, muss nun ausgebessert werden, was seit fünf Jahren nicht mehr der Fall war. Deswegen ist Mattheus allein dort, mit teilweise noch Arbeitern von hier, um zu malen, weisseln, Bretter und Moskitengitter erneuern zu lassen etc. Das dauert einige Zeit und so sitze ich mit Emilie noch hier und warte… Um hier die Zeit auszunützen, nehme ich die Stunden, die Herr Epple den inländischen Lehrern gibt, damit sie nach zwei Jahren Studium Dajak-Pfarrer, Pandita, werden können. Es sind dies Lehrer, die während vier Jahren im Missionsseminar hier ausgebildet wurden und die sich in der Praxis bewährt haben. Diese Stunden sind auch für mich sehr lehrreich; wenn ich auch nicht alles verstehe von dieser hohen Theologie. Am 13. Dezember kommt uns das Schiff hier holen. Ich freue mich riesig, alle Bekannten: Europäer und Inländer wieder zu sehen und allen mit meinem Mann dann Besuche machen zu dürfen. Auch wird es gerade noch reichen mit der Zeit, dass wir auf Weihnachten häuslich eingerichtet sein werden. Dann erst wird sich das Heimweh nach unsern drei Kindern in Basel bemerkbar machen, wenn wir das grosse, leere Haus haben und Emilie, die es ganz allein füllen muss! Hier und während der Reise, wo noch alles ungewohnt war und wo auch wir nicht daheim sind, fehlen einem die Kinder auf eine andere Art. Dort aber dann, wo uns alles an sie erinnert, wo wir ihre leeren Betten sehen, ihre alten Spielsachen… Aber da muss uns eben die Arbeit helfen, das Heimweh zu ertragen, und sie wird es auch tun. Wir werden vielleicht mit der Zeit auch darüber hinwegkommen, wenn wir an die vielen Missionsfamilien denken, denen es ebenso geht, und die wir auch immer wieder vor Augen haben… Hoffentlich können wir dann Weihnachten in einem einigermassen eingerichteten Haus feiern. Ach, wenn Du nur wüsstest, nein, wenn ich Dir nur *besser* sagen könnte, wie mich manchmal das Heimweh nach den Kindern packt. Und dabei sind wir ja noch gar nicht daheim und hier erinnert mich ja nicht viel an die drei! Wie wird das erst in Kuala-Kapuas werden. Mattheus sagt auch, dass das grosse, leere Haus ganz schrecklich sei, was die Kinder anbetrifft. Er hat ihnen ja auch gleich am ersten Sonntag geschrieben, als er so ganz allein auf der Galerie sass, wo wir jeden Sonntag alle zusammen mit den Kindern sassen und es so gut hatten. Ob sie sich wohl noch daran erinnern? Wie wir Grammophon spielten und wie ihnen Mattheus Helgli ausschnitt oder wie wir biblische Geschichten erzählten etc.? Und dann kam plötzlich der Opas (Polizist) und hat sie im Ruderschifflein geholt und sie zu Plasens[96] gebracht. Und wir haben sie abends in der Barimba [Boot] wieder abgeholt. Ja, ich wusste schon damals, dass wir es *nie* mehr *so* schön haben werden, und sagte es mir auch immer wieder und habe ja auch den ersten Aufenthalt mit der ganzen Familie zusammen *bewusst* genossen; wenn manchmal natürlich auch Heimwehgedanken nach *Euch* kamen etc. Aber bekanntlich ist man ja nie *ganz* zufrieden mit dem, was man hat.»

---

[96] Zur Zeit Kontrolleur in Kuala-Kapuas, mit zwei Kindern.

Ruth und Marianne sind eingeladen. Fahrt in typisch einheimischem Boot auf ruhigem Fluss...

...und in der Regenzeit mit den vielen treibenden Wasserpflanzen.

Bei dem Empfangsfest in Bandjermasin, gleich nach der Ankunft, hatte sich Emilie mit frischgebrühtem Kaffee lebensbedrohlich verbrannt. Betsy reiste mit dem fiebernden Kind sofort nach Kuala-Kapuas, wo das Kind durch eine schwere Krise und dem Tode nahe, durch ein Wunder, nicht durch ärztliche Kunst allein, gerettet wurde.

28. DEZEMBER 1935, BETSY: «Emilie geht es täglich besser, zum Glück. Wir sind ganz unendlich dankbar; das kannst Du Dir denken! Sie liegt zwar immer noch in ihrem Bettchen, weil sie die Verbände und auch die Wunden, die zwar schön heilen und beinah geschlossen sind, noch spannen. So sitzt sie nur, wenn man ihr hilft und dann aber liegt sie gern rasch wieder ab. Aber das Verbinden tat ihr heute fast nicht mehr weh, auch kann man hoffen, dass sie nur wenig Narben davontragen wird und diese sicher nur an Stellen, wo es nichts macht. Wir haben es eben *so* gut, dass Emilie noch bei uns sein darf… Wie fein, dass Ruth so brav ist. Hoffentlich geht es gut weiter, auch dass sie mit Alfred lieb ist… Es freut uns immer alles, was Du schreibst, bes. natürlich, wie es mit den Kindern geht und ob sie lieb sind. Hat Ruth kein Zeugnis bekommen? Mai's ist ja ganz befriedigend, finden wir. Besonders, weil es doch besser ist als das letzte. Und Alfred, kann er gut allein spielen am Morgen, wenn die Grossen in der Schule sind? Die Kinderbriefe waren herrlich und freuten uns riesig. Und Alfreds Serviettli sind *reizend*.»

1. JANUAR 1936, MATTHEUS: «Den ersten Brief im neuen Jahr will ich Dir doch schreiben, obwohl es schon etwas spät ist. Denn über die Tage hast doch Du mir am meisten gefehlt. Wir sind uns während des Urlaubs doch näher gekommen, wie wir überhaupt eigentlich allen Bekannten näher gekommen sind nach der Trennung und im Hinblick auf die kommende Trennung, als das vorher der Fall war… Ich habe mich natürlich riesig gefreut über die Weihnachtsgrüsse und Geschenke unserer Kinder, sie haben sich viel liebe Mühe gegeben.»

5. JANUAR 1936, BETSY AN BUA: «Schwester Ruth nimmt Emilie hie und da mit in den Spital, um Kranke zu besuchen. Da war sie letzthin ganz erstaunt, wie aufmerksam Emilie alle Patienten betrachte und wie genau sie an den folgenden Tagen noch wisse, in welchem Zimmer welcher Patient gelegen habe. Auch die Inländer seien erstaunt gewesen, wie Emilie schon für ihr Alter viel behalten könne! Sie kommt dann heim und erzählt mir ganz erschüttert von all den Kranken. Einer, der seine Hand ‹nur eso hebe ka›, ein

armer mit einem kranken Auge und von einem ganz, ganz kleinen, kranken Buscheli. Einmal war eine Frau, die geboren hatte im Spital. Da, erzählte Schwester Ruth, habe Emilie nur gesagt: ‹die isch nit krank, die isch numme mied!›[97].»

9. JANUAR 1936, BETSY: «Gestern habe ich meine alten Pflanzen, die bei Frau Röder standen, solange wir fort waren, wieder umgepflanzt und neu gesetzt etc. Sie sehen nun wieder ganz nett aus… Denk' wie tragisch: ich hatte so eine Art Myrthenstöckchen, das gab ich Frau Röder. Es sei immer sehr nett gekommen, erzählte Schwester Maria. Dann hat Frl. Zimmer geheiratet und hätte so gern einen Kranz von diesem Stöckchen gehabt. Sie hätten gedacht, dass ich sicher nichts dagegen habe, wenn sie ihr einen geben. Doch kaum war das abgemacht, da fing das Stöckchen an zu ‹serbeln› und an ihrer Hochzeit wäre es ganz unmöglich gewesen, nur einen lebenden Zweig davon zu nehmen. Kaum aber sei die Hochzeit vorüber gewesen, als das Stöckchen wieder anfing zu treiben. Ist das nicht merkwürdig? … Wir denken eben so entsetzlich oft an Euch und es scheint uns, dass es fast unmöglich ist, fünf lange Jahre hier sitzen zu müssen… Und ich denke mit grosser Dankbarkeit an Dich und an Lisette, die uns unsere Kinder so gut betreuen und die dafür sorgen dass sie eine sonnige Jugend haben. Dass es aber so schwer ist, die Kinder jahrelang nicht sehen zu können, d.h. sich an diesen Gedanken zu gewöhnen, das hätte ich nicht gedacht und es kommt mir manchmal vor, als *müsste* sich ein Grund zeigen, damit wir heimkommen können. Aber das wird ja nicht der Fall sein. Das weiss ich ja ganz genau, dass ich nie darüber hinwegkommen werde, wenn ich immer dran denke und immer wieder davon schreibe, ja, das sage ich mir – aber was kann man machen: wessen das Herz voll ist etc. – Wie unendlich dankbar bin ich, dass wir Emilie behalten durften… Wir haben Regenzeit. Es hat schrecklich gestürmt, sodass wir alle wach wurden davon. Die obere Veranda stand am Morgen unter Wasser!»

24. JANUAR 1936, BETSY: «Denk' wie schrecklich: als es die vorletzte Nacht so stürmte, hat es einen neuen Back vom Spital, den

---

[97] Diese ist nicht krank, diese ist nur müde.

Röder ganz neu machte, auseinandergesprengt. Es ist das sehr fatal, weil man das Wasser so nötig hat für die vielen Patienten und nicht so rasch ein neuer gebaut werden kann, und dazu ist es ein grosser Verlust, was das Finanzielle anbetrifft. Auch ein zweiter, neuer Back geht bald kaput, die eine Wand drückt es schon ganz nach aussen... Ich habe mich noch immer nicht eingelebt. Ist es mein Alter und dadurch Schwerfällig-Werden und die Mühe elastisch zu bleiben. Ich habe auch keine rechte Arbeit, worüber ich einesteils sehr froh bin, denn ich bin einfach schrecklich müde und habe Lust zu nichts, andernteils glaube ich, dass mich eine rechte Arbeit meine dummen Gedanken vergessen machen würde. Nun, wenn dann das Labor eingerichtet ist... Sie [Freundin] schreibt, dass ihre Freundin unsere Kinder mit Dir im Tram gesehen habe und dass Alfred so lustige Sachen sagte, dass der ganze Tram lachen musste! Das kann ich mir denken und ich weiss selbst auch, wie das ist, wenn er z.B. von einer Dampfwalze frägt, ob das das Waldenburgerbähnli sei, wie er es tat, als wir zusammen Tram fuhren. Da haben auch alle gelacht... Gestern kam das herzige Päcklein von Ruth an Emilie. Das ist wirklich *lieb* und hat Emilie riesig gefreut.»

9. MÄRZ 1936, BETSY: «Die Tage verlaufen recht eintönig und das ist vielleicht mit ein Grund, warum die Zeit so verfliegt. Am Morgen bin ich in der Poliklinik und helfe entweder Mattheus oder er lässt mich allein machen, wenn er im Spital viel zu tun hat oder so. Wenn ich dann noch Zeit habe vor dem Mittagessen, das wir erst um 1 Uhr haben, färbe ich noch die Laborpräparätlein, damit ich sie abends dann nur zu untersuchen habe und nicht lange noch warten muss, bis sie trocken sind. Und wenn ich die Laborarbeit und die Haushaltung gemacht habe, dann sitze ich mit Emilie auf die obere Galerie und wir spielen zusammen... Wir haben wieder einmal besonders an die Kinder gedacht, denn wir hatten Missionar P. hier, die haben ihre vier Kinder in Europa lassen müssen, das Jüngste ein halbes Jahr nur älter als Emilie. Das ist schrecklich und die Frau leidet unsagbar darunter. Sie hatte schreckliche Weinkrämpfe, z.B. gestern in der Kirche, es war ganz arg. Und immer, immer muss sie mit den Tränen kämpfen. Sie kamen gerade von daheim an, müssen nun eine neue Station gründen und Pionierarbeit tun, und das ist der Grund, weshalb sie die Kinder nicht mitbringen konnten, d.h. das Jüngste auch nicht!»

Betsy Vischer-Mylius mit Emilie, April 1936.

1. Juni 1936, Mattheus: «Mit unserm Wasser steht es ganz gut. Wir haben nun aus Bandjermasin zwei Malaier, die wissen, wie man einen Back macht und die arbeiten nun daran mit Dajaken von hier. Der erste Back soll die nächste Woche fertig werden, einstweilen regnet es noch fast täglich und sehr stark.»

10. Juli 1936, Betsy: «Ja, die Wasserbehälter sind in Stand und wieder ganz voll, denn es hat viel geregnet… Ganz rührend war die Freude von Emilie, als wir wieder heimkamen [von einer Reise nach Tewah]. Und dann hat sie mich immer wieder umarmt die nächsten Tage (und tut es auch jetzt noch öfter als vorher) und mich angestrahlt. Einmal stand sie lange vor mich und strahlte mich an und als ich sagte: ‹Isch d'Mama furt gsi und jetz isch s'Emilie wider froh?› da sagte sie: ‹joooo und jetz isch d'Mama wider do› und dabei umarmte sie mich fest! Es ist herzig. Sie spielt so lieb mit ihren Ditti, das war überhaupt auch so eine rührende Begrüssung mit ihnen. Doch ich will Dir zuerst auf Deine Briefe antworten: Marianne will ich heute einen Brief schreiben (gewöhnlicher[98]), die Kinderbriefe haben uns riesig gefreut. Besonders auch der Wuwu, der gestern von Ruth kam. Das ist eine *zu* liebe Idee und Emilie ist selig damit! Und das Heft finde ich fein von Ruth. Bitte viele Grüsse an alle drei. Und dann möchte ich Dir als erstes sagen, wie gerührt wir sind, dass Ihr mit den Kindern in die Ferien wollt! Es ist furchtbar, diese Epidemie in Schiers[99] und ich muss immer wieder an die guten M. denken. Aber gelt, liebe Mama, Du weisst, dass wir uns auch sagen, dass die Kinder in Gottes Hand sind und dass wir nur mit unserm Menschenverstand tun können, was möglich ist, um sie vor Krankheit zu schützen. Natürlich, Du tust ganz rührend, was immer möglich ist und setzest sie möglichst keiner Gefahr aus; aber wenn eben trotzdem etwas passieren sollte, dann wollen wir es alle aus Gottes Hand nehmen. Gebe Gott, dass nie

---

[98] Gewöhnliche Briefe brauchten damals etwa sechs Wochen. Für Kinder ist das unendlich lang. Kamen nach einem Zeugnis die Reaktionen der Eltern, war ja meist das nächste schon da und das alte längst vergessen. Die andere Möglichkeit waren die Luftpostbriefe. Da hier jedes Gramm zählte und bezahlt werden musste, brauchte man hauchdünnes Papier, das auf beiden Seiten beschrieben wurde und kaum mehr lesbar war. Diese Briefe brauchten ungefähr eine Woche.

[99] Kinderlähmung.

etwas passiert und dass wir unsere drei und Euch alle wieder gesund zurück sehen dürfen.»

8. AUGUST 1936, BETSY: «Es war herrliches Wetter. Abends weht ein angenehmes Lüftchen, mittags ist es meist entsetzlich heiss. Es hat viele Wochen nicht mehr geregnet, nun aber kam vor zwei Tagen wieder ein ziemlicher Regen, sodass es mit dem Wasser, auch im Spital, sehr gut geht und man zu allem Wasser aus den Backs brauchen kann: essen, trinken und teils auch zum Waschen. Wir in der Haushaltung haben nur über eine ein wenig kritische Zeit Flusswasser zum Blumen spritzen gebraucht, jetzt aber auch nicht mehr... Also noch rasch von unsern Gästen. Wir hatten näm- lich unsere drei Gastzimmer besetzt... Mit Bakkers kam Frl. Eggenberger, die Lehrerin vom Internat in Mandomai, die mit Schwester Ruth nun nach Java in die Ferien geht... [Wir bekamen] den Besuch von Kontrolleur Admiraal, der hiesige also, der einmal bei uns übernachtete... Mit Bakkers war es recht nett. Man hat sie nicht *so* gern im Missionskreis und darum waren sie enorm dank- bar, hier sein zu können und haben sich rührend bedankt. Sie sind halt anders als wir und erst recht anders als die Deutschen; aber die drei Tage mit ihnen waren ganz gemütlich... Meine Blumen machen mir Freude. Ich habe verschiedene Stöcke von einer Art Lilie, die Farben ein wenig von einer Schwertlilie, nur kleiner. Und da kommen manchmal zwei Blüten aus dem gleichen Stiel. Das sieht prächtig aus. Auch das Myrthenstöckchen hat lange und prächtig geblüht: sog. japanische Myrthen sind es. Ferner haben wir Blattbegonien, die nun auch schon lange rosa und weiss blühen, dann Asparagus, andere Blätter noch und dann eine kleine rote Blume, die sog. ‹Vier-Uhr-Blume›, weil sie nur abends um vier Uhr ihre Blüte öffnet für etwa zwei Stunden. Dann geht sie wieder zu bis zum nächsten Abend vier Uhr. Es gibt davon auch rosa und weisse Blüten.»

19. AUGUST 1936, BETSYS 36. GEBURTSTAG, BETSY: «Es ist ein ganz merkwürdiges Gefühl, den ersten Geburtstag ohne Kinder zu feiern. Aber Mattheus ist rührend und voll Teilnahme. Als ich am Morgen wirklich arg Heimweh hatte, hat er mich rührend getrö- stet und hat mich vor dem Mittagessen als erstes gefragt, ob ich immer noch so traurig sei. Es *ist* halt traurig und – momentan kom- men mir die vier noch hier zu bleibenden Jahre ewig, ganz ewig vor! Wenn auch die Arbeit *noch* so befriedigend ist und wenn man wirklich auch *noch* so vielen Leuten helfen kann, so bleibt eben

doch eine gewisse Leere, wenn man an seine Kinder denkt, die man nicht selbst erziehen darf etc. Emilie ist ja ein Schatz und hilft uns über unendlich vieles, aber trotzdem: jedes Kind ist eben wieder anders und jedes ist etwas für sich. Emilie war ganz herzig und hat am Morgen gleich gesagt, ob sie auch einen solchen Geburtstag haben dürfe! Und dann hat sie mich immer umarmt und hat das Fest rührend genossen. Sie ist überhaupt herzig und enorm liebebedürftig und zärtlich. Es ist halt *zu* traurig, dass sie so ganz allein aufwachsen muss... Nun erwarten wir einen Gummibaumzähler, ein Holländer, der etwa zwei Wochen bei uns wohnen wird. Wir haben ihn eingeladen, als er das letzte Mal hier wohnte und das hat er dankbar angenommen. Heute kommt Schwester Elsine zu uns zum Nachtessen, wie gewohnt. Sie bekommt Klöpfer[100], was wir letzthin in Bandjermasin auch zu essen bekamen und dabei erfuhren, dass Lenzburg diese Würste in Blech verkauft. Es sind drei Klöpfer in einem Blech und sie sind ganz herrlich: wie daheim! Dazu haben wir Kartoffelsalat und nachher Gugelhopf, der übrigens auch ‹wie daheim› war, dank Trockenhefe, die ich gebrauchte; und verschnittene Mandarinen und Bananen gemischt. Das ist unser Geburtstagsnachtessen! Dazu haben wir noch sog. ‹Bamie›: eine Art Nudeln wird gemischt mit Fleisch, Zwiebeln und etwas Gemüse: Bohnen, Rüblein. Es hat ein gewisses Geschmäcklein, das wirklich gut ist! ... Ich hatte einen schönen 36. Geburtstag heute und wurde von allen ganz rührend verwöhnt. Am Frühstück waren die schönsten Blumen, die Mattheus schneiden liess und an meinem Platz standen ein Teller mit Kerzlein und darum eine Schachtel Chokis, die mir Mattheus schenkte, ferner zwei Photorähmlein von ihm und eine silberne Dose, wie sie die Dajaken früher brauchten, um ihre ‹Schätze› hinein zu tun. Sie trugen diese Dose an einem Ring und dieser wurde an einem Tuch über der Achsel befestigt. Auf dem Morgentrinktisch stand ferner noch ein reizendes Plateau mit Deckeli und einem Tässlein mit Gutzi darin und das Unterplättli mit Blumen garniert. Dann noch ‹esstra-Blumen› in einer Vase. Während wir am Frühstück sassen, kamen Weissers mit prächtigen Gartenblumen. Weisser kümmert sich nämlich selbst um seinen Garten und versteht viel davon…[Und dann] kamen Kühnles von Bandjermasin mit Chokis.»

---

[100] Baslerischer Ausdruck für Cervelat.

22. August 1936, Dr. Vischer an Insp. Witschi: «Herr P. erzählt, es sei in Basel beschlossen worden, dass Kinder mit sechs Jahren heimgeschickt werden müssen. Ein solcher Beschluss wäre sehr bedauerlich. Ob Herr P. da recht verstanden hat? Die Missionsgeschichte lehrt, dass man Kinder nicht heimschicken soll. Ich hoffe, Sie beurteilen die Borneokinder nicht nach G. E.! [sic]»

16. September 1936, Betsy: «Heute nach dem Nachtessen habe ich die ‹Mädchen vom Spital› eingeladen, dann spiele ich ihnen Grammophon vor, was sie das letzte Mal so herrlich fanden. Jede bringt dann ein Glas mit und dann bekommen sie Saft und sie bringen Matten mit, auf die sie sich setzen.»

23. September 1936, Betsy an Esthy: «Herrlich sind die strahlenden Tage, die wir haben: einer schöner als der andere. Die Sonnenauf- und -untergänge sind prächtig. Emilie fand letzthin auch, es habe so schöne ‹Limauwolken› am Himmel, als wir bei Sonnenuntergang noch spazieren gingen. Limau sind die Mandarinen, die wir hier haben und die auch solch ein oranges Fleisch haben. Dann sitze ich mit Weissers oder mit den Schwestern auf dem Bänklein am Landungssteg und man schwatzt noch ein wenig. Mattheus muss leider Hausbesuche machen… Wir haben es ja so schrecklich gut, das denke ich auch oft und es ist einesteils auch traurig zu denken, dass es nun die vier *allerletzten* Jahre in unserem *ganzen* Leben sind, die wir hier sein werden. Dann ist aus und fertig und nie mehr werden wir so ungestört und herrlich für uns sein können, etikettenlos und wie es *uns* passt. Aber die Kinder, ja – die ziehen uns natürlich sehr wieder heim. Manchmal denkt man *so*, und manchmal zieht es einem auch zur Familie und in die Schweiz. Aber wir geniessen es nun doch wieder hier.»

1. Oktober 1936, Betsy: «Dann danken wir Euch vielmals für eine Karte aus dem Waldhaus an meinem, und für eine aus Arlese, an Mattheus Geburtstag geschrieben. Wie *lieb* von Dir, Du Gute, die Kinder die Tage so herrlich feiern zu lassen. Wir sind ganz gerührt. Sie haben es sicher riesig genossen… Und nun danken wir *1000 Mal* für die ausgezeichneten Photos der Kinder, die Ihr geschickt habt. Sie freuen uns ganz riesig… wie gross alle drei geworden sind und wie jedes in seiner Art ein klein wenig anders, als sie vor einem Jahr waren. Aber wir kennen sie doch noch alle gut! … Herrlich ist immer, was Du von den Kindern schreibst. Alfred ist ein Unikum mit seinen Ideen und Marianne, die so gern in den Schülergarten geht und Dir etwas heimbringt, finden wir

auch gar fein. Ruth schreibt so nett, finde ich. Viel netter als Marianne eigentlich. Sie ist ja ganz begeistert von der Rheinbaderei. Kann sie wohl schon schwimmen? Emilie singt fast den ganzen Tag zu ihrem Spielen und herrlich findet sie es, wenn sie abends noch ein wenig in die Küche darf und mit den Mädchen ‹Hatalla sinta› (Gott ist die Liebe) singen kann. Besonders fein findet sie es, wenn ich ihr sage, dass ihre drei Geschwister das auch immer gesungen haben... Emilie spielt mit Wasser und badet eine Photo, auf der Dajakkinderli sind! Und diese müssen doch gebadet werden!! Sie hat lustige Ideen. Sie ist ein Schatz!!»

27. OKTOBER 1936, MATTHEUS: «Ja, nun ist ein Jahr verflogen seit unserer Abreise. Ich konstatiere das mit einiger Wehmut. Man hat nicht mehr die Ruhe von früher, man hat nicht mehr das Gefühl, so viel Zeit vor sich zu haben, wo dann ‹das Eigentliche› erst kommen soll, ‹das Eigentliche›, da sind wir jetzt drin. Ich habe das Bedürfnis aus meiner hiesigen Arbeit noch zu machen, was irgend möglich ist. Dabei bedrückt mich der Gedanke, dass nur noch vier Jahre vor mir sind, wobei dieses erste so wenig weiter geführt hat. Ich kann mich aber nicht entschliessen meine Arbeit etwa zu ändern. Es kann ja natürlich sein, dass wir in den kommenden unruhigen Jahren länger hier hängen bleiben, als wir heute denken. Wir wollen das dann ruhig aus Gottes Hand nehmen. Überhaupt ist ja jetzt wieder eine Zeit, wo man täglich daran erinnert wird, was ‹Welt› ist und wo man täglich bewusst im Glauben leben muss, sonst kommt man auf Abwege.»

28. DEZEMBER 1936, BETSY, KÖNIGLICHES FEST: «Am 7.12.1936 feiern wir also die Hochzeit[101]... Es gibt überall Gottesdienste, das hat s'Juliantje so gewünscht. So wird also auch hier Herr Weisser in der Kirche eine Andacht halten, zu der natürlich der Kontrolleur kommt in seiner Galauniform mit dem Dreispitz. Mattheus muss in schwarz erscheinen und – stell' Dir vor, weil ich (ausgerechnet ich!) ‹die schönsten Kleider habe›[102], wie Herr Weisser herausgefunden hat (!), dürfen Mattheus und ich rechts und links vom Kontrolleur sitzen zuvorderst in der Kirche. Da wird der Posaunenchor auch blasen, wir werden den Wilhelmus natürlich singen etc. Auch ist ein grosses Fest auf der Überseite [des Flusses] mit Buden etc...

---

[101] Hochzeit von Prinzessin Juliana mit Prinz Bernhard.
[102] Eine typisch ‹baslerische Aussage›, sehr ironisch gemeint.

Den Brief von Lisette fand ich ganz herrlich! Die Kleiderfrage, die Grösse der Kinder, ihre Aussprüche – alles Dinge, die wir bis jetzt noch keine Gelegenheit gehabt hatten davon zu hören und die uns doch sehr interessieren. Ich lasse Lisette also besonders danken für diese liebe Idee.»

24. FEBRUAR 1937, MATTHEUS: [Marianne soll in der Freien Evangelischen Volksschule angemeldet werden.] «Ich bin ja eigentlich der Meinung die Freie Schule sei eine notwendige Einrichtung als Gegengewicht gegen die Versimpelung der öffentlichen Schule... Marianne gehört dorthin, wo man die Kinder auch individueller behandelt, nicht in die presserischen[103], öffentlichen Schulen die offenbar nichts weniger als sozial und demokratisch regiert werden... Betsy ist entrüstet, weil Du schreibst, es habe Dir jemand gesagt, sie habe gesagt, sie finde Emilie ein schwieriges Kind. Denn das, meint sie, sei ein Armutszeugnis für eine Mutter, so etwas zu sagen. Wie Du in Deinem Brief ja eigentlich aussprichst und wie es unlängst auch im Schweizerspiegel beschrieben stand von einer Frau aus einem Kinderheim. Wir sind uns also alle darüber einig. Nun ist aber Emilie eigentlich ein *denkbar kummliges*[104] Kind, und Betsy hat *nie* so etwas gesagt. Es muss also irgendwie ein Missverständnis sein... [Emilie möchte mit Kindern sein, möchte zur Schule.] Aber mit den hiesigen Schulkindern möchte ich sie nicht zusammen lassen. Es ist bedauerlich, dass sie ohne ihre Geschwister, die korrigierenden Einfluss haben, aufwachsen muss. Sie darf aber mit auf Hausbesuche und nimmt Anteil an allem.»

25. FEBRUAR 1937, KOLPORTAGEN IN BASEL, BETSY: «Ich möchte Dir wegen Emilies ‹schwierigem Charakter› antworten. Es hat mich wirklich betrübt, dass man Dir so etwas sagen konnte, denn ich kann mir absolut nicht denken, wem ich so etwas hätte schreiben können. Willst Du mir nicht sagen, wer Dir das gesagt hat? Ich möchte dem Betreffenden gern darüber schreiben... Du, liebe Mama, weisst doch, wie oft und wie immer wieder ich betone, was für ein liebes Kind Emilie ist. Du wirst Dich doch sicher selbst gefragt haben, ob das stimmen kann, als man Dir von ihrem schwierigen Charakter erzählte, oder kam Dir das nicht gespässig vor? ... Nein, Emilie ist ein denkbar liebes Kind. Sie hat, wie natür-

---

[103] Vom franz. ‹presser›, d.h. vereinheitlichend, modelnd.
[104] Dialekt für angenehm, unproblematisch.

lich jedes Kind, hie und da seine ‹Tage›, aber ich weiss jetzt wie ich sie nehmen muss, wenn sie sich eine Wut anschreien will, sodass das je länger je weniger vorkommt… Die herzige Emilie hat mich aber gedauert beim Gedanken daran, dass gerade *sie* ein schwieriges Kind sei soll. Sie ist nämlich so herzig und spielt so lieb mit ihren Ditti z. B. … [Betsy ist von Mama ermahnt worden, weil sie offenbar eine ungeschickte Bemerkung geschrieben hat.] Aber es ist vielleicht ganz gut, dass Du mir das geschrieben hast; es zeigt mir wieder *wie* sorgfältig ich mich ausdrücken muss (auch in andern Sachen). Gelt, Du begreifst, dass einem solche Bemerkungen die Freude am Schreiben sehr dämpfen. Ich sollte nie, nie etwas Unnötiges schreiben, erst recht nichts, das falsch verstanden werden kann. Es ist mir vielleicht ganz gesund, wenn ich solche Briefe bekomme und dann von hier aus nicht gleich mich wehren kann, sondern die Sache eben stillschweigend ertragen muss. Es geschieht einem ja oft unrecht: aber da sollen wir eben lernen, zu schweigen… Ich fühle mich nämlich sehr mitbetroffen, wenn man von einem meiner Kinder sagen würde, dass es einen schwierigen Charakter hat. Meist ist doch die Mutter fast mehr daran schuld als das Kind selbst. Gelt, also bitte, bringe dieses Missverständnis in Ordnung.» [Betsy will nun weniger schreiben, dafür mehr mit Emilie spazieren gehen.]

19. MÄRZ 1937, BETSY: «Ich finde es nur manchmal so schwer, die Arbeit richtig zu tun, d.h. den Leuten liebevoll zu helfen und nicht ungeduldig oder so zu werden mit den Inländern und das ist natürlich dann ganz falsch, denn *nur* mit dem Hiersein verdient man sich kein Himmelreich, wenn man die Arbeit nicht christlich tut. Es ist manchmal wirklich nicht leicht, die Dajaken zu verstehen mit ihrem raschen Beleidigtsein z. B. und ihrer Unehrlichkeit oder nicht-sagen-Wollen und nicht-Können. Das ist auch das Klagelied der Missionare und ihrer Frauen übrigens. Mit meinen zwei jetzigen Mädchen habe ich es zwar sehr nett. Aber die dritte ist mir drausgelaufen, weil sie gehört hat, dass Mat, der Gehilfe, Lohnaufbesserung bekommen habe, was gar nicht zutrifft… Über Mariannes letztes Zeugnis freue ich mich sehr. Es ist wirklich besser und ich hoffe nun nur, dass es weiter so geht und dass sie in der Freien[105] keine Mühe hat… Und was für Lehrer hat wohl Alfred?

---

[105] Gemeint ist die Freie Evangelische Volksschule.

Ach, das kleine Männlein in der Schule! ... Ich habe letzthin einen Brief bekommen von einer Missionarsfrau, die schreibt, dass wir ‹offenbar merkwürdig gut über die Trennung der Kinder hinweggekommen› seien!! Warum hat mich das betrübt, als ich das las? Vielleicht darum, weil ich mir doch Mühe gebe, der Kindertrennung nicht nachzuweinen und nicht weich zu werden, weil ich weiss, dass es nichts nützt. Aber natürlich wollen wir doch auch nicht, dass man uns sagt, wir seien ‹harte Eltern› oder ‹gefühllose› oder weiss ich was – Ich sage mir nur, dass die Trennung eben sein *muss,* und dass ich hier meine Arbeit eben besser tun kann, wenn ich nicht immer ans Heimweh denke; dass das aber absolut nicht sagen will, dass ich kein Heimweh *habe.* Aber wenn dann rührende Frauen, (denn das *ist* diese Frau, die den Brief schrieb), glauben, dass wir nicht darunter leiden, dann tut uns das doch weh, das betrübt einen eben doch. Ich habe Dir gegenüber glaub' auch schon erwähnt, dass ich eigentlich je älter die Kinder werden, desto mehr das Verlangen nach ihnen habe. Ich habe das Gefühl, dass sie jetzt schon so anders sind als vor anderthalb Jahren, und darum wird auch die Trennung mit jedem Jahr schwerer und ganz nicht etwa leichter, wie eine Wunde, die vernarbt. Aber ich kann nicht immer darüber reden, noch viel weniger schreiben, denn nützen tut es nicht nur nichts, sondern hindert auch die Arbeit, wenn ich nicht ganz einmal *hier* lebe, sondern immer mit einem Fuss in Europa wäre. Aber es gibt Leute, die einem das leider falsch auslegen – Vielleicht ist eben darum, Missionsarbeit zu tun so schwer, weil einem ja nie, nie alle Leute verstehen können. Aber Du verstehst uns, gelt, und Du weisst auch – ohne viele Worte und ohne dass ich es schreibe –, dass die Trennung von den Kindern *schwer* ist, auch wenn wir sie *noch* so gut aufbewahrt wissen.»

12. APRIL 1937, BETSY: «Die letzte Woche habe ich mich stundenlang mit ‹pollern› beschäftigt. Das ist ein Verfahren von einem Wiener erfunden. Es gibt zwei Massen, mit denen man ein Negativ und ein Positiv macht und zwar kann man es von allem machen, sowohl von x-beliebigen Gegenständen, wie auch von Arm, Bein oder Kopf etc. Ich habe an zwei Dajakdosen versucht und nach vielen Versuchen, wieder Zerstören und wieder-neu-Machen sind die reizenden feinen Zeichnungen ganz nett herausgekommen. Nun ist eine Chinesin hier mit eingebundenen Füsslein und diese möchte ich gern einmal pollern. Denn so etwas kommt nicht mehr oft vor. Dann möchte ich auch gern neue Framboesie pollern, von

denen wir dann das Positiv mit heimnehmen können und es zu Hause dann zeigen können. Das ist dann noch viel feiner als eine Photo.»

9. Juni 1937, Ferien in Sumatra, Betsy: «Und damit hat unsere herrliche Ferienreise [Tobasee in Sumatra] ein Ende. Es ist tragisch und wirklich traurig und ich weiss nicht, ob es mir die andern Male da wir in den Ferien waren, auch so schwer gefallen ist, wieder in unserm Sumpf und bei den schrecklichen Schnaken anzufangen! Auf alle Fälle begreifen wir die Barmer, die *noch* so gern Borneo abgetreten haben und ihr schönes Sumatra behalten haben[106]. – Das sage nur ich, wegen dem Klima, aber Mattheus sagt, wir hätten die Missionare gar nicht gehabt, um Sumatra zu übernehmen. – … Einstweilen ist mir alles ein entsetzlicher Berg. und ich freue mich auf gar, aber auch auf gar, gar nichts! … [Dank für den Bericht] vom ersten Schultag von Alfred. Auch hat uns sehr interessiert, zu hören, mit wem er in der Klasse ist. Das ist ja sehr gefreut und wir hoffen, dass er weiterhin so gern in die Schule geht und Marianne auch.»

5. Juli 1937, Betsy: [Wirtschaftskrise und Folgen im Haushalt] «Hier wird auch alles teurer, vieles bekommt man nur sehr schwer und anderes wieder überhaupt nicht. Gerade mit Brennholz z.B. ist es immer schrecklich. Man bekommt fast keines und so im Urwald suchen gehen, wie viele Leute glauben, das kann man nämlich nicht. Dort gibt es auch keines und dann kommt man überhaupt gar nicht in den Urwald, wenn man nicht ein grosses Buschmesser hat. Fische bekommt man fast keine und *wenn*, dann unsagbar teuer. Das ist arg für den Spital. Frau Kühnle in Mandomai nimmt jetzt *einmal* eine Kokosnuss in die Gemüsebrühe und *einmal* einige Fische. Noch vor zwei Monaten hat man doch immer von beidem genommen!! In Bandjermasin haben sie es in vielem noch einfacher, da können sie wenigstens jeden Tag frisches Fleisch haben. Wir haben jetzt eine sog. Dauerwurst und wenn ich dann kein Fleisch habe, isst man eben *davon*. Aber es ist nicht so gut, wie frisches. Hühner bekommen wir fast keine mehr. Früher konnte

---

[106] Die ‹Barmer› konnten aus finanziellen Gründen keine Missionare mehr nach Borneo senden. Die Basler Mission hat dieses Gebiet von ihnen übernommen. (Siehe Anhang: Die Geschichte der Evangelischen Missionsgesellschaften von Barmen und von Basel in Borneo.)

man haben so viel man wollte, jetzt muss ich froh sein, wenn wir wenigstens am Sonntag ein Beinchen zum ‹abnageln›, wie die Kinder sagten, haben. Gemüse gibt es frisches von Bandjermasin, Reis auch und Kartoffeln auch. Wir verhungern also nicht. Auch Eier gibt es, wenn auch weniger viel, aber doch genügend. Nur gibt es mehr Kopfzerbrechen für das Menü als vor Sumatra noch…»

16. Juli 1937, Betsy: «Dann sind wir am Sonntag so gemütlich nach dem Essen auf der oberen Veranda gesessen und haben schwarzen Kaffee getrunken und Mattheus hat sogar das Grammophon herausgeholt und hat herrliche Musik gemacht. – und da haben wir an Grosspapa gedacht, von dem Onkel Alfred im Jahrbuch schrieb, dass er nach einem Theaterbesuch am nächsten Tag die Melodien auf dem Klavier einfach so wieder spielen konnte. Und dabei sagte: ‹Weisch no?› Da finde ich, *hört* man Grosspapa[107] fast.»

25. November 1937, Betsy: «Nun sind wir schon die dritte Weihnacht hier und immer ist alles gut gegangen mit den Kindern. Wir können ja nicht dankbar genug sein. Von allen Seiten hören wir auch, wie die Kinder gedeihen und wie sie unter dem besten Schutz seien! Wie wenn wir das nicht wüssten! Aber, *dass* wir es wissen, das möchte ich Dir wieder einmal sagen, liebe Mama, und dass Dir, wie gesagt, auch unsere ganze Dankbarkeit gehört. Bitte sage es auch Lisette… Ja, also der allein geschriebene Brief von Alfred, der hat uns ja riesig gefreut. Ich finde auch, für ein halbes Jahr Schule macht er schon herzige Buchstaben. Haben die Kinder vor den Herbstferien keine Zeugnisse bekommen? … Geht es Marianne gut in der Schule und hat sie nette Freundinnen? Und Ruth, hat sie jetzt wieder alles eins gehabt? Hat Alfred wohl noch nie ein Zeugnis bekommen?»

11. Dezember 1937, Mattheus: «Ach, Mama, ich wäre halt zu gerne wieder einmal ein paar Tage daheim. Kaufe Dir wieder ein Schächtelchen Noisettes Kohler und eine Schachtel ‹Petits Suisses› und denke an uns und wie Du in der Langen Gasse sassest und auf dem Arbeitstischchen die gleichen Schokis hattest während wir nebenan laubsägelten und händelten bis Frau Hodel dazwischen fuhr. Es ist so lustig, dass Alfred nun auch ein Bähnlein gemacht

---

[107] Paul Speiser-Sarasin.

hat in den Garten hinunter, wohl besser als ich, und dass er gern eine Hobelbank hätte. Dazu scheint er mir freilich noch zu klein. Aber eine Laubsäge zum Geburtstag? Wäre das etwas? Ich möchte ihm gerne nächste Weihnacht eine Dampfmaschine schenken, die Buben sind glaube ich heutzutage früher reif für so Sachen. Mit viel innigen Gedanken und Wünschen.»

30. DEZEMBER 1937, BETSY: «Die Briefe für die Kinder habe ich zuerst geschrieben, denn ich finde es einfach rührend, wie sich alle drei Mühe gegeben haben für uns und uns so gefreute Sachen schenkten, die uns wirklich Freude machen: nicht nur der Sachen wegen, sondern besonders der lieben Gedanken wegen und der Mühe, uns Freude zu machen… Marianne schreibt eben sehr wenig auf einer Karte und dann ist es lang, wenn es wieder einen Monat oder länger dauert, bis ein Brief von ihr kommt. Der gute Alfred, dem es so Eindruck machte, dass ich schrieb, wir hätten seit Wochen nichts von den Kindern bekommen, und der sich gleich hinsetzte und schrieb. Und *so* eine schön geschriebene Karte! Bitte sage ihm nochmals meinen ‹Estra-Dank›[108]. Ach, Mama, ich hatte schrecklich Heimweh nach den Kindern dieses Jahr. Wenn man sowieso sich immer ein wenig zusammennehmen muss, dann ist alles ein wenig Schwere noch *viel* schwerer. Und man macht so leicht aus ‹einem Floh› (aber viell. ist die Trennung von den Kindern und von Euch allen doch so gross wie ein Schaf, sagen wir, oder nur wie ein Schä*flein?*) einen Elephanten. Ich hatte es *so* genossen, dass Mattheus am 24. so ungestört abends mit Emilie und mir am Bäumchen sitzen konnte und dass wir eine wirklich nette und gemütliche Zeit zusammen hatten.»

25. FEBRUAR 1938, BETSY: «Eher ungefreut war, das wir im Vorratsraum weisse Ameisen haben. Nicht *die*, die sie in Afrika haben und die in einer Nacht einen Stuhl oder einen Tisch, resp. die Beine so aushöhlen, dass, wenn man drauf oder dran sitzt, alles zusammenfällt. Aber doch weisse Ameisen, die die Milchkisten durchgefressen haben und dann eine grausige Kruste über die Bleche (Milch also) machten, die man mit einer Stahlbürste abfegen musste. Ich kam gerade noch zur Zeit dahinter und die Bleche selbst waren noch nicht verdorben, der Inhalt also. Nun muss man nach der Königin graben… mit viel Mühe verbunden: die Ameisen

---

[108] Das heisst Extra-Dank.

stechen die Leute in die Zehen und dann findet man eine Menge Nester und Gänge nach allen Richtungen, aber nach welcher man graben muss [weiss man nicht.]... Es wird noch Tage dauern, bis man sie, die Königin, hat... Momentan ist ein schrecklicher Wind. Das Schiff hat sich von selbst los gemacht und ein Mann hat das gerade noch gesehen und ist noch im richtigen Moment gekommen, um es an der Kette zurückziehen zu können...»

5. MÄRZ 1938, BETSY: [Zu Emilies Geburtstag, am 26. Februar 1933, haben ihr alle Geschwister geschrieben.] «Wie nett schreibt schon Alfred, und wie lustig und witzig, dass Ruth so gut baseldeutsch schreiben kann. Sie ist ein ‹Bintel›[109]! Auch die Tierlein von Marianne freuten sie sehr... Ja, und Ruth lassen wir danken für ihr Zeugnis. Wie fein, das es wieder so gut ist. Wie wird wohl Mariannes werden? Gelt *sitzen* bleibt sie hoffentlich nicht... Wir hoffen natürlich auch, dass sie mit der Zeit lernt, ihre Gedanken bei der Sache zu haben. Aber im Grund habe ich wenig Hoffnung, dass es so sein wird einmal. Es ist traurig dass ihr das Zureden gar nicht Eindruck zu machen scheint.»

13. APRIL 1938, BETSY: «Marianne schreibt ja auch von einem schönen Geburtstag, den sie hatte mit Freundinnen-Einladen etc. Das ist ja herrlich. Und Ruth hat also auch einmal Freundinnen gehabt. Es ist *zu* lustig, wie sehr mich Ruth an mich erinnert. Ich hatte als klein eigentlich auch kein grosses Bedürfnis nach Freundinnen, vielleicht auch, weil ich mich nicht anpassen konnte. Aber je älter ich wurde, desto mehr hatte ich doch das Bedürfnis, und darum möchte ich Ruth den Rat geben, nicht zu lange zu warten mit ihrem Freundschaften-Schliessen. Denn es ist später viel schwerer Freundinnen zu bekommen, als wenn man dies von der untersten Klasse an gemacht hat. Auch ich weiss noch gut, wie ich mich trotz herrlichen Ferien doch immer wieder riesig aufs Heimkommen freute! Ja viele solche Sachen hat Ruth scheinbar wie ich sie hatte. Es ist herrlich, dass sie so gern hilft und die Freude, die sie dann hat, wenn ihr etwas gelingt: ich kann ihr das *so* gut nachfühlen! Auch das Liebsein-*Wollen* und ach je, so oft nicht können, weil ich das Böse gesagt oder getan hatte, ehe ich mir Rechenschaft darüber geben konnte.»

---

[109] Das heisst Ausbund.

3. SEPTEMBER 1938, BETSY: «Wir haben uns auch riesig gefreut an den vielen Photos, die uns Lisette schickte und gestern auch noch Esthy zu Mattheus Geburtstag... Lisette schreibt so rührende Briefe und so lieb von den Kindern, jedem Einzelnen. Ja, die drei haben es gut bei Euch! Ich muss es immer wieder sagen und ich komme mir unendlich reich und bevorzugt vor, wenn ich an die andern Missionskinder denke im Kinderhaus. Emilie geht es gut. Sie hörte letzthin etwas nicht, da sagte sie so trocken: ‹i ha halt mini Ohre verlore. Darf i si morn go sueche, Mama?›»

8. OKTOBER 1938, BETSY: «Wir sind eben doch sehr müde, bes. bemerkbar jetzt bei *der* Hitze! Herrlich für die Leute, die Reis ernten, gut für die Obstbäume – aber sonst ist es arg. Es kommen wenig in die Poliklinik, sodass Mattheus wieder Stunden gibt dem Personal und sich mehr um die Spitalpatienten kümmern kann. Diese sind ziemlich reichlich da.»

Betsys tiefgreifendes Erlebnis in Java und seine Folgen

Während des Urlaubs 1934 hatte Betsy mit ihrer Mutter eine Tagung der Oxfordbewegung in Langenbruck miterlebt und wurde durch sie sehr beeindruckt. Nun hat sie in Solo wieder Anschluss an eine Gruppe gefunden.

28. DEZEMBER 1936, BETSY: «Dass ich in Solo[110] war... war wirklich ein ganz grosses Erlebnis und ich bin unendlich froh, das erlebt zu haben[111]. Ich habe dann in Bandjermasin und auch hier den Missionsleuten erzählen dürfen, das war auch so fein und sie haben sich alle dafür interessiert. Denn es ist ja, was *wir* so nötig hätten gerade hier in der Mission. Man wird so viel freier in seinem Leben und in allem, wenn man so lebt, wie es die Gruppe so verständlich für Alle formuliert. Ich will nun täglich versuchen, *so* zu leben, wie es in Solo unter all den Gleichgesinnten so einfach war zu tun.»

9. JANUAR 1937, BETSY AN ESTHY: «Dann war ich in Solo, das war ein ganz grosses Erlebnis. Ich bin nun nicht mehr *so*, dass ich sage: die Gruppe ist nicht für jedermann. Man muss nur wissen, *was* die Gruppe eigentlich will: dann ist sie für alle, denn sie will nicht, dass wir ‹zur Gruppe kommen›, sondern dass wir zu Jesus kommen.

---

[110] Surakarta in Java.
[111] Die Oxfordgruppen.

Und das wollen wir ja alle und darum ist es auch so ganz verkehrt, wenn es Leute gibt, die sagen, dass sie das ‹nicht brauchen!› Aber es besteht natürlich die grosse Gefahr, dass man an einem Abend gerade nicht gefunden hat, was man hoffte, man dann leicht findet, das sei nichts für mich. Es sollten eben alle, die nachher ein Urteil fällen können, bei einer *Tagung* dabei gewesen sein. Ich habe wirklich das Gefühl, dass ich in Solo so viel gelernt habe, und dass mein Leben nun anders ist. Dass ich überhaupt gerade zu dieser Zeit in Java war (denn es war in Java noch nie solch eine Tagung), betrachte ich als ein Gottesgeschenk… Jeden Montag gehe ich nun in den Spital von Patient zu Patient, um die Leute ein wenig kennen zu lernen und mit ihnen zu reden von ihrem Leben, ihren Familien etc. Und am Donnerstag gehe ich ins Dorf, um die Leute in ihren Häusern zu besuchen.»

30. MAI 1937, FERIEN IN PERAPAT (SUMATRA, TOBASEE), MATTHEUS: «Wir sind ja sonst sparsamer mit unserer Korrespondenz als früher. Manchmal kommt mir auch der Gedanke, es lohne sich kaum mehr für die noch vor uns liegenden drei Jahre. Die werden ja bald um sein… Warst Du nie an einer der grossen Oxfordversammlungen, oder an einer kleineren? Betsy hat durch die Gruppe doch Wesentliches erlebt und gefunden, an dem wir uns nur immer wieder dankbar freuen können. Man kann aber sicher auch in einen Betrieb[112] dadurch gezogen werden, der nicht für jedermann gesund ist. Das soll aber doch nicht verhindern, dass man sich wenigstens damit bekannt macht.»

Die Planung der definitiven Heimkehr nach Basel

Die Heimkehr ist von allem Anfang an ein Hauptthema. Die Kinder in Basel denken nur noch daran, wohl auch die Verwandten und auch Mattheus und Betsy. Wie wichtig dieses Thema ist, zeigen folgende Briefstellen, welche die betrübliche Entwicklung der gegebenen Versprechen und darauf erfolgenden Verschiebungen, aber auch die Verärgerungen ahnen lassen.

24. MAI 1936, DR. VISCHER AN INSP. WITSCHI: «Was mich persönlich betrifft: Wir rechnen fest auf eine Heimkehr auf Weihnacht 1940. Falls wir nicht vorher schon aus Gesundheitsgründen heim müssen.»

---

[112] In eine innere Unruhe kommen.

5. JANUAR 1937, DR. VISCHER AN INSP. WITSCHI, DURCH PRÄSES[113]:
«Höweler hat mitgeteilt, dass er mitte 1938 in Serui aufhört...
Aber Frl. Dr. Hessberg geht im Mai 1939 spätestens Sept. 1939 in
den Europaurlaub und bleibt dort mindestens ein Jahr. Wir selber
haben uns ausbedungen, und möchten daran festhalten, Weihnachten 1940 daheim zu sein. Höweler muss also in Kuala-Kapuas
antreten: 1. Nov. 1940 und in Bandjermasin am 1. Sept. 1939.
Dazwischen muss er sich ausbilden.»

8. DEZEMBER 1937, BETSY: «Wir werden sehr, sehr an Euch denken und wehmütige Gedanken wird es wohl auch geben, wenn wir
so – mehr oder weniger – einsam an unserm Bäumchen sitzen.
Aber es ist dann wieder eine Weihnacht und der restlichen, bis wir
heimkommen dürfen, werden es immer weniger! Das ist ein grosser Trost zu wissen, dass wir nicht unser ganzes Leben lang hier
bleiben sollen. Es nimmt auch das einmal ein Ende! Aber einstweilen möchten wir noch nicht heim, gelt, das weisst Du, und
glaubst darum nicht, dass es uns gar zu ernst sei mit den ‹wehmüti-
gen Gedanken›. Wir haben es ja so gut hier...»

18. FEBRUAR 1938, INSP. WITSCHI AN DR. VISCHER: «Wir fühlen uns
Ihnen gegenüber durchaus an ein gegebenes Versprechen gebunden. Immerhin müssen Sie zugeben, – und das wäre das Andere,
was hier zu sagen ist – dass sowohl der Verzicht auf Sie bereits auf
Ende 1940, wie auch die Tatsache, dass Frl. Dr. Hessberg bereits
nach fünf Jahren in Urlaub geht, angesichts der neuerlichen Sparmassnahmen und der Gesamtlage des Werkes ebenfalls ein grosses
Opfer und Entgegenkommen bedeutet, dessen Ermöglichung
etwas guten Willen verlangt.»

12. MÄRZ 1938, MATTHEUS: «Insp. Witschi hat zwar kürzlich
Andeutungen gemacht wegen nicht sicher sein und Sparmassnahmen und dass wir ja nur fünf statt sechs Jahre zu bleiben eigentlich
kein Recht hätten. Ich muss ihm aber antworten, dass wir vier
Jahre angeboten hatten und ihm entgegenkamen mit dem Einverständnis von fünf Jahren. Mit dem Gedanken soll er jetzt nur nicht
zu spielen anfangen. Er weicht nämlich zur Zeit einer Entscheidung aus, Dr. Höweler, meinen Nachfolger, der sich einfach nicht
an die abgemachten Termine etc. hält, in den Senkel zu stellen. Nun
bin ich ja schon bereit für die Mission Opfer zu bringen und wir

---

[113] Der Brief geht an den Präses, der ihn unterschreibt und nach Basel schickt.

rechnen ja auch nicht mehr so fest auf Weihnacht 1940, es kann auch Ostern werden, wenn nicht überhaupt Krieg ist, aber wir wollen nicht der Schwäche Witschis Opfer bringen, die erst noch in der Hauptsache unsere Kinder betrüben würde.»

Zurück zum Spital: Ausbau und Betrieb in Kuala-Kapuas

Während des Heimaturlaubs war der ‹Arzt der BM› zum Zivilarzt ernannt worden, damals Dr. Th. Höweler, nun Dr. M. Vischer.

10. DEZEMBER 1935, INSP. WITSCHI AN DR. VISCHER: «Nun haben Sie die Gelegenheit gehabt mit dem Regierungsarzt[114] über die bestehenden Aufbau-Pläne für Kuala-Kapuas zu sprechen. Es wird viel darauf ankommen, die nun offenbar im Gegensatz zu 1928 vorhandene Willigkeit einer weitergreifenden Finanzhilfe so auszunützen, dass wir dabei unsere Unabhängigkeit und die christliche Missionslinie des Spitales nicht verlieren.»

Bau-, Personal- und Geldsorgen

27. DEZEMBER 1935, BETR. POLIKLINIKBAU DER REGIERUNG AUF SPITALBODEN IN KUALA-KAPUAS, DR. VISCHER AN DAS KOMITEE: «Der Regierungsarzt hat das Spital besucht und ist unter dem Eindruck, es sei primitiv eingerichtet, v.a. gefiel ihm unsere Poliklinik nicht und unser damals noch kaum begonnener Saal auch nicht! Da nun vom Gummiausfuhrzoll Geld verfügbar ist, soll die neue Poliklinik dorthin, wo ursprünglich das ‹richtige Doktorhaus› geplant worden war... Die Schwierigkeit ist, dass die neue Poliklink für 6000 fl nicht der Mission, sondern der Regierung gehören soll, d.h. formell der Gemeinde Barimba, und sie ist uns zum Gebrauch überlassen worden. So steht es im Kaufbrief... Der in diesem Jahr errichtete Saal hat uns wohl 2500 fl gekostet, eine herrliche Errungenschaft. Er ist seit Anfang dieses Monats in Gebrauch und stets besetzt mit Frauen und Säuglingen. Die Leute sagen, es sei ihnen wohl darin. Finanziell ist die Lage des Spitals noch viel schlechter geworden, da die Subsidie um einen noch nicht bekannten Betrag, aber um etwa 1500 fl reduziert wird...

---

[114] In Bandjermasin.

dabei haben wir fortwährend statt den ursprünglichen 25 gegen 40 Spitalpatienten und eine grosse Poliklinikfrequenz… Es ist also alles sehr unerfreulich und doch sollten wir, wenn irgend möglich, den zweiten Saal bauen, wofür 3000 fl. nötig sind.»

28. DEZEMBER 1935, DR. VISCHER AN INSP. WITSCHI: «Seit der Ankunft in NL-Indien lebe ich in einer sorgenreichen Hetze. Ich werde Ihnen voraussichtlich noch ausführlicher berichten. In Weltevreden zunächst das niederschmetternde Erlebnis des unerfreulichen Empfanges auf dem Departement van Justitie, das eben den Eindruck hinterlassen hat, dass wir nur noch kurze Zeit geduldet werden sollen, und dass die Zukunft unserer Arbeit in uns wesensfremde Hände gelegt werden soll. Das ist nicht leicht zu verdauen. Und dazu kommen eine Menge Gedanken an die praktische Lösung der Zukunftsfragen… In Bandjermasin ist ein merkwürdiger erster Militärarzt. Das Rubbergeld ist eine unheilvolle Sache. Sie wissen nicht, wie sie es ausgeben sollen und schmeissen den Leuten gratis Medizinen nach. Es ist alles aus dem Leim. Wir haben dauernd gegen 40 Patienten, Schwerkranke, die wir nicht abweisen können und bekommen nur Subsidie für maximal 25 Patienten. Wenn ich nur einen Weg fände, den Saal zu bauen. Es ist zum Weinen, dass wir den so beschnitten haben, den wir jetzt haben, denn er ist *so* nicht so befriedigend. Dass mein Sprachstudium[115] gefallen ist, reut mich rasend, denn mein Unvermögen hindert mich täglich, und doch sehe ich vorläufig keine Möglichkeit. Ich ertrinke einfach in der täglichen Arbeit… Der Antrag, dass die ‹Barimba› auch dem Missionar dienen soll, wurde weder mit mir noch mit Höweler besprochen. Es geht eben nicht. Der Arzt *muss* jederzeit ein fahrbereites Boot vor der Türe haben… es grämt mich, dass Missionare nicht dem Arzt sein Boot unbenieden lassen können. Missionar Weisser hat übrigens die ‹Irene›[116] vor der Türe, braucht sie aber nicht, weil er das Geschwätz seiner Kollegen fürchtet. Der Missionar in Kuala-Kapuas muss einfach ein Boot haben und benützen. Keine Station hat so schwierige Arbeitsbedingungen.»

---

[115] Ursprünglich war geplant, dass Mattheus ein halbes Jahr Zeit hätte, um gründlich Dajakisch zu lernen. Weil aber Dr. Höweler seine Antrittsdaten in Borneo immer wieder verschob, konnte dieser Plan nicht durchgeführt werden.
[116] Missionsboot.

Barimba mit Beiboot am Batang.

21. FEBRUAR 1936, INSP. WITSCHI AN DR. VISCHER: «Die BM in Basel willigt in diese Pläne wohl oder übel ein, unter der einzigen Bedingung, dass von der Regierung kein Mohammedaner aufoktroyiert wird. Das eigentliche Doktorhaus, an dessen Stelle nun eine Regierungspoliklinik kommen soll, muss dann eben am Weg gebaut werden.[117]. Der Missions-charakter darf nicht verloren gehen… [Die ausschliessliche Bestimmung der ‹Barimba› für die ärztliche Mission wird bestätigt.] Gegen Missgunst der Brüder ist eben hier in Basel kein Kraut gewachsen… Was den doppelten Java-Urlaub der Missionsleute betrifft, so wird dieser expressis verbis im Inspektionsbericht an alle Stationen vervielfältigt.»

20. MÄRZ 1936, DR. VISCHER AN INSP. WITSCHI: «Zu den, meinen Wiederanfang beschattenden Ereignissen, gehört der Ausfall des Sprachstudiums! Verliere so mindestens ein Jahr. Mit den Verpflichtungen der Regierung gegenüber [als Zivilarzt] haben wir

---

[117] Das Doktorhaus wurde nie gebaut.

202

uns eine Belastung aufgebürdet, die ich sehr unangenehm und unnötig finde[118]... In den bisherigen Stunden[119] habe ich konstatiert, dass vom bisherigen theoretischen Unterricht verzweifelt wenig übriggeblieben ist. Der Poliklinikneubau aus Rubbergeld ist wohl endgültig erledigt. Dieses Jahr habe ich im Spital grosse unvorhergesehene Extrakosten, nämlich: es sind zwei neue Backs zu bauen; sie sind beide geplatzt, als sie voll wurden: Konstruktionsfehler und schlechter Zement. Auch die Farbe war schlecht (obwohl von Bandjermasin... bekannt) nun muss man alles wieder ausputzen und neu streichen; die schlechte weisse Farbe, wurde schwarz. Alles Pfusch und Nachlässigkeit, obwohl gewarnt wurde... Unser Spital ist eben doch noch klein... Als erstes müssten wir ein genügendes Poliklinikzimmer anbauen (400 fl.), dann sollte baldmöglichst der Männersaal kommen, dann würde die vorderste Krankenbaracke frei für unser männliches Personal und einen Lehrsaal. Das gäbe Luft.»

6. APRIL 1936, DR. VISCHER AN INSP. WITSCHI: «Letzte Woche war Herr Assistenzresident Scheuer wieder bei mir wegen des Poliklinikbaus. Nun muss Antwort gegeben werden. Ich sagte, dass wir einen solchen Bau mit Dank annehmen würden, jedoch wenn er auf unserm Land erstellt werde, uns vorbehielten, die vorherige Genehmigung der Baupläne durch Basel zu holen. Übrigens fragte ich, wie die Besitzverhältnisse gedacht seien; was den Betrieb betreffe, so habe der DVG mir vorgeschlagen, dass der Betrieb ‹met lasten en baten›, also mit finanzieller Freiheit, uns unbeschränkt übertragen werden solle. Das begrüsste er freudig. Es sei keine Rede von Rückkauf, der Bau würde uns schlüsselfertig übergeben, wahrscheinlich auch möbliert und damit sei die Sache erledigt. Er gehöre dann uns und wir hätten dann lediglich die Poliklinik darin zu betreiben. Es sei ja nicht unsere Absicht, hier aufzuhören. Auf meine Frage, ob wir nicht selber bauen dürften, antwortete er, dass auch er der Meinung sei, dass der geplante Bau durch uns billiger errichtet werden könnte, aber das sei eine prinzipielle Angelegenheit, die Rubberbauten müssten alle vom Staat gebaut werden. Auf meine Frage, wann wir mit dem Neubau rech-

---

[118] Man muss in den umliegenden Dörfern den Patienten Salvarsan spritzen und Statistiken anfertigen.
[119] Unterrichtsstunden für einheimische Pfleger.

nen müssten, sagte er, das sei ganz unbestimmt. Es sei überhaupt noch lange nicht gesagt, dass überhaupt der Bau bewilligt werde.» 25. APRIL 1936, DR. VISCHER AN DIREKTOR HARTENSTEIN: [Es gibt neue Bestimmungen für ausländische Ärzte, welche erst eingesetzt werden dürfen, wenn sie das holländische Staatsexamen in Java erworben haben. Finden sich keine Schweizer, ist man auf Holländer angewiesen.] «Es ist schwierig, wenn man nur noch holländische Mitarbeiter haben kann. Herr Dr. Höweler konnte sich gut anlehnen an hiesige Verhältnisse, weil er ledig war. In seinem Jahresbericht stiess ich mich an seinem Satz: ‹Die Aufgabe das Dajakvolk besser medizinisch zu versorgen, etc.› Die Holländer sahen, so viel ich sehe, meistens in der ärztlichen Mission eine mehr philanthropische medizinisch-technische Angelegenheit. *Mein* Ziel ist nicht die möglichst baldige bessere Versorgung des Dajakvolkes mit medizinischer Hilfe, sondern die Versorgung mit christlichen Krankenpflegern und Pflegerinnen. Deshalb perhorresziere [verabscheue] ich alle nicht dringend notwendigen Reisen und die Vielgeschäftigkeit, wie sie der Regierungsgesundheitsdienst betreibt und von uns erwartet. Daher mein Hass gegen die Verpflichtungen, die wir im letzten Jahr übernommen haben, die uns ja wohl ein wenig Geld einbringen (770 Fr./Jahr und einige Entschädigungen für Reisen) die mich aber schrecklich langweilen, eben weil es mir gar nicht darauf ankommt, mich möglichst oft in den Dörfern zu zeigen und mich damit zu ermüden. Aber also: Ich möcht Ihnen vorschlagen, zu überlegen und zu sondieren, ob nicht doch jetzt schon der Moment gekommen ist, bei der Regierung gegen ihre Ausschliesslichkeit[120] Protest einzulegen. Der Missionskonsul scheint schon allerhand gesagt zu haben… Die Regierung sagt, dass wir ja im Wesentlichen aus ihren Subsidien leben, dass Fremde also das gute holländische Geld essen, während eigene Untertanen Arbeit suchen. Freilich sind ausser uns nur noch, so viel ich sehe, die Barmer[121] in ähnlicher Lage, die können einige holländische Ärzte gut unterbringen in ihren Spitälern. Ich habe aber den Eindruck, dass auch sie die Leitung nicht gerne ganz in fremde Hände geben werden. Die Barmer haben es aber schwer,

---

[120] Gemeint ist die oben erwähnte Bestimmung, dass ausländische Ärzte ohne das holländische Examen nicht praktizieren dürfen.
[121] Deutsche Mission in Sumatra, heute: Vereinigte Evangelische Mission.

jetzt Einspruch zu erheben, da gegen sie eine heftige fremdenfeindliche Propaganda geführt wird und da ihnen gerade wieder Ausnahmen zugestanden worden sind... In Borneo ist doch eine ganz andere Lage. Ob wir uns da nicht sondierend vorwagen sollten und sehen, ob wir uns jetzt schon auf die Hinterbeine stellen sollten... Man müsste halt mit den Herren am grünen Tisch verhandeln. Sie lassen nämlich schon mit sich reden, aber unser (Basler) Talent ist, wie auch Dr. Kraemer[122] gerügt hat, dass wir uns zu still halten. Ich finde es einfach nicht recht, einen so kleinlichen Druck auszuüben.[123]»

24. MAI 1936, DR. VISCHER AN INSP. WITSCHI: «...Ich machte eine Malaria-Untersuchungsreise. In Pangkoh ist viel Malaria. Die Anopheles sitzen in den schlecht unterhaltenen Gräben. Ich werde der Regierung vorschlagen, dem abzuhelfen. Dazu habe ich nun eine Kompetenz, dadurch, dass ich Zivilarzt bin. Das ist ein kleiner Lichtblick in dieser unangenehmen Bindung.»

17. AUGUST 1936, DR. VISCHER AN INSP. WITSCHI: «Durch das Wachstum des Spitals in Kuala-Kapuas, das jetzt eine durchschnittliche Besetzung um die 40 Patienten aufweist (durchschnittlich täglich je zwei Ein- und Austritte) und die unverändert rege Poliklinikarbeit, sowie durch die Aufgabe, die 12 Pfleger und Pflegerinnen auszubilden und zu stationieren, wäre meine Zeit schon reichlich besetzt; jede nennenswerte Operation und jeder schwere Krankheitsfall verlangt einige Stunden theoretischer Vorbereitung. Nun ist aber das Spital nicht lebenskräftig ohne einigen Aussendienst, z.B. die regelmässige Sprechstunde in Mandomai und einige Reisen. Hinzugekommen ist während meines Urlaubs, die Teilnahme im Ausschuss und die Aufgabe des Regierungsgesundheitsdienstes, sog. Civiel Geneesheer, mit der Verpflichtung zu allerlei administrativer Arbeit und zur Beaufsichtigung der öffentlichen Gesundheitspflege und die moralische Verpflichtung zur jährlichen Vornahme grösserer Reisen... Es ist mir einfach nicht mehr möglich, meinen Verpflichtungen nachzukommen... Es besteht die Gefahr, dass der öffentliche Gesundheits-

---

[122] Dr. Kraemer hatte der BM ein Gutachten über die Mission in Süd-Borneo erstellt, worin er kritische Bemerkungen angebracht hatte, welche z.T. von Missionaren mit Empörung aufgenommen wurden.

[123] Gemeint ist wieder die Vorschrift betr. holl. Ärzteexamen für Ausländer.

dienst (der uns übertragen worden war, weil wir die Anstellung eines zweiten Arztes in Kuala-Kapuas in Aussicht gestellt hatten), uns weggenommen und einem Regierungsarzt übertragen, von dessen Stationierung in Kuala-Kapuas schon gesprochen wird, was für uns sehr unangenehm wäre... Für meine Bedürfnisse wäre ein in Java ausgebildeter inländischer Arzt als Assistent durchaus passend... Eine kleine Schwierigkeit ist, dass es nur wenig christliche Ärzte gibt, doch sehe ich persönlich keine Hindernisse, eventuell auch einen Mohammedaner anzustellen. Der Ausschuss ist einverstanden, allerdings wünscht er einen Christen. Bedenken, dass die Schwestern unter einem braunen Arzt arbeiten müssten, sind nicht vorhanden. Das ist in ganz NL-Indien fast überall der Fall und hat meines Wissens noch nie zu Schwierigkeiten geführt.»

23. September 1936, Betsy an Bua: «Nun hat Basel Mattheus einen indischen Arzt bewilligt... Das ist ganz herrlich. Es wurde einfach zu viel für einen Arzt allein und so ist es fein, dass nun der andere vielleicht reisen kann einmal und dann wieder Mattheus, während der andere die Spitalverantwortung übernimmt. Er soll sich dann im Dorf irgendwo ein Häuschen mieten.»

Mitten in die beunruhigenden Äusserungen der Regierung und die Planungen der ärztlichen Mission kommen schlechte Nachrichten. Die Abrechnung der Mission und des Spitales wurde schlechter als erwartet. Das Leben ist teurer und die ‹Extraverwilligung›, ein nicht durch das Budget gebundener Betrag, musste abgezogen werden.

27. Oktober 1936, Mattheus: «Der Frankensturz kommt mir sehr bedenklich vor. Unser Missionsfeld ist natürlich auch betroffen; wir müssen am Voranschlag 15 000 Gulden einsparen, die Missionare bekommen 4% weniger Gehalt, dabei wird allgemein prophezeit, dass das Leben in unsern Gegenden gegen 40% teurer werden wird, da die Gummiregelung mehr Geld unter die Leute bringen soll. Für den Spitalbetrieb wäre das ja recht günstig, aber für die Missionare peinlich.»

14. November 1936, Betsy: «Im Spital wird gebaut: es wird ein Kindersaal angebaut an das vierte unserer Gebäude, denn wir haben schon einige Kinder, die keine Mutter mehr haben oder eine Mutter, die sie nicht stillen kann und die mit süsser Milch aufgepäppelt sein müssen.»

14. November 1936, Betsy: «Auch Mattheus ist oft sehr müde, aber gesund sind wir alle. Aber er ist deprimiert und hat das Gefühl von nicht-mehr-Nachkommen. Er hat auch viel zu tun, und der

indische Arzt lässt sich immer noch nicht finden. Aber herrlich ist es, dass er einen solchen anstellen darf! Die Regierung baut uns eine neue Poliklinik. Das ist fein, dann gibt es auch mehr Platz. Aber die Bauarbeiten, davor graut mir.»

6. FEBRUAR 1937, DR. VISCHER AN INSP. WITSCHI: «Ich habe Hoffnung, dieses Jahr dann besser abzuschliessen doch sind die Lebensmittelpreise unheimlich gestiegen: der Reis von –.65 auf 1.20 fl. das Brennholz von –.40 auf 1.50 fl. etc. Wir haben andauernd Hochbetrieb… Wir freuen uns sehr auf den angebauten Säuglingssaal mit Extragalerie. Die Säuglinge machen ein Riesengebrüll im Saal. Heute soll das Dach fertig werden. Die Schwestern arbeiten gut und in gutem Einvernehmen.»

Das ‹Rubbergeld›

Die Regierung profitiert von hohen Ausfuhrzöllen auf dem Gummi (Rubber) der Plantagen. Diese Mittel werden wieder eingesetzt zur Unterstützung der Gummiplantagen und für Investitionen im Gesundheitswesen, v.a. für Spital- und Poliklinikbauten.

Aus dem Jahresbericht 1937: «Borneo besitzt eine Menge meist kleiner Gummipflanzungen der Inländer. Um die Produktion im Rahmen der grossen Regelung dirigieren zu können, erhielten deren Besitzer, entsprechend der Kapazität ihrer Pflanzungen, vierteljährlich Ausfuhrlizenzen, lautend über eine bestimmte Menge verkaufsfertigen Gummis. Die Produktion blieb im Übrigen frei. Es setzte also jedes Vierteljahr eine Jagd der verschiedenen Gummiexporteure nach diesen Lizenzen ein, was zur Folge hatte, dass deren Preis sehr hoch stieg. Daneben wurde die nötige Menge Gummi angekauft, natürlich dort, wo er am billigsten zu haben war. Die Kunst der Exporteure bestand darin, den Preis von Gummi plus dazu gehöriger Lizenz dem Welthandelspreis in Singapore anzupassen. Da dieser Preis bekanntlich letztes Jahr unberechenbar schwankte, war das ein aufregendes Spiel für die Grosshändler. Es wurden ungeheure Summen gewonnen, noch mehr verloren. Im ersten Quartal, als die Vorräte der Exporteure sehr gross waren und der Preis stieg, wurde für die Lizenzen enorm viel bezahlt, sodass über die müssig dasitzenden Gartenbesitzer ein Goldstrom sich ergoss; die Lizenzaufkäufer überliefen sie. Da wurden dann dringende und weniger dringende Einkäufe gemacht. Im

Nu waren alle Läden ausverkauft, neue Autos und Fahrräder blitzten überall. Alles wurde teuer... [nichts wurde gespart.] Im Sommer wurde die Nachfrage nach Gummi gross, darnach fiel der Preis der Lizenzen etwas, blieb aber immer noch so hoch, dass man, ohne Gummi zu produzieren, noch genug ‹verdiente›, sodass die Leute die Bezahlung ihrer Schulden auf das nächste Quartal versprachen. Aber oh weh, plötzlich fielen die Preise von Gummi und Lizenzen auf ein unerwartet tiefes Niveau. Die zu Jahresbeginn unverhältnismässig gestiegenen Preise für Lebensmittel etc. blieben hoch, doch in den Häusern kehrte wieder Armut ein, denn auch die andern Exportartikel, Rotan und Harze, verloren den Wert. Nun sollte man sich wieder zu harter Arbeit entschliessen. Einstweilen wartet man aber ab, ob es nicht doch wieder besser wird.»

12. APRIL 1937, BETSY: «Im Spital hat es momentan nicht viel Patienten, auch in die Sprechstunde kommen weniger als letztes Jahr um diese Zeit. Denn viele gehen eben Gummi zapfen. Es ist eine ganz ungesunde Sache, eben dieser Gummi. Die Leute bekommen das Geld, ohne dass sie sich anstrengen, nur weil sie Gummigärten haben, die sie sich aber von irgend jemand zapfen lassen können. Es kommt nicht selten vor, dass Polizisten ihre Stelle aufgeben, weil sie ihren Verdienst nicht mehr brauchen: sie bekommen durch den Ertrag ihres Gummigartens *mehr* als durch ihre Arbeit. Auch unter dem Personal im Spital hat es einmal ein wenig gehappert und auch unsere Privatdienstboten machten Geschichten.»

Die Planung der Aussenstationen

Dr. Vischer bittet im Dezember 1937 um Einverständnis für den Betrieb einer Aussenpoliklinik im Anjer und einer auf dem Pasar[124]. Aber auch die Regierung beginnt mehrere Polikliniken auf dem Gebiet der BM zu planen. Von verschiedenen Stellen aus werden verwirrliche ‹Abmachungen› getroffen, was folgende Briefstellen illustrieren.

23. APRIL 1938, DR. VISCHER, LANGER, SIEBENSEITIGER BERICHT AN INSP. WITSCHI: «Schon im letzten Juni hatte mir der Kontrolleur gesagt, es bestehe der Plan, im Kanal und auf dem Pasar je eine

---

[124] Das heisst dort, wo der Kontrolleur wohnt.

Poliklinik zu eröffnen. Es kämen da Regierungsmantris hin, natürlich Mohammedaner, da die Bevölkerung mohammedanisch sei... Ich machte geltend, wie wichtig es für das Spital sei, dass wir den Posten in Mandomai nicht verlören und auch, dass es nicht anginge in Kuala-Kapuas auf dem Pasar eine Konkurrenz-Poliklinik zu bekommen... Dann meinte der Kontrolleur, er müsse eben einen Regierungsarzt einstellen... Von allem kam aber nichts zustande, weil der Resident bremste. Er wolle nicht forcieren und nur solche Polikliniken haben, die ich regelmässig besuchen könne und die nötig seien... Für die Beneden Dajak[125] stellt er drei Mantris an und zwar der Kontrolleur in Fühlungsnahme mit dem Zivilarzt, das bin ich. Einer arbeitet in Pahandut und wird kontrolliert vom Arzt in Kuala-Kuron, da ich mich dazu nicht imstande erklärt habe... Das heisst also, dass diese Arbeit von uns aus getan wird... Zum Glück gibt es heute diplomierte, dajakische Mantri!»

7. Juli 1938, Dr. Vischer an Insp. Witschi: «Auf dem Nachbargrundstück erheben sich jetzt die drei Gebäude des Neubaues aus dem Rubbergeld, nämlich eine hübsche kleine Mantriwohnung, eine Leichenkammer und ein feudales Poliklinikgebäude mit Zementboden. Der Dachstuhl wurde dieser Tage aufgerichtet. Ende September soll alles bezugsbereit sein.»

8. Juli 1938, Dr. Vischer an Insp. Witschi: «Zu Beginn dieser Woche überraschte mich der Inspecteur in Bandjermasin mit der Mitteilung, dass kürzlich, als ein Vertreter des Chefs des DVG in Bandjermasin war, im Einverständnis mit dem Residenten, ein Vorschlag ausgearbeitet worden sei, dass in Kuala-Kapuas ein *Regierungsarzt* (Inländer, wenn irgend möglich Christ) stationiert werde, der unter Leitung des Missionsarztes, vorwiegend mit dem zivilen Gesundheitsdienst zu arbeiten habe. Die BM müsse 25% des Gehaltes bezahlen... An sich ist dieser Vorschlag für uns so günstig als nur möglich. Durchgesetzt wird meiner Meinung nach der zweite Arzt für hier auf jeden Fall. Ich bitte um Verhaltensmassregeln.»

Die Antwort aus Basel betreffend die ärztliche Mission lautet, man müsse unbedingt mit der Regierung zusammenarbeiten, damit diese

---

[125] Beneden-Dajak und Boven-Dajak sind Unterabteilungen des Regierungsgebiets mit je einem Kontrolleur in Kuala-Kapuas und Kuala-Kuron. Über diesen stand der Assistent-Resident.

nicht selbst die Arbeit an der Mission vorbei übernehme. Die Mission dürfe keinen Boden verlieren und müsse daher auch für finanzielle Opfer bereit sein.

27. JULI 1938, INSP. WITSCHI AN DR. VISCHER: «Aus diesen grundsätzlichen Ausführungen ersehen Sie, dass wir der Grundlinie, die Sie bis jetzt offenbar mit einigem Bangen und nicht ohne eigene Hemmungen vertreten haben, durchaus zustimmen. Ja, Sie ermuntern möchten, sie herzhaft weiter zu führen. Ich halte es taktisch und psychologisch den Regierungsorganen, also den Holländern gegenüber für richtig, die finanziellen Fragen nicht als Oberfragen zu betrachten, sondern diese zu subsummieren unter die Voraussetzung ‹Ihr werdet doch nicht an uns vorbei nun ein doppeltes Geleise legen›. Es ergibt sich zunächst für Sie *Plainpouvoir* zur Anstellung eines geeigneten einheimischen Assistenzarztes. Ich bin froh zu hören, dass die neue Poliklinik unter Dach und Fach ist. Mit den Plänen betreffend die Polikliniken sind wir einverstanden. Zusammenfassend möchte ich noch einmal betonen, dass die neueste Entwicklung doch die Anerkennung des von Ihnen geschaffenen ärztlichen Zentrums in Kuala-Kapuas zeigt.»

6. AUGUST 1938, DR. VISCHER AN INSP. WITSCHI: «Es handelt sich nicht darum, ob *wir* einen Arzt anstellen wollen oder nicht – über diese Möglichkeit will ich noch in Batavia reden, sondern die Regierung will hier in Kuala-Kapuas einen Regierungsarzt haben, um zu reisen etc. kurz, um den eigentlichen DVG zu besorgen. Quasi als ‹Subsidie in natura›. Wenn wir einen Teil seines Gehaltes tragen, wird er organisch mit uns verbunden, wenn nicht, dann geht die Regierung eben eigene Wege. Irgend einen Einfluss auf dessen Wahl haben wir nicht, lediglich liegt es im Interesse des DVG, uns einen Arzt zuzuweisen, mit dem wir kutschieren können. Sie werden uns schon nicht einen fanatischen Mohammedaner oder so zuweisen. So ist die Lage. Keineswegs ist es eine Freundlichkeit gegen uns; es sind nackte Utilitätserwägungen, aus denen wir nun das Beste zu machen suchen müssen. Dr. de Jong[126] riet mir dringend zu. Er würde es für einen schweren Fehler halten, da abzusagen. Und in diesem Sinne fasse ich Ihre Zusage doch auf. Die Polikliniken, die vom Kontrolleur errichtet werden in Mandomai und Pahandut und hier im Anjer, unterstehen meiner Aufsicht und die

---

[126] Missionsarzt in Java.

210

Mantris dafür schlage ich vor. Das würde bei der neuen Regelung also auch noch bleiben, falls der zweite Arzt mir untergeordnet wird, was ja zu erhoffen ist.»

Nun besteht die Hoffnung, einen zweiten Arzt, d.h. einen Arzt aus Java, anstellen zu dürfen. Die BM hat endlich hierfür die Genehmigung erteilt.

5. NOVEMBER 1938, BETSY: «Mattheus hat die letzten zwei Nächte bis zwei Uhr und bis halb ein Uhr nachts geschrieben, weil er am Tag einfach nicht dazukommt. Wir hoffen wirklich, dass der indische Doktor kommt. Aber hören tut man von nichts. – Die Sache ist ‹im Tun›, das wissen wir. Es geht nur alles entsetzlich langsam.»

12. NOVEMBER 1938, MATTHEUS: «Der in Aussicht stehende zweite Arzt wird mir nicht so viel Nutzen bringen, da er im Wesentlichen Neues wird leisten müssen. Es ist schon viel geplant. Man will viel Reisen und statistische Untersuchungen etc. So wird die Zeit verfliegen, und ich fürchte, dass ich nicht dazu kommen werde, einen Lehrgang für das Personal richtig auszuarbeiten, und das hätte ich eben doch gerne zum Abschluss noch getan, denn bis mein Nachfolger dazu im Stande ist, geht es dann wieder manche Jahre.»

Das Spitalpersonal mit Emilie in der Mitte, Betsy und Mattheus Vischer, Schwester Elsine Giezendanner und Schwester Ruth Spiller.

Reisen und anderes
Reise nach Tewah

3. JUNI 1936, BETSY: «Wir reisen also am Samstag nun erst nach Tewah. Und zwar fahren wir mit einem Chinesenschiff, weil die Barimba ziemlich oft spuckt und nicht in Ordnung ist und da wollen wir es nicht mit ihr riskieren. Das Chinesenschiff fährt mit Rohöl, also billiger als die Barimba mit Benzin, und so verlangt der Chinese auch weniger als das Benzin kosten würde mit der Barimba. Wir hängen also ein Wohnboot an, in dem wir nachts unsere Feldbetten aufstellen. Da die Kabine aber eher eng ist, müssen wir die Feldbetten am Tag wieder zusammenrollen, um einen Tisch und Stühle in die Kabine stellen zu können. Aber es wird wohl gehen, wir sind ja nur wir zwei und ohne Kind, das Platz braucht, um sich zu vertun. Ich habe die letzten Tage immer an den Reiseblechen gepackt und alles erneuert etc. Es war ein Geschanz aber nun sieht es *so* prächtig aus, dass es fast schade ist, es zu gebrauchen! Es sind 30 Bleche und in jedem Blech sind etwa 20 Gegenstände: Flaschen, Salben, Pulver in Flaschen und in Päcklein, leere Flaschen und leere Schächtelchen etc. Es sind mir also etwa 600 Sachen durch die Hände gegangen! Und nun muss ich noch das Essen für drei Wochen bereit machen: das Blech, um Brot darin zu backen, die Bleche mit Trinkwasser und alles andere. Emilie darf zu Frau Weisser… Mat, den Djongos, nehmen wir mit zum Kochen und dann Bleche-ausladen etc. …»

Kapuas-Reise mit Fräulein Dr. Hessberg

27. OKTOBER 1936, MATTHEUS: «Wir sind gestern, Sonntag abends, im Lauf unserer ‹Rubberreise› hier in Mandomai angekommen und machen nun einen kleinen Ruhetag. Es ging soweit alles gut, aber natürlich ist es ermüdend täglich so ein Betrieb mit Leuten, die zum ersten Mal kommen und nachts schläft man auch ungenügend. Frl. Dr. Hessberg kam also mit und war eine gute, hilfsbereite Teilnehmerin. Sie besorgte meistens die Salvarsanspritzungen während Betsy wieder die Schreiberei besorgte, was eher nervenaufreibende Arbeit ist mit den stumpfen Leuten. Ich finde solche Reisen immer ziemlich unbefriedigend. Aber man muss sie eben machen, hauptsächlich wegen der Regierung, die will, dass ‹etwas getan wird›. Und die immer Taten will, die man sehen und zählen kann.»

7. NOVEMBER 1936, BETSY, AUF DER KAPUASREISE MIT FRL. DR. HESSBERG: «Ich bin mit ihr durch jedes Dorf rasch spaziert, und wir haben die Totenhäuschen und anderes Interessantes angeschaut. Das Dorfheiligtum z.B. in einem Dorf: ein kleines Häuschen, in dem drei Schädel waren, denen die Leute opfern: Köpfe, die sie geschnellt in einem unterhalb liegenden Dorf, vor vielen Jahren. Auch einen Sarg sahen wir, auf vier Beinen, mit einem Loch in der Mitte, aus dem der Saft fliesst. Du kannst Dir denken, wie das riechen wird mit der Zeit, obwohl der Ort weit entfernt ist vom Dorf. Eben auch eine Art zu bestatten. Man lässt den Sarg bis er von selbst zusammenfällt… Nun habe ich wieder die Medizinen nachgefüllt, habe viel im Labor zu tun, dann viele Briefe für Mattheus und mich zu schreiben, habe Nachthemden für Mattheus geschnitten und Taghemden für ihn geändert und nun wartet ein Kleid von mir auf Änderung.»

Treibstoffkosten

12. DEZEMBER 1937, MATTHEUS AN OTTO: «Mama schreibt von Deiner Arbeit auf dem Geschäft seist Du auch befriedigt. Das freut mich. Ob Deine Abteilung sich erweitert, oder ob die Autosachen abgenommen haben? Wenn man die Schweizer Zeitungen liest, dann müsste das ja der Fall sein, da niemand mehr Benzin kaufen kann!! Hier in Indien wurde kürzlich der Preis reduziert, der Liter kostet jetzt nur noch 50–55 Centimes. Sei aber immer noch der höchste in der Welt. Mit meinem Motorboot brauche ich per Stunde fünf Liter oder per Kilometer etwa $\frac{1}{2}$ Liter. Teure Reisen! Petroleum käme einen Drittel billiger, gibt aber so viel Mehrarbeit durch Russbildung, dass ich nicht damit fahren kann.»

Einige spezielle Probleme
Abgeschiedenheit

Die Verbindungen zwischen den verschiedenen Missionsstationen, zwischen dem Präses in Bandjermasin und den Familien, die sich weit verstreut in den nördlichen Urwaldgebieten befinden, sind nur über Briefe möglich, die von Reisenden auf Booten mitgebracht werden. Nur selten besuchen sich Missionare gegenseitig und das allgemeine Treffen an der Generalkonferenz in Bandjermasin findet nur alle zwei Jahre statt. Die

Frage nach der Einrichtung einer Radioverbindung zwischen den Stationen wird erwogen:

26. MÄRZ 1936, DR. VISCHER AN INSP. WITSCHI: «Bei der Durchreise in Batavia hatte ich die ausserordentlich günstige Gelegenheit mit dem Missionskonsul zusammen, mit dem zur Zeit kompetentesten Herrn Javas, über unsere Radiofrage zu sprechen. Dieser Herr war technischer Beamter im Postradiodienst und ist jetzt der Präsident der christlichen Radioliebhabervereinigung. Dieser sagte mir nach eingehender Besprechung, es wäre möglich unsere Stationen radiotelefonisch zu verbinden, sodass man also keine Morsezeichen nötig hat. Es müsste aber jede Station mit einem Sender und einem Empfänger ausgestattet werden. Nach diesem Bericht scheint es mir aber für unsere Verhältnisse doch noch verfrüht.[127]»

3. DEZEMBER 1937, DR. VISCHER AN INSP. WITSCHI, VERTRAULICH: «Frau Y. geht nicht gern nach Kasungan zurück und wir befürchten, es werde nicht gehen. Kasungan ist ja zur Zeit ein elend abgelegener Platz. Man denke: gelegentlich fährt ein Borsumijboot[128] und gelegentlich ein Regierungsboot. An anderen Fahrgelegenheiten gibt es nichts, als ein inländisches Segelschiff oder ein chinesisches Dreckschiff ohne Kabine. Durch Gnade des Assistentresident darf Frau Y. mit dem Regierungsschiff bis nach Mendawei fahren, von dort geht es mit ihren beiden Buben und dem vier Monate alten Säugling im Boot mit Anhängemotor weiter, mit mindestens viermaligem Übernachten im Boot, an dem menschenarmen Fluss.

In Kasungan und Tumbang Lahang gehen gelegentlich die Lebensmittel aus. Es gibt wochenlang keinen Zucker, keinen Reis, kein Salz. Was das bedeutet, wenn man Kinder hat! Immerhin kommt mir die kategorische Forderung, dass man an den Katingan nur noch jüngere Missionare tun dürfe, und die älteren mehr in die Peschavi[129], doch nicht ganz missionarisch vor.»

---

[127] Für den Empfänger muss man Batterien aufladen, wozu ein Windmühlenmotor erforderlich ist. Die Missionare müssen immer zur gleichen Zeit ‹auf Draht› sein, was auch zur Funktionskontrolle der Station nötig ist. Eine komplette Station kommt auf 500 Gulden zu stehen.

[128] Schiff der Handelsgesellschaft ‹Borneo-Sumatra-Maatschappij›.

[129] Spasshaft für ein holländisches Wort: Beschaving = Zivilisation.

Verhältnis zu vorgesetzten Stellen

19. AUGUST 1936, INSP. WITSCHI AN DR. VISCHER: «Wenn Sie trotz der grossen Inanspruchnahme durch Ihre Arbeit Zeit finden, besonders auch über die missionarischen Fragen, die der Inspektionsbericht berührte, sich Ihrerseits zu äussern, würde ich dies begrüssen. Darum war es mir ja zu tun, nicht nur, dass die Brüder darüber informiert werden, was in Basel über Borneo berichtet wurde, sondern vor allem auch, um ein anschliessendes Gespräch. Kritik, die totschweigt ist unfruchtbar. Ich denke dabei nicht an Sie, wenn ich das letzte schreibe, sondern ich habe durchaus die Erwartung eines fruchtbaren Gesprächs gerade auch mit Ihnen. Dass sich, wie Sie schreiben, viel Brüder über den Bericht von Dr. Kraemer[130] ungemein ärgern, ist bedauerlich. Wir haben ihn hier mit grosser Dankbarkeit gelesen. Wie kann man Christus verkündigen und ihn nicht auch bei sich haben zum positiven Verstehen eines Berichts? … Ich bin dankbar, dass Sie im Ausschuss von dem Bruderkreis mithelfen zu sachlichem gegenseitigem Verstehen.»

14. DEZEMBER 1936, INSP. WITSCHI AN DR. VISCHER, ALS WEIHNACHTSBRIEF: «Insbesondere möchte ich Ihnen danken für Ihren ausgleichenden und wohltuenden überlegten Einfluss auf das Ganze des Werkes, besonders im Ausschuss, den auch Bruder Epple sehr dankbar anerkennt.»

16. JULI 1937, DR. VISCHER AN INSP. WITSCHI: «Bitte erlauben Sie mir Ihnen offen ein paar Bedenken jetzt schon auszusprechen, die mich bedrücken. Es soll nicht a priori Widerspruch sein. Es ist ein Stück Missionserfahrung aus meinen letzten zehn Jahren, dass abenteuerlich anmutende Direktiven aus der Heimat sich im Erfolg als richtig erwiesen haben. Deshalb bin ich vorsichtig im Urteil geworden. Aber! [sic] Unsere Brüder sind geneigt gegenüber nachdrücklich ausgesprochenen Wünschen des Inspektors allzu bald zu schweigen. So sind wir im Ausschuss der festen Überzeugung, dass an den oberen Kahajan [Fluss] mindestens ein älterer Bruder gehört, und nicht einem Neuling überlassen werden soll.»

---

[130] Dr. Kraemer hatte der BM ein Gutachten über die Mission in Süd-Borneo erstellt, worin er kritische Bemerkungen angebracht hatte, welche z.T. von Missionaren mit Empörung aufgenommen wurden.

3. DEZEMBER 1937, DR. VISCHER AN INSP. WITSCHI, VERTRAULICH:
«Was Epple in den letzten Monaten an Arbeit geleistet hat, ist ja
einfach überwältigend; er ist dabei merkwürdig frisch geblieben.
Ich freute mich z.B. über die Diskussionen an der letzten Aus-
schussitzung, und in seinem Geheimarchiv hat er noch eine Menge
wertvolles Material, das, wenn er es nicht noch bearbeitet, für alle
Zeiten wertlos zugrunde geht... Ich bin recht froh, dass wir in der
letzten Sitzung nun endlich einmal einigermassen gründlich und
sachlich die Aufgaben in Bandjermasin besprochen haben. Epple
wollte dieser Sache scheinbar aus dem Wege gehen und sie liegen
lassen und wurde nun von allen möglichen Seiten unter Druck
gesetzt. Nun sollte man aber auch bei der Stange bleiben.»

Kabulat, die Leprastation auf der gegenüberliegenden Seite des Murong

Die Pflege der Aussätzigen, die von der Dorfgemeinschaft verstossen
werden, liegt Mattheus sehr am Herzen. Schon 1931 hat er mit geschenk-
tem Geld die erste Patientenhütte errichtet, und schon bald kamen einzelne Leprakranke. Die Station hat sich aber nie zu einem Dorf, wie man
es in Sumatra finden kann, entwickelt. Zu bemerken ist aber, dass Kabulat in der Gemeinde Kuala-Kapuas eingegliedert war und dass die
Gemeinde mithalf das Land für die Aussätzigen zu roden, damit diese
selbst Gemüse anbauen konnten. Es ist ein erstes Pflegeprojekt, das die
christliche Gemeinde übernimmt.

7. NOVEMBER 1936, BETSY: «Man freut sich, wenn man die Arbeit
ansieht die so fein vorwärts geht. Obschon Mattheus oft müde ist
und deprimiert und das Gefühl hat den ganzen Tag gearbeitet zu
haben, ohne dass etwas dabei herauskam, so ist dann doch das
Fortschreiten im Allgemeinen recht erfreulich. Die sechs Aussätzigen, die aufs Mal von Tewah und von weiter oben kamen, und die
sich nun alle hier ansiedeln bei den andern, dann das neue Gebäude, das gebaut wird, dann die neue Poliklinik, die die Regierung aus
Gummigeld baut – alles Dinge, die zeigen, dass die Arbeit nicht
unnütz ist. Auch die 1517 Patienten, die wir in den 14 Tagen behan-
delten auf der Kapuasreise, das ist doch fein!»

Schule und Internat

26. SEPTEMBER 1937, DR. VISCHER AN INSP. WITSCHI: «Ich sehe
natürlich ein, dass Basel nicht viel Geld hat, aber unser einziges
und äusserst wichtiges Internat in Borneo sollte recht und konkur-

renzfähig sein. Und was vor allem wichtig ist, auch den unerlässlichen hygienischen Anforderungen entsprechen. Die gegenwärtigen Verhältnisse sind strafbar; die allzu reduzierten Pläne von Epple sind unzulässig. Das will niemand einsehen… Überall findet man Ausbildung wichtig und die Eingeborenen wollen jetzt Holländisch lernen. Es ist ein wenig baslerische Neigung, alles ein wenig zu knapp und zu dürftig zu machen. Wir haben den gleichen Fehler jetzt auch wieder beim Lehrerbildungskursus gemacht, können ihn aber nicht korrigieren… Es gibt eine vertrauliche Preiszusammenstellung, die meine Frau gemacht hat und die nur für Kuala-Kapuas gilt. In den Jahren 1924–1928 mussten die Missionare sparsamer leben, als heute, aber es wird dagegen gesagt, dass sehr viele damals noch über, wenn auch kleine, Zuschüsse verfügten, die heute nicht mehr erhältlich sind. Und wie gesagt, die Leute, die die Kinder daheim haben, sind sehr knapp dran.»

3. JUNI 1938, DR. VISCHER AN INSP. WITSCHI: «Ich hörte in Bandjermasin wieder von 70 Internatskindern sprechen, es schwirrt wieder von ungefreuten Gerüchten. Ich bestand darauf, dass Sie als max. 60 genannt hätten. Ich finde auch das, als ‹Anfang›, denn es gilt einen ganz neuen Anfang zu machen im neuen Haus mit neuer Hausordnung… Die Jüngsten müssen also von Frau Bär noch gebadet werden. Sie muss ihre Kleider regelmässig nachsehen; die sind nicht im Stande ihre Kleider zu waschen, können keinen Knopf annähen, wissen sich nicht zu helfen, machen z. T. das Bett nass und machen in ihrer Not die unglaublichsten Dinge. Die Grossen tyrannisieren die Kleinen, machen Essensstreik, reissen nachts aus und belästigen Mädchen. Lügen, Stehlen, Verleumden sind alltägliche Dinge. Ihre Korrespondenz und ihre Koffer müssen kontrolliert werden. Die Erziehung zum primitivsten Anstand fehlt noch, von Internatsgeist ganz zu schweigen. So, wie es jetzt ist, ist es eine Sisyphusarbeit da mit Erziehung beginnen zu wollen. Dazu kommt, dass die Kinder meist zu wenig Wäsche haben und dass das Kostgeld so niedrig ist, dass schon die Anschaffung von Seife, Handtüchern und Tellern schwierig ist. Eine Erhöhung des Kostgeldes von 50 ct. hat Bär angekündigt für das kommende Schuljahr. Diese beansprucht Herr Weissinger[131] nun als Beitrag an Unterhalt der Gebäude. Der Ausschuss ist nicht dieser Mei-

---

131 General-Kassier der BM in Bandjermasin.

nung, aber der wird da nicht gefragt. Dem gegenüber stehen die Hauseltern mit ihrer festen Einsicht, dass es unmöglich ist, eine so grosse Anzahl zu versorgen. Und niemand ist, der da ein Machtwort spricht. Könnten Sie nicht einfach befehlen: ‹Erstes Jahr nicht mehr als 45, zweites Jahr 55, später 60 Kinder›?»

30. DEZEMBER 1938, DR. VISCHER AN INSP. WITSCHI: [Man muss unbedingt jetzt den Schülern Holländisch beibringen, denn in Java wundert man sich darüber, dass die zur Ausbildung Geschickten kein Holländisch verstehen.] «So plant Bruder Weisser als Anhängsel an den Lehrerkurs noch einige holländische Stunden, die sollten unbedingt zustande kommen. Übrigens: Die Kursisten machen einen ganz guten und tüchtigen Eindruck, nicht zuletzt dank Weisserscher Zucht und Hingebung. Im Gedanken daran und im Blick auf die nun gut im Schuss befindliche Gemeinde, erfüllt mich der Gedanke an Weissers baldiges Scheiden von hier mit Bedauern.»

Doktor Vischer als Lehrer

25. JANUAR 1937, BETSY: «Mattheus gibt nun täglich von halb vier Uhr bis halb fünf Uhr Stunde im Spital für die Angestellten. Er ist befriedigt vom Erfolg, sie geben sich Mühe. Aber sonst hat er viel Ärger, weil viele Pfleger plötzlich aufhören wollen und es weht ein ungefreuter Geist unter dem Personal im Spital. Es gibt so Zeiten…»

Die Personalprobleme

Da die Suche nach einem Nachfolger sich schwierig gestaltet, dringt Dr. Vischer schon bei seiner Ausreise 1935 darauf, dass man sich hierfür einsetzen muss. Auch für die Schwestern stellt sich das gleiche Problem: Ausgebildete Schwestern mit einer abgeschlossenen Hebammenausbildung, die willig sind, sich der Mission zur Verfügung zu stellen, mit der Auflage in Java später das holländische Hebammendiplom zu holen, sind sehr schwierig zu finden, deshalb ist eine intensive Suche angezeigt.

Wie soll sich die Weiterführung der ärztlichen Mission in Borneo gestalten? Geplant wird eine Ablösung durch Dr. Höweler, der die Verhältnisse schon kennt und bereit wäre zu kommen. Allerdings ergeben sich Schwierigkeiten in Bezug auf die Terminplanung, weil Frl. Dr. Hessberg in den Urlaub muss und in dieser Zeit auf die Vertretung durch Dr. Höweler rechnet. Dann erst soll Dr. Höweler Dr. Vischer ablösen, der definitiv in die Schweiz zurückkehren soll. Aber alles ist noch unsicher. Zudem ändert Dr. Höweler immer wieder seine Pläne und Zusagen.

6. Februar 1938, Dr. Vischer an Insp. Witschi: [Dr. Höweler hat wieder neue Vorschläge über seinen Amtsantritt.] «Wir wünschen nicht mit Dr. Höweler ein ‹gentleman's agreement› zu treffen. Wir wollen keinen Kuhhandel mit unserem jüngeren und in manchem noch recht jugendlichen Kollegen abschliessen. Unsere Interessen legen wir in die Hand der Missionsleitung und bitten um baldige Klärung der Situation.»

6. August 1938, Betsy: «Nur mit einer Schwester können wir den Spital nicht betreiben. Ich kann eben auch nicht mehr wie früher, und eine Schwester ersetzen, dazu reicht mir nicht die Kraft und nicht die Zeit. Denn wir müssen doch immer damit rechnen, dass wir Gäste haben. Es ist halt wirklich tragisch, dass immer alles so knapp ist, was die Ausreisen betrifft. Aber man darf ja nichts sagen. Mattheus hat Insp. Witschi wirklich zur Zeit geschrieben, dass es doch nicht wieder so geht mit der Ausreise der neuen Schwester. Und nun!! es ist eben genau wie immer. Aber sage nichts, gelt, niemandem. Ich klage nur Dir ein wenig, damit Du siehst, dass es uns halt nicht immer so geht, wie wir es gern hätten, und wie man es sicher machen könnte mit ein wenig gutem Willen. Nun geht Schwester Emilie zwei Monate nach Holland!! Ist *das* nun nötig? Ich finde es hat ganz keinen Sinn, dass wir dann immer so schanzen und uns müder machen als nötig, nur weil die Schwesternablösung zu spät kommt. Solche Sachen fuxen einen halt! …»

Doktor Vischer und Schwester Maria

Das persönliche Verhältnis zu Schwester Maria war von der Familie Vischer aus immer schwesterlich, herzlich. Es muss aber auch diese Schwester unter der verschlossenen, unnahbaren Art ihres Vorgesetzten gelitten haben. Deshalb seien folgende Stellen hier eingefügt, weil sie Einsicht geben in die persönliche Eigenart von Dr. Vischer, wie sie schon bei seiner Aufnahme in den Dienst, 1926, vermerkt wurde.

23. April 1937, Insp. Witschi an Dr. Vischer: «Im Weitern habe ich versucht, Ihnen wiederholt brieflich ans Herz zu legen, Sie möchten die Schwestern immer wieder anmerken lassen, dass Sie sich mit ihnen in eine teamartige Arbeitsgemeinschaft hineingestellt wissen. Ihre persönliche Arbeit liess dem Missverständnis einer gewollten Distanz zu sehr Spielraum. Heute stehe ich unter dem Eindruck, dass ihre Gattin mit dem, was ihr innerlich geschenkt ist, in ausgezeichneter Weise die Gemeinschaft pflegt,

die für die Schwestern notwendig ist. Damit habe ich, meines Erachtens das Wesentliche berührt. Ich füge hinzu, dass die Überlassung des Doktorhäuschens[132] für die Schwestern zu eigenem Haushalt, sicher eine richtige Massnahme war.»

3. JUNI 1937, DR. VISCHER AN INSP. WITSCHI: «Ich danke Ihnen sehr herzlich für den Brief von 23.4. und Ihre Bemühungen mit Schwester Maria. Auf Ihre Bemerkung wegen meinem Verhältnis zu den Schwestern, für die ich Ihnen sehr dankbar bin, kann ich nur wieder betonen, dass ich meinerseits, subjektiv, durchaus mit ihnen verkehre wie mit Gleichgestellten und nur rein fachlich die Unterordnung erwarte, die nun einmal eine Pflegerin einem Arzt schuldet. Einer muss schliesslich anordnen und einer trägt die letzte Verantwortung. Ich glaube, das verstehen jetzige Schwestern auch richtig. Freilich ist mir warmherzige Vorbildlichkeit des Wesens leider nicht gegeben, und das kann in Zeiten des Hochbetriebs oder sonstiger starker Anspannung zu schroffen Äusserungen führen, die meinerseits nicht so gemeint sind. Doch geben wir uns zurzeit beiderseits Mühe, *daran* nicht zu scheitern. Wir hatten zu Schwester Maria unsererseits, wie ich schon schrieb, ein durchaus schwesterliches Verhältnis und haben es *sehr* empfunden, dass sie sich kaum mehr gegen uns ausgesprochen und auch Gespräche über die Dienstregelung vermieden hat, um ja nicht in den Verdacht zu kommen, Schwester Lydia zu benachteiligen. Ich sehe nun, dass sie das bewusst getan hat – wie ich immer vermutet hatte – und kann ihr daraus moralisch keinen Vorwurf machen. Ich finde es sehr edel von ihr, doch glaube ich, dass es nicht zweckmässig war, denn es hat ihr eine Menge seelische Kraft gekostet und vermutlich nicht viel genützt… Ja, die Gruppenerlebnisse meiner Frau sind ein Geschenk, für das wir nicht dankbar genug sein können. Sie nimmt sich der Schwestern sehr intensiv an.»

16. DEZEMBER 1938, INSP. WITSCHI AN DR. VISCHER: «Darf ich die Gelegenheit, da wir von den Schwestern reden benützen, um in Rückblick auf die Schwierigkeiten zwischen Ihnen und Schwester Maria in brüderlicher Offenheit die Bitte auszusprechen, Sie möchten den Schwestern den Dienst erleichtern durch ein offenes Ohr für gelegentliche Anliegen, selbst wenn es eigentliche Klagen sein sollten.»

---

[132] Eigentlich dasjenige für den Missionsbaumeister Röder.

30. Dezember 1938, Dr. Vischer an Insp. Witschi, persönlich: «Ihre Bemerkung wegen der Schwestern danke ich Ihnen. Es scheint in der Tat nicht leicht zu sein, mir mit Beschwerden nahezukommen. Schwester Elsine tat es einmal und ging getröstet von dannen. Mit Schwester Maria und Ruth habe ich eben wieder eine Enttäuschung erlebt, von der wir Ihnen aber nicht berichtet haben... [Sie hat auch] die Art, dass sie solche Sachen jahrelang wiederkäut und sich davon wieder beeinflussen lässt. Für solche Art fehlt mir das Sensorium. Besprochene Sachen sind für mich vergeben und vergessen. Dabei ist es für mich im Verkehr mit den Mitmenschen gefährlich, dass ich zu wenig zum Voraus Sachen bespreche und in meinem Streben es für die Betroffenen gut zu machen, meine, meine Absicht werde gefühlt und verstanden und sei den Wünschen des Betroffenen konform. Und da verhaue ich mich, wie ich immer wieder merke und einsehe eben öfter oder meistens und das ist dann nachher sehr bitter und schmerzlich. Ich setze immer voraus, dass die Leute, die ich nicht als meine Untergebenen betrachte, sondern mit denen ich als Mitarbeitern mich gleichstelle, also die Schwestern und Missionare, ihre Meinung offen vertreten. Und wo das nicht geschieht, sondern man abstellt auf ‹sein deutliches Gefühl›, dass ich es anders wolle und meine, als ich es sage, da gibt es dann eben Unglücke. Da die Arbeit hier mich oft sehr anspannt, körperlich und geistig und auch Krankheitsfälle mich erfüllen, bin ich eben scheints meistens zu kurz angebunden. Da kann ich mich nur sehr schwer frei machen. Meistens stehe ich nicht frei über dem Getriebe, sondern sehr drin und drunter und da habe ich nicht die nötige Geduld und Phantasie, zu verbindlichem Umgang. Ob ich es an der nötigen Liebe fehlen lasse, weiss ich nicht; subjektiv nicht, aber manchmal wohl am Fleiss; doch macht mich gar fleissige Konzentration nach meiner Erfahrung eher noch härter. Und darum gönne ich mir gelegentlich etwas mehr Musse, als nach der Arbeit nötig wäre. (Schreibe z. B. wenig Briefe etc.) So viel zum Schwesternproblem.»

Die ärztliche Mission

Animosität gegen die ärztliche Mission

Dr. Vischer beginnt mit seinem Auftrag, die ärztliche Mission in Süd-Borneo aufzubauen, Anfang 1928. Zu diesem Zeitpunkt befinden sich auf verstreuten Stationen im Urwald und in den grösseren Orten wie

Mandomai, Kuala-Kapuas und Bandjermasin Missionare, welche selbstverständlich ärztliche Hilfeleistung verrichten, einige Medikamente besitzen und Wundbehandlung durchführen können. In Bandjermasin wirkt schon seit 1923 Schwester Mina, eine begabte Hebamme. Die Ankunft eines Arztes wird nicht von allen Geschwistern gern gesehen, nimmt er ihnen doch eine hilfreiche Tätigkeit weg. Wir hören in einem Brief, dass sich Homöopathen unter den Missionaren befinden, welche sich entschieden gegen den Arzt und seine Praxis richten. Eine zusätzliche Spannung entsteht auch dadurch, dass ein Arzt, ein Akademiker, auf dem Feld erscheint. Dr. Vischer und seine Gattin kommen aus einem ganz anderen gesellschaftlichen Milieu; sie sind nicht nur Schweizer, was offenbar Württembergern Mühe bereitet, sondern auch Basler. Erschwerend für eine herzliche gegenseitige Kontaktnahme ist wohl auch die immer wieder erwähnte Schweigsamkeit des Arztes, die er mit bestem Willen nicht überwinden kann.

Was nun den folgenden Brief betrifft, so sind es weniger diese Schwierigkeiten, als vielmehr die Tatsache, dass rigoros gespart werden muss und dass für den Spitalbau und den Betrieb der ärztlichen Mission viel mehr Mittel eingesetzt werden müssen, als es sich die Missionare vorstellen. Es scheinen aber nicht nur finanzielle Probleme zu bestehen, sondern auch Platz- und Wohnfragen. Die Missionare fühlen sich scheinbar verdrängt.

7. JULI 1938, DR. VISCHER AN INSP. WITSCHI: «Ein verhängnisvoller Faktor ist eine immer wieder zutage tretende Animosität gegen die ärztliche Mission. Ein sonst ruhiger Bruder sagte mir kürzlich mit einem unerwarteten Affektausbruch: ‹Wir sind jetzt zwei Mal durch die ärztliche Mission besiegt worden; das muss jetzt dann aufhören. Ich mache nicht mehr mit.› Er warf mir indirekt vor, die ärztliche Mission sei Schuld, dass Missionar Weiler wieder ‹im Seminar wohnen müsse› und dass wir eine saubere Trennung verhindert hätten. Ein anderer sagte, wenn die Gemeinde in Bandjermasin in solche Weise vom Missionar getrennt würde und vernachlässigt und zugrunde gerichtet, so sehe er sich genötigt, ‹an die Heimatgemeinde zu appellieren› das könne er vor seinem Gewissen nicht verantworten. Solche Gesinnung hegen die Leute im Ernst und tragen sie ins Binnenland. Die Schwestern und Frl. Doktor leiden unter dieser ‹Hetze›.»

Der Kontakt zu Missionsärzten

26. AUGUST 1938, DR. VISCHER AN INSP. WITSCHI: «Ich bin gestern wohlbehalten wieder von meiner Javareise zurückgekehrt. Die Überfahrt im Flugzeug Surabaja-Bandjermasin war sehr schön

und angenehm. Sie dauert nur nicht ganz zwei Stunden und geht in den grossen Flugzeugen vor sich, die scheint's auch von Basel nach London verkehren… Die Missionsärztekonferenz in Djokja [Djokjakarta] war überwältigend. Es waren etwa 30 Kollegen beieinander, wovon sechs Ärztinnen. Im ganzen gäbe es etwa 70 Missionsärzte.»

Die ärztliche Mission und die junge Dajakkirche

16. Dezember 1938, Insp. Witschi an Dr. Vischer: «Ich möchte nur sagen, dass das Komitee entschlossen und dankbar die von Ihnen gezogenen Zukunftslinien bejaht. Sie haben im entscheidenden Augenblick die Klammer zwischen ärztlicher Mission und Junger Kirche, resp. Gemeinde stipuliert und weisen mit Recht auf die grosse Bedeutung der Ausbildung einheimischer Pfleger und Pflegerinnen im Sinne evangelischer Diakonie hin, eine Aufgabe, der für die Zukunft nicht nur grösste Aufmerksamkeit, sondern auch praktisch ein grösserer Teil der Kraft zugewendet werden muss. Zu dieser Entwicklung gehört auch die Errichtung von Aussenplätzen für einheimische Mitarbeiter, unter starker Mitverantwortung der jeweiligen christlichen Gemeinde. Wir sind uns klar, wie sehr wir in diesem Punkt noch in den Anfängen stecken und doch ist es bedeutsam, dass die Linien, die in die Zukunft weisen, nicht nur von Ihnen und den Schwestern, sondern von der ganzen Missionarschaft und v.a. auch von den Gemeinden deutlich gesehen und bejaht werden.»

Die europäische Politik

Die Auswirkung des Kirchenkampfes in Deutschland

Der folgende Brief ist wohl die erste öffentliche Reaktion der BM auf die kirchlichen Geschehnisse im Vorkriegs-Deutschland. Der Kirchenkampf hatte 1933 begonnen, nach der Machtübernahme Adolf Hitlers.

5. April 1935, Dir. Hartenstein an den Präses, Missionar K. Epple: «Ich darf Ihnen aber vielleicht in diesem Zusammenhang doch auch ein paar Worte über die Heimat schreiben, als einer, der ja ausserordentlich eng beteiligt ist an dem Ringen um die Kirche und den es wirklich Tag und Nacht in Furcht und Hoffnung bewegt, was aus unserer Deutschen Kirche wird. Ich sehe die Sache heute so: Der Kirchenkampf hat sich in drei grossen Stadien

vollzogen. Das erste Stadium Frühling 1933: Grosse Begeisterung auch in der Kirche, neue Möglichkeiten für ein christliches Volk, schwärmerischer Griff einer grossen Zahl junger Pfarrer nach der Synthese: Christentum und Deutschtum muss nun ein für alle Mal in eine Ehe gezwungen werden. Überstürzter Aufbau einer Reichskirche, Wahl eines Reichsbischofs, Abhaltung einer Reichssynode. Alles Sache von fünf Monaten. Zweites Stadium: der innerkirchliche Kampf. Alle Synthese, aller Synkretismus auf christlichem Gebiet ist vom Teufel. Und die Dämonen zeigten sich sehr rasch: es muss aus dem Christentum all das, was nicht in die Ehe mit dem Deutschtum hineinpasst, ausgeschieden werden: Altes Testament, jüdischer Paulus: dazu kommt die Ariergesetzgebung, etc. Etwa einjähriger Kampf zwischen der Bewegung der ‹Deutschen Christen› und der immer stärker werdenden Bekenntnisgemeinschaft der ‹Jungen Kirche›, kurz die Bekenntnissynode genannt. Dabei ging es um die Frage des Wesens der Kirche. Gehört zum Wesen der christlichen Kirche auch das Völkische, oder nur das Evangelium? Zum Wesen! Für die evangelische Christenheit Deutschlands in ihren führenden Männern und in ihrer grossen Mehrheit ist die Frage entschieden worden: verbum solum. Und nun, drittes Stadium: Und damit tritt der Kirchenkampf erst ein in seine tragische und schmerzliche Periode. Der Staat selbst hat eine Weltanschauung, besser gesagt eine Religion hervorgebracht. Das ist der Gedanke von Blut und Rasse, wie er von Rosenberg bis Hauer in allen Melodien hinaustrompetet und in die Herzen von Millionen junger Menschen mit eiserner Konsequenz und mit allen Mitteln des Staates eingehämmert wird: Höchstwert ist die Rasse. Aus ihr und ihrem religiösen Urwillen heraus entsteht das arteigene deutsche Gottesbild. Der Deutsche Mensch schafft sich seine eigene Begnadung und seinen eigenen Gott. ‹Wäre unser Blut nicht, so wäre Gott nicht›, ein Satz, den man in unendlicher Abwandlung immer wieder zu hören bekommt. Das alles wird glänzend vorgetragen, eine ganz neue Geschichtsschreibung kommt auf von der Rasse her. Von Karl dem Grossen bis zur Gegenwart muss die furchtbare Fehlentwicklung unserer Geschichte, die Rompolitik der Kaiser, etc. ... [wieder aufgerollt werden.] Die Zeit der Weltreligionen ist vorbei. Wir kehren zurück zu der Welt der Götter und Geister unserer Völker. Und sehen Sie, hier bricht nun ein Kampf auf Leben und Tod mit der christlichen Kirche als Ganzes auf... Der Staat wird die Kirche voraussichtlich lahm legen durch eine starre Bindung an den Staat. Es gibt eine neue, christuslose Religion und Weltanschauung...»

10. DEZEMBER 1935, INSP. WITSCHI AN DR. VISCHER: «Wir stehen unter dem Einduck der neusten kirchlichen Ereignisse in Deutschland, die nun offenbar doch die wahren Absichten des Regimes enthüllen. In Süd-Deutschland, wo ja die Kirchen noch intakt sind, wird sich das Ganze vorerst wohl nicht direkt auswirken. Da Sie die Basler Nachrichten erhalten, werden Sie in einigen Wochen die ausgezeichneten Artikel von Barth und Oeri über die Angelegenheit lesen. Der innere Ingrimm über die Entwicklung Deutschlands wird nur dadurch vom Pharisäismus frei gehalten, dass wir uns sagen: dort wird beispielmässig vorausgenommen, was im Grunde auch unsere Lage ist... Der Voranschlag ist verabschiedet. Wir können und dürfen nicht so tun, als ob das Werk in Kürze in seinem Leben bedroht wäre... In diesem Zusammenhang bin ich Ihnen dankbar, wenn Sie als Arzt und Ausschussmitglied jeder ängstlichen, vielleicht auch etwas kleinlich rechnenden Sparsamkeit auf Kosten des Wohles unserer Brüder... entgegentreten...»

21. FEBRUAR 1936, INSP. WITSCHI AN DR. VISCHER: «Hier steht alles wohl: Am 1. April wird Präsident W. Burckhardt durch Pfarrer A. Koechlin, jetzt Vizepräsident der BM[133], abgelöst. Wir haben im Werk, trotz der sich zuspitzenden Verhältnisse in Deutschland[134] immer noch eine Atempause... Augenblicklich stehen wir hier unter dem Eindruck der Spannung Deutschland / Schweiz in der Öffentlichkeit, wie sie durch die Massnahmen des Bundesrates und die drohenden Gegenmassnahmen in Deutschland entstanden ist. Doch ist zu hoffen, dass das kleine Gewitter vorüberzieht...»

1. MAI 1936, WAHLAUFRUF DER HERRNHUTER, MATTHEUS: «In der Politik sieht es trübe aus. Mit Interesse habe ich den naiven Wahlaufruf im Herrnhuter gelesen. Dass auch diese Leute nicht mehr über ihre Wände hinaus sehen und nicht merken, wie die deutsche Politik allem ins Gesicht schlägt! Dass die Welt nicht auf Hitlers ‹grossangelegtes Friedensprojekt› gewartet hat, das er zudem in so denkbar unsympathischer Weise präsentiert. Es ist wieder einmal

---

[133] A. Koechlin war auch Kirchenratspräsident in Basel und Präsident des Schweiz. Evang. Kirchenbundes.

[134] Gemeint ist der Kirchenkampf.

alles ‹boche›[135] von höchster Potenz. Es macht einem übel und führt wieder zu einem Unglück.»

28. DEZEMBER 1936, BETSY: «Noch einen Tag im alten Jahr! Ich finde den Gedanken an ein neues Jahr einstweilen noch eher schwer, wenn man so sagen kann. Was wird es uns bringen? Es sieht überall so schrecklich aus. – Ob die Japaner uns wohl in Frieden lassen oder ob sie am Ende doch plötzlich einmal Lust nach dem bornesischen Öl bekommen? Wenn es auch weit weg ist von unserer Gegend, so ist es eben doch das gleiche Land. Aber sich Gedanken über die Welt zu machen, hat ja keinen Sinn. Man kommt nur in eine unnötige Unruhe eventuell.»

In den Jahren 1935–1937 verhalten sich die USA defensiv. Der Kongress beschliesst angesichts des italienischen Einmarsches in Abessinien und der politischen Vorgänge in Japan, Deutschland und Italien, sich aus jeder Kriegsverpflichtung herauszuhalten. Japan tritt im November 1936 aus der Londoner Abrüstungskonferenz aus und unterzeichnet mit Deutschland einen Freundschaftspakt, dem auch Italien beitritt (Dreimächtepakt).

Kirche und Politik, Mission bei den Dajak, Zauberei

20. MÄRZ 1936, DR. VISCHER AN INSP. WITSCHI: [Auch in Kuala-Kapuas besteht eine Konkurrenz mit Katholiken.] «Die Mentalität, die nur fragt, ‹wer bietet uns mehr?›, gerade diese öffnet der jetzt schon verhängnisvollen Bereitschaft die Bahn, die die Kinder zu den Katholiken schicken will, weil diese die Schule umsonst geben und erst noch ein billiges Internat dazu, die zu den Pfingstlern läuft, weil man dort schönere Stickereien macht, zu den Kommunisten, weil diese sozialen Fortschritt versprechen. Herr van der Plas [der Kontrolleur] ist verreist, einigermassen verbittert auch gegen die dajakischen Christen, weil viele Strolche eben Christen waren, besonders die gefährlichsten Kommunisten. Das ist schade... Kaum hat der gefürchtete Plas übrigens den Rücken gekehrt, so kommen die Kommunisten hierher. So kaufte z. B. vorgestern der berüchtigte Ubus von Pangkoh (wohnhaft in Surabaja), auf der Durchreise bei mir Medizin. Plas, der Kontrolleur, hätte ihn sicher eingesperrt, wenn er ihn erwischt hätte. Wir haben

---

[135] Das franz. Wort ‹boche› ist ein abschätziger Ausdruck für ‹Deutsche›.

ein mehrmonatiges Interregnum, da der neue Kontrolleur noch Krankheitsurlaub hat.»

In dieser Zeit und während des Krieges befand sich die ‹Basler Evangelische Kirche› in einer heftigen geistigen Auseinandersetzung. Verschiedene theologische Glaubensrichtungen, die konservative, so genannte ‹positive› Richtung bekämpfte die neue, so genannte ‹liberale›. Beide Seiten hatten mächtige Vertreter auf der Kanzel und das Kirchenvolk war geteilt. Karl Barth brachte mit seiner dialektischen Theologie etwas Neues, das ebenfalls zu Widerspruch herausforderte und vermutlich besonders die Pietisten, also die Herrnhuter und die BM, geprägt durch den Württemberg'schen Pietismus, traf. Die Bemerkungen über Prof. Karl Barth, Prof. Wilhelm Vischer (Helmi) und Pfr. Schick beziehen sich auf diesen Hintergrund.

Leider finden sich in den Briefen wenige, nur kurze Andeutungen über Glaubensprobleme.

25. SEPTEMBER 1937, MATTHEUS: «Ich danke Dir für die feine Basler Predigt von Helmi Vischer[136], die herrlich klar, kurz und eindrücklich ist. Wir freuen uns über alle diese Predigten… Wie geht wohl in Deutschland der Kirchenstreit weiter? In den hiesigen Zeitungen kam vor acht Tagen ein alarmierender Bericht über offene Kampfansage. Was soll das noch werden?»

12. MÄRZ 1938, MATTHEUS: «Missionar Brauns [zurück aus Urlaub in Deutschland] erzählten uns, dass in der Bekenntniskirche eben doch gar viel merkwürdige Leute seien und dass Pfarrer M. Niemöller sich sehr provozierend benommen habe. Es gibt eben Leute, die Märtyrer sein müssen und es gibt eben erzkonservative, die auch mitmachen.»

13. APRIL 1938, BETSY: «Als Hitler Österreich ‹holte›, war ich gerade in Malang bei de Jongs. Wir waren alle empört und mein erster Gedanke war auch, was geschieht mit der Schweiz? De Jong meinte aber, dass wir doch zu wenig Frontisten hätten, als dass sich Hitler etwas erlauben könnte. Nun, *sie* in Holland, brauchen weni-

---

[136] Pfarrer Wilhelm Vischer-Staehelin (1895–1988) war ab Herbst 1928 Dozent an der Theologischen Schule der Bodelschwingschen Anstalten in Bethel bei Bielefeld. Im Mai 1933 wurde ihm als einem der ersten das Rede- und Lehrverbot erteilt. Als Alt-Testamentler hatte er sich für die Juden eingesetzt. 1934 kehrte er in die Schweiz zurück und lehrte ab 1937 als Privatdozent das Alte Testament an der Universität Basel. 1947 erfolgte die Berufung auf den Lehrstuhl für Altes Testament in Montpellier, wo er emeritiert wurde und 1988 starb.

ger Angst zu haben, weil sie doch angrenzende Länder haben, denen Hitler nichts zu sagen hat. Aber wie herrlich wäre es für Hitler, wenn er die Schweiz noch hätte und dann mit Italien zusammen als *eine* Macht gegen Frankreich ziehen könnte! *Der* Mann ist ja zu allem imstande! ...»

18. JUNI 1938, BETSY: «Die Reise nach Pangkoh ging sehr gut. Auch Mattheus ist zufrieden. Mat, der Djongos, ist krank. Er liegt so hilflos und stöhnend in seinem Bett... Er hat eine dumme Frau, die ihn heimnehmen will und, obwohl sie Christen sind, ahnt Mattheus, dass sie zaubern wollen. Sie machten es unlängst mit einem Polizisten, der schwerkrank war und den sie buchstäblich zu Tode gezaubert und massiert haben.»

27. JULI 1938, INSP. WITSCHI AN DR. VISCHER: «Unser Missionsfest war sehr belastet, einmal durch seine äussere Bedrohung von Deutschland her, zum andern vor allem durch die Barth-Geschichte[137]. Das Memo darüber geht Ihnen zu Ihrer Orientierung zu. Seither wirkt sich eine sehr unvorsichtige Schrift von Pfr. Schick gerade in diesem Zusammenhang ungünstig aus. Die dialektischen Theologen in der Schweiz und dies ist ein grosser Teil der Jungmannschaft, sind misstrauisch geworden.»

6. AUGUST 1938, BETSY AN BUA: «Gestern kam ein Kind in den Spital, mit einem total abgefaulten Bein. Es wurde von einem Fisch gebissen und dann wurde gezaubert zwei-drei Wochen lang, bis das Bein so abgefault war, dass es Mattheus gestern nur noch amputieren konnte. Der Knochen war total faul und vom Fleisch wollen wir lieber nicht reden. Emilie hat schrecklich Mitleid mit dem Büblein, weil es nun nie mehr schwimmen kann!»

26. AUGUST 1938, DR. VISCHER AN INSP. WITSCHI: «Hausmann Babu[138] probiert wieder einmal eine Rolle zu spielen, hat einen grossen ‹Bund zur Förderung der Dajakinteressen› gegründet und macht viel Geschrei. Einstweilen sieht alles sehr loyal aus und viele loyale Elemente machen mit. Wir wissen natürlich, dass dabei nichts herauskommen wird, aber die Zending [Mission] darf auch nicht immer nur alles abtun und beweisen, dass sie den Fortschritt

---

[137] Barth wurde kurz vor dem Fest als Festredner wieder ‹ausgeladen›, um die deutschen Brüder nicht zu belasten. Er war 1935 aus Deutschland ausgewiesen worden, weil er sich entschieden gegen den Arierartikel gewandt hatte.

[138] Mitglied einer christlichen Familie in Hampatong, Kuala-Kapuas, der eine politische Rolle spielte und Unruhe brachte.

des Dajakvolkes nicht will. Zumal auch die Regierung, resp. der Gouverneur Fortschritte will. Wir sollten da etwas mehr tun. Holländer taten es sicher, aber wie? Auf alle Fälle sollten wir mehr Holländisch reden. Missionar Weisser warnt ‹seelsorgerlich› in Einzelgesprächen die Leute bei der neuen Sache mitzutun; offene Opposition findet er nicht am Platz, da es nach Mattheus 24 doch so gehen müsse. Ich weiss aber nicht, ob das nun der rechte Weg ist. Ich habe mehr das Gefühl, wir müssten eigentlich den guten Elementen helfen. Im Grunde ist es ja tatsächlich so, dass bisher nur Hausmann Babu für den Fortschritt etwas tut und erreicht. Seine Schule blüht immer noch und wir humpeln hintendrein.»

20. SEPTEMBER 1938, INSP. WITSCHI AN DR. VISCHER: «Wir sind dankbar, dass die tschechische Krisis nun offenbar nicht zum europäischen Kriege führt.[139] Hier war man ziemlich ängstlich. Manche Basler haben bereits die Rucksäcke zum Auszug gepackt. Banken und Museen etc. schickten viel Wertvolles von der Grenze ins Innere. Noch ängstlicher war man im Elsass. In Deutschland selber sah man die Sache von Anfang an etwas ruhiger und mit der bekannten selbstbewussten Überlegenheit an. Unsere Zeitungen haben das zweifelhafte Vergnügen zu konstatieren, dass ihre Einstellung viel einseitig antideutscher war, als die Stellungnahme des offiziellen Frankreich und England. Geht die Krisis vorüber und gelingt es nicht, zu einem allgemein politischen Arrangement aller hängigen Fragen in Europa zu kommen, so ist die eigentliche Katastrophe durchaus nicht gebannt, sondern nur um vielleicht Monate hinausgeschoben.»

25. SEPTEMBER 1938, BETSY: «…aber doch eine Menge Sachen die uns interessieren. Als Zimmers hier wohnten, haben sie ihren Radio aufgestellt. Da haben wir manchmal daran einiges gehört. Aber wir waren doch *gar* froh, als das ‹Zeugs› wieder aus dem Haus war. Es ist eine aufregende Sache! Erst recht haben wir das gemerkt, als uns der Kontrolleur letzthin ein Briefchen schickte mit der Nachricht, dass in der Schweiz die Brücken geladen würden, um sie im gegebenen Moment in die Luft sprengen zu können. Das hat uns eher aufgeregt, denn wir können ja hier mit so gar niemandem darüber reden und da stellt man sich die Sache vielleicht

---

[139] Durch das Münchener Abkommen.

anders vor, als sie in Wirklichkeit ist: in Basel habt Ihr Euch vielleicht nicht so viel Sorgen gemacht. Und nun lesen wir von Mobilisation etc. Was wird noch werden? ...»

8. Oktober 1938, Betsy: «Ja, die Weltlage. Wir hören hie und da
Radioberichte, die uns der Kontrolleur zukommen lässt. Wie herrlich, dass einstweilen der Friede wieder da ist. Es ist aber schrecklich, dass es bei Hitler nur biegen oder brechen gibt. Er ist ein
schrecklicher Egoist. Fein, dass sie in England Dankgottesdienste
für den Frieden abhielten. Es wäre ja schrecklich gewesen, wenn es
Krieg gegeben hätte ...»

8. Oktober 1938, Betsy an Bua: «Mit Emilie habe ich letzthin
die Frau unseres Gulik (Djongos) besucht. Sie wohnt auf Baumstämmen an einem kleinen Nebenfluss, auf einem Floss. Da ruder-
te uns ein Kind vom Dorf hin. Sie ist eine nette Heidenfrau. Als ich
sie aber fragte, wie sie heisse, hat sie lange nach einem Brief
gesucht, auf dem ihr Name stehe. Denn die Heiden dürfen nie
ihren Namen sagen, aus Angst vor bösen Geistern, die dann glauben, dass sie gerufen werden! Ich sagte ihr dann, dass es ja gleich
sei, ich hätte nicht daran gedacht, dass sie Angst hätte vor dem
Sagen ihres Namens. Denn die beiden wollen sich taufen lassen.»

22. Oktober 1938, Betsy: «Das ist interessant, was Du von Deinem Zusammenkommen mit A. Bleek[140] schreibst, eben, dass sie
in Deutschland vieles gar nicht wissen. Es ist ja ein Glück für sie
vielleicht, denn sie *haben* nun eben den Führer und da ist es wohl
am besten, wenn man sagen kann ‹was ich nicht weiss, macht mir
nicht heiss›. Aber die guten Deutschen, die so einfach wie eine
Schafherde getrieben werden. Es ist auch tragisch.»

9. Dezember 1938, Mattheus: «Die Holländer finden das Vorgehen Deutschlands gegen die Tschechen auch nicht fein, aber sie
haben doch einen freieren Blick. Die Tschechen haben eben auch
so ziemlich gar nichts getan, um den Sudetendeutschen entgegen
zu kommen. Dass sie aber von ihren Freunden verraten wurden, ist
natürlich Tatsache. Hingegen scheinen sie auf diese Freunde auch
nicht gehört zu haben, als diese ihnen rieten, die Sudetenfrage in
befriedigender Weise zu lösen. Tragischerweise soll gerade Präsident Benesch, der von Hitler so unanständig angepöbelt wurde,
von jeher für die Deutschen eingetreten sein.»

---

[140] Deutsche Freundin.

16. DEZEMBER 1938, INSP. WITSCHI AN DR. VISCHER: «Schwerer nehme ich die zunehmenden, besonders von Pfr. Schick[141], nicht ohne Unterstützung des Direktors betriebenen theologischen Auseinandersetzungen mit Barth. So wenig wir unser pietistisches Erbe verleugnen wollen, scheint es mir jetzt nicht gerade der richtige Zeitpunkt für unsere deutschen theologischen Lehrer am Seminar, den Kampf gegen die dialektische Theologie in der Schweiz zu führen.»

---

[141] Lehrer zur Ausbildung der Zöglinge in der BM, der wohl den Pietismus gegen Karl Barth verteidigt.

5. Krieg und Umbruch, 1939 bis 1945

Die Briefe werden spärlicher und brauchen ab 1939 längere Zeit als vordem für die Übermittlung; sie kommen oft unregelmässig an. Der Kontakt mit Basel reduziert sich merklich auf das Wichtigste. Die Korrespondenz mit den Kindern und über ihre Entwicklung entfällt beinah ganz.

Das Jahr 1939 beginnt unter dem langen Schatten des Münchner Abkommens, das nochmals Hoffnung aufflackern lässt auf die Vermeidung eines Krieges, im Grunde aber schon Anfang bedeutet für das, was folgen wird. So schreibt denn Betsy, Mattheus sei pessimistisch gestimmt. Sie selbst ist eher hoffnungsfroh, freut sich auf die Heimkehr, die nun im Herbst 1940 bevorsteht, auf eine Weihnacht im Familienkreis und auch auf das im August erwartete fünfte Kind.

Aber schon im Januar 1939 beginnen die Zweifel, ob in der nahen Zukunft die Heimkehr noch möglich sei. Bei dem drohenden Krieg fühlt Mattheus sich verpflichtet, seine weiteren Dienste der Mission anzubieten. Auch Betsy schreibt, ihre Heimat sei nun eben Borneo. Aus den Briefen der drei nächsten Jahre erleben wir den seelischen Kampf des Missionsarztes. Heimweh und die Verpflichtung gegenüber der Familie, in erster Linie gegenüber den eigenen Kindern, wiegen schwer im Vergleich zum Missionsauftrag, d.h. zur zwingenden eigenen Berufung. Wir erfahren auch den Ausdruck von Glauben und Zuversicht. Die Überzeugung, dass ihr gemeinsamer Weg der einzig richtige sei, führt Mattheus und Betsy zur Gewissheit, dass ihre Kinder später diesen Entscheid und diesen vollen Einsatz verstehen werden.

Der allgemeine Zustand vor dem Krieg

Mattheus hat grosse Sorgen. Wie soll er nach Hause reisen können, ohne einen medizinisch kompetenten Nachfolger eingearbeitet zu haben? Wie sollen Spital und Poliklinik in Kuala-Kapuas und in Bandjermasin weitergeführt werden können, wenn kein zweiter Arzt in Kuala-Kapuas und zu wenig Schwestern zur Verfügung stehen? Noch arbeitet in Bandjermasin Frl. Dr. Hessberg, aber sie ist urlaubsreif. Dr. Vischer soll in Kuala-Kapuas durch den Holländer Dr. Th. Höweler abgelöst werden, wenn dieser von seinem Europa-Urlaub zurückgekehrt ist und Frl. Dr. Hessberg während ihren Ferien in Java vertreten hat. Die Heimreise der Familie Dr. Vischer ist auf Herbst 1940 festgesetzt.

Die schon im Ansatz bestehende Kluft zwischen den deutschen und den schweizerischen Missionsgeschwistern vertieft sich. Infolge der neuen politischen Verhältnisse in Europa verändert sich auch das Verhältnis zwischen der Mission und den holländischen Behörden.

Die holländische Regierung richtet Volksschulen ein und drängt auf eine Professionalisierung des seit 1932 infolge Sparmassnahmen verwahrlosten Schulsystems der Mission. Sie errichtet an verschiedenen Orten Polikliniken und stellt dem Missionsarzt einen ‹zweiten, javanischen Arzt›, den sie selbst bezahlt, zur Verfügung. Die Art und Weise der Zusammenarbeit zwischen der Regierung in Batavia, dem Missionskonsul und der BM in Borneo verändert sich. Der Gouverneur in Süd-Borneo, Dr. B. J. Haga, braucht die Mission und ist ihr gegenüber immer positiv eingestellt, auch zu der Zeit, als sie sich in Schwierigkeiten befindet.

Der eigentliche Kriegsbeginn in Europa Anfang September 1939 trifft die Familie Vischer nicht unvorbereitet. Er bedeutet aber das vorläufige Ende der Heimreisepläne. Dr. Höweler, der Dr. Vischer ablösen soll, ist zu diesem Zeitpunkt noch in seinem Urlaub in Holland. Er wird zum Militärdienst eingezogen. Es gelingt ihm, frei zu werden und seine Reise nach Borneo Anfang November 1939 anzutreten. Zusätzliche Schwierigkeiten haben sich in der Zwischenzeit in Borneo ergeben: Frl. Dr. Hessberg ist eine deutsche Judenchristin, die in Bandjermasin arbeitet; sie kann, wegen der deutschen Rassengesetze (Passverweigerung), ihren Urlaub in Europa nicht antreten, deshalb soll sie sich in Java erholen. Nun bietet ihr die Regierung die Möglichkeit, das ‹indische Examen›, das dem Schweizer Staatsexamen entspricht, nachzuholen. Dadurch würde sich ihr Aufenthalt in Java um viele Monate verlängern. Die Heimreisepläne der Familie Vischer müssten deswegen auf später verschoben werden. Frl. Dr. Hessberg fällt keine Entscheide, Basel tut es ebenfalls nicht und Dr. Vischer kann nicht entscheiden,

In Basel lasten die kriegerischen Ereignisse in Europa schwer auf dem Komitee, denn es folgen Geldprobleme, Sorgen um die konkrete Arbeit der BM auf den verschiedenen Feldern, zudem die erschwerte Rekrutierung und Aussendung von Missionaren. Die bedrohliche Lage in Asien, d.h. die Aktivitäten der Japaner, können nicht richtig eingeschätzt werden. Man ist in Basel der Auffassung, dass sich die Missionare in Borneo in grösserer Sicherheit befänden als in der Schweiz. Man wiegt sich in einer relativen Sicherheit und glaubt, dass sich die Japaner kaum für Borneo interessieren, ausser vielleicht für das Öl, doch dieses befindet sich weit hinter den Bergen von Bandjermasin. Doch die überraschende Vernichtung eines Teils der amerikanischen Marine in Pearl Harbor und der britischen Streitkräfte in Singapur ändert die Situation schlagartig. Im Februar 1942 dringen die Japaner in Bandjermasin ein. Wie auch andernorts beginnt die Besatzung aber vorerst abwartend, beobachtend.

Chronologische Ereignisse der Jahre 1939 bis 1945

(Die Korrespondenz wird in diesem Kapitel nicht mehr nach Themen geordnet, sondern chronologisch aufgeführt. Zwischen den Berichten und Briefen werden die politischen und kriegerischen Ereignisse pro memoria eingesetzt, damit die Anspielungen verständlich werden.)

Seit Jahren betreibt Japan eine expansive Aussenpolitik, die gegen die Interessen und Besitzungen der Westmächte gerichtet ist.

1939

6. Januar 1939, Betsy: «Emilie ist eine ganz rührende Dittimutter und nun muss sie für ein Kind mehr sorgen, resp. darf sie. Gestern fragte sie mich, wo ihre Kinder seien und als ich sagte, das wisse ich nicht, sagte sie: ‹gäll das isch schrecklig, y ha alli myni Kinderli verlore!!› sie ist ein zu komisches Kind, das sich in jeder Situation zu helfen weiss, und das so oft eine treffende und witzige Bemerkung macht... Du kannst Dir denken, wie uns alles interessiert, was Du von Deutschland etc. schreibst. Einstweilen denke ich ein wenig mit Herzklopfen an die Tage, da die Schwestern bei uns zum Essen sind und auch Schwester Elsine meinte, man dürfe dann nicht mehr so reden, wie uns der Schnabel gewachsen ist, wenn die deutsche Schwester Emilie statt Schwester Ruth am Tisch sitzt. Ich schrieb Dir doch, dass, als wir sie auf einem Spaziergang nach Adolf Hitler etc. fragten und was sie z. B. von ihm finde, die strahlend antwortete: ‹wir liiiiieben eben Adolf Hitler! Ja, die Judenverfolgung und wie er es den Protestanten mache, das finden sie auch nicht gut, aber... das sei ja nicht Hitler, das seien die Andern hauptsächlich!!›»

13. Januar 1939, Betsy an Esthy: «Soeben kommt Mattheus, ich solle Poliklinik machen, weil er in den Kanal müsse mit dem Schiff, wo es heisse, die Pocken seien ausgebrochen und ein Kind sei bereits daran gestorben. Nun muss er nachsehen gehen, was daran wahr ist.»

4. Februar 1939, Betsy: [Ferienpläne im März in Java.] «Ich bin sicher, dass wir es in der *Familie* sehr nett haben werden zusammen [mit Schwester Emilie]... Höwelers sind nun am 11. Februar von Java abgereist nach Holland und wollen im September wieder von dort hierher abreisen. Dann wird Frl. Dr. Hessberg in die Schweiz fahren für ca. ein Jahr und dann... kommen schon wir daran! Wir sind schon *fast* wieder bei Euch! Aber gelt, an den Abschied von hier muss ich nicht denken... Einmal war auch Mattheus drei Tage in Bandjermasin und dann machte ich die Poliklinik allein. An einem Tag kamen 80 Patienten. Da hatte auch Schwester Ruth mit 50 Spitalpatienten sehr viel zu tun. Und abends war natürlich volles Labor!... Übrigens bekommen wir nun doch einen indischen

Arzt, wie der Kontrolleur letzthin Mattheus erzählte. Soeben habe er einen Brief bekommen. Aber *wann* er kommt, weiss niemand. Viel helfen, meint Mattheus, werde er nicht, weil er sehr viel reisen müsse. Heute war Mattheus im Kanal, um die Poliklinik, die dort von einem diplomierten Pfleger neuerdings zwei Mal pro Woche gehalten wird, zu kontrollieren.»

21. FEBRUAR 1939, BETSY AN ESTHY: «Wir freuen uns bes. auch unsere Freunde in Malang wieder zu sehen… Die Eisenbahnen sind ja herrlich jetzt und man kann in einem Nachtzug in 12 Std. von Surabaja nach Batavia fahren. Da merkt man gar nichts von dreckiger Reiserei, wie früher noch, als man 12 *Tag*estunden im Zug sass.»

Da in Basel die Suche nach einem zweiten Arzt keinen Erfolg zeitigt, kommt von dort die Weisung, Dr. Vischer solle in Java «einen geeigneten Assistenten aus den dortigen einheimischen, wohl teilweise auch christlichen Ärzten, gewinnen.»

23. MÄRZ 1939, AUS DEN FERIEN IN MALANG, JAVA, MATTHEUS: «Wirklich schade, dass Ihr nicht dabeisein könnt. Beim Tee lesen wir uns Andersens Märchen vor, z. B. kam als erstes dran die traurige Geschichte von der kleinen Seejungfrau… Die Geschichten haben einen eigenartigen Zauber und es tauchen in uns langvergangene Zeiten auf. – Wie mögt Ihr wohl die letzten unruhigen Tage verlebt haben? Wir konnten ausnahmsweise am Radio die spannendsten Tage[142] miterleben. Nachträglich berührt es ein wenig merkwürdig, dass die Engländer so gänzlich erstaunt taten. Chamberlain[143] musste doch besser orientiert sein über den Verlauf der Ereignisse, aber im Moment ging es einem durch Mark und Bein. Erschütternd ist die deutsche Mentalität: ‹Es liegt in unserem Interesse und da geht es Niemand nichts an, wer dagegen protestiert ist ein Heuchler›. Auch nicht mehr die Spur eines Versuches der Rechtfertigung nachdem vor einem halben Jahr versichert wurde, es wäre ganz gegen den Sinn des Nationalsozialismus auch nur einen Tschechen zu unterwerfen. Schliesslich hat es in der ganzen Welt Deutsche, die man beschützen muss, selbst in Kuala-

---

[142] Am 15. März marschierten deutsche Truppen in der Tschechoslowakei ein und errichteten das ‹Reichsprotektorat Böhmen und Mähren›.

[143] Britischer Aussenminister, der im Münchener Abkommen die deutsch-englische Nichtangriffserklärung (29.9.1938) unterzeichnete.

Kapuas. Ob die Schweiz wirklich gefährdet ist, weiss man nicht recht. Je mehr Gold in Bern liegt, umso mehr und je mehr Lieb[144] und Consorten sich krautig machen, umso mehr auch. Unheimlich wie rasch so eine Eroberung vor sich geht. – Der Barth-Vortrag, in Zürich, den Du schicktest, ist zunächst abstossend, aber nachher doch zum Nachdenken und zur Einkehr zwingend. Vielen Dank für die Zeitungsausschnitte über die Budgetverhandlungen [in Basel]. Das ist ja trostlos. Aber schliesslich steht immer noch die Mehrheit der Stimmen dahinter. Ich verstehe nur nicht recht, weshalb man nicht der Bevölkerung von bürgerlicher Seite aus deutlicher zu machen sucht, wie grössenwahnsinnig der Betrieb einer Stadt ist, die mit 150 000 Einwohnern 71 Millionen ausgibt und davon noch einen grossen Teil für unnötige Dinge. 1 Fr. 33 per Kopf per Tag.» [sic!]

31. MÄRZ 1939, DR. VISCHER AN INSP. WITSCHI: «Der zweite Arzt kommt also Mitte Mai. Wie die Zusammenarbeit mit ihm geregelt wird ist mir noch ganz unklar, jedenfalls haben wir finanziell gar nichts damit zu tun; die ursprüngliche Lösung wurde vom Gouverneur durch eine neue ersetzt. Ihre Idee in Java einen christl. Javanen zu finden, ist gänzlich unausführbar.»

6. MAI 1939, NACH IHRER RÜCKKEHR AUS DEN FERIEN IN MALANG, BETSY: «Wir wollen am 16. Mai auf den Kapuas für drei Wochen. Dies wird wohl meine letzte Reise sein und auch Mattheus muss dann allein nicht mehr so bald gehen. Denn der indische Dr. ist angekommen: Wir haben ihn Anfang der Woche in Bandjermasin begrüsst, mit seiner Frau und zwei Kindern von drei Jahren und drei Monaten. Beide können holländisch, sind aber echte Javanen und Mohammedaner dazu. In Malang haben wir zusammen am Morgen um halb sechs Uhr Andacht gehalten. Das war *sehr* fein, wie es überhaupt herrlich ist, wenn man mit Freunden zusammen etwas liest und darüber spricht. Mattheus und ich tun es nun auch gemeinsam am Morgen; allerdings nicht um halb sechs Uhr, aber doch *so*, dass er nicht später in's Spital kommt als sonst. – [Viele Gäste sind angesagt, auch eigene Besuche in Bandjermasin] – Dann war herzlich die Begrüssung von den Schwestern, bei denen wir an diesem Dienstag auch noch zu Nacht essen durften. Mat-

---

[144] Gemeint ist der linke Basler Theologe Fritz Lieb.

theus hat die ganze Zeit meiner Abwesenheit bei ihnen zu Nacht gegessen. Sie haben es sehr nett zusammen in ihrem Häuschen.»

Auf den Inseln NL-Indiens sind seit den dreissiger Jahren immer wieder Unruhen; Nationalisten und Kommunisten suchen Einfluss zu gewinnen. Laut Mitteilungen von Präses Weiler ist in Borneo ein wachsender Einfluss einer nationalistischen Bewegung zu verspüren, von der auch die Kirche nicht unberührt bleibt, und am 29. März 1939 hat im Zusammenhang mit der Verselbständigung des Dajaklandes die holländische Regierung das Ma'anjanland[145] zum Dajakreservat erkärt, um den islamisch-malaiischen Einfluss in diesem Gebiet zurückzudrängen.

7. JUNI 1939, BETSY, DIE MIT EMILIE AUF EINE DIENSTREISE AUF DEM KAPUAS NACH PUDJUN MITREIST, SCHREIBT: «Auf der Reise soll ich Statistik machen mit dem Dorfhäuptling jeweils, ihn ausfragen und Frauen des Dorfes ausfragen, wie viel Kinder sie haben etc. Das wird sicher sehr interessant, wenn man eine gewisse Anzahl hat und man auch Schlüsse ziehen kann… Mattheus behandelte drei bis vier Dörfer pro Tag. Momentan ist ‹nur›, wie mir die Frauen in Pudjun gleich sagten, ein *dajakischer* Missionar dort, seitdem Missionars Zimmer in Europa sind. Man hat ja nur 13 dajakische Missionare von Epple ausgebildet, und diese sind natürlich viel billigere Kräfte als der Europäer mit Familie. Aber die Dajaken empfinden es doch, dass die dajakische Missionarsfrau eben nicht das leistet, was die Europäerin, schon weil sie meist nur drei Jahre in die Schule ging und dann hat sie nun ihren Haushalt meist allein zu führen, mit oft vielen Kindern: selbst kochen, waschen etc. Es war dann sehr nett, wie die Dajaken zu mir kamen und mir das Herz ausschütteten und dort hatte ich ja herrlich Zeit, mich mit ihnen abzugeben. Dann brachten sie auch frisch geernteten, herrlichen Reis, inländisches Gemüse und Eier… Emilie hat die Reise sehr genossen, war aber nicht immer einfach zu hüten. Sie ist von einem Schiff ins andere gegangen und an den Anlegestegen habe ich manchmal Angst gehabt, dass sie ins Wasser falle. Zuletzt hat sie dann aber angefangen für ihren Teddybär das Essen zu kochen, bestehend aus Blättlein und Wasser, erstere mit einem Messerli feingeschnitten. Das war dann herrlich. Wir haben Spaziergänge gemacht, schöne Flussaussichten, Orchideen, wunderbare Sternenhimmel und Tiere bewundert. Herrlich war das Brot, das wir in

---

[145] Gebiet im NO von Bandjermasin.

einem aufgeschnittenen Petroleumblech backten. Ich machte es und der Schiffsmann hat es gebacken. Kleine Schlumbergerli und ½ Batzelaibli![146]»

7. JUNI 1939, BETSY: «Was Du über Politik schreibst, hat uns sehr interessiert. Meine Freundin G. ist auch so ein armes Geschöpf, die zuerst an einer Stelle in Paris war, wo sie natürlich todunglücklich war, politisch verfolgt etc. (sie denkt sehr deutsch, weil ihr Vater Deutscher war). Nun ist sie in Deutschland und schreibt, dass es ihr jetzt endlich wohl sei, wo doch die Politik nicht so aufregend sei, wie in Frankreich und der Schweiz, wo man nicht immer gegen Deutschland hetze! Also genau, was Deine Freundin auch empfindet.»

7. JULI 1939, BETSY: «Aber ich sagte mir, dass es wohl meine allerletzte grössere Reise [Kapuasreise] sei und zudem *ist* es eben immer und jedesmal für Mattheus *und* für mich grässlich, so drei lange Wochen (oder *noch* mehr) abgeschnitten voneinander zu sein. Man weiss eben gar nichts mehr voneinander, sobald Mattheus um die erste Ecke in seinem Schiff verschwunden ist… Da hat auch Mattheus am Ende der Reise, auf meine Frage, wie er gefunden, dass wir mitkamen, geantwortet, dass es eben trotz mehr Umständen herrlich gewesen sei.»

14. JULI 1939, BETSY: «Unser Spitalpersonal hat nun Holländisch Stunden, die Buben und Mädchen getrennt natürlich. Bei Letztern sitzt Schwester Emilie als Aufsichtsdame dabei, denn es ist ein Lehrer, der die Stunden gibt… Wir hatten [auf unserer Reise] herrliche vier männliche Hilfen und es ging alles so gut. Die grösste Freude macht es einem dann, wenn auch *sie* glücklich sind auf der Reise und sie haben scheints alle nachher Schwester Elsine erzählt, dass es so fein gewesen sei und alles so friedlich gegangen sei. Sie haben sich so gut in die Arbeit geteilt, der eine hat Brot gebacken und gebügelt, der andere mit noch einem gewaschen und wieder zwei haben sich ins Kochen geteilt. Und alles neben ihrer Arbeit als Motorist und Spitalgehilfen. Wir mussten ja schliesslich mit einem kleineren Schiff fahren, weil das grosse zu schwer war zum Ziehen. Baiers haben uns aber einen rührenden achtjährigen Hausbuben geliehen, der beim Kochen und Waschen half und auch alle grobe Arbeit, wie Teller-abwaschen etc. tat. Er war auch für Emilie ein netter Spielkamerad.»

---

[146] Schlumbergerli und Batzelaibli sind typische Basler Brötchen.

Das fünfte Kind, der zweite Sohn, wird am 7. August, wiederum einem Sonntag, in Kuala-Kapuas geboren. Mit sichtlichem Stolz wird nach Basel die Geburt von Bernhard gemeldet, er ist Betsys grosse Freude und Erfüllung ihres sehnlichen Wunsches. Nun hat auch Emilie ein Geschwister, mit dem es spielen kann; Vischers sind wieder eine echte Familie.

11. AUGUST 1939, DR. VISCHER AN INSP. WITSCHI: [Im Spital viel Wechsel] «Von den Mädchen soll eine heiraten, eine nach Java und eine Heimgehen. Wir haben drei Anfängerinnen und sollen drei Neue bekommen. Eine gute, leitende Kraft unter den Mädchen haben wir nicht. Deshalb sind beide Schwestern unentbehrlich. Meine Frau kommt natürlich zur Zeit für Spitalarbeit nicht in Frage, auch sonst nicht mehr in dem Mass wie früher... Der Regierungsarzt [der Javane, Dr. Raden[147] Sumarno] hier ist, wie ich Ihnen wohl schon schrieb, ein eifriger, liebenswürdiger Mensch, mit dem ich gut arbeiten kann. Er entlastet mich aber nur wenig. Wenn er nicht auf der Reise ist, arbeitet er in der Poliklinik hier. Ich könnte ihm die ganze überlassen, formell, soweit es seinen Dienstauftrag betrifft, das kann ich aber nicht, um nicht den Kontakt mit den Patienten zu verlieren und um den Charakter der Missionspoliklinik zu wahren... Kollege Sumarno (dieser Arzt) hat mir selber erzählt, dass die Absicht vom Assistentresident dahin gewesen sei, dass er dem Missionsarzt das Wasser abgraben solle. Vielleicht denkt auch der Gouverneur so, doch ist das nicht festzustellen. Sumarno sagt, dass er die Poliklinik nicht verstehe. Ich muss aber doch auf der Hut sein, damit nicht unversehens es doch so wird. Der jetzige Zustand ist unnatürlich und labil... Batavia verliert je länger je mehr an Einfluss, auch ist dort der Kurs nicht mehr missionsfreundlich, sodass auch die unteren Organe des DVG uns recht kühl gegenüberstehen. In Bandjermasin ist auch schon von einem Regierungsbeamten ausgesprochen worden, dass, wenn einmal das neue Spital eröffnet sei, dann das Missionsspital zu schliessen sei. Davon ist natürlich keine Rede. Aber Unterstützung werden wir in absehbarer Zeit nicht bekommen.»

---

[147] ‹Raden› ist javanischer Adelstitel. Viele adlige Kinder genossen eine höhere Ausbildung und wurden in verantwortungsvolle Positionen gesetzt.

12. AUGUST 1939, BETSY: [Am 7. August wurde Bernhard, das jüngste Kind, geboren.] «Vielen Dank natürlich für die Geburtstagswünsche. Ja, die kann ich dieses Jahr besonders gut gebrauchen, das letzte Jahr in Borneo. Ich denke sehr mit geteilten Gefühlen an diese Tatsache und ich will das Jahr noch recht ausnützen und kann hoffentlich noch ein wenig den Leuten helfen und meine Pflicht wirklich tun, wie sie von mir gefragt wird. Mit den Schwestern haben wir *so* ein nettes, offenes Zusammenleben, es könnte nicht schöner sein und das ist eben einfach herrlich!!… Auch das Wetter ist so angenehm. Wir haben richtige Trockenzeit, aber es geht meist ein Windchen. Morgens, wenn die Sonne scheint, steht sie auf der andern Seite des Hauses, und abends, wenn sie vor meinem Zimmer scheinen sollte, ist der Himmel bedeckt, sodass es also nie zu warm ist. Aber die Trockenzeit ist, wie gesagt, nun da und im Fluss kommt das Salzwasser vom Meer bis zu uns herauf. Und doch sind wir 50 km. vom Meer entfernt. Die Inländer müssen darum oft nachts Wasser schöpfen, wenn der Wasserstand tief ist und das Salzwasser dann abgelaufen ist. Es sei ‹stark salzig› habe unser indischer Dr. gesagt.»

Im März 1939 ‹verlangt› Hitler Danzig. Im Mai wird zwischen Deutschland und Italien ein Bündnis geschlossen. In der Schweiz werden die Minenkammern der Brücken geladen und grosse Notvorräte angelegt. Am 27. August schliessen die Aussenminister Deutschlands und der Sowjetunion einen Nichtangriffspakt. Die Spannung in Europa steigt. In der Schweiz wird am 25. August der Grenzschutz aufgeboten und am 30. August General Guisan gewählt. Die Schweiz steht in Kriegsbereitschaft und bleibt unter Waffen bis zum Ende des Krieges.

30. AUGUST 1939, MATTHEUS: «Dank sei dem Radio des Kontrolleurs können wir die Spannung dieser Tage verfolgen; er berichtet uns und zwei Mal habe ich auch selber die Tagesberichte mitgehört. Und dann haben wir ja auch Zeitungen. Wir haben heute stark den Eindruck, dass es wohl nicht zu einem Krieg kommen wird. Aber freilich wie soll die ganze Spannung und ungeheure Verwirrung wieder gelöst werden? Andererseits muss natürlich das mächtige und kraftvolle Deutschland auch wieder seinen Platz in der Welt bekommen. Einstweilen sehen sie wieder nur Kriegsruhm und militärisches Ansehen als lebensnotwendig an wie vor 30 Jahren. Das ist doch schade… Vielen Dank auch wieder für die Drucksachen. Die Judenchristen etc. Ja, das sind auch so Tatsachen! Man kann sich wirklich nur tief demütig beugen!»

Im August 1939, Insp. Witschi an Dr. Vischer, zu dessen Jahresbericht: «Die wichtigste Veränderung im Berichtsjahr war die Eröffnung des neuen Poliklinikgebäudes, das eine spürbare Entlastung, auch für unser Spital, mit sich bringt... dass die Einrichtung offenbar in jeder Hinsicht eine befriedigende ist. Wir haben nun wirklich ein ausgedehntes Pavillonsystem und möchten nur wünschen, dass sich recht bald die restlichen Mittel aufbringen lassen für den Männersaal. Die SIMAVI hat ja einen Teil ihres Geldes für diesen Zweck bestimmt. Ich bin Ihnen dankbar, wenn Sie auch das Jahr hindurch gelegentlich SIMAVI berichten... In das vergangene Berichtsjahr fällt das zehnjährige Jubiläum des Bestehens Ihrer Arbeit.»

Am 1. Sept. 1939 fallen die Deutschen in Polen ein. Danzig wird dem Deutschen Reich eingegliedert. England und Frankreich müssen ihre vorher ausgesprochene Drohung ausführen und erklären am 3. September 1939 Deutschland den Krieg. In der Schweiz wird die Generalmobilmachung ausgerufen.

1. September 1939, Insp. Witschi an Dr. Vischer: «Ich benütze die letzte Gelegenheit eines holländischen Flugzeuges nach dem Osten. Wie die Dinge nun liegen, werden wir vorderhand mit dem Einsatz von Dr. Höweler, der gestern in Holland anlässlich der Mobilisation als Sanitätsoffizier eingezogen wurde, nicht rechnen können... Ich bitte Sie, sich mit Frl. Dr. Hessberg und Bruder Weiler zu verständigen über die Weiterführung der Arbeit in Bandjermasin... Sie haben gemeinsam mit Frl. Dr. Hessberg, dem Präses und Ausschuss volle Kompetenz unter den obwaltenden Umständen zu disponieren... Wir sind entschlossen, alles zu tun, um die Arbeit auf allen Feldern weiterzuführen, wobei wir hoffen, dass sie insbesondere in Borneo uneingeschränkt und mit allen Kräften weitergetan werden kann. Ebenso werden wir alles tun, um die Verbindung mit allen Feldern von hier aus aufrecht zu erhalten. Die Lage hat sich seit gestern nun entschieden zum Krieg gewendet und es müsste geradezu ein Wunder geschehen, wenn er noch irgendwie aufgehalten werden kann.»

2. September 1939, Betsy: «Wie ganz rührend, dass Du eine Torte bestellt hast mit Bernhards Namen darauf für die Kinder. Gute Mama, Du! Lieb, wie Alfred für ihn betet. Schreibst Du einmal, was die Kinder sonst so sagen, dass sie ein Brüderlein bekommen haben? Reden sie oft davon oder finden sie mehr, es sei halt nun so? Und haben sie etwas gesagt, dass es ein Bub ist, finden sie das

besonders lustig? … Wir sind so dankbar, das die Kinder in diesen Zeiten bei Dir sein dürfen, dass sie nicht so ganz deutsch orientiert werden im Missionarhaus. Hoffentlich geht es besser, als wir befürchten in der Schweiz. Bernhard gedeiht herrlich… Soeben kommt Mattheus und weiss von Radioberichten, die ihm der indische Dr. erzählte, dass Deutschland Städte in Polen bombardierte und dass in Holland Kriegszustand sei! Ist das schrecklich! diese S…schwoben! Aber jetzt darüber zu schreiben hat ja keinen Sinn. Wir wissen ja noch nichts, können nur hoffen, dass es nicht so arg sein möge, wie es jetzt aussieht. Wir können ja froh sein, dass wir nicht *dieses* Jahr heimkommen sollten, denn das wäre in diesem Fall wohl nicht möglich. Ob wohl Dr. Höwelers kommen? … Nun aber, wer weiss, wenn es wirklich Krieg gibt, wann kommen wir *dann* wieder heim, wann sehen wir uns dann wieder!? Aber es ist herrlich zu wissen, dass uns gar, gar nichts geschehen kann, wenn Gott es nicht will. Wir haben es doch *gut*, das als Christen zu wissen. Ich denke an die vielen armen Atheisten oder Heiden etc. die das nicht glauben können.»

Der Kriegausbruch und die ersten Reaktionen

8. SEPTEMBER 1939, BETSY: «Nun kann Dr. Höweler einstweilen nicht kommen aus Holland, also steht alles im Ungewissen. Wegen den Eltern ist es mir wirklich arg, wegen unsern Kindern natürlich auch und wegen Euch allen. Aber wir wissen ja, dass wir hierher gehören und so wird uns Gott auch weiterhelfen. Das ist *das*, das Einzige, an das man sich halten kann.»

Wie ergeht es der Mission in Borneo?

In Europa dehnt sich der Krieg aus. Am 17. September 1939 marschiert die Rote Armee in Ost-Polen ein. In der Schweiz werden, besonders ab 1940, je nach Versorgungslage Lebensmittel, Textilien, Brennmaterialien und andere Güter rationiert. Die Männer stehen an der Grenze.

20. SEPTEMBER 1939, DR. VISCHER AN INSP. WITSCHI: «Nun ist der Radio ja entschieden eine nützliche Einrichtung. Kuala-Kuron weiss genau so viel wie wir hier. Wir persönlich haben ja keinen Apparat, wollen auch keinen, vernehmen aber von den Herren des Rubberdienstes und durch den Kontrolleur das Wichtige. Im Ganzen werden wir durch die Zeitungen ja ordentlich unterrichtet, doch ist der Ton nicht deutsch freundlich. Die Reaktion auf

die Geschehnisse ist im Geschwisterkreis verschieden. Die Alten sind natürlich alle sehr deprimiert, die die Not des letzten Krieges und seine Folgen erlebt haben. Wie stark die Trennung von der Heimat sich geltend machen wird, ist nicht vorauszusehen. Phantasiebegabte Leute sahen sich schon hinter Stacheldraht interniert, doch ist diese Lösung ja sehr unwahrscheinlich, ist sie doch sogar in den englischen Kolonien noch nicht an die Hand genommen. Den Ausschuss bewegt natürlich die Frage, wie es mit unsern Finanzen werden wird, was wir ins Auge zu fassen haben. Dabei ist fatal, dass wir hier draussen gar keine Erwerbsmöglichkeiten sehen; wir können auch keinen Landbau und keine Landwirtschaft treiben; einzelne Farmer konnten das seinerzeit. Fatal ist, dass die Heimreisen der Deutschen ganz verunmöglicht sind und diejenigen der übrigen erschwert… Wir persönlich stellen uns vor, dass wir länger hier bleiben müssen, zwingende Gründe für eine Heimreise liegen zur Zeit nicht vor. Gesundheitlich geht es uns gut.»

21. September 1939, Betsy an Esthy: «*Viel, viel* ärger ist, dass es überhaupt wieder zu einem Krieg kam. Aber darüber zu schreiben hat keinen Sinn. Wir denken ja alle das gleiche, nicht? Für unsere Eltern und die Kinder ist es auch betrübend, uns so lange vielleicht nicht zu sehen. Und die Kinder werden gross und grösser und, wer weiss, ob die Zeit bis zum Wiedersehen dann doch nicht *doch* zu lang wird und sie uns fremd werden, respektive wir ihnen. Das wäre ja schon traurig… Das einzig Gute an der Sache ist, dass wir die Kinder in so guter Obhut wissen und für uns ist es natürlich ein grosser Trost zu wissen, dass wir nicht selbst hierher kamen, sondern dass wir wirklich hierher gestellt wurden. Und darum wird uns auch immer weitergeholfen werden und trotz den Zeiten darf man doch auch heute noch an Wunder glauben. Es kommt nun nur darauf an, dass wir auf unserm Posten bleiben und das ohne Murren etc.»

30. September 1939, Betsy: «Wir sind hier sehr ruhig im Urwald. Wenn wir keine Zeitung hätten und der Kontrolleur uns nicht das Neueste melden würde durch seinen Radio, wüssten wir kaum etwas von Krieg. Spüren tut man es hier gar nicht. Wir haben einige Kisten Milch mehr gekauft als sonst und noch einiges anderes, bes. auch für den Spital. Dann fängt man an zu sparen. Die Patienten und das Personal bekommen nur zwei Mal im Tag zu essen, wie sie das ja daheim auch tun. Nur wollte Mattheus hier

ein wenig herausfüttern, weil die Dajaken meist unterernährt sind. Nun aber bekommen sie also auch keine Zugabe mehr als Mahlzeit, sondern am Morgen nur eine Tasse Tee. Auch das Personal ist einverstanden damit und Schwester Elsine sagt, dass sie viel zufriedener seien nun. Dadurch aber, dass man nicht mehr so viele Abfälle hat, kann man keine Schweinchen mehr halten im Spital. Sie werden nicht mehr feist! Das ist schade.»

Und wie geht es in Basel weiter?

Auch im Missionswerk in Basel sind die Spannungen zwischen den Geschwistern spürbar. Die Basler Mission hat zu Anfang September 1939 ihre deutsche und schweizerische Heimatgemeinde getrennt. Direktor Hartenstein geht im September zurück nach Deutschland. Die BM ist damit ein rein schweizerisches Werk unter rein schweizerischer Führung.

6. OKTOBER 1939, INSP. WITSCHI AN DR. VISCHER: «Sie haben Kenntnis erhalten: einmal über das wichtige und folgenschwere Auseinandertreten der deutschen und schweizerischen Heimatgemeinde und die Konstituierung der BM als Schweizerisches Werk unter rein schweizerischer Leitung. Ich verweise auf das, an den Präses gegangene, gedruckte Memorandum... dass es ein freier brüderlicher Entschluss war, der auf diese Weise die Substanz der Gemeinschaft erhalten will... Für den Fall von Komplikationen zwischen Deutschland und Holland käme eine rein schweizerische Feldleitung in Frage, wobei Sie oder Göttin [als Präses in Frage kämen.]... Es ist mir ein ganz grosses Anliegen, dass in unserm Kreis gerade *jetzt die Nationalität keine Rolle spielt,* und dass gerade auch unsere deutschen Brüder in der neuen Ordnung Basels, sich nicht mit weniger liebevollem Vertrauen behandelt vorkommen dürfen. Der Heimaturlaub, der ausbleiben muss, soll ersetzt werden durch häufigere und längere Javaaufenthalte... Grundhaltung: Arbeit in Borneo und China möglichst im bisherigen Umfang zu erhalten... In Britisch-Indien sind alle deutschen Mitarbeiter interniert... Hier im Hause steht es so, dass Direktor Hartenstein seit drei Wochen uns verlassen hat und die deutsche Heimatgemeinde orientierte, ein unabhängiges Notkomitee in Stuttgart gründete und das volle JA der Geschwister und verantwortlichen Freunde unseres Werkes zu der Trennung erwirkt hat... Gestern ist Ihr Brief gekommen, dem

wir dankbar entnehmen, dass Sie evt. bereit sind, über 1940 hinaus auszuharren. So sehr wir dies begrüssen, im Blick nicht nur auf die ärztliche Mission, so wäre es mir nun sehr schwer, nach allem, was gegangen ist…»

Dass die BM nun schweizerisch ist, wird in NL-Indien dankbar anerkannt. Nur ist mit diesem Schritt das Problem unter den Missionsgeschwistern keineswegs gelöst. Die gegensätzlichen Reaktionen auf das Weltgeschehen bleiben bestehen. Das Misstrauen wächst und das gegenseitige Verständnis schwindet. Litauen, Westpreussen und Posen werden als ‹Ostgebiete› Deutschland eingegliedert, Estland und Lettland zu sowjetischen Stützpunkten erklärt.

14. OKTOBER 1939, BETSY: «Für Deinen Brief also vielen Dank. Ich finde es so traurig, dass alle meine Briefe, die ich *jede* Woche schrieb, scheinbar nie angekommen sind. Denn Du erwähnst von keinem etwas. Das betrübt mich, denn ich habe unendlich viel geschrieben, mich just bemüht, jede Woche zu schreiben, eben *weil* ich dachte, dass Ihr gern hört, wie es uns geht. Dein letzter Brief ist von 21. August datiert, und seit dieser ankam, haben wir also *nichts* von Dir gehört. Nun ist ja Dorothee Sarasin im Komitee der Mission, wie im letzten Heidenboten stand. Es hat einen Sturm der Entrüstung gegeben, als Missionar W. das las! Nein, eine *Frau* gehöre wirklich nicht ins Komitee. Die Frauen haben nämlich seiner Meinung nach gar nichts zu sagen und er war ‹der grösste Feind› z. B. von der Arbeit, die Frau K. tat! Seine Frau dauert mich darin unsagbar; wir alle bedauern sie, denn ihr Mann ist in dieser Hinsicht ein wenig krankhaft einseitig. Die Regenzeit hat eingesetzt: Der Spital fängt seit zwei Tagen wieder an, sich zu füllen. Im Oberland hat es auch schon fest geregnet, was an den vielen Wasserpflanzen zu sehen ist, die den Fluss vor unserem Haus herabschwimmen kommen. In letzter Zeit habe ich ziemlich viele Rechnungen geschrieben, die nun ein Angestellter einkassieren muss, was sehr mühsam ist. Wenn er aber nur ein wenig etwas bekommt, wollen wir schon zufrieden sein. Es ist ein Elend, dass die Leute so einfach nicht bezahlen, oft nicht können, oft aber auch einfach nicht *wollen*… Die Zeiten sind nun aber *so*, dass man nur Schwerkranke aufnehmen kann, wenn sie gar nichts bezahlen können… Alles, die ganze Zukunft, ist unsicher… Nun wollen wir sehen, was Basel bestimmt. Es ist alles so unsicher, auch wegen Frl. Dr. Hessberg… Unsicher ist, ob wir heimgehen sollen, ob wir hier

nicht nötig sind etc. Wir sind aber ganz getrost und warten eben ab, denn *wir* können ja letzten Endes nichts beschliessen, das wird im Himmel für uns getan.»

20. OKTOBER 1939, DR. VISCHER AN INSP. WITSCHI: «Sollten H.Göttin und ich die Leitung übernehmen, welche Möglichkeit genau durchgesprochen wurde, so wäre ich bereit dazu, obwohl mir gestern alle Konsequenzen dieses Auftrages erschreckend klar wurden. Es wäre doch das Gegebene, dass Göttin zweiter würde. In wie weit ich nötig wäre, wurde mir klar aus einigen Äusserungen. Ich glaube meine Anlage und Vorbildung würde mit Göttin zweckmässig kombiniert, wobei es für ihn eine Erleichterung wäre, wenn er nicht die letzte Verantwortung hätte, da gerade solche ihn bedrückt, der mehr ein gewissenhafter Ratgeber ist. Unter diesen Umständen würde mein Hierbleiben eine gewisse Notwendigkeit, …Am schwierigsten ist der Generalkassier zu ersetzen… Ich würde wohl die medizinische Arbeit hier aufgeben, nach Bandjermasin ziehen und sehen, die Zügel in die Hand zu nehmen und trachten, dass nichts verloren ginge… Nun ein Wort zu unserer Heimkehr! Wir haben nicht die Freiheit a priori zu sagen: ‹Selbstverständlich bleiben wir nun.› Wir fühlen im Gegenteil, dass wir Heim sollten zu den Kindern, wenn wir hier entbehrlich sind. Und dass wir in dieser Richtung uns bemühen müssen. Medizinisch ist es mir manchmal hier so zu Mut, dass ich finde, ich müsse hier abgelöst werden. In absehbarer Zeit muss Dr. Höweler an meinen Posten kommen. Ich bitte Sie also, die Abmachungen nicht als eo ipso hinfällig betrachten zu wollen. Gefühlsmässig widerstrebt es mir auch sehr, nun das Feld zu verlassen, wo andere auch nicht weg können und wo ich andererseits auch fühle, dass die Erfahrungen der letzten 12 Jahre mir in mancher Hinsicht nützlich sind, verwertet werden können und mir besonders im Verkehr mit Beamten je länger je mehr Erleichterung gewähren. Der Kontrolleur z.B. sagte mir kürzlich: ‹Sie, der Sie am längsten von allen Beamten hier am Platze sind, können da besser urteilen.› Auch gegenüber den Dajaken kommt es mir gelegentlich zum Ausdruck, dass ich schon lange da bin… Wenn nun vollends die Möglichkeit zu erwägen ist, dass ich in anderer Weise hier nötig werden könnte, so wird ein Urteil noch schwieriger. Ganz zuletzt könnte ich noch für das *Rote Kreuz* nutzbar werden, da nur noch ein Schweizerarzt (Surbek in Bandung) hier ist, der evt. Liebesdienste vermitteln könnte. Kurzum, ich will nicht leichtfertig den Platz hier verlassen. Aber

schlussendlich haben Sie Recht... So viel über unsere Heimreise. Wir hoffen und bitten, diese möchte nicht zu lange hinausgeschoben werden, pochen aber nicht auf unser Recht auf Ende 1940 heimzureisen. Gesundheitlich geht es soweit ordentlich.»

Die tägliche Routine in Borneo geht weiter

2. NOVEMBER 1939, BETSY: «Wie mag es Euch gehen? Wir denken natürlich viel an Euch, besonders seitdem wir gestern in der Zeitung lasen, dass deutsche Truppen an die Schweizer Grenze gestellt wurden. Was hat das wohl zu bedeuten? Es ist nicht immer leicht, im Gegenteil oft sehr schwer, hier in unsern Kreisen mit engen Horizonten zu leben und – zu *lieben*. Ich muss mir manchmal einen gehörigen Stupf geben, um die Neutralität wahren zu können!»

7. NOVEMBER 1939, DIE BM IN BASEL BESCHLIESST: «Die Heimkehr Dr. Vischer wird auf Spätherbst 1940 fest in Aussicht genommen.» Und: «Die Vorbereitungen für eine rein schweizerische Feldleitung unter Dr. Vischer als Präses sind getroffen. Unter normalen Verhältnissen wird Dr. Vischer Ende 1940 heimkehren. Wird er aber als Präses benötigt, so wird er bereit sein, länger zu bleiben.»

8. NOVEMBER 1939, INSP. WITSCHI AN DR. VISCHER: «Sie schreiben davon, dass Frl. Dr. Hessberg den Versuch machen will, das indische Arztexamen zu bekommen. Ist dies innerhalb kürzerer Frist möglich und tunlich, so sind wir nicht dawider. Eine Verpflichtung und Auflage dazu besteht unsererseits jedoch nicht... [damit] Sie, Ihrem früheren Wunsche gemäss in der Lage sind auf Ende 1940 heim zu kommen. Sollten die Kriegsverhältnisse bei Ihnen selber den dringenden Wunsch hervorrufen schon im Herbst 1940 zu reisen, so müsste freilich der Aufenthalt von Frl. Dr. Hessberg entsprechend gekürzt werden. Zum andern stehen wir unter dem bestimmten Eindruck, dass es besonders auf die Verhältnisse in Europa und speziell in Holland selber gesehen, die letzte Möglichkeit war, Dr. Höweler überhaupt auszusenden... Sollten wider Erwarten durch den Krieg die Passageverhältnisse so schwierig oder gefährlich werden[148], dass Ihre

---

[148] Zum Beispiel bei Kriegseintritt Italiens und der Gefährdung im Mittelmeer.

Heimreise nicht mehr möglich würde, so ist mit unserer Massnahme [Dr. Th. Höweler] auf jeden Fall eine genügende gegenseitige Ablösung und damit die Schaffung längerer Erholungsmöglichkeiten für Sie und Frl. Dr. auch in Zukunft gegeben…»

In der Schweiz beginnen vermehrt Gerüchte zu zirkulieren, die Angst und Unruhe verbreiten, der nationalsozialistische Nervenkrieg wird nie mehr schweigen. Am 9. November wird erhöhte Alarmbereitschaft verfügt. Die Minenkammern der Brücken sind geladen, die Tanksperren errichtet.

9. NOVEMBER 1939, BETSY: «Bernhard ist einfach ein Schatz. Wenn er am Morgen aufwacht, spielt er mit seinen Händchen oder Ärmchen und ist ganz still, bis – ich weiss eigentlich nicht, wie lange er still *wäre*, wenn ich ihn lassen würde! Ich gebe ihm dann um halb Sieben den Schoppen… Letzthin habe ich ein fertig gekauftes Kleid umgeändert, dann schreibe ich die Diagnosen zu den Spitalpatienten ins Hauptbuch; die letzten zwei Tage habe ich das dritte Quartal endlich gerechnet (hat ganz nicht gestimmt am Anfang und war mühsam, den Fehler – *soo* ein dummer! – herauszufinden!) Dann habe ich alle Weihnachtsachen verschickt und dazu geschrieben, letzte Woche teils schon, sodass mir ein grosser Stein vom Herzen ist, dass das nun wieder ‹ab› ist. Wohl zum letzten Mal? … Herr W. ist ein Armer und macht *sich* das Leben so schwer. Er bittet nur die *deutsche* Schwester um einen Dienst, glaubt *wir* seien alle sehr deutschfeindlich und ist gedrückt hie und da. Dabei würden wir nie etwas tun oder sagen, das gegen ihn geht oder gegen sein Volk; aber er glaubt halt von uns allen verfolgt zu sein… Einen sehr netten Abend waren wir beim Kontrolleur mit allen Europäern. Wir machten das neue Spiel, das bis jetzt nur auf Englisch existierte: Häuser verkaufen, Hotels kaufen, etc. Ein Würfelspiel, aber interessant, weil man nicht *nur* Glück haben muss, sondern auch denken kann dabei!»

Über das Missionsfeld

Am 30. November 1939 überfällt die Rote Armee Finnland. England und Frankreich bleiben still, um das Verhältnis zur Sowjetunion nicht zu trüben. In der Schweiz herrscht Empörung und viel Sympathie für das kleine Land, dem die Neutralität zugesichert worden war, denn was Finnland geschah, kann auch der Schweiz geschehen.

3. DEZEMBER 1939, DR. VISCHER AN INSP. WITSCHI: «Der Gedanke, dass ich einmal Präses sein sollte, macht mir Grausen, denn es ist ein furchtbar schweres Amt, vor dem ich ungeheuer Repekt bekommen habe. Immerhin hielte ich es für zweckmässig, den zukünftigen Mann schon jetzt zu bezeichnen, dass er sich vorbereiten kann. Inoffiziell ist das bei mir der Fall, da Bruder Weiler mich gerne informiert und Dinge mit mir bespricht. Er hat ja ausser Bruder Göttin sonst niemanden...

Wegen unserer Heimkehr: In eine Unmöglichkeit werden wir uns natürlich fügen. Doch sind wir seit neusten Nachrichten doch sehr dankbar, wenn wir im Herbst nächsten Jahres heimkehren dürfen. Zwar ist noch zu erwägen, ob das wegen der Winterkälte ratsam ist. Das wird sich noch klären. Frl. Dr. Hessberg sagte erst, sie wolle nur einige Monate nach Java; jetzt aber drängt sie auf ein volles Jahr, hat aber noch keine festen Pläne. Sollten diese Pläne mich überzeugen, wäre ich zu Konzessionen bereit, wegen der Heimreise; bin aber andererseits nicht frei, da Familienrücksichten mich binden. Ich kann nicht über andermanns Rechte und Ansprüche verfügen, ohne wirklich zwingende Notwendigkeit. Auch das wird sich noch klären. Zusammenfassend also: Wir behalten die Heimreise Ende 40 im Auge, weil wir uns gebunden fühlen, wenn nicht sehr zwingende Gründe uns nötigen, davon abzusehen.»

3. DEZEMBER 1939, MATTHEUS AN ESTHY: «Es ist zwar auch nicht so herrliche Aussicht, im Winter heimzukommen, besonders jetzt im Krieg – unter normalen Umständen ist es nicht so bedenklich – jedoch drängen die Eltern Mylius darauf, dass wir nicht zu lange fortbleiben. Jedenfalls nicht länger als absolut nötig. Mama schrieb sehr freundlich, dass wir ihretwegen nicht in Sorge sein sollen. Es wird aber doch so sein, dass die Kinder eben grösser werden und damit wächst die Gefahr, dass wir den Kontakt nicht recht finden. Davor graust mir überhaupt ein wenig... Wir freuen uns an unsern Kindern hier. Emilie ist fast so gross wie Mariannli als wir heimkehrten, scheint aber weniger verständig zu sein als dieses. Es geht gern zur Schule, wir wissen aber nicht recht, was es dort lernt, scheinbar immer dasselbe. Die Hauptsache ist aber ja, dass es lernt stillsitzen und mit Kindern umgehen. Bernhard ist ein rundliches Buschi wie wir wenige gehabt haben und macht nun auch fast täglich seine kleinen Fortschritte. Freilich, bis er gehen kann wird Emilie noch lange warten müssen.

16. DEZEMBER 1939, BETSY: «Wir wollen und können nun noch gar keine Pläne machen, wir wissen noch nicht, ob wir auf den Winter heimkommen werden oder erst im Frühling. Das wird sich alles zeigen und wir sagen auch da, dass wir Menschen wissen sollen, dass wir nur denken können, dass aber Gott lenkt. Also wollen wir das uns auch dieses Mal sagen lassen und nicht an Dingen herumstudieren, bei denen wir noch keine Entscheidung treffen können. Wir sind eben ganz getrost und machen uns gar, gar keine Sorgen wegen unserer Zukunft… Sicher ist, dass es uns einmal besser gehen wird, als wir es verdient haben, wie das ja immer ist, wenn man vertraut und wartet. Ich persönlich bin so froh, dass ich mir über viel weniger Sachen Sorge mache als früher. Dadurch habe ich viel, viel weniger Enttäuschungen. Ich weiss ganz sicher, dass alles genau so kommt, wie es für mich am besten ist, und ich habe sehr oft und immer wieder erleben dürfen, dass es noch immer viel schöner herauskam, als ich es mir gewünscht hätte. Wir haben es gut hier. Wir werden es daheim auch wieder gut haben. Wir dürfen uns auf Euch und die Kinder freuen; aber wann wir uns wiedersehen werden, darüber wollen wir uns noch nicht besinnen… Ich schreibe das eine und andere für Mattheus und so und habe immer etwas zu tun. Aber kein ermüdendes und anstrengendes Leben! Ich habe Zeit für die Kinder und lerne Weihnachtsliedlein mit Emilie. Sie begreift zwar nicht, warum man jedes Jahr an der Weihnacht das gleiche singe! Bernhard gedeiht und ist ein nuggischer Schatz.»

17. DEZEMBER 1939, MATTHEUS AN SCHWAGER OTTO SULZER: «Wenn Dr. Höweler Ende Januar hier sein wird, werde ich Vorschläge nach Basel machen, die dann wohl angenommen werden. Leider scheint Papa Mylius recht ungeduldig zu sein, er hat uns einen Brief geschrieben, dem wir aber nicht ganz zustimmen können. Wir hoffen nun, dass er verstehen wird, dass wir nicht einfach hier drauslaufen können auf eine vor vier Jahren getroffene Abmachung pochend, zu deren Einhaltung die Missionsleitung sich redlich Mühe gegeben hat. Es betrübt mich ein wenig, dass er uns lediglich egoistische und Trägheitsmotive zudenkt, die wir ja wirklich nicht haben. – Wie sich unser Heimkommen gestalten wird und was wir dann tun werden ist noch ganz nicht zu sagen, und deshalb wollen wir auch nicht viel darüber reden. Wir nehmen nicht an, dass unsere Heimreise wegen des Krieges *ganz* unmöglich werden wird. Vielleicht steigen die Gefahrenmomente

noch an... Ich lese eben wieder in einem Abriss der Schweizer-geschichte. Es ging doch schon oft recht wild und wüst zu! Und was uns Frankreich schon alles zuleide getan hat ist eigentlich enorm, während wir seit den Schwabenkriegen im Osten Ruhe hatten. Ich finde besonders jetzt sollte man sich intensiver mit frü-heren Zeiten beschäftigen, man würde dann weniger wehleidig und bekäme klarere Gedanken über das Wesentliche. Ich bekam einen merkwürdig starken Eindruck von der zwiefältigen Tatsache, wie wenig ein Individuum zu bedeuten hat, und doch auch wieder wie viel. Der Einzelne muss bereit sein, seine Existenz aufzuopfern. Auf sein Wohl oder Wehe kommt es gar nicht an – während normalerweise der ganze Staat mit Polizei, Hygiene, Versicherung etc. sich um sein Wohlsein bemüht! – und dann wiederum resultiert aus diesen Opfern die Freiheit eines Staates, oft auf lange Zeit. Ja gelegentlich wiegen die Opfer an sich unbedeutender Leute durch Ort und Zeit, da sie gebracht werden wieder ganz unverhältnismässig schwer. Das weiss der Betroffene oft nicht. Aber ein Volk bleibt nur dann gross und frei, wenn jeder Einzelne wertbewusst und opferbereit ist.»

19. DEZEMBER 1939, INSP. WITSCHI AN DR. VISCHER: «Zu der Frage Ihrer Heimkehr: unter den jetzigen Umständen rechnen wir bestimmt damit, dass Frl. Dr. Hessberg spätestens auf Oktober 1940 aus Java zurückkehrt und damit Ihre Reise auf November gesichert wird... [Es ist eine] besondere Freude, dass Sie sich für den Internierungsfall haben bereitfinden können, das wichtigste Amt auf dem Felde zu übernehmen und damit auch Ihre Heim-kehrpläne zu opfern. Es ist uns allen eine grosse innere Beruhi-gung, Sie als Präses zu wissen... Die Lage in der Schweiz ist augen-blicklich ruhig und wir hoffen, dass dem so bleibe... Das Schicksal Finnlands bewegt die Gemüter mit Recht tief und wird allgemein auf das moralische Konto der Nazipolitik Ribbentrops gebucht.»

1940

6. JANUAR 1940, BETSY: «Hoffentlich habt Ihr das neue Jahr gesund und glücklich angetreten und ohne gar zu viele Sorgen... was wird das Jahr bringen etc. fragen wir uns manchmal; sind aber doch sehr dankbar, dass wir es nicht wissen. Wie viel schwerer wäre sicher Vieles, wenn man es noch vorhaben müsste und wüsste, dass es geschehen wird. So leben wir eben von einem Tag zum andern und wissen, dass wir vertrauen dürfen, und dass das im Grund so

leicht ist! … Ja, und dann also die Photos der Kinder! Wir haben eine Riesen, Riesenfreude und schauen sie immer wieder an! Sie sind alle so gut und eben lustig ist, wie z. B. Alfred auf der einen Photo sehr stark Ernst Speiser gleicht, auf verschiedenen andern gleicht er Paul enorm. Zu lustig!»

Dr. Höwelers Familie ist am 8. Januar 1940 in Bandjermasin eingetroffen. Die Geschwister Bart übernehmen die Chinesengemeinde in Bandjermasin. Sie kamen von Singkawang, in West-Borneo, wo sie eine grosse Chinesengemeinde betreut hatten.

13. JANUAR 1940, BETSY: «Dieses Jahr gab es nicht so unendlich viel Unvorhergesehenes wie andere Jahre. Es kamen weniger Schwerkranke in den Spital um die Festtage als sonst. Es ist überhaupt alles ein wenig später, weil auch die Trockenzeit länger gedauert hat. Nun erst beginnen die Säle und Zimmer sich zu füllen. Es sind momentan 67 Patienten im Spital, so viel wie noch nie waren seit seinem Bestehen! Und auch im Dorf hat Schwester Emilie sehr viele Geburten…»

18. JANUAR 1940, BETSY: «Ja, wir fragen uns auch, wie es nächstes Jahr sein wird. Dr. Höweler war zwei sehr gemütliche Tage bei uns und ich glaub' er hat es auch genossen. Wenigstens hat er am ersten Tag gar betont, wie herrlich, er es finde, wieder hier zu sein. Man weiss eben immer noch nicht, wie sich alles mit Frl. Hessberg gestaltet. Sie ist sehr müde und schwerfälliger denn je und kann sich zu nichts entschliessen. Ich habe nun alles, was mit Apotheke und Medizinen zusammenhängt übernehmen dürfen. Mattheus möchte, dass eine bessere Ordnung und Kontrolle sei und auch, dass er sich besser auf die Arbeit, die gemacht wird, verlassen kann. Es war für die Schwestern einfach zu viel, denn diese Sachen können nicht rasch erledigt werden: Mischen von Pulvern und Salben etc. etc. sonst gibt es einmal ein Unglück. Zudem hat Schwester Emilie rührend naive Ansichten von diesen Dingen. Es ist halt erstaunlich, was eine Missionsschwester alles wissen sollte und eben alles gut wissen, was ja fast unmöglich ist. Nun muss ich unter die 10 Missionare viele Medizinen verteilen, die alle in grossen Packungen aus der Apotheke in Bandjermasin kamen.»

17. FEBRUAR 1940, BETSY: «Gestern ist Missionar Göttin wieder heim, der einige Tage bei uns wohnte. Er ist ein ganz feiner Besuch, an dem man immer sehr viel hat. Er weiss sehr viel von allem, und dann auch interessiert er sich für eine Menge Sachen, für die auch Mattheus Interesse hat: Ethnologisches etc. … Frl.

Dr. Hessberg war einige gemütliche Tage bei uns. Nun reist sie die nächste Woche nach Java, weiss aber immer noch nicht für wie lange, weil sie immer noch hofft, dass sie das Examen machen kann. Aber *wir* glauben nicht daran. Mattheus hat ihr auch gesagt, dass wir nun unser Urlaubsgesuch einreichen werden und bitten möchten, dass wir am 1. Nov. hier aufhören können. Sie hat eher grosse, erstaunte Augen gemacht; aber schliesslich, wenn sie eben so unentschlossen und schwerfällig ist, können wir auch nicht immer Rücksicht auf sie nehmen. Wir hoffen also, an Weihnacht daheim zu sein!!

Das Verhältnis von Mission und Kirche in Borneo

6. MÄRZ 1940, INSP. WITSCHI FORMULIERT DIE ZUKUNFT: «Die Pläne sehen eine schrittweise Übergabe der Missionsstationen[149] und der missionarischen Aufgaben an die Dajakkirche vor. Für die europäischen Mitarbeiter bleiben Spezialaufgaben im ganzen Feld: Jugendarbeit, Evangelisation und Schulung der einheimischen Kräfte.» [Die ‹ärztlichen Dienste› werden nicht erwähnt.]

Das offizielle Heimreisegesuch und die Verzögerungen

10. MÄRZ 1940, DR. VISCHER AN DAS KOMITEE: «Nachdem nun Herr Dr. Höweler mit seiner Familie wohlbehalten in Borneo angekommen ist und seine Arbeit in Bandjermasin aufgenommen hat, da ferner Frl. Dr. Hessberg nicht ihren Europaurlaub antreten kann, sondern lediglich in Java die benötigte Erholung suchen muss, erlaube ich mir, zugleich im Namen meiner Frau, Sie höflich um die Erlaubnis zu bitten, auf den 1. November dieses Jahres die Arbeit hier niederlegen zu dürfen und nach Europa heimzukehren. Unsere Arbeitsperiode, die gemäss der ursprünglichen Abmachung im Frühjahr dieses Jahres zu Ende gewesen wäre, wird dann ein halbes Jahr verlängert sein. Wir glauben es unsern Kindern und unsern Angehörigen schuldig zu sein, nicht länger hier zu bleiben, als unbedingt nötig ist und hoffen, dass Sie dieser Meinung zustimmen können und uns Ihre Erlaubnis zur Heimkehr geben werden. Die Fortführung unserer Arbeit ist, soweit dies in Menschenhand

---

[149] Zu der Zeit etwa 17 Hauptstationen mit zusätzlichen Nebenstationen.

liegt, gesichert. Mit grosser Dankbarkeit gegen Gott und unsere Vorgesetzten und Mitarbeiter, blicken wir auf die verflossenen viereinhalb Jahre zurück und denken nicht leichten Herzens an den kommenden Abschied von der uns lieb gewordenen Bevölkerung und ihrem Land, sowie der hiesigen Missionsarbeit und den Mitarbeitern. Mit vorzüglicher Hochachtung Ihr sehr ergebener Dr. M. Vischer.»

ERGÄNZEND DAZU, PRIVAT AN INSP. WITSCHI: «Ich habe dazu zu sagen, dass wir selber uns für europareif halten. Meine damalige Taxation für einen kürzeren zweiten Aufenthalt kommt mir vor, sei richtig gewesen. Zudem drängt unsere Familie auf Heimkehr, der Kinder wegen... Es ist fatal, dass wir immer noch nichts wissen über die Studienpläne Frl. Dr. Hessbergs... Wir stehen immer noch auf dem Standpunkt, dass wir nicht Spielverderber sein wollen, weil das Examen von so grossem Wert ist für die Zukunft. Aber länger als bis in einem Jahr, im äussersten Falle, glauben wir uns nicht zur Verfügung stellen zu dürfen, und wir hoffen sehr, dass es dazu nicht kommen werde... Leider konnten wir ihm [einem deutschen Missionar] in anderer Hinsicht wenig Freude machen, indem wir den Kriegsereignissen beim besten Willen eben nur kritisch gegenüber stehen konnten. Es ist da eben doch eine unüberbrückbare Kluft, die doch gelegentlich störend auch in die andern Sphären wirkt. Der Radio, der jedem die Nachrichten bringt, die er gerne hören will, ist ein wohltuendes Mittel. Aber die ‹Augen öffnen› tut er keinem. In Bandjermasin ging wieder einmal die Internierungsfurcht um; es tut mir leid um die Nervenkraft, die damit unnötig verbraucht wird, und ich frage mich, was solchen Paniken zugrunde liegt. Irgendwie ist man eben innerlich doch nicht ganz ruhig.»

10. MÄRZ 1940, MATTHEUS: «Anderseits wird es ja ganz gewiss nun Zeit, dass wir heimkommen, das ist mir ganz klar. – Ebenso wie es mir ganz klar ist, dass es gar nicht leicht und schmerzlos gehen wird bis unsere Familie wieder beieinander ist und Kontakt hat, wenn schon jetzt gelegentlich die Kinder schreiben, dass sie blangen bis wir heimkommen. Sie werden sich das eben auch ziemlich vage vorstellen. Wir wissen ja gar nicht, wie es in der jetzigen Jugend aussieht und wie man sich dabei zu verhalten hat. Und uns allzuviel ans Gängelband anderer zu begeben müssen wir doch auch vermeiden. Das wird nicht ganz leicht sein... Einstweilen hoffen wir noch auf Weihnachten heimkommen zu dürfen oder doch

spätestens in einem Jahr. Denn abgesehen von diesen Plänen fühlen wir uns auch wieder europabedürftig werden. Auch Emilie wird gross. Ich habe ja ziemlich viel zu tun. Freilich im Vergleich mit andern Ärzten nicht so enorm, aber für meine Leistungsfähigkeit doch gerade genug. Es ist eben so vielerlei. Medizinisch kommen immer wieder interessante und dankbare Fälle vor, die mir den Abschied hier erschweren. Die werden daheim fehlen. Es ist jetzt doch eine nette befriedigende Arbeit hier mit den 50–60 Spitalpatienten und den 40–80 Poliklinikpatienten täglich… Frau Missionar hatte eine Fehlgeburt tief im Innern bekommen, kam schwer ausgeblutet und deprimiert hierher und hat sich nun wieder gut erholt. Es sind auch so sorgenvolle Leute, die über ihre Gesundheit sich Kummer machen, voll Vorurteilen und Misstrauen. Das finde ich so hemmend. Aber es ging alles gut und ich glaube, sie sind wirklich befriedigt abgereist. An ihnen konnte man übrigens konstatieren, dass sie eben eine ganz andere politische Mentalität haben und dass es nicht von der Abschliessung vom Ausland abhängt. Auch sie sind vom Friedenswillen ihres Heimatlandes tief überzeugt und ebenso vom Vernichtungswillen ihrer Gegner. Alle früheren Geschehnisse etc. sind total ausgelöscht. Hier herrscht wegen der Torpedierungen der vielen holländischen Schiffe eine ziemlich gereizte Stimmung. Das ist natürlich unangenehm und hierin dauern mich die hier lebenden Deutschen, die das gänzlich nicht verstehen können… Was die Existenz Hollands und der Schweiz betrifft, so braucht man wenig beunruhigt zu sein. Es wäre doch sehr schwierig und wenig lohnend Holland anzufallen. Es ginge ja lediglich um eine bessere Luftbasis, und ob die den ungeheuren Einsatz lohnt, ist mir fraglich.»

15. MÄRZ 1940, BETSY: «Photos von Bernhard und Emilie. Sie sind eben ein wirklich herziges Paar, ich möchte sie Dir so schrecklich gern zeigen; aber ach je, man weiss ja nicht, wann wir heimkommen. Frl. Hessberg ist dermassen unentschlossen und wir finden sie in diesem Fall ganz besonders egoistisch. Denn sie sitzt nun in den Bergen und schrieb uns, sie wolle zuerst die Ferien geniessen, und es gefalle ihr so gut, dass sie wahrscheinlich einige Monate dort bleiben werde. Dabei denkt sie nicht, dass wir fast ‹verzwatzeln› und wirklich gern wissen möchten, woran wir sind… Einstweilen aber freuen wir uns riesig auf Ferienwochen, die wir am Meer zubringen möchten, in der Nähe von Bandjermasin… Nun ist also der Krieg Finnland-Russland fer-

tig[150]. Wir haben gestern die Nachricht von Missionars gehört. Weiteres wissen wir nicht, aber wir freuen uns riesig, dass wenigstens dieser Kampf aufgehört hat dort oben. Sonst, weisst Du, machte es uns nicht so viel, dass diese merkwürdigen Deutschen [Gäste] nicht mehr da sind. Sie haben eben einfach eine andere Einstellung zum Krieg und was wir nicht begreifen können, das finden sie fein, und umgekehrt begreifen wir, dass es z.B. jetzt nicht zu einem Frieden kommen kann, was sie nicht verstehen. Aber wer weiss, vielleicht, dass wir doch noch den Frieden erleben dürfen, unter andern Bedingungen aber als die früher gemachten.»

20. MÄRZ 1940, DR. VISCHER AN INSP. WITSCHI: «Es scheint nämlich dass Frl. Dr. Hessberg ihr Examen doch riskieren will, indem sie auf Grund eines Briefes der Med. Fakultät in Batavia hoffen kann, in einem Jahre fertig damit zu werden… und Bruder Weiler [Präses] nimmt als selbstverständlich an, dass ‹die Familie Vischer halt dann länger bleibt›. Nun ist es ja so, dass wir uns früher zu Opfern bereit erklärt haben. Aber nicht unlimitiert. Wir stellten März 1941 als alleräussersten Termin unseres Entgegenkommens… Schieben wir den Termin nochmals hinaus, dann kommen wir gegenüber der Familie Mylius in eine sehr unangenehme Situation, da mein Schwiegervater das Heimkommen als eine Pflicht ansieht, der jede andere Rücksicht untergeordnet sei… Ich riskiere einen unheilbaren Bruch mit meinen Schwiegereltern und vielleicht auch Schaden für die Kinder – nämlich, wenn dadurch unsere Heimkehr überhaupt unmöglich wird. Wir selber wären natürlich sehr gerne auf Weihnachten daheim gewesen, denn darauf wartet die ganze Familie, die uns ja gerne schon in diesem Frühjahr daheim gesehen hätte. Was nun uns persönlich betrifft, so sind wir ja nicht Vertragsarzt, sondern haben uns der Missionsleitung zur Verfügung gestellt. Wir wollen wie gesagt, die Mission nicht egoistisch verlassen, wenn wir noch nötig sind. Aber ist das nun wirklich so? Zudem bedeutet es selbst wenn Sie keinen speziellen Zuschuss bezahlen müssen, immerhin eine Mehrausgabe von vier Monaten Gehalt für uns und das sind ungefähr 2500 Franken… Falls die Missionsleitung zum Entschluss kommen sollte, wir seien verpflichtet, hier zu bleiben, so wäre es

---

[150] Kapitulation und Unterzeichnung des ‹Friedens von Moskau› am 12. März 1940.

mir schon angenehm, wenn z. B. Herr Pfarrer Koechlin sich mit meinem Schwiegervater ins Einvernehmen setzen würde. Prüfe ich mich recht, so ist eigentlich mein Motiv, das mir den Gedanken hier zu bleiben nahe legt nur, dass ich ‹kein wüster Hund sein will›, der etwas verunmöglicht, das jemandem Freude macht, und dass ich mir hier ein gutes Andenken hinterlassen möchte; denn *es* wird ja ewig heissen, dass *wir* halt keine Rücksicht gekannt hätten, und *es* wird ewig heissen, ‹wenn man halt damals das Examen hätte machen dürfen›. Aber das sind ja alles keine stichhaltigen Gründe. Es geht eben auch nicht nur um die paar Monate, denn wenn wir auf Weihnachten heimkommen, dann können wir im Frühjahr eine Wohnung beziehen und das Familienleben starten. Kommen wir aber erst im April, dann ist, wie Sie ja selber wissen, der Sommer schon angebrochen und können wir erst auf den Herbst eigentlich beginnen. Es handelt sich aber für uns doch auch darum, nun noch eine Existenz zu gründen zu suchen. Ich bin nun auch schon 44 und gerade auf mich warten werden die Patienten in Basel auch nicht. Nun habe ich Ihnen unsere Gedanken glaube ich klar gelegt und nun warten wir auf ein Wort des Komitees.»

1. April 1940, Dr. Vischer an Insp. Witschi auf einer Briefkarte: «Hiermit erlaube ich mir mein Heimreisegesuch auf den 1. Nov. diesen Jahres zu wiederholen mit Verweisung auf meine früheren Briefe in dieser Angelegenheit. Ferners bitte ich Sie höflich, den Entscheid des Komitees auf meine Kosten telegraphisch hierher mitzuteilen.»

5. April 1940, Insp. Witschi an Dr. Vischer: «Frl. Dr. Hessberg möchte länger in Java bleiben. Es ist darum eine Verständigung mit Ihnen für diesen Fall dringend nötig, im Sinne einer Anfrage, ob Sie bereit sein können, zur Ermöglichung eines verlängerten Urlaubs von Frl. Dr. Hessberg ihre Heimreise um wenigstens ein viertel bis ein halbes Jahr hinauszuschieben.»

Nachdem in Europa während des Winters nicht eigentlich gekämpft wurde (drôle de guerre), marschieren am 9. April 1940 morgens früh deutsche Truppen in den neutralen Staaten Dänemark und Norwegen ein, was in der Schweiz eine ungeheure Wirkung hat. Die eindeutig verurteilenden Presseberichte werden von deutscher Seite zur Provokation erklärt und der Bundesrat unter Druck gesetzt. Bundesrat und General erlassen sofort klare Weisungen, welche an alle Plakatwände angeschlagen werden. Die Bevölkerung wird so informiert, wie sie sich zu verhalten habe bei Sabotage, Luftangriffen und dem Einsatz von Fallschirmtruppen. Der Wehrwille, die Ruhe und das Schweigen sind zu wahren. Die Spannung im Land steigt, denn die Grossmächte reagieren noch immer nicht.

19. APRIL 1940, BETSY: «Nun sind wir also wieder daheim nach zwei ganz idealen Ferienwochen am Meer [Takisong]. Wir sind braun gebrannt, besonders Emilie, die den ganzen Tag ihr ‹Badstuum› anhatte und *im* oder *am* Wasser spielte. Wir haben einen riesigen Korb voll Müschelein heimgebracht. Es gibt dort eine ganze Menge verschiedener Sorten und da haben wir nun eine grosse Anzahl mitgebracht zum Spielen für Emilie und andere Kinder. Die Ruhe dort und das Ungestörtsein waren eben herrlich... Dann haben wir Boccia gespielt mit einer Frucht, die wie Bocciakugeln aussieht. Auch Emilie hat mitgespielt und zwar nicht schlecht. Bernhard sass in einem Körbchen auch unter dem Baum und gegen Mittag haben wir ihn im Meer baden lassen. Am Anfang hatte er ein wenig Angst vor dem Lärm der Wellen, wenn sie ans Ufer schlugen. Es hat dann eben gerauscht. Aber wenn ich weiter ins Wasser hineinging mit ihm, hat er es herrlich gefunden. Und man kann so weit hineingehen, dass er auf seinen Zehen auf dem Sand stehen konnte. Er hat dann herzig mit seinen Händchen an der Wasseroberfläche gespielt und hat das Wasser auch ganz gern hereingeschleckt. Wir fanden es entsetzlich salzig! Emilie ist tapfer ins Wasser gegangen und hat die Wellen über ihren Rücken fallen lassen. Wenn nämlich die Flut kam und man im Wasser sass, kamen die Wellen herrlich über einen und haben sich so wie ein Shawl von hinten um einen gelegt. Die Zeit verflog rasend und dann waren wir wieder einen Tag in Bandjermasin und kamen per Schiff wieder hierher, freudig begrüsst von den Schwestern... Dass wir die Politik intensiv verfolgen, kannst Du Dir denken. Wir schütteln oft den Kopf in letzter Zeit und fragen uns mit Bangen, was aus uns einmal werden wird in der Schweiz, wenn es so weitergeht und diese Nimmersatten nie genug bekommen können. Es ist zu hoffen, dass sich die Welt das nicht mehr gar zu lange gefallen lässt... Ich habe wieder eine Menge Medizinen zu verteilen. Es kamen 18 Kisten, teilweise riesig-grosse, die sechs bis acht Männer unter grossem Geschrei in den Spital tragen. Diese packe ich nun aus, kontrolliere nach Lieferschein, und dann muss ich sie abfüllen und auf die zehn Stationen verteilen und unter die zehn Dajakpfarrer. Dann habe ich auch wieder die Quartalsrechnung... In solchen Momenten sehnt man sich eben unsag-

bar heim – Wir hoffen, hoffen, bald ein Telegramm zu bekommen, das uns das Datum unserer Heimreise, wenn es bis dahin noch möglich ist zu fahren, mitteilt.»

19. APRIL 1940, TELEGRAMM AUS BASEL: «Festhalten Heimreise November. Examen Dr. Hessberg nur, falls Dr. Höweler zeitweilige Doppelaufgabe bejaht. Witschi.»

22. APRIL 1940, DR. VISCHER AN INSP. WITSCHI: [Dank für Telegramm und Dankbarkeit zu wissen, dass die Heimreise vorgesehen ist.] «Wir haben weitere Berichte von zuhause erhalten, dass wir uns sagen, dass wir die Pflicht haben, heimzukehren, wenn nicht eine Missionsverpflichtung absoluter Natur vorliegt. Nun die Examenfrage von Frl. Dr. Hessberg: Missionsnotwendig ist es nicht, hingegen erwünscht... Es tut mir leid, dass ich persönlich nicht in der Lage bin Frl. Dr. Hessberg mehr zu helfen. Sie hätte es gern gesehen, wenn wir per se länger geblieben wären. Doch haben nun vollends die Ereignisse in Skandinavien, die uns während den Ferien in Takisong bekannt wurden, die Dringlichkeit der Heimkehr klar gemacht.»

1. MAI 1940, DR. VISCHER NAMENS DES AUSSCHUSSES: «Wir müssen Ihnen heute eine sehr betrübliche Mitteilung machen. Unser Generalkassier wurde unter Spionageverdacht festgenommen... In Zeitungen auf Java wird die Sache lang und breit berichtet und leider auch der Name der BM genannt... Mit den hiesigen höchsten Instanzen habe ich die Situation besprochen. Überall bedauert man, dass die Mission mit in die Sache verwickelt wurde... Die Gemüter sind überall tief erregt, allerhand tolle Gerüchte werden weitererzählt und geglaubt, auch über uns hat man hier die unglaublichsten Dinge kolportiert. Es ist gut, dass man an befugter Stelle diese Stadtgerüchte nicht glaubt, eben weil sie unglaublich sind... Zur Beruhigung darf ich Ihnen mitteilen, dass man mir an höchster Stelle versicherte, dass das Verhalten der übrigen Zendlingen [Missionare] zu keinerlei Klagen Veranlassung gegeben habe. Man verlangt von uns nicht Verleugnung von Volkstum, sondern strikte Neutralität.»

3. MAI 1940, INSP. WITSCHI AN DR. VISCHER: «Im Übrigen ist ja die gesamte Lage unsicherer denn je und wir sind überaus dankbar zu wissen, dass wenn Komplikationen mit Holland eintreten sollten, Sie bereit sind auf dem Felde zu bleiben und das Präsesamt zu übernehmen. Sollte dieser Fall nicht eintreten, aber durch den Eintritt Italiens in den Krieg die Heimkehr gefährdet werden, so wis-

sen Sie, dass wir nur dankbar sind, wenn Sie in der bisherigen Arbeit ausharren, es sei denn, dass Sie Ihre Heimreise über Amerika oder um das Cap der guten Hoffnung machen wollen. Aber mit dem Eintritt Italiens in den Krieg, der, wenn er auch nicht unmittelbar bevorsteht, doch zu erwarten ist, wird die Lage in Europa und auch hier in der Schweiz derart unsicher, dass aus ernsten allgemeinen Gründen, ein Verbleiben der Heimkehr vorzuziehen ist... Ich gestehe Ihnen persönlich ganz offen, dass auf die Lage hier gesehen, eine Heimkehr mit dem Ziel eines Neuaufbaus [einer eigenen Praxis] als ein nicht geringes Wagnis erscheint und ich mich eigentlich über jeden Mitarbeiter freue, der auf unsern Missionsfeldern ruhig seine Arbeit weiterführen kann. Dabei sind wir uns bewusst, dass eine Ausweitung des Krieges in Europa zweifellos ihre Folgen auch für den Osten haben wird.»

Die Internierung der Deutschen

In Europa erfolgt am 10. Mai 1940 Hitlers ‹Westoffensive›. Die neutralen Staaten, Holland, Luxemburg und Belgien werden überfallen. Truppen marschieren in Frankreich ein. In der Schweiz wird die zweite Generalmobilmachung durchgeführt. Die Soldaten stehen an den Grenzen. In der Stadt Basel werden in den Strassen Barrikaden errichtet. Die Bedrohung des eigenen Landes ist offensichtlich. Grosse Teile der Bevölkerung an der schweizerisch-deutschen Grenze flüchten ins Landesinnere. Das Kinderhaus der BM ist in einem Hotel auf dem Hasliberg untergebracht, die Kinder Vischer bei den Grosseltern im Welschen. Es ist der eigentliche Kriegsbeginn. In der Schweiz herrscht Bestürzung, aber auch Wut und zäher Widerstandswille.

In Niederländisch-Indien werden am 10. Mai 1940 alle deutschen Männer, auch die deutschen Missionare, interniert; diejenigen in Süd-Borneo werden nach Kandangan im Landesinnern gebracht.

In Bandjermasin werden die vorbereiteten Ernennungen der schweizerischen Missionsleitung bekanntgegeben. Dr. M. Vischer wird Präses der Mission und Präsident der Dajak-Kirche. Missionar J. Göttin wird Sekretär und Missionar H. Bart Generalkassier.

11. MAI 1940, BETSY: «Ach je – was muss ich Dir heute schreiben? Es interessiert einen fast gar nichts mehr, ausser was mit Euch geschieht! Wie mag es weitergehen und was wird mit Euch geschehen? Seid Ihr in Basel oder wo wohl und wo sind die Kinder?? Wenn ich nicht wüsste, dass Du uns so rasch als möglich alles, alles erzählst, würde ich noch viel mehr fragen... Wir wurden gestern

mit der Nachricht, dass die Deutschen in Holland seien, um drei Uhr aus dem Schlaf geholt. Mattheus musste gleich zum Kontrolleur wegen einer Besprechung und ging dann nach Mandomai, kam nachts 12 Uhr wieder von dort zurück und ist heute nach Bandjermasin gefahren für einige Tage, um alles zu besprechen und zu sehen etc. ... und *ob* und *wann* wir heimkommen können! Letzteres scheint sehr unwahrscheinlich geworden zu sein – Mit was für einem Schiff? Ach, und so viel andere Fragen – ... wir *hatten* zum Nachtessen Kontrolleurs eingeladen und sie sagten *zu,* denn wir hätten gern mit ihnen unsern *15. Hochzeitstag* ein wenig gefeiert; und nach dem Essen hätten die Schwestern kommen sollen. Nun feiern wir ein wenig einen andern Hochzeitstag als geplant...»

Die BM ernennt Dr. Vischer zum offiziellen Vertreter der Basler Mission in Niederländisch-Indien. Die holländischen Behörden nehmen Kenntnis von der rein schweizerischen Leitung.

Die BM informiert die Angehörigen, dass ein Telegramm von Dr. Vischer eingetroffen ist, welches die Internierung der deutschen Missionare und die folgende Neukonstituierung eines Schweizerischen Ausschusses in Bandjermasin mitteilt.

14. Mai 1940, Präses Dr. Vischer an Insp. Witschi[151]: «Bitte erlauben Sie mir in Kürze das Wichtigste zu berichten. Zu ausführlicher Erzählung fehlt mir momentan die Zeit und die Ruhe. Der Kriegsausbruch hat uns alle furchtbar überrascht. Alle deutschen Brüder wurden, ebenso wie alle Deutschen, auch Beamte, sofort festgenommen, z.T. wussten sie kaum, was geschehen war. Dies war Freitag, um drei Uhr nachmittags. Samstag früh wurden alle nach Kandangan gebracht in ein vorbereitetes Internierungslager... Die Frauen der Internierten dürfen nur mit besonderer Erlaubnis ihren Wohnort verlassen. Die Regierung bezahlt für sie Unterhaltskosten, in Bandjermasin soll es sein, 2.50 fl. pro Tag, plus eine bestimmte Summe für Licht und Hausangestellte. Es dürfen keinerlei Gelder an sie ausbezahlt werden, doch scheint das Privateigentum nicht beschlagnahmt zu werden. Die deutschen Geschäfte sind alle von der Regierung übernommen worden... Ich kam Samstag mittag hierher [Bandjermasin]; wir konstituierten uns

---

[151] Insp. Witschi erhält diesen Bericht am 30. Oktober 1940.

gemäss den von Ihnen gegebenen Anweisungen. Am Montag machte ich dem Gouverneur hiervon Mitteilung… Am Sonntag orientierten wir die Synodale Commissie, die sowieso hier war. Ich gedenke, gemeinsam mit Göttin zu arbeiten. Wir erklärten, dass wir ein Leib seien. Denn die Aufgabe ist schwierig, und wir müssen auf dem Buchstaben beharren. Bruder Göttin haben wir auch nach aussen als ‹Secretaris der Mission› bezeichnet, um sein Amt zu charakterisieren. Wir arbeiten prächtig zusammen.»

Die Finanzen spielen eine grosse Rolle. Überall muss gespart werden, es kommen keine Subsidien mehr, auch wird es schwierig aus der Schweiz. Geld zu überweisen.

Am 15. Mai 1940 kapituliert Holland.

24. MAI 1940, BETSY AN ESTHY: «Es ist überhaupt alles so anders, wenn wir jetzt an Euch und Basel denken, anders als vor fünf Jahren als wir ausreisten. Auch hier hat sich alles geändert. Mattheus ist in Bandjermasin nun schon seit zwei Wochen. Er kam über das letzte Weekend heim und schreibt nun, dass er auch diese Woche erst am Samstag heimkommen werde. Er hat unendlich viel Präsesarbeit dort, eine ganz neue Arbeit für ihn. Missionar Göttin und er haben nun alles allein zu tun, und als Kassier ist Missionar Bart da. Dann haben wir noch weitere zwei Schweizermissionare, die auf ihren Stationen im Innern des Landes sind und noch einen Holländer. Alle andern sind fort, interniert, man weiss nicht wie lange. – Die Frauen sind daheim, für sie geht das Leben seinen gewohnten Gang. Es ist sehr schwer. Mattheus hat sie in ihrem Internierungslager besucht. Ja, was wird sein, bis Du z. B. diesen Brief in Händen hast? Wo seid *Ihr* wohl, *wo* müssen wir *Euch alle* suchen… Es ist ein bedrückender Gedanke, dass wir unsere Kinder vielleicht nie mehr sehen werden. Du kannst mich vielleicht ein wenig begreifen: wenn ich mir auch sage, dass sie sog. christlich erzogen werden; so möchte man eben so gern *selbst* sie erziehen und ihnen selbst sagen, dass alles, was nun geschieht, so kommen *muss* und dass es uns aber gleich sein kann, wenn wir nur das Eine, das Not tut, nicht aus den Augen verlieren. Natürlich sagt ihnen Mama das auch. Aber ja, ich möchte eben so gern *mein* Möglichstes tun, dass sie alles recht begreifen und nie den Mut verlieren, und später vielleicht auch ihre Kinder einmal in diesem Sinn erziehen werden. Natürlich kann ich für sie beten, aber ja – Du wirst wissen, was ich meine!»

In Europa überstürzen sich die Ereignisse. Ende Mai 1940 müssen sich britische Einheiten (335 000 Mann) aus der deutschen Einkesselung in Dünkirchen nach England retten. Belgien kapituliert. Norwegen kommt im Juni unter deutsche Zivilverwaltung. Die französische Armee bricht zusammen, Paris wird besetzt. 42 000 französische und polnische Soldaten überschreiten in der Ajoie die Grenze zur Schweiz, wo sie interniert werden. Mitte Juni erklärt Mussolini England und Frankreich den Krieg. Die Schweiz erlebt laufend Verletzungen ihres Luftraums durch britische und deutsche Flieger, was zu Luftkämpfen führt. Am 21. Juni 1940 wird in Compiègne der Waffenstillstand zwischen Deutschland und Frankreich unterzeichnet. Europa steht unter dem Hitler-Terror. Die Schweiz ist eingeschlossen von den Achsenmächten. England steht allein im Kampf gegen Italien und Deutschland. Englische Flieger überfliegen die Schweiz, um deutsche und italienische Städte zu bombardieren. Sie dröhnen über das Land und kehren ohne Bomben wieder zurück. Unter deutschem Druck muss die Schweiz ab November ebenfalls verdunkeln, d.h. alle Fenster und Ritzen nachts ab 22 Uhr so abdichten, dass kein Lichtstrahl nach aussen dringt. Täglich werden deutsche Siegesmeldungen durch das Radio verbreitet. Massive deutsche Propaganda bedroht die Schweizer Regierung und das Volk. Die Zivilbevölkerung leistet Dienst in der Ortswehr, im Hilfs- und Luftschutzdienst. Der landwirtschaftliche Anbauplan von Wahlen, der jeden noch möglichen Winkel zur Anpflanzung von Nahrungsmitteln nützt, wird auch in den Städten umgesetzt; in Basel sind es 58 ha.

17. JUNI 1940, MATTHEUS: «Wir leben in einer Zeit grosser Veränderungen. Wir erleben hier alles ziemlich intensiv mit. Der Radio überbrückt Raum und Zeit. Ich bin meistens in Bandjermasin und suche der neuen Lage gerecht zu werden. Wir müssen natürlich alles umorganisieren und das gibt eine Menge zu besprechen und zu überlegen und nachzulesen. Es ist eher unerquicklich, da man sich auch öfter fragt, ob das nun alles Bestand haben werde. Es kann ja sein, dass der Krieg gar nicht lange mehr dauert, dann wird die Lage wieder anders… wieder geht keine Luftpost mehr bis auf Weiteres. Das ist sehr schade!»

17. JUNI 1940, BETSY: «Dank für Briefe, die weniger lange unterwegs sind, seitdem Holland auf der Seite der Alliierten ist, sie werden nicht mehr in Englischen Kolonien liegen gelassen, denn hier ist nun Zensur… Wir haben den Radio nun seit zwei Tagen und hören alles, was Ihr auch wisst. Wir sind Euch näher gerückt… Man hat immer sehr viel zu tun also und keine Zeit zum Nachdenken. Ich habe auch für den Nähverein nun eher zu schanzen. Dieser ist ein Mal in der Woche hier in der Schule. Es kommen

immer über 40 Frauen und Kinder, die nur mehr oder weniger selbständig arbeiten können. Und dann habe ich jede Arbeit nachzusehen und wieder Neue vorzubereiten. Sie machen Kinderkleidchen, Höschen, Schlutteli, Hemdchen, Buchdecken, Tischdecken, Kissen etc.»

17. Juni 1940, Präses Dr. Vischer an Insp. Witschi: «Es kam nämlich ein Gesetz heraus, das ermöglicht, Deutsche, die interniert wurden, zu entlassen; dann sorgt die Regierung für deren Angehörige, hält sich aber dazu zunächst an die persönlichen Besitzungen derselben. Nun hat die holländische Mission alle Internierten entlassen und die Regierung sähe es gerne, wenn wir das auch täten. Nun sind wir ja nicht im Stande, die Gehälter zu bezahlen und den Lebensunterhalt nur kärglich. Diese Lösung läge also nahe, doch sträubt sich unser Gefühl heftig dagegen.»

…Auch das beratende Komitee in Bandjermasin[152] ist dagegen, befürchtet aber, dass dies zu Schwierigkeiten führen könnte.

Es geht um die Frage, was mit den deutschen internierten Missionaren der BM zu geschehen hat. Die Regierung möchte, dass auch die BM, wie alle andern Missionen, ihre Mitarbeiter entlasse. Da auf mehrere Briefe an den Missionskonsul keine Antwort erfolgt, drängt sich für den Präses eine Reise nach Batavia auf:

22. Juni 1940, Bericht des Präses Dr. Vischer: «Es war gesagt worden, dass die Familien der Internierten zunächst von ihrem eigenen Geld leben müssten, hernach von der Regierung versorgt würden. Die BM habe keinerlei Verpflichtung gegen sie… auch sahen wir, dass dies von den deutschen Geschwistern gar nicht verstanden würde. Zudem glaubten wir, dass juristisch die Sache Basel gegenüber nicht zu verantworten wäre. Es musste also ein anderer Weg gefunden werden… Der Gouverneur drängt auf Entlassung der Deutschen… In Batavia suchte ich Herrn Graaf van Randwijck, den Missionskonsul auf, der mich erstaunt, doch freundlich empfing… Nach einigem Reden über die Entlassungsfrage… einigten wir uns auf die Lösung, dass die Missionare mit ihrer Internierung auf ‹Non-activiteit› gestellt würden, was lediglich besagt, dass sie keinen Gehalt mehr beanspruchen können und keine Funktion ausüben. Es ist also keine ehrenrührige oder

---

[152] Das Notkomitee (Zendingsnoodbestuur) wird im Brief vom 14. Mai 1940 erwähnt: Resident J. Allaart, Notaris R. de Back und Dominé K. F. Creutzberg.

sonst irgendwie differente [diffamierende?] Sache. Damit war der Hauptzweck der Reise erfüllt… Der Beamte, Assistentresident Lisnet eröffnete mir, dass in absehbarer Zeit die in Java internierten deutschen Frauen in ein Schutzlager ziehen müssten, falls sie nicht nach Borneo zurückkehrten… Die öffentliche Meinung war in Malang, auch in Missionskreisen, sehr deutschfeindlich… Unsere Frauen traf ich in Djunggo [Java, bei Malang] munter an, jedoch mitten im Umzug aus einem Haus ins andere. Etwas eng. Meine Eröffnung, dass von Freilassungen keine Rede sein könne, und der Krieg aller Voraussicht nach noch viele Monate dauern werde, traf sie niederschmetternd… sie wollten es nicht glauben… Ich besuchte nochmals die Frauen. Nach reiflicher Überlegung baten alle, für sie die Rückkehr nach Borneo möglich zu machen, sie möchten nicht in ein Schutzlager, obwohl es dort [in Java] gesünder und in mancher Hinsicht besser wäre als in Mandomai oder Kuala-Kapuas… Nach dem Nachtessen versammelten sich dank Ds. van Hoogstraten[153] 14 Glieder des ‹Dajakschen Studeerenden Bond› in seinem Haus unter der Leitung des berüchtigten Nationalisten Ubus und des Herrn Tihen. Der Bund zählt etwa 30 Mitglieder, Jünglinge, die in die verschiedensten Schulen und Kurse gehen, hält regelmässig Bibelstunden und besucht die Kirche. Ds. van Hoogstraten ist gut auf ihn zu sprechen. Wir tranken Tee und sprachen über die Veränderungen in Borneo und über die Aufgabe, die Dajakkirche nun zu kräftigen. Mit Tuan Ubus kam es zu einem längeren Gespräch über die ökonomische Hebung des Dajakvolkes, wobei ich ihm manche Bedenken und Hindernisse zeigte, die er nicht so überwinden könne. Es ist ein sehr komplexes Problem. Das Streben ist zu loben, aber die Leute sind noch viel zu naïv in ihren Ansichten über die Vorbedingungen und Möglichkeiten.»

Am 10. Mai, als Holland überfallen wurde, befanden sich einige Missionarsfamilien auf Java in den Ferien. Am 10. Mai wurden die Männer sofort in Internierungslager geführt, die Frauen und Kinder wurden andernorts untergebracht. Dr. Vischer setzte sich dafür ein, dass nicht auch die Frauen und Kinder in ein ‹Sicherheitslager› mussten, sondern, dass sie wieder nach Borneo, in die bekannte Umgebung zurückkehren durften. Dr. B. J. Haga, der Gouverneur von Borneo, erteilte die Erlaubnis, dass alle Frauen sich in Mandomai und Kuala-Kapuas aufhalten

---

[153] Ds. = Domine, Pfarrer.

265

konnten, also nicht mehr in ihren eigenen Gemeinden, sondern auf beschränktem Raum und ohne Bewegungsfreiheit.

2. JULI 1940, INSP. WITSCHI AN PRÄSES DR. VISCHER[154]: «Die Telegramme in Sachen Finanzierung des Werkes haben uns recht bewegt. Wirkliche Klarheit erhielten wir allerdings dann erst durch ein längeres Telegramm des Missionskonsuls, das uns deutlich machte, dass nicht nur der Kreditbrief für Sie ungültig geworden, sondern, dass zu unserer grossen Überraschung auch das Notdepot beim Konsul bis gegen die Neige hin in Anspruch genommen worden sei. Dies Letztere hatten wir nicht erwartet. Ich gehe wohl nicht fehl, wenn ich nachträglich aufgrund des inzwischen angelangten letzten Aprilbriefes von Ihnen annehmen muss, dass Anfang Mai starke persönliche Guthabensabhebungen stattgefunden haben müssen, die wohl den meisten Brüdern dann doch nichts nützten und unser Werk in eine zeitweilig schwierige finanzielle Lage brachten. Unsere seinerzeitige Bitte im März ging ja nicht dahin, sondern um Überweisung dieser Konti nach Basel, was aber in keinem Fall geschah... Menschlich gesehen, rechnen wir angesichts der ganzen Lage im Osten nicht mit solch ruhigeren Verhältnissen, sondern sind besorgt im Gedanken an grosse, umfassende Umwälzungen, die nahe Möglichkeit sind.»

23. JULI 1940, PRÄSES DR. VISCHER AN INSP. WITSCHI[155]: «Es besteht nun eine Luftpostverbindung, freilich über England... Bericht: 1.) Die Dajakkirche. Die Panditas und Gemeinden haben die Lage gut erfasst und sehen den Krieg durchaus in biblischem Lichte und zeigen viel guten Willen... Die Mohammedaner versuchen den Krieg als Folge des Christwerdens hinzustellen: ‹Alle, die Christen werden, müssen früher oder später in den Krieg.› Aber das findet wenig Glauben. Im Oktober sollen Synoden stattfinden. Wir sollten ja bald eine ‹allgemeine Synode› halten... 2.) Die internierten Missionare wurden auf ‹Non actieviteit› gestellt. Sie bekommen keinen Gehalt; für ihre Angehörigen sorgt die Regierung mit Heranziehung evt. Privatvermögens, sowie unserer Saldi. Dies belastet uns in erträglicher Weise und ergibt eine allgemein befriedigende Lösung. Unsere eigenen Gehälter haben wir um 50% des Grundgehaltes vermindert ab 10. Mai.»

---

[154] Die Briefe gehen jetzt von Basel über Amerika nach Indien.
[155] Da seine Briefe wieder zurückgekommen sind, will Dr. Vischer wieder berichten.

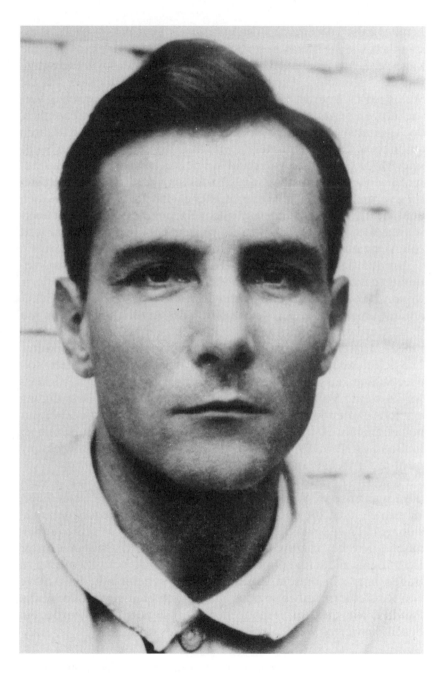

Mattheus Vischer-Mylius, 1941.

10. AUGUST 1940, PRÄSES DR. VISCHER AN INSP. WITSCHI: «Es ist erstaunlich, wie ruhig man in der Schweiz noch ist. Von hier aus sieht die Lage der Schweiz sehr viel bedrohter aus.... Die Zensur hat schwarze Balken[156] gemacht. 2.) Dajakkirche: Neues ist nicht zu melden... Ja, die Weltlage ist sehr ernst. Ob unsere Insel auch in die kriegerischen Verwicklungen gezogen wird? Wir hielten es nicht für wahrscheinlich, doch könnten Hunger und Not uns treffen, wenn Geld und Zufuhren ausblieben. Diese Gefahr teilen wir mit Europa, um das wir in Sorge sind. Möge Gott unser Vaterland in Frieden bewahren. 3.) Schulwesen: im Inland ist grosser Zulauf. Es fehlen aber Lehrer. Die Regierung vermehrt die Schulen enorm, aber auch wilde Schulen schiessen überall auf... Sollte es Ihnen möglich sein, uns diese 26 000.– zu überweisen, so wären wir Ihnen natürlich sehr dankbar. Es kommt jetzt eine Verteuerung der Lebenshaltung und Erhöhung der Steuern.»

Aus dem Jahresbericht 1940: «Die Mission verwaltet 88 subventionierte Volksschulen und 7 höhere Schulen mit 6000 Schülern, wovon 2000 Mädchen. Weiter stehen etwa 40 private ‹wilde› Schulen mit uns im Kontakt, welche durch uns unterstützt werden mit fl. 10.– im Jahr und mit Lehrmitteln. Rektoren dieser Schulen sind junge Christen von der höheren Schule ohne spezielle Ausbildung. Die Schülerzahl geht an die Tausend. Wir hoffen noch mehr solcher Schulen zu gründen... Der Ernst der Situation lag darin, dass wir zu wenig Volksschullehrer hatten und dass nach Beendigung der jetzt laufenden Lehrgänge für Volksschullehrer die Zahl nur noch ungefähr 30 beträgt. Seit der Schliessung des Lehrerseminars in Bandjermasin 1932 konnte an schultechnischer Entwicklung nicht mehr viel getan werden...»

13. AUGUST 1940, INSP. WITSCHI AN PRÄSES DR. VISCHER: «Nicht die Lage unseres Werkes, sondern die gesamte politische Lage, lässt mich auch für unser Feld die uns jetzt noch gegebenen missionarischen Möglichkeiten als letzte Chance ansehen, die einheimische Kirche vorzubereiten auf eine Zeit, da sie in ernster Bedrängnis allein und ohne Europäer die ganze Verantwortung zu tragen hat... In diesem Zusammenhang scheint mir die Anlage von Reisfeldern, teilweise oder ganz, durch Gemeindehilfe für die Pandita, wie dies im vergangenen Herbst begonnen wurde, ein beachtenswerter Weg... In Basel geht alles ruhig.»

---

[156] Mit dicken schwarzen Balken wird der Text unleserlich gemacht, oft auch einfach ausgeschnitten.

14. SEPTEMBER 1940, BETSY: «Wir denken viel, viel an Euch, d.h. wenn es die Zeit erlaubt; es ist jetzt oft schwer, zu wissen, dass wir noch lange nicht heimkommen können. Wegen den Kindern tut es mir halt so leid, dass ich sie nun wohl als Kinder nicht mehr sehen werde, sondern dass sie dann schon einen fertigen Charakter haben bis wir heimkommen. Du musst mich nicht falsch verstehen: wir sind ja so dankbar, dass sie in der Familie erzogen werden, aber du wirst sicher auch begreifen, dass eben jede Mutter, trotz allem, ihre Kinder selbst erziehen möchte. Und ich habe eben immer gehofft, dass unsere drei noch Kinder sind, bis wir sie wieder sehen. Nun aber ist Krieg und wenn dieser vorüber sein wird, wird es noch lange dauern bis wir heimkommen können. Denn dann werden zuerst die Deutschen heimgehen und dann muss zuerst für diese ein Ersatz in Borneo erscheinen und dann erst kann Mattheus, auf dem nun die ganze Verantwortung liegt, abtreten. Aber ja, das kann ja auch alles rascher gehen als es jetzt noch den Anschein hat und das wollen wir alle hoffen. Wir sind getrost und wissen, dass auch Euch nichts geschehen kann, ohne Gottes Willen. Und dafür, dass wir das wissen dürfen, bin ich täglich dankbar… Den Kindern geht es gut. Bernhard ist ein grosser Bub mit neuestens auch noch zwei Stockzähnen. Er steht lustig frei und geht auch fast, fast allein. Aber im letzten Moment hat er doch wieder Angst, sich los zu lassen. Mit Emilies Schule ist es nun nichts, weil Kontrolleurs keine Lehrerin finden. Auch nach Bandjermasin kann sie einstweilen nicht. So gebe ich ihr nun jeden Morgen zwei Stunden Schule. Sie kann nun die kleinen Hulligerbuchstaben… Wir haben eine starke Trockenzeit mit Salzwasser vom Meer, sodass man die Wäsche fast nicht einweichen kann darin. Man muss das Flusswasser schöpfen, wenn die Ebbe am niedrigsten ist und dadurch weniger salzig.»

16. SEPTEMBER 1940, PRÄSES DR. VISCHER AN INSP. WITSCHI: «1.) Pambrita-Ausbildung[157]. Das Bedürfnis nach gut ausgebildeten Leuten ist brennend. Wir können sie nicht ausbilden, deshalb möchten wir sie nach Java schicken. 2.) Taufe von Bigamisten. Diese Frage sei auf allen Synoden besprochen worden. Auf der letzten habe man beschlossen, sie Basel vorzulegen… Die Mei-

---

[157] Pandita =Pfarrer, Pambrita = Evangelist.

nungen der Dajaken sind geteilt... Schlagende biblische Begründung ist nicht beizubringen. Hierüber täte eine Aussprache ex cathedra gut. Ich finde bei jedem unserer Missionare eine eigene Meinung. 3.) Die Dajakkirche will wissen, ob Leute, die von den Pfingstlern getauft wurden und in die Gemeinde wollen, wieder getauft werden müssen. Die Pfingstler taufen unsere Leute meistens nochmal, wenn sie aufs Untertauchen entschieden Wert legen. Die Taufe ist ein zwischen Gott und Mensch geschlossenes Bündnis, ein Anschliessen an den Leib Christi, das ist eine unwiederholbare Tat... Ich hätte gerne Richtlinien für das weitere Vorgehen.»

20. September 1940, Insp. Witschi referiert in der BM[158] über die Gesamtlage in Borneo

Hier in gekürzter Form die Ausführungen von Insp. Witschi:

1. Das Schwergewicht der Leitung ist auf das Feld übergegangen, wo das zur Unterstützung des Präses in Bandjermasin gebildete Missionskomitee in Verbindung steht mit dem Zentralkomitee für die Missionen in NL-Indien in Batavia, das grundsätzlich sich auch für Borneo mitverantwortlich weiss, aber in die Struktur unserer Arbeit wohl kaum ohne Fühlung mit uns eingreifen wird.

4. Eine Bedrohung der Arbeit[159] liegt vor von Seiten der nationalen Bewegung (Dajakbund), dem viele unserer Christen angehören; ferner noch durch den Islam, dem gegenüber die Gemeinden nach dem Ausscheiden der Europäer sich leicht bescheiden im Status einer unfruchtbaren Minderheit; endlich durch Rom und die Sekten, die durch den Krieg nicht geschwächt sind.

5. Dankbar ist anzuerkennen, das Vorhandensein lebendiger Kräfte in den Gemeinden. Es kommt nun viel darauf an, ob die Arbeit im gegenwärtigen Stand ruhig weitergeführt werden kann, oder ob durch eine neue Welle von Ereignissen eine neue schwerere Lage geschaffen wird. Der Dienst der europäischen Arbeiter hat heute den Sinn der Einübung dessen, das seit fünf Jahren zielbewusst angestrebt wurde[160].

---

[158] Auf der Marchmatt, Haus der BM in BL.
[159] Es geht um die Säkularisierung der Schulen.
[160] Anno 1935 bereiste Insp. Witschi Süd-Borneo und gründete die Dajakkirche formell, allerdings unter der Leitung der Mission: Der Präses der Mission ist in Personalunion Präsident der Dajakkirche.

6. Bei einer Arbeit auf längere Sicht ist folgenden Aufgaben besondere Aufmerksamkeit zu schenken: (a) Einheimische Gestaltung der Kirche, als wirklicher Dajakkirche mit stärkerer Verantwortung der Eingeborenen, auch in der Leitung, (b) stärkere Verankerung des Schulwesens in den Gemeinden, (c) in der ärztlichen Mission sollen die früher von Dr. Vischer vorgezeichneten Linien ausgezogen werden: Dienstbarmachung der ärztlichen Mission für den Gemeindeaufbau etc.

Am 27. September 1940 wird der ‹Dreimächtepakt› Deutschland-Italien-Japan geschlossen. Die Schweiz steht unter grossem propagandistischem Druck, da ihre Haltung Deutschland provoziere. Ein Überfall scheint geplant und vorbereitet zu sein. Bundesrat und General H. Guisan gehen zu einer neuen Strategie über, der Schaffung des Réduits: Die Verteidigung der äusseren Grenzen wird aufgegeben zugunsten derjenigen der Alpenübergänge. Am 25. Juli findet der ‹Rütli-Rapport› des Generals vor der Heeresleitung statt. Er erklärt: «Wir sind am Wendepunkt der Geschichte.»

Die Bevölkerung muss sich mit einer immer enger werdenden Rationierung abfinden. Die Brennstoffverknappung führt zu einem kalten Winter mit strengen Massnahmen auch für Schule (Schulhäuser geschlossen, Kälteferien) und Arbeitswelt (Englische Arbeitszeit).

25. OKTOBER 1940, INSP. WITSCHI AN PRÄSES DR. VISCHER: «Mit grossem Interesse hat das Komitee vom Protokoll der Ausschusssitzung vom 27.8. Kenntnis genommen. Frage der Taufe: Basel kann sich nur berufen auf einen diesbezüglichen Entscheid der Dajaksynode von 1935 in Kuala-Kapuas. Damals wurde in meiner Anwesenheit mehrheitlich, entgegen dem Antrag Epple, eine Milderung des streng gehaltenen Taufparagraphen abgelehnt. Basel hat dies dankbar bestätiget. Man kann Borneo nicht mit Afrika vergleichen, da die strenge Ablehnung der Taufe von Bigamisten, gerade in Borneo, Härten in sich schliesst, die nicht leicht tragbar sind. Basel schliesst sich dem Entscheid des Ausschusses an: Taufe ist ein Sakrament, ein unwiederholbarer Akt.»

Im November 1940 findet die Grosse Pandita-Konferenz in Bandjermasin statt. Es versammeln sich alle europäischen und dajakischen Pfarrer zur Beratung.

10. NOVEMBER 1940, BETSY: «Wie traurig wir sind, noch eine Weihnacht hier zu sein (noch eine oder wieviele?); aber gelt, wir wissen ja, dass wir es nicht so wollten, dass unser Weg überhaupt nicht ein von-uns-Gewollter ist und darum ist alles leicht zu ertra-

gen. Wir sind sehr glücklich, noch hier nötig sein zu dürfen, und wir wollen nur hoffen und beten, dass wir die uns gestellten Aufgaben erfüllen dürfen und ‹getreue Knechte› sein können. Wir denken sehr, sehr herzlich an Euch alle, gelt, das weisst Du, liebe Mama, und wir wünschen Euch das Allerbeste zu gesegneten Feiertagen und zu einem gesunden neuen Jahr. Noch kann ich Dir nicht mündlich danken für alles, was Du für unsere Kinder tust. Aber ich hoffe, dass Du meinen schriftlichen Dank einstweilen annimmst... Gelt, unsere Kinder sind sich bewusst, in was für einer ernsten Zeit sie leben, und sie wissen doch auch, dass es darauf nicht ankommt, sondern auf das *Nachher,* und dass sie sich auch, so jung sie noch sind, darauf besinnen müssen. ... Uns geht es gut. Mattheus ist für drei Wochen dieses Mal in Bandjermasin an einer Dajakpfarrer-synode, wo natürlich auch unsere drei Missionare sind. Ja, nur drei haben wir noch, die arbeiten dürfen im Binnenland. H. Göttin und Bart sind in Bandjermasin. Da kann es noch lange dauern bis wir heimkommen können – bis alle die fehlenden Missionare ersetzt sein werden... Heute abends haben wir Bibelstunde im Missionar-haus, auch kommt Schwester Emilie zum Nachtessen... Die Bibel-stunde hält Mattheus als einziger Mann der Station, wenn er aber nicht da ist, darf ich das tun. Es ist immer sehr nett. Wir lesen momentan Lüthy's ‹Daniel›, d.h. das Buch heisst: ‹Die kommende Kirche›. Sonst lese ich das Buch von Minna Popken. Sehr fein, finde ich. Es ist merkwürdig, wie ähnliche Erlebnisse man hat, wenn man sich auch leiten lässt und auf Jesu Führung achtet... Wir haben immer noch starke Trockenzeit. Arg für die Leute, deren Gummi- und Meerrohrgärten abbrennen und die ihre Gärten des-wegen Tag und Nacht hüten müssen, Gräben ziehen müssen, um das Feuer beim raschen Fortgehen zu hindern etc. Die Ernte war gut, soll aber nächstes Jahr was Früchte betrifft schlecht sein, weil alles abstirbt. Es ist drückend schwül schon am frühen Morgen und dicker Nebel in der Luft, dass man *vierzehn* Stunden anstatt fünf unterwegs ist, um nach Bandjermasin zu gehen. Man kann plötz-lich nicht mehr weiterfahren, muss stundenlang stehen bleiben, weil man die Hand nicht vor dem Gesicht sieht.»

14. November 1940, Betsy an Esthy: «Es kam natürlich auch hier sehr viel, das Mattheus erledigen musste, was früher der Mis-sionar tat. Wir haben also ziemlich andere Arbeit noch dazu bekommen, aber es ist fein, dass wir wenigstens helfen können. Auch die zwei Schweizermissionare, die nun noch im Innern arbei-

ten können, haben Riesengebiete zu bereisen. Es ist nicht leicht für ihre Frauen, die dann oft allein sind und für die Gemeinde zu sorgen haben. Es ist herrlich, dass es allen gut geht, auch denjenigen, die bis vor dem Krieg noch recht zart und kränklich waren… Herrlich ist, dass wir nun in Bandjermasin mehr in die holländischen Kreise kommen als dies vorher der Fall war. Ich gehe mit den Kindern hie und da hin, wenn Mattheus länger unten zu tun hat und da machen wir lustige Besuche.»

28. NOVEMBER 1940, BERICHT DES PRÄSES DR. VISCHER NACH BASEL, EIN SEHR STARK ZENSURIERTER BRIEF: [Dank für das erhaltene Geld] «Der Kirchengedanke ist überall noch sehr schwach entwickelt, doch wurde gesagt, dass man eben bisher hinter der Mission die Kirche nicht habe sehen können. Nun werde das anders. Nun sieht man die Aufgabe konkreter vor sich… Ende Mai dann die Generalsynode in Bandjermasin. ‹Die Aufgabe der Dajakkirche in der gegenwärtigen Stunde› ist der Titel… Über die Verteilung der Stationen wurde beschlossen, jetzt keine saubere Scheidung zwischen Mission und Kirche vorzunehmen, sondern gemeinsam zu arbeiten, wo eben Arbeit getan werden muss… Noch muss ich beifügen, dass Dr. Höweler weiter in Bandjermasin arbeitet und Frl. Dr. Hessberg hier [Kuala-Kapuas]. Dr. Höweler liegt die Privatpraxis in Bandjermasin nicht. … Mein persönliches Dasein in Kuala-Kapuas ist unbefriedigend insofern, als das Spital hier mir entgleitet.»

2. DEZEMBER 1940, DR. VISCHER AN INSP. WITSCHI, STRENG VERTRAULICHER BERICHT ÜBER DIE DEUTSCHEN MITARBEITER IN DER BASLER MISSION IN BORNEO… «Zudem hatten die Beamten den Eindruck, XX sei sehr nationalistisch. Wir selber glauben, dass das nicht zutrifft, hingegen bekamen wir Einsicht in einzelne Briefe und verstehen daraufhin die Haltung der Behörden. Wohl konnte keinem unserer Missionare der Vorwurf gemacht werden, unter den Eingeborenen Stimmung gemacht zu haben. Das hatten sie ja von jeher peinlich vermieden und das wurde auch anerkannt. Doch wurde bei allen eine anationale oder supranationale Haltung vermisst, ja aus der Privatkorrespondenz ergab sich, als gravierendes Moment bei der Beurteilung, dass mehrere derselben den Überfall auf Dänemark und Norwegen nicht bedauerten, sondern sehr glücklich fanden. Schon in der Beurteilung des Finnischen Freiheitskampfes, die u.a. in der Brita Bahalap zum Ausdruck kam, gingen sie andere Wege als wir Schweizer und die Hol-

länder... Auch sind die Missionare z.T. nicht gesund, haben psychische und körperliche Beschwerden. Sie erwarten von zuhause Lebenszeichen und erhalten sie nicht und wissen nicht, wie schwierig alles ist. Von uns aus hatten wir versucht mit ihnen in Verbindung zu bleiben, stiessen aber bei ihnen auf ablehnendes Missverstehen. Wir versuchten, mit geringem Erfolg, um Sympathie für sie zu werben... Es wird uns vorgeworfen, wir distanzierten uns absichtlich und mehr als nötig sei, von den Deutschen. Dies empfinden wir als ungerecht. Andrerseits vermissen wir das nötige Gefühl für die Lage bei den Deutschen. Sie sind nun einmal feindliche Untertanen des Gastlandes, und das können sie nicht einsehen. Sie verstehen wenig oder nicht, die Ablehnung der Holländer und machen sich über den Kriegsverlauf eigene, optimistische Gedanken. Unser Schlussurteil ist: den Internierten geht es körperlich befriedigend. Sie geben sich nur sehr unvollkommen Rechenschaft über die Wirkung, die der Einfall auf die Holländer hatte und heute noch ausübt und erwarten Freundlichkeit und Entgegenkommen, als wäre das Furchtbare nicht geschehen. Sie bedürfen aber doch des Trostes und der Teilnahme. Für uns Neutrale ist es sehr schwierig, den rechten Weg zu finden ohne unsere Gastgeber hier zu verletzen. Wir versuchen mit unsern Leuten den seelischen Kontakt wieder zu finden. Von ihrer Seite empfangen wir mehr Ablehnung, als erwartet, da sie von uns enttäuscht sind.»

9.12.40: Die britische Nil-Armee beginnt ihre Offensive in Nordafrika.

26. DEZEMBER 1940, BETSY: «Es geht uns gut. Wir sind soweit zufrieden, wenn man das sagen kann. Wir konstatieren eben, dass wir nie *nicht* müde sind und das ist ein wenig ein Hemmschuh. Man wacht müde auf und schleppt sich mehr oder weniger durch den Tag, der eine Menge Anforderungen bringt; und abends bin ich traurig, dass ich nicht doppelt so viel gemacht habe, sondern eben alles nur $\frac{1}{2}$ tun konnte. Wir haben andauernd drei Gastzimmer besetzt und ich sollte mich viel mehr mit der kranken Frau Rihs abgeben, aber ich bin froh, wenn ich dazu komme jeden Tag drei Mal zu ihr zu gehen und ein wenig mit ihr schwatzen kann und dann muss ich wieder fortspringen... Wir haben schon Monate nichts mehr von den Kindern bekommen! Sie schrieben sicher auch! Wie fein, dass ihre Zeugnisse ordentlich sind. Hoffentlich kommen sie in die neue Klasse. Ach, wir denken so oft und viel an

Euch! Ich kann gar nicht sagen wie. Erst recht, seitdem Bomben auf Basel geworfen wurden und Tote sind[161]. Wer wohl? Eins von Euch? Nein, gelt, sonst hätten wir ein Telegramm? Wir möchten im März nach Java [Malang wohl] in die Ferien. Freuen uns riesig! ... Ruth mit seiner drei im Französisch ist schade! Warum wohl? Emilies Schule mit Frau Braun geht gut. Herrlich für Emilie und mich auch!»

1941

In Europa befinden sich im Januar 1941 die deutschen Streitkräfte in Sizilien, Malta, Afrika und in den Donau- und Balkanstaaten. Der deutsche Generalfeldmarschall E. Rommel unterstützt die italienischen Einheiten in Nordafrika.

In Borneo beginnt das neue Jahr in der Gewissheit, dass die Japaner vor der Türe stehen und nicht mehr viel Zeit gegeben ist, um Vorkehrungen zu treffen. Die drängende Zeit seit der Internierung aller deutschen Mitarbeiter wurde dazu benützt, um den einheimischen Kräften den Rücken zu stärken, ihnen die ganze Verantwortung für die Kirche und das Missionsgeschehen zu übergeben. Sie sollen nicht unter der Leitung der Mission, sondern in Zusammenarbeit mit ihr leben und arbeiten.

Im Januar 1941 schreibt Dr. Mattheus Vischer, Präses in Süd-Borneo, einen Brief an die Geschwister in Borneo, er richtet sich an die noch aktiven Schweizer Missionare, aber auch an die Frauen in Kuala-Kapuas und Mandomai und wohl auch an die internierten deutschen Missionare in Sumatra.

«Möchte es uns allen geschenkt sein, nach den dunkeln Stunden des hinter uns liegenden Jahres mit gestärktem Glauben das neue Jahr anzutreten und es zu durchleben, stets eingedenk dessen, was in Matthäus im letzten Kapitel steht: ‹Ich bin bei euch alle Tage bis an der Welt Ende.› Im Ausschuss haben wir im Oktober beschlossen, allen Mitarbeitern einen Bericht zuzustellen über den Verlauf der Ereignisse, weil sich viele, teils schmerzliche Missverständnisse eingeschlichen hatten. Zu einem grossen Teil ist mangelhafte Orientierung durch uns schuld daran gewesen, jedoch möchte ich zur Entlastung des Ausschusses doch daran erinnern, dass erst all-

---

[161] In der Nacht vom 16. auf den 17. Dezember warfen britische Flugzeuge Bomben auf den Güterbahnhof, das Gundeldingerquartier und Binningen. Vier Tote, Verletzte und hoher Sachschaden waren die Folge.

mählich sich vieles geklärt hat, manches auch sich mehrmals änderte, und dass es das ganze Jahr hindurch ein fortwährendes Tasten war bis hin zum Gouverneur… Die Mission in Borneo wird entsprechend den im Sept. 1938 ausgegebenen Kriegsinstruktionen von einem Komitee geleitet, das alle Kompetenzen des Basler Komitees hat. Es besteht aus dem Ausschuss und den Herren J. Allaart, Resident t.b., Domine K.F. Creutzberg, Notaris R. de Back. Das Missionskosulat hat nur beratende Befugnis, solange wir nicht genötigt sind Geldmittel des Noodbestuurs[162] anzusprechen. Die Missionkonsule sind mit Arbeit überlastet, haben uns aber schon wertvolle Dienste geleistet.»

12. JANUAR 1941, BETSY: «Uns geht es gut. Mattheus geht heute abends nach Bandjermasin, nur für zwei Tage, weil wir Bericht bekamen, dass die deutschen Frauen in Kuala-Kapuas und Mandomai nun nach Europa können und da gibt es allerhand zu besprechen.»

18. JANUAR 1941, PRÄSES DR. VISCHER AN INSP. WITSCHI: «Die Heimreisen der [deutschen] Frauen machen viel Kopfzerbrechen, doch denke ich, dass alles sich lösen wird… Im Mai planen wir also die ‹grosse Synode›. Herr van Randwijck will auf Besuch kommen, das würde ich ausserordentlich gut finden. Ich möchte haben, dass auf der Synode den Leuten klar wird, wie gross ihre Kirche schon ist und wie viel Gott getan hat und noch stets tut. Wir wollen über Fortschritte reden, aber nicht die kommenden, sondern die gewesenen. Die Leute sollen sich an ihrer Kirche freuen, und nicht so sehr auf die Mängel gewiesen werden; die sollen sie selber merken. Am Himmelfahrtstag wollen wir eine Art Missionsfest abhalten, resp. den offiziellen Tag machen. Gott gebe seinen Segen dazu… Der Pakat ist zur Zeit sehr still, man weiss nicht weshalb. Es geht wohl den Leuten gut, da konzentrieren sie sich auf ihren Handel.»

7. FEBRUAR 1941, BETSY AN ESTHY: «Du schreibst von unsern Kindern. Ja, das ist das Schmerzlichste, dass wir *sie* so lange nicht sehen können. Mattheus schrieb in seinem Brief, dass wir uns wohl vorstellten, einmal kurz in die Mission zu gehen und dann unser Leben daheim zu leben; nun sei es aber wohl umgekehrt, dass wir unser Leben in der Mission leben, und dass wohl dieses ganze Opfer von uns gefragt werde. Ja, das glaube ich ja auch! Es sieht

---

[162] Gemeint ist: Zendingsnoodbestuur (siehe Glossar).

nicht so aus, als ob wir in absehbarer Zeit heimkommen könnten. Doch ich will das den Eltern nicht so schreiben, sie sind dann zu traurig. Ich finde halt auch, wenn man sich darauf einstellt und sich sagt es *ist* nun so, du *hast* einfach zu gehorchen, dann ist es nicht so schwer zu folgen; denn dann kann man es als einen Gottesbefehl *nehmen* und dann wissen wir auch, dass uns Gott immer die nötige Kraft schenkt, um es zu tragen. Soweit bin ich nun, Mattheus scheinbar auch.»

1. MÄRZ 1941, INSP. WITSCHI AN PRÄSES DR. VISCHER: «Ihr ausführlicher Bericht vom 2.12.40, lässt uns hineinsehen in eine Lage, die wir wohl ahnten, aber nicht genau kannten. Wir verstehen jetzt umso besser, dass wir in der Heimat mit ähnlichen Schwierigkeiten und Missverständnissen zu kämpfen haben. Gewisse Privatbriefe, aber auch Berichte von massgeblicher Seite ausserhalb der Mission, haben in der von uns abgetrennten [deutschen] Heimatgemeinde, auch in Bezug auf Borneo, genau so gewirkt, wie es der von Ihnen geschilderten, psychologischen Situation auf dem Felde entspricht… Die Möglichkeit der Heimreise der nicht aktiven Frauen und Kinder, auf dem von Ihnen angegebenen Weg, muss aus der ganzen psychologischen Lage heraus, aber auch sonst nachdrücklich bejaht und bald möglichst benützt werden.»

29. MÄRZ 1941, AUS DEN FERIEN IN PUDJON IN JAVA, BETSY: «Der Brief von Lisette und den Kindern, der am *dritten März* von Basel fortging und erst noch über Borneo, und gestern schon zu uns kam, hat uns riesig gefreut! Ich kann nicht sagen *wie*, denn *so* frischen Bericht haben wir schon lange nicht mehr gehabt… Wir sind also hier gelandet, 1000 m. über Meer, ca. 90 km. von Malang entfernt, sind mit einem Auto hierher gefahren und geniessen Prachtswetter und wunderbare Spaziergänge. Durch Reisfelder, Bambushaine, umgeben von Bergen, auf Landstrasse oder netten Fussweglein. Bernhard geht tapfer mit, Emilie weniger begeistert meist, aber sie lernt es noch. Beide geniessen es, Hügel hinunter zu springen und sich im Gras zu wälzen. Zwei Mal pro Woche darf Emilie auf einem kleinen Pferdchen reiten. Gestern machten wir einen dreistündigen Spaziergang, mit Pferdchen, auf dem Emilie und zuletzt auch noch Bernhard sass. Beide zusammen auf einem Rösslein: ein lustiges Schauspiel.»

1. APRIL 1941, AUS DEN FERIEN IN MALANG, IN JAVA, DR. VISCHER AN INSP. WITSCHI: «In Kuala-Kapuas ist nun eine öffentliche Radiostation, so dass wir direkt telegraphisch verkehren können… Zur

Stellung der Mission zur Kirche: prinzipiell stehe ich auf dem Standpunkt, dass wir jetzt konsequent durchführen müssen, dass die Mission eine Hilfsorganisation der Kirche ist. Die Mission muss das Gewissen der Kirche sein, ihr theologischer Ratgeber und auch ihr Aussenminister; organisatorisch ist sie nur vorderhand noch ihr Leiter. Ich rede zu den Dajaken nur oder fast nur noch von der Kirche und bemühe mich in allen Handlungen und Erwägungen Dajaken teilnehmen zu lassen, sei es ein Pandita oder ein Synodalausschussmitglied[163]. Denn die sollen nun lernen, sich selber hinzustellen, Entschlüsse zu fassen und dann auch zu vertreten. Es kommt mir dabei nicht ungelegen, dass ich nicht gut Dajakisch kann, dann liegt es doch stets auf der Hand, dass Dajaken ‹mein Mund und mein Ohr› sein müssen; das halte ich für gut. Es ist mir ausserordentlich wichtig, dass Personalunion besteht zwischen dem Kirchenpräsident und Missionspräses, zumal jetzt, wo alle Trennungslinien so verschwommen sind. Und ich glaube zu bemerken, dass ich vorurteilsloser dastehe, als unsere Missionare; auch in den Augen der Dajaken; dieser vor allem. Bruder Göttin ist als Secretaris des Synodalausschusses famos am Platz, Vertrauensmann der Pandita und Kenner aller Verhältnisse, als Theologe geneigt zum Grübeln, also gerade, was nötig ist gegenüber dem utilitaristischen Denken der Dajakvertretung. Als Mission liegt uns ob, die Sorge für den theologischen Nachwuchs und die Vertiefung der Pandita… Durch den Pakat-Dajak werden die Mohammedaner erreicht und obwohl dies keineswegs beabsichtigt ist, wird dadurch der Zugang zu ihnen erleichtert. Das Ngadju [Sprache des Ngadju-Stammes im Landesinnern] wird in diesen Kreisen als Nationalsprache empfunden, als Abgrenzungsmittel gegen den nivellierenden Einfluss des Malaiischen und der Sprachen der Ulusungei [anderes Stammesgebiet].»

Aus dem Jahresbericht 1940: «1935 wurde die evang. Dajakkirche gegründet mit 15 Pandita-Dajaken [Pfarrer]. Zwei Jahre später kamen noch neun dazu. Man hatte damals, ganz in der Übereinstimmung mit den Wünschen der ersten Panditas und Synode, neue Ressorts an der Peripherie mit Pandita-Dajaken

---

[163] Der Synodalausschuss besteht aus gewählten Synodalen und leitet die Geschäfte der Kirche (nicht zu verwechseln mit dem Ausschuss, d.h. dem Feldausschuss der BM, welcher dem Feld vorsteht).

besetzt und damit ‹Kircheninseln› gebildet über das ganze Gebiet. Auf diese ‹Inseln› kamen die europ. Missionare als ‹Gäste› und der Not gehorchend, als Leiter der subventionierten Schulen. Auf diese Weise bekam die junge Kirche eine bestimmte, genau umschriebene Missionsaufgabe und bekamen die Panditas die Gelegenheit zu selbständiger Arbeit und Entwicklung. Am 10. Mai [1940] wurden sieben Missionsstationen vakant. Davon werden nach und nach sechs durch Panditas besetzt, die alle schon über praktische Erfahrungen verfügen. Leider geschah dies auf Kosten peripherer Orte. Praktisch wurde das ganze Missionsgebiet ‹Kirche›. Dieser Übergang vollzog sich in harmonischer, brüderlicher Zusammenarbeit. Die letzten Konsequenzen der Umgestaltung haben wir nicht vollzogen [die effektive Trennung von Mission und Kirche], dies wollten und konnten wir nicht. Wir gaben die Anweisung heraus, dass alle Abgrenzungen zwischen Kirche und Mission verschoben werden bis nach dem Krieg.»

Am 13. April 1941 schliessen sich Japan und die Sowjetunion in einem Nichtangriffspakt zusammen. Damit ist Japans Rücken gedeckt für die Expansion in Ostasien. Die Gefahr für Niederländisch-Indien steigt.

2. MAI 1941, PRÄSES DR. VISCHER AN INSP. WITSCHI: «Biglers sind immer noch verschollen[164]. Wir trauen ihm aber zu, dass sie doch einmal erscheinen werden. Heimreise der Frauen: Verschiedener Umstände halber müssen wir die Reise bis Kobe bezahlen, doch gibt es keine andere Möglichkeit, als durch die Vermittlung des Schweizerkonsulates an Passage zu kommen. Dr. Lenzinger[165] tut, was er kann, kann aber auch nicht hexen. Es ist eine arge Geduldsprobe, da im Mai noch kein Platz frei ist. Die Frauen werden allmählich ruhiger und zugänglicher. Ich bin recht dankbar. Haben natürlich auch Unterlassungen begangen in seelsorgerlicher Hinsicht. Wir durchschauten die Lage zu wenig… Angesichts der Kriegsgeschehnisse sind wir bemüht, innerlich auf alles vorbereitet zu sein und uns das Ziel nicht verrücken zu lassen. Wir haben im letzten Jahre so viel Grosses an Hilfe erlebt, dass wir getrost sein dürfen. Es ist uns freilich klar, dass es nicht so glatt weitergehen wird. Die Feuerprobe möge uns gnädig erspart werden; aber wenn sie kommt, soll sie uns bereit finden.»

---

[164] Herr und Frau Bigler sind unterwegs von Basel zu ihrem zweiten Einsatz.
[165] Schweizer Konsul in Batavia.

3. Mai 1941, Mattheus an seine Mutter zum 65. Geburtstag: «Ich bin überhaupt etwas bang, dass dieser Brief Dich nicht erreicht, denn die dunkeln Wolken am Kriegshimmel lassen für unsere Postverbindung das Schlimmste ahnen… Es zerreisst uns schier, dass wir uns sagen müssen, dass wir noch in Jahren nicht heimkommen können. Es ist furchtbar. Unsere Kinder dauern uns, denn nun müssen sie doch ohne uns gross werden und das finde ich sehr bedauerlich. Und nur tragbar, wenn man fest auf dem Grunde steht – wer mehr liebt denn mich, der ist mein nicht wert. Wir wollen uns an dieses Wort und an seine Verheissung klammern. Wir sind ja nicht leichtsinnig wieder hierher gereist, sondern wussten um die Gefahren. Unsere Kinder auch, und ich hoffe, dass sie sich auch positiv dazu stellen können. Möchte ihnen gegeben sein, einen festen Glauben zu bekommen! Ich mutmasse, dass sie gelegentlich bei den Schwiegereltern es nicht ganz leicht haben werden, da man dort unsere Heimkehr wünscht, obwohl das ja jetzt ganz unmöglich ist. Ich danke Dir für alle Liebe und Sorge, die Du unsern Kindern widmest.»

6. Mai 1941, Das Komitee in Basel beschliesst: «Dr. Vischer soll die Ernennung des Pandita Ambrosius zum Mitglied des Synodalausschusses empfohlen werden, obwohl die Synodalordnung eine solche Mitwirkung eines Pfarrers im Synodalausschuss nicht vorsieht.»

11. Mai 1941, Betsy zurück aus längeren Ferien in Java, Mit neuem Elan wird gearbeitet: «Schwester Emilie hat mir auch gleich geholfen, Vorhangstoff auf dem Markt zu kaufen. Es sieht alles arg verschossen aus und ich muss nun doch alles neu machen, denn der Krieg kann ja noch lang gehen und damit auch *unser* Wiedersehen. Ich habe immer gedacht, es sei nicht mehr der Mühe wert, Neues zu machen; aber nun tue ich es also doch. Ja, und in Bandjermasin waren alle wieder charmant… In Bandjermasin war ich natürlich auch bei der Frau Pfarrer [K.F. Creutzberg] und Emilie blieb strahlend dann dort. Ja, nun haben wir wieder nur ein Kind im Haus! Es war so einsam und still die ersten Tage und auch Bernhard ist ganz verloren herumgegangen. Aber bald hat er sich daran gewöhnt und freut sich nun, alle Spielsachen allein zu haben. Er ist so ein grosser Bub geworden, und alle finden es auch: er ist als Buschi vor zwei Monaten nach Java und ist als rechter Bub zurückgekommen. Er trägt nun auch immer Blüsli und Hosen, jetzt gerade rote Trägerhosen, die ihm herzig stehen. Ich habe wieder viel

zu tun... Einen netten Abend waren wir bei den Schwestern, um einen Geburtstag zu feiern. Ich finde es so lieb, wie die Schwestern sich freuen, dass ich wieder da bin... Unsere Angestellten sind alle wieder da, wir wurden auch von ihnen freudig und lieb begrüsst, auch von den Spitalangestellten. Das freut einen doch sehr. Nun ist Missionar Bigler also aus der Schweiz angekommen in Java. Herrlich!»

12. Mai 1941, Insp. Witschi an Präses Dr. Vischer: «Bin so froh, dass Sie und das Missionsfeld inzwischen einen lebendigen Brief aus der Heimat erhalten haben, in der Person von Missionar Bigler... Schmerzlich ist und bleibt uns, dass sonst der Briefverkehr auch seitens der schweizerischen Missionare fast ganz ausbleibt. Von Sumatra erhielten wir bis heute auch gar nichts, ausser von Angehörigen anderer Missionen! Ebensowenig haben wir je ein Wort von Frauen bekommen. Auf andern Feldern und Lagern ist es wesentlich anders. Umso dankbarer sind wir für Ihre und Göttins Berichte.»

Dritte allgemeine Synode der Dajakkirche

An der Festversammlung der dritten allgemeinen Synode der Dajakkirche am Himmelfahrtstag, 22. Mai 1941, in Bandjermasin hält Dr. Vischer als Präses der Mission und Präsident der Dajakkirche eine Predigt. Daraus einige Abschnitte:

«Wichtiger war die innere *Vorbereitung* der ganzen Kirche. Nicht wie beim Ausbruch des letzten Krieges, als ein optimistisches Gebäude von christlichen Illusionen einstürzte. Vor allem, hauptsächlich unter dem Einfluss von der deutschen Theologie her, durch welche die eschatologische Orientierung in den letzten Jahren stark in den Vordergrund getreten war, war diese im Stande den Schlag aufzufangen ohne dass die Kirche in ihrem Glauben getroffen wurde. So mussten wir nirgends feststellen, dass die Gemeinden aus dem Gleichgewicht geworfen wurden, ihr Glaube war nicht unterminiert und hielt stand.

...Die Kirche, wovon in den letzten Jahren hier und da die Rede war, aber welche, wie sich jemand ausdrückte, immer hinter Mission und Missionaren versteckt geblieben war, trat auf einmal kräftig hervor. Eine Entwicklung, welche jahrelang vorbereitet war, muss jetzt schleunigst beendet werden. Dieser beschleunigte Prozess von Kirchengründung ist das, was uns jetzt beschäftigt... die Dajakkirche, bis jetzt betreut durch hingebende Missionare, die

Gemeinden müssen nun selbst ihre Kirche bauen und selber die Verantwortung tragen. … Christus nennt seine Gemeinde seinen Leib. Es ist nicht anders möglich, als dass in diesem Leib Ordnung und Zucht herrscht. Aber nicht eine gesetzlich lebenstötende oder pharisäische Zucht und auch keine falschen Begriffe von ‹Lehre›, so wie diese in der Bibel für uns alle niedergeschrieben ist…

Am Schluss… ein Wort zum Verhältnis der Dajakkirche zur Regierung. Überflüssig ist zu versichern, dass die Kirche loyal hinter der Regierung steht. Die Kirche weiss, was eine gute Obrigkeit für sie bedeutet… Das Verhältnis zwischen Kirche und Mission wurde vor sechs Jahren von einem Dajak formuliert als ‹Idje Kaart›, was heisst, zusammen in einem Boot. Das ist: eine ideale Arbeitsgemeinschaft, weil in einem Ruderboot keiner der Kapitän ist und keiner der Matros. Beide müssen gleichwertige Arbeit verrichten. Diese Arbeitsgemeinschaft hat sich nach der Katastrophe vom 10. Mai erfreulicherweise manifestiert. Beide Teile geben ihre besten Kräfte in beidseitiger Wertschätzung… Für die werdende Kirche ist es ein erfreuliches Zeichen, dass nun nicht mehr die auffallende Erscheinung des Missionars vorne im Boot steht. Gleichzeitig wird aber der Wunsch ausgesprochen, die Mission möge ihren Platz am Steuer behalten.»

27. Mai 1941, Insp. Witschi an Präses Dr. Vischer: «In diesem Zusammenhang können wir hier die Haltung, die Sie und Göttin einnehmen und die Sicht, die Sie haben, auch Bigler ist in diesem Sinne ausgereist, nämlich den entschlossenen Willen zur völligen Einordnung der Mission mit allen ihren Zweigen in das Ganze der Dajakkirche und deren Belange nur dankbar anerkennen. Es ist die Weiterführung der Linie seit der Gründung der Kirche 1935. Nun frage ich mich immer wieder, ob nicht die Form und die äussere Gestaltung des kirchlichen Lebens der Dajakkirche, die ja bis heute von den Kirchenbauten an bis zum Liederbuch und zur Liturgie ausschliesslich europäisches Gepräge zeigen, nicht freier und selbständiger von den Dajak selber geprägt werden können, und ob auch nicht in der Verkündigung, ohne Gefährdung der Substanz, die Darstellung, ohne auszuarten in falsche Allegorien, noch mehr gelöst werden könnte, vom auch in der Form verbindlichen Vorbild der Europäer.»

5. Juni 1941, Insp. Witschi an Präses Dr. Vischer: «Herzlichen Dank für den Bericht über die Frauen. Wir sind froh, dass die Verzögerung der Heimreise offenbar bloss wegen Mangel an geeigne-

ten Passagemöglichkeiten eintrat. Immerhin sollte nicht mehr zu lange zugewartet werden, auch im Blick auf mögliche Entwicklungen der Gesamtlage... doch in Bezug auf die Frauen bin ich ganz besonders dankbar. Wir leiden hier auch unter dem Eindruck, dass diese selber sich viel zu sehr von uns hier abgeschnitten wissen. Dem ist unsererseits durchaus nicht so.»

20. JUNI 1941, TELEGRAMM VON PRÄSES DR. VISCHER NACH BASEL: «Die Frauen könnten am 5. Juli ausreisen.»

Am 28. Juni 1941, erfolgt endlich die Abfahrt der deutschen Missionarsfrauen von Borneo. Sie werden bis Batavia von Dr. Vischer begleitet.

4. JULI 1941, PRÄSES DR. VISCHER AN DIE BM AUS BATAVIA: «Heute verreisen unsere Frauen auf einem grossen Dampfer. Leider z.t. in grösseren Sammelkabinen trotz unserer Zahlung. Missgeschick, nicht Unwille. Die Abreise geschah sehr überstürzt. Bin froh, dass alle mitkamen... Telegramm: ‹Parti huit dames onze enfants›.»

5. JULI 1941, MITTEILUNG VON INSP. WITSCHI AN ALLE ANGEHÖRIGEN IN DER SCHWEIZ: «Nach einer früheren Mitteilung des EPD[166] Abt. für fremde Interessen, hat nun ein japanischer Dampfer auf Anfang Juli im Auftrag der deutschen Regierung, möglichst alle deutschen Frauen in NL-Indien, in Batavia abgeholt... Da der Ausbruch des russischen Krieges die Weiterfahrt über Sibirien nach Deutschland vorläufig aufhält, werden die Frauen und Kinder unter der Fürsorge der deutschen Regierung bis auf Weiteres in Japan Aufenthalt nehmen.»

Mit dem Abschluss des deutsch-türkischen Freundschaftsvertrages am 18. Juni 1941 ist Deutschlands Rücken gedeckt für den Angriff auf die UdSSR, der am 22. Juni, unter Beteiligung von Italien, Rumänien, Ungarn und der Slowakei, erfolgt. Am 12. Juli wird das britisch-sowjetische Bündnis geschlossen. Die USA liefern Kriegsmaterial nach England und kündigen den Handelsvertrag mit Japan. Die Spannung im pazifisch-asiatischen Raum steigt.

Für die Schweiz bringt der Kriegsausbruch mit Russland, das lebenswichtige Güter und Überseeprodukte lieferte, eine bedenkliche Verschärfung der Versorgungslage.

24. JULI 1941, PRÄSES DR. VISCHER AN INSP. WITSCHI: «Am 10. Juni, als telegraphisch die Abreisemöglichkeit für unsere Frauen mir vom Schweizerkonsulat mitgeteilt wurde, machten wir uns sofort

---

[166] EPD = Eidgenössisches Politisches Departement.

an die Arbeit. Dann kam die weitere Frage, ob alle reisen wollten, was uns nötigte ihre Meinung zu erfragen… Der Standpunkt der Regierung hier ist nicht verändert. Gewisse Kreise sind eben auch gegen Schweizer misstrauisch. … Die Abreise der Frauen wurde noch zwei Mal vordatiert und brachte uns in Schwierigkeiten, zumal einige Kinder noch Masern hatten… Der Ausbruch des russischen Krieges verursachte natürlich weitere Verwirrung und stellte uns vor schwere Entscheidungen. Das Schweizerkonsulat hatte eine ungeheure Arbeit zu bewältigen und half nach Kräften. Dr. Lenzinger, der Konsul, hat sich für uns noch ganz besondere Mühe gegeben.»

30. JULI 1941, INSP. WITSCHI AN PRÄSES DR. VISCHER: «In Bezug auf Synode: bin ich besonders dankbar für den freien Blick, den Sie und Göttin bekunden, die Gelöstheit mit der Sie beide diese Entwicklung voll bejahen, was vielleicht gerade uns Schweizern noch leichter fällt, zugleich aber, was wichtiger ist, eine auctoritas geistlicher Art voraussetzt, die mehr ist als unsere Überlegenheit. Ich kann mir leicht denken, dass von den vorhandenen Mitarbeitern in dieser Lage Bruder X. sich wohl am schwersten tut. Umso dankbarer bin ich für die ruhige und überlegene Art, wie Sie und Göttin der Lage entsprechend handeln und die vor sechs Jahren begonnenen Linien nun kräftig ausziehen. Ich kann freilich nicht verhehlen, dass Ihre neusten, kurzen Berichte über die Synode mit dem Hinweis auf den doch starken Einfluss des Pakat Dajak auf die Ausschusswahlen allerlei Fragen wecken, und ich auch Ihren Hinweis auf die Auswirkungen in der Batak-Kirche in Sumatra bedeutungsvoll finde. Wir sind jedoch auch hier gerne offen für Ihre weitherzige Beurteilung der Pakat-Leute… Wie lange uns dazu [Gedankenaustausch] noch Gelegenheit gegeben ist, wissen wir nicht. Erneut sehen wir mit grosser Spannung nach dem Osten. Wir erbitten für Sie alle viel Kraft und Leitung des Geistes. Für den Fall schwerer Verwicklungen wissen wir uns mit Ihnen eins, in der Erwartung, dass die vorhandenen Missionare ihre Posten halten möchten und nur klaren Regierungsbefehlen oder äusserer Gewalt weichen. Dagegen sind wir dankbar, wenn bei drohender Gefahr die Frage einer Sicherung für Frauen und Schwestern von Ihnen geprüft wird…»

10. AUGUST 1941, BETSY AN BUA: «Dann aber ging Emilie wieder nach Bandjermasin, weil sie noch in der Sprache und im Rechtschreiben besonders nachlernen musste, um nun in die Zweite zu

kommen. Sie ist nun drin und findet es lustig und hat auch ein Velo bekommen, was wir ihr versprachen, wenn sie befördert werde. Sie schreibt, dass sie das Fahren in einem Tag gelernt habe, und dass sie noch nie gefallen sei. Mattheus ist mit ihr an einem Sonntag, wo er in Bandjermasin war, eine Velofahrt machen gegangen und fand, dass sie es gut könne. Es war eine sehr nette Woche als sie hier war, sie hat es rührend genossen… dann kam über den Sonntag die Familie Bakker mit zwei Kindern. Letzteres war zwar herrlich für Emilie, weil das Leentje auch in ihrem Alter ist und sie herzig zusammen spielen konnten. Meist fischten sie! und fingen kleine Fischlein, die herrlich gebraten wurden und famos waren! … Mattheus ist momentan einmal hier zur Abwechslung, was wir sehr geniessen und was besonders auch Bernhard ganz herrlich findet. Er ruft so schatzig jeden Morgen ‹uhu Papa›! (statt Juhu!) Ja, Bernhard hatte also am 7. seinen Geburtstag und ist nuggisch halt mit seinen zwei Jahren. Das Gesicht, als er die zwei Kerzlein und die Blumen sah, war einfach schatzig. Der Mund blieb ihm buchstäblich vor Freude und Überraschung offen! … Er war dann ganz selig und hat abends in seinem Bett vor dem Einschlafen gesungen! Das tut er sonst nämlich nicht! Er ist so ein grosser Bub, ein verständiger, gar kein Buschi mehr. Auch herrlich.

23. AUGUST 1941, BETSY: «Dank für Deinen Brief vom sechsten Juli, einen vom gleichen Datum von Marianne und von Ruth und von Alfred! Teils mit ihren Zeugnissen, die uns auch gar freuten. Emilie ist also sehr konstant in Bandjermasin, nur hat sie noch nicht den Ernst der Sache erfasst und die Frau Pfarrer bei der sie wohnt, findet es schade, dass sie zu wenig aufpasse. Aber sie sei zerstreut etc. Auch hat sie natürlich Mühe mit der Sprache und Schreiben[167]. Sie radelt aber selig herum und *sie* findet gar, es gehe gut in der Schule. Auch uns geht es gut… Wir haben es schrecklich gut hier. Alles geht so seinen Gang. Dass wir sparen müssen (denn wir haben in den Ferien in Java und nun mit der Schule mit Emilie und allem was damit zusammenhängt, unsern diesjährigen Gehalt aufgebraucht!) geht ja hier in Kuala-Kapuas auch besser, als wenn wir in Bandjermasin wohnten… Ich habe je länger je mehr Heimweh

---

[167] Emilie spricht baslerisch und dajakisch. Sie muss für die Schweizerschule meist mit Betsy Deutsch lernen. In Bandjermasin muss sie nun Holländisch sprechen und schreiben!

an diesem Tag [eigener Geburtstagtag] aber das kann man niemandem sagen, sonst wird es nur ärger. Die letzte Photo von Marianne hat uns nämlich so traurig gemacht, weil wir sie einfach nicht mehr kennen! Sie ist *so* anders geworden und wird es ja noch viel mehr werden bis wir heimkommen. – Wir freuen uns nun aber recht, dass sie den Rank gefunden hat und in die Töchterschule gegangen ist. Ob Ihr wohl gar nicht gedacht habt, dass wir darauf reagieren, als Du es uns schriebst? Denn Marianne schrieb mir ja *ehe* unser Telegramm bei Euch war, dass sie nach den Sommerferien schon zügeln werde? Ich sehe in meinem Büchlein, dass noch so viele Briefe, die ich Dir und den Kindern schrieb, nicht angekommen sind… Bernhard ist so ein Schatz. Er kommt sich manchmal verlassen vor ohne Emilie und andere Kinder und dann muss er immer wieder zu mir springen, wie wenn er schauen wollte, ob ich sicher noch da sei und ihm nicht plötzlich auch noch ‹ab›gehe! Er ist ein zufriedenes Büblein und spielt so nett im Garten.»

20. SEPTEMBER 1941, BETSY AN BUA: «Ach, wenn ich doch nur von *unsern* Kindern einmal eine *gute* Photo bekommen würde! … Wir haben ein schrecklich drückendes Wetter. Schon so viele Wochen kein Regen. Die Leute brennen ihre Reisfelder ab und darum ist ein dicker, dicker Rauch in der Luft, der Tag und Nacht da ist. Der Fluss, der gerade vor dem Haus vorbeifliesst, ist eine weisse Masse und den Spital sehen wir nur ganz verschwommen. Dazu wird die Wäsche und alles so grausig gelb, weil man keine Sonne hat, die sie trocknet. Es ist ein Elend und wir müssen wieder mit Regenwasser sparen, zum zweiten Mal so sehr in diesem Jahr.»

5. OKTOBER 1941, BETSY AN ESTHY: «Ich denke überhaupt oft, wie wird es sein, wenn wir wieder einmal heimkommen: wie viel, viel wird anders und hauptsächlich auch *nicht* mehr sein. Und wie viele Sachen noch werden sein, die wir zuerst ‹lernen› müssen, eigentlich wie ein Neuanfang in einer – fast – fremden Stadt! Aber wenn nur *Ihr alle* noch da sein dürft und wir *Euch* wieder sehen dürften, das wäre zu herrlich – Ja, die Trennung von den Kindern ist nicht leicht; aber wir müssen uns nun einfach sagen, dass es so *ist* und so sein *muss,* und dann ist es ja in einem gewissen Sinn auch leichter zu ertragen, wenn wir uns sagen können, dass wir nicht heim *können,* nicht etwa; dass wir könnten, doch aus einem andern Grund nicht dürfen oder so. Wir sind halt jetzt einfach hier und müssen Borneo als unsere Heimat betrachten. Wer hätte das gedacht, als wir dachten, noch für kurze fünf Jahre hierher zu kommen.… Auch

wird es neu-geernteten Reis geben, den Mattheus, der Feinschmek-ker, so gern hat. Es ist immer noch eine furchtbare Tröckeni bei uns; man lechzt nach Regen und *hofft* von einem Mondwechsel zum andern. Heute ist wieder Vollmond, da kann man wieder hof-fen! Die Fruchtbäume haben wunderbar angesetzt, aber die Reis-ernte, wurde heute gesagt, sei nur ein Drittel vom Durchschnitt gewesen. Das ist wenig. Man sieht nun bei dem Trockenzeitwind viele Segelschiffe herumfahren. Das ist so nett und auch lustig, wenn sie ihre Moskitennetze aufspannen und eine alte Grossmut-ter hält dieses dann gegen den Wind, weil sie kein Segel haben. Oder eine ihrer Batikjunten [Sarong, deutsch Rock] spannen sie auch vor den Wind, manchmal auch nur ein Bananenblatt! Und siehe, es geht auch!»

5. OKTOBER 1941, BETSY: «Wir danken Dir auch herzlichst für die guten Photos von Alfred und seinen Freunden… Wir haben den Besuch in Bandjermasin, wo wir zwei Tage waren, sehr genossen. Beim Heimkommen haben wir einen schrecklich unheimlichen Feldbrand gesehen, der bis ganz zu den Wohnhäusern kam. Man hörte das Feuer zischen und sah es immer wie näher kommen, so auch die grosse gelbliche Wolke. Aber im letzten Moment änderte der Wind seine Richtung und das Wasser, das die Leute trugen und damit den Boden anfeuchteten, hat geholfen. Das Feuer hatte dann auch nicht mehr so viel Kraft. Aber an zwei Häusern hatten sie die Wände heruntergerissen für den Fall, dass es doch anfange zu brennen. Er ist immer noch entsetzlich heiss und trocken, und ein arger Rauch in der Luft den ganzen Tag von den abgebrannten Reisfeldern. Das setzt sich so in den Hals, man kann fast nicht atmen.»

19. OKTOBER 1941, BETSY: «Aber gelt, das Leben geht eben weiter und darum will ich Dir nun doch den Weihnachtsbrief schreiben.… Wir *denken* an Euch und *hoffen* auf ein Wiedersehen und wir *dan-ken* Dir auch dieses Jahr für alles, alles. Gott segne Deine Arbeit an unsern Kindern und auch an jedem sonst, für den Du etwas tust und dem Du hilfst. Wir dürfen uns keine Sorgen um einander machen, wir dürfen ja einfach *vertrauen* und dürfen ja auch wissen, das es *gut* gemacht wird ohne unser Dazutun, so gut, wie wir kleine Menschen es ja nie könnten. Darum wollen wir die ‹Sorgen auf Ihn werfen›, wie es heisst und wie es sicher auch das einzig-Richtige ist. Wir wünschen Euch alles Liebe zum neuen Jahr, vor allem Gesund-heit und Kraft, Zuversicht und Mut zum Weitergehen.»

21. OKTOBER 1941, PRÄSES DR. VISCHER AN INSP. WITSCHI: «…Ich gebe Ihnen in Stichworten einige Mitteilungen: Mission und Kirche: Wir müssen hier eine ‹Missionsinsel im Kirchengebiet› uns bewahren, später, als Pflanzplätz für die jungen Missionare. Wir können uns nicht auf die Rolle der ‹höheren Führung› einstellen, so geraten wir daneben, sondern müssen Schulter an Schulter arbeiten. Junge Missionare müssen also bereitgestellt werden.»

11. NOVEMBER 1941, BETSY ERHOLT SICH MIT DEN KINDERN IN BANDJERMASIN: «Und dann kommt nun ein neu revidiertes Gesangbuch heraus, also ein dajakisches, das landete bei mir. Ich bin ‹en Arte› stolz, dass man *mir* so etwas zutraut. Wenn ich das früher einmal gesagt hätte, dass ich noch ein dajakisches Gesangbuch revidieren müsse. – Aber siehe, ich finde auch tatsächlich noch einige Fehler und das freut mich natürlich am meisten, denn somit ist die Arbeit nicht umsonst. Dann war ich in Bandjermasin auch bei dem Frauenhilfsbund, wo sie Arbeiten ausgeben, Strickete hauptsächlich, für: zuerst waren es Flüchtlingskinder in England, nun sind es arme Engländerli selbst! … Emilie wurde bei den Pfadi feierlich mit noch sechs Freundinnen aufgenommen, bekam die gelbe Cravatte, musste das Versprechen ablegen etc.»

28. NOVEMBER 1941, PRÄSES DR. VISCHER AN INSP. WITSCHI: «Dass der japanische Krieg täglich näher kommt, ist klar. Wir stehen in Gottes Hand und trachten, uns nicht ableiten zu lassen. Die Lehre der letzten zwei Jahre ist: dass man in den Dispositionen, sofern sie gewissenhaft erwogen und gut begründet sind, nicht zu ängstlich sein darf. Dass keine Jahresberichte [1940] durchkamen liegt an mir; einige derselben waren so, dass ich nicht erwarten konnte, dass die Zensur sie durchlasse. Eine gekürzte Ausgabe wollte ich stets machen, aber die Geschäfte jagten sich. Ich bitte um gütige Entschuldigung… Dass die Kirche nicht politisiert ist die einstimmige Meinung. Ob aber der einzelne Christ politisieren darf und soll, und ob er in eine christliche Partei eintreten muss oder gerade nicht, das sind die Fragen, um die es geht und die unsere Leute bewegen.

In Europa beginnt die sowjetische Gegenoffensive am 5. Dezember 1941, nachdem deutsche Einheiten bis gegen Moskau vorgedrungen waren. Am 7. Dezember 7.55 Ortszeit[168] bombardieren Japaner den Flottenstützpunkt Pearl Harbor. Damit beginnt der Krieg für die USA.

---

[168] In Borneo: 8. Dez. 1.55 Uhr. Datumsgrenze!

10. Dezember 1941, aus der Komiteesitzung in Basel: «Die durch den Krieg im fernen Osten geschaffene neue Lage bedeutet nach Auffassung von Insp. Witschi im Augenblick noch keine unmittelbare Bedrohung des Arbeitsfeldes in Südborneo, das wirtschaftlich und militärisch für Japan nicht von Interesse ist.»

11. Dezember 1941, ordentliche Ausschusssitzung in Bandjermasin, von H. Göttin signiert, anwesend: Bart, Göttin, Vischer: «Am 10. Dezember kam Dr. Vischer nach Bandjermasin, wo ihm die Organisation der Nothospitäler übertragen wurde. Wir wurden ersucht, die Räumlichkeiten des Jungeninternates für ein Notspital zur Verfügung zu stellen, eventuell würde es dazu requiriert werden. Erwogen wird, die Missionsfrauen und Kinder nach Java zu schicken. Prinzipielle Gründe dagegen glauben wir, seien nicht vorhanden. Doch wird der Vorschlag abgelehnt, da niemand darauf eingehen will.»

Adolf Hitler und Benito Mussolini erklären am 11. Dezember 1941 den USA den Krieg.

20. Dezember 1941, Präses Dr. Vischer berichtet an Insp. Witschi: «Der Kriegsausbruch mit Japan hat uns ja nicht überrascht. Dass wir in grosser Gefahr verkehren, ist uns deutlich. Wir hoffen, unsere Pflicht erfüllen zu können. Unsere Spitäler wurden selbstverständlich eingeschaltet in die Bürgerliche Hilfsorganisation, sowie unsere Krankenschwestern und Frau Göttin, Bart, Bär, Weiler. Im Namen unserer Geschwister grüsse ich Sie herzlich und bitte Sie, sich um uns keine Sorgen zu machen. Wir sind gottlob alle gesund. Ich selber wurde, weil der einzige zivile Arzt in unserem Gebiet, mit der Leitung des zivilen Gesundheitsdienstes beauftragt und habe dadurch sehr viel Arbeit und bin in Bandjermasin festgehalten. Morgen werden die vier neuen Hilfsmissionare in Kuala-Kapuas ordiniert. Herr Braches [Schulinspektor der BM] ist unter den Waffen. Bruder Göttin muss die Schulen übernehmen...»

27. Dezember 1941, Mattheus an seine Mutter: «Einen letzten Gruss in diesem Jahr und die herzlichsten Wünsche für das kommende Jahr. Möchte es uns dem Frieden näher bringen, oder gar schon ganz dazu! Die Lage spitzt sich entschieden allenthalben zu und nun sind wir auch einbezogen worden und sind uns der Gefahr voll bewusst. Wir leben in einer ziemlichen Unruhe, da ich natürlich wieder nach Bandjermasin musste und Betsy allein lassen.

Doch dieses Schicksal trifft nun fast jede Familie und wir wollen uns nicht grämen. Fein ist, dass wir am 22. zusammen Weihnacht feiern durften, wenn auch in einiger Hast, da die Arbeit drängte. Ich denke, dass die Kinder beiliegenden Brief[169] verstehen werden, wenn auch vermutlich nicht völlig. Es ist mir nicht möglich, ausführlicher zu schreiben. Ich überlasse die Interpretation Euch. Es schmerzt mich, dass ich im letzten halben Jahr kaum zu Privatbriefen kam. Die lieben Kinderbriefe zu meinem Geburtstag stehen immer noch zuvorderst auf dem Schreibtisch, aber leider nicht hier. Sage Ihnen nochmals, wie sehr sie mich gefreut haben... Betsy kann sich nun etwas mehr den Kindern widmen, aber so ganz erfüllt wird es nicht von dieser Tätigkeit wie andere Frauen, die darin aufgehen. Es hat eben jeder seine besonderen Gaben. Und wenn die Kinder das gleiche Blut haben, so werden sie es auch verstehen... Weisst Du, ich finde es etwas Grosses, dass Lisette sich ganz für unsere Kinder gibt. Wir *wollten* das nicht. Es wurde eben so gefügt und ich hoffe, dass Lisette damit einen reichen Lebensinhalt bekommen hat. Und auch Deine Kraft wurde von uns verbraucht. Ich habe aber die felsenfeste Überzeugung, dass wir hierher gehen mussten und dass wir nicht eigene Wege gegangen sind. Möge Gott gnädig ansehen, was wir getan und unterlassen haben! Dass die Missionsarbeit hier gesegnet war, ist deutlich sichtbar. Sollte nun ein Unterbruch eintreten, so glaube ich dass das keine Katastrophe bedeuten würde. Ich bin beruhigt in dieser Hinsicht, ganz abgesehen davon, dass ja Alles in Gottes Hand liegt.

Und nun sei herzlich gegrüsst und innig geküsst von Deinem tief dankbaren Mattheus, Herzliche Grüsse und viel Dank an Lisette!»

30. Dezember 1941, Insp. Witschi bringt den Rapport der ‹Richtlinien nach Borneo› vor die Inspektorenkonferenz: Die zunehmende Bedrohung Borneos durch die Japaner stellt die Geschwister wohl vor die Frage: Evakuierung oder bleiben. Im Sommer hatte Insp. Witschi vorsorglich den Rat hinausgegeben, solange die Entscheidung bei ihnen liegt, zu bleiben, wobei aber die eventuelle Evakuierung der Frauen freigestellt wurde. Begründet wird das Bleiben einesteils mit der Verpflichtung gegenüber den Gemeinden, andernteils mit der Möglichkeit einer den Schweizern eventuell zufallenden noch grösseren Aufgabe in NL-Indien im Falle der Ausschaltung der Holländer. Beschluss: Die Inspektorenkonferenz stimmt diesen Richtlinien zu.

---

[169] Dieser Brief ist leider verschollen.

1942

Abgesehen von den letzten Briefen von Mattheus und Betsy an die Mutter, kommen keine Privatbriefe mehr in die Schweiz. Alle nun folgenden Bemerkungen und Zitate basieren hauptsächlich auf Dokumenten aus dem Archiv der BM in Basel.

8. JANUAR 1942, PRÄSES DR. VISCHER, BERICHT AN INSP. WITSCHI: «Es geht uns allen gut. Göttins richten sich in Kuala-Kapuas ein, wo die Druckerei weiterarbeiten soll. Wir haben genügend Papier, um die ‹Brita Bahalap› weiter herauszugeben. Meine Frau wird in etwa 14 Tagen auch hierher ziehen. Wir wohnen dann im leeren Haus Herrengracht zusammen mit Schwester Elsine. In Kuala-Kapuas ist nun Frl. Dr. Hessberg allein mit Schwester Emilie, was viel Arbeit für sie bedeutet, doch kann ich hier kaum mehr weg, um sie zu entlasten. Die Einrichtung der Notspitäler hat mir viel Zeit gekostet, doch bin ich nun ungefähr fertig und kann mich wohl nun auch des Missionsspitales annehmen, wenigstens in den Perioden, wo Dr. Höweler abwesend ist. Zur Zeit ist er für einige Tage abberufen… Unsere Emilie wird nach Java gehen, um dort die Schule zu besuchen [sie flog am 16. Jan. 1942]. Bernhard bleibt bei Göttins in Kuala-Kapuas. Die andern Kinder bei ihren Eltern auf ihren Stationen. Von verschiedenen Freunden wurden wir um Gastfreundschaft angegangen in Kuala-Kapuas. Diese werden wir für ihre Frauen und Kinder gerne nach Möglichkeit üben, falls es soweit kommen sollte, doch ist zur Zeit dazu kein Anlass gegeben. Es hat mich bei diesen Besprechungen verwundert, dass manche Unsicherheit zutage trat, die ich nicht vermutet hatte, doch glaube ich, dass wir nun alle klar sehen und klar entschieden haben. Es ist ja ein besonderes Erlebnis, plötzlich in den Krieg und in Lebensgefahr von ungewohnter Art versetzt zu werden. Man muss sich das erst realisieren und gerät dabei auf Neuland in gewisser Hinsicht. Obwohl ja unser Beruf – der des Arztes und der des Missionars – auch normal gefährlicher ist als mancher andere und wir deshalb freier zu sein glauben von banalen Bindungen. Der totale Krieg greift nach uns allen, das haben Sie ja in den Zeitungen auch gelesen.»

14. JANUAR 1942, DAS TELEGRAMM DES KOMITEES AUS BASEL NACH BORNEO: «Intercédons pour vous tous psaume 91. Que Dieu dirige vos dispositions sommes solidaires dans toute décision que vous prendrez.»

17. JANUAR 1942, H. GÖTTIN IN KUALA-KAPUAS AN PRÄSES DR. VISCHER IN BANDJERMASIN: «Hier strömen die Chinesen Tag und Nacht herein. Schwester Emilie sagte mir gestern, dass vom Spital ab alle Häuser an sie vermietet seien, mit sehr hohem Zins... Auch die Sachen werden teuer, die Chinesen nehmen den Dajak alles weg: Gemüse, Fisch etc. Machen kann man kaum viel, da dies eben ungesehener Zwischenhandel ist an der Batang.»

19. Januar 1942: Das Transportschiff ‹van Imhoff›, das internierte Deutsche von Atjeh, Sumatra, nach britisch Indien bringen soll, wird von Japanern bombardiert und versänkt. Vier Missionare von Borneo verlieren dabei das Leben: Hermann Reiter, Hugo Schweitzer, Gustav Trostel und Samuel Weisser. Gottlob Weiler, vormaliger Präses, wird gerettet und kommt auf abenteuerliche Weise wieder zurück nach Bandjermasin.

19. JANUAR 1942, ANTWORT VON BORNEO AUF DAS TELEGRAMM VOM 14. JANUAR: «Confiants Dieu, continuons travail stop Göttin Kuala-Kapuas stop Vischer Bandjermasin.»

20. JANUAR 1942, INSP. WITSCHI SENDET DEN MITGLIEDERN DER BM IN DER HEIMAT FOLGENDE MITTEILUNG ÜBER DEN BESCHLUSS DES KOMITEES, DEN MITARBEITERN AUF BORNEO EIN STÄRKENDES WORT ZUKOMMEN ZU LASSEN: «Ohne den missionarischen Grundsatz des Verbleibens auf dem Posten und bei den anvertrauten Gemeinden zu verletzen, wollten wir gleichzeitig den Brüdern doch deutlich machen, dass je nach Lage im Innern die Brüder frei sein sollen an Ort und Stelle zu entscheiden und dass wir auf jeden Fall hinter ihnen stehen.» [Es folgt der Text des Telegrammes vom 19.1.1942.]

20. JANUAR 1942, PRÄSES DR. VISCHER AN INSP. WITSCHI BETR. TELEGRAMM: «Ich muss leider bekennen, dass dieser Antwort einige Kämpfe vorausgegangen sind. Wir haben ehrlich und redlich erwogen, was unsere Pflicht und Aufgabe sei und es sind dabei abenteuerliche Vorschläge ernstlich diskutiert worden. Dazu rechne ich denjenigen, jetzt unsere Frauen und Kinder geschlossen nach Europa zu schicken über Afrika. [Dieser Vorschlag wurde diskutiert]... dass wir auf den Text unserer Instruktion zurückkamen: Den Posten halten bis ‹Gewalt› (worunter wir auch eine Regierungsanordnung zählen) uns vertreibt und dieses aus eigenem Entschluss bejahen, nach Diskussion aller andern möglichen Lösungen, so ist es auch nicht nötig und wollen wir Gott danken und Ihn bitten, dass Er uns auch die Kraft gibt treu zu bleiben und ein guter Zeuge zu sein. Für mich persönlich war ich nie im Zweifel, ebenso wenig die alleinstehenden Frauen...»

27. Januar 1942, Präsident Koechlin in Basel meldet, er habe eine vertrauliche Nachricht erhalten, dass eines der holländischen Schiffe, das 473 internierte Deutsche von Sumatra nach Indien bringen sollte, von japanischen Flugzeugen versenkt worden sei. Durch die Besetzung von Balikpapan durch die Japaner ist Süd-Borneo in die unmittelbare Gefahrenzone geraten, dass mit Fliegerangriffen auf unser Gebiet gerechnet werden muss.

AM SONNTAG, DEN 1. FEBRUAR 1942, SCHREIBT MATTHEUS SEINEN LETZTEN BRIEF:

«Liebe Mama! Es ist ein herrlicher, ruhiger Sonntag, da kann ich ein halbes Stündchen nehmen um Dir wieder einmal zu schreiben.

Wie ich heute nachmittags ruhte und unsere Lage überdachte, da kamen mir die Erinnerungen an die tapferen Leute, die wir kennen lernen durften nämlich Karen Jeppe, die sich durch die ärgsten Schwierigkeiten und Greuel nicht abschrecken liess ihre Arbeit für die Armenier zu tun und an Bruder Künzler. Möchte uns immer auch solche Seelengrösse geschenkt werden. Man überschätzt sich wohl leicht selber. Und es ist in der Praxis nicht so einfach ein Held zu sein.

Und doch leben wir wieder in einer Zeit und unter Umständen, wo es gilt heroisch zu sein. ‹…und setzet Ihr nicht das Leben ein› sowie die Verse unseres ‹Rufst du mein Vaterland› werden mir lebendig und ermutigend. Ich habe wohl doch noch kräftiges Schweizerblut in meinen Adern. Am meisten fühle ich das zaghafte beschlussschwere Vischerische Erbe und leider wenig die Speiserische Zähigkeit in mir, aber vorhanden ist die doch auch. Und dann habe ich bisher Gott sei Dank auch den Glauben an Gottes Leitung, die uns offensichtlich durch ein dunkles Tal führen will, vor dem uns graut, aber auf die wir vertrauen dürfen. In Zeiten und Umständen wie den jetzigen entdeckt man viel Hohlheit und Schwachheit und das wirkt leicht ansteckend. Ich bin so dankbar, dass Betsy auch nicht weich wird, und dass wir uns verbunden wissen durch das gleiche Ziel und die gleiche Leitung.

Auch unser kleiner Missionskreis hier ist wohltuend ruhig und tapfer. Wir haben nicht die Illusion, dass es uns besser gehen werde als andern. Wir hätten es auch nicht verdient. Doch gelten auch uns die tröstlichen Verheissungen Gottes und wissen wir, dass allenthalben unser in treuer Fürbitte gedacht wird.

Ihr habt wohl in den Zeitungen gelesen von den Beschiessungen unseres Flugfeldes. Das ist weit weg von der Stadt, und das soll

Euch nicht schrecken. Die Stadt selber ist ja auch sehr gross. Wir hoffen Ihr ängstigt Euch nicht zu viel um uns.

Ein Vorteil solcher Zeit ist, dass das Unwesentliche kleiner wird. Man löst sich von mancher materiellen Bindung. Doch gilt es stets auf der Hut zu sein, dass man nicht wurstig wird und Fatalismus verwechselt mit Glaubensruhe. Es ist schade, dass wir so weit auseinander sind und nicht Gedankenaustausch pflegen können.

Die Hoffnung, dass wir uns wieder einmal sehen und sprechen können, wird ja leider je länger je geringer. Wie sehr mich das betrübt, kann ich nicht ausdrücken, denn ich hatte stets so fest darauf gehofft. Möchte es doch noch einmal dazu kommen! Aber solche Wünsche darf man vielleicht gar nicht einmal haben in dem namenlosen Leid und Elend und der fürchterlichen Zerstörung der Zeit. Es wird lange dauern übrigens bis alle Zerstörungen wieder hergestellt sind. Vermutlich wird man so bald nicht wieder Lokomotiven mit Korn und Kaffee heizen! Und was dergleichen sündhafte Taten waren.

Wie mag es Euch wohl gehen? Ob Ihr sehr frieren müsst? Und Hunger habt? Wie wohl die Kinder den Krieg erleben? Wie wohl das soziale Gewissen reagiert? Was die Stadtmission tun kann und tut? Wie es Onkel Beni gehen mag? Wie Onkel Felix? Bitte grüsse Präsident Burckhardt von uns, Pfarrer Koechlin und Insp. Witschi. Das Vertrauen, das die Herren in mich setzen tut mir wohl und ich darf auch bekennen, dass ich in den kritischen Tagen den Kopf kühl behalten habe und glaube richtig disponiert. Es ist freilich schwierig, dass ich nicht Missionar bin. Es fehlt mir natürlich die feinere Kenntnis der Arbeitsweise und was dazu gehört, dafür meine ich aber vorurteilsloser zu sein und das ist auch etwas wert.

Die missionarische Linie ist mir ganz klar. Fatal ist nur, dass wir einer Zukunft entgegengehen die vermutlich missionslos und missionsfeindlich sein wird. Die Missionare möchten nun noch so viel als möglich Richtlinien etc. angeben, das ist begreiflich, aber meiner Meinung nach nicht von viel Wert. Ich habe übrigens den Eindruck, dass die massgebenden Dajaken ganz gut Bescheid wissen. Inwiefern sie sich werden durchsetzen ist natürlich unbekannt. Da sorgt Gott dann dafür. Es wird auch hier über Irrwege gehen müssen. Bitte grüsse sehr herzlich Georg und Paul, Esther, Lisette und Anneli sowie die Schwäger und Schwägerinnen!

Küsse die Kinder von uns und sei selber innig gegrüsst und geküsst von Deinem Mattheus

Von Euch haben wir seit zwei Monaten keinen Brief mehr!»

AM MONTAG, 2. FEBRUAR 1942, SCHREIBT BETSY ZUM LETZTEN MAL:

«Meine liebe Mama, Wenn auch nur kurz noch zu Mattheus Brief, so doch *von Herzen* noch einen Gruss. Wir denken *so* viel an Euch *alle* und hoffen, *hoffen* auf ein Wiedersehen. Ich denke immer, Mattheus sehe doch zu schwarz; aber ja wir alle wissen nichts. Habe aber keine Angst um uns, *bitte nicht*!! Wir sind getrost und wissen, dass uns *kein* Haar etc. ... Ich bin täglich unendlich dankbar, Christ sein zu dürfen und möchte so gern, dass viele hier auch *mehr* Glauben hätten. Es ist dies auch mein tägliches Gebet, dass unsere Kinder *fest* im Glauben stehen dürfen und wissen, dass, wenn uns etwas zustösst, es Gottes Wille ist. Ich bin so dankbar, dass Emilie wirklich *glaubt* und nun auch bei wirklich feinen Menschen ist, die ihr weiterhelfen können. Sie ist in Prigen, in den Bergen bei Surabaja. Wir bekamen gestern ein liebes, glückliches Briefchen. Sie geht in der Nähe dort in eine Privatschule, wohin sie mit einem kleinen Pferdchen reiten darf! Nun hat sie auch ihren grossen Koffer und das Velo bekommen. Was *sie* betrifft, dürfen wir *nur danken*. Auch dem kleinen Bernhard-Schatz geht es gut; er ist aufs Beste aufgehoben bei Göttins, wo er nett mit deren Gerhard spielt. Es geht ihm gut und er hat sich gut eingelebt. Gottlob haben wir keine Heimwehkinder! Weisst Du, wir haben es halt *so gut*, weil wir sehr rasch den Weg sahen, den wir zu gehen haben: für uns und unsere Kinder. Es hat nur wenige Stunden eigentlich gedauert und eine Nacht darüber schlafen und der Plan wurde ausgeführt. Dadurch, dass Mattheus fast immer hier war und ich noch in Kuala-Kapuas, konnte ich mir dort alles überlegen und als ich dann mit dem Plan hierher kam, fand er gleich, es sei eigentlich das Beste, wenn wir es so machten. Es ging auch alles so gut, alle waren so hilfsbereit, das Mitnehmen von Emilie von der Frau Resident, dort der Empfang bei Hoogstratens und dann das Wohnen-Bleiben-Dürfen bei Siggs. Letztere haben ein Buschi von neun Monaten etwa, aber E. hat viel nette Freundinnen, das ist mir ein grosser Trost. Sonst ist es still im Haus. – Fünf Kinder und der Wunsch, sie alle bald beisammen zu haben, fiel auf diese Art ins Wasser! ... Mattheus hat viel Arbeit, ich bin dankbar, bei ihm sein zu können: wir helfen uns gegenseitig und es ist herrlich. Ich hätte ihn nie allein hier lassen können, wie so viele andere Frauen. Es ist uns das unbegreiflich. Aber ja, wir wissen nicht, was die Zukunft bringt. Bleibt *Ihr* gesund, liebste Mama, und grüsse bitte alle Geschwister und deren Kinder, Tanten und Onkeln und besonders Lisette und unsere drei Kinder. Dir vielen, innigen Dank für alles, alles. Ach, könnte ich dies doch mündlich tun. Ich bleibe stets eine innig dankbare Betsy.»

12. FEBRUAR 1942, MITTEILUNG VON INSP. WITSCHI AN DAS KOMITEE: «Ein Telegramm des Schweizerischen Konsuls Michéli in Batavia meldet nach Bern, dass Dr. Vischer sich um Ernennung zum Delgierten des IKRK bewerbe. Der Vorschlag ist unsererseits direkt an das IKRK in Genf in empfehlendem Sinne weitergegeben worden… Internierte: die Abt. für fremde Interessen in Bern teilte eine Liste der 52 bisher aus dem Schiffbruch des Interniertentransporters Geretteten mit. Darauf befindet sich der Name von Präses Weiler.»

12. FEBRUAR 1942, DIE EMPFEHLUNG DER BM AN DAS IKRK: «Nach seinen letzten Mitteilungen an uns ist Dr. M. Vischer entschlossen, trotz der unmittelbaren Bedrohung Südborneos durch die jap. Besetzung seinen Posten zu halten. Ohne Zweifel sieht er in einer möglichen Anerkennung und Designierung durch Ihr Komitee eine gewisse Sicherung der ärztlichen Arbeit unter den Einheimischen in beiden Missionsspitälern von Bandjermasin und Kuala-Kapuas, deren Oberleitung er innehat. Gleichzeitig bietet er als einziger Schweizerarzt in NL-Borneo dem IKRK seine guten Dienste an in einem Gebiet, da es schwierig sein dürfte, andere Kräfte zur Linderung der Kriegsnöte von Seiten des Roten Kreuzes einzusetzen. Unter der Voraussetzung, dass es sich um einen Einsatz für die Dauer der kriegerischen Ereignisse in Südborneo handelt, können wir uns mit dem Gesuch unseres leitenden Missionsarztes völlig solidarisch erklären. Wir betrachten ihn für den Fall seiner Designierung durch Sie auch weiterhin als zum Verband unseres Werkes gehörig mit allen finanziellen Verpflichtungen, die sich daraus für uns ihm und seiner Familie gegenüber ergeben.»

Unter der japanischen Besatzung

Die Japaner rollen in überraschendem Tempo über die vielen Inseln und sind auch in Borneo gelandet. In der Nacht vom 8. auf den 9. Februar 1942 werden alle strategisch wichtigen Installationen in Bandjermasin von den Holländern vernichtet. Damit ist auch die Telegraphenverbindung mit Batavia und dem Ausland zerstört. Am 10. Februar, 13 Uhr betreten die ersten Japaner die Stadt Bandjermasin. Nun beginnt die Zeit unter der japanischen Herrschaft.

Am 4. März 1942 ist die Akkreditierung von Dr. Vischer als IKRK-Delegierter durch die holländische Exilregierung in London erfolgt, was sofort dem IKRK-Delegierten in Batavia gemeldet wird, nicht aber dem Schweizer Konsul.

6 MARS 1942: CICR À MATTHEUS-VISCHER, BANDJERMASIN BORNEO, TÉLÉGRAMME: «Désirons recevoir vos nouvelles si vos convenances personnelles permettent souhaitons mainteniez toutes circonstances votre activité faveur de victimes guerre dans même esprit et dévouement cause Intercroixrouge.
Intercroixrouge 7458, *J. Schwarzenberg*»

In Europa beginnt im März 1942 der massive Einsatz der britischen Luftwaffenangriffe auf deutsche Städte.

In Asien kapituliert am 8. März 1942 Java, d.h. Niederländisch-Indien.

18. März 1942: An der Plenarsitzung des Komitees referiert Insp. Witschi anhand des ausführlichen Protokolls von Missionar H. Göttin eingehend über die Synode der Dajakkirche in der Himmelfahrtswoche 1941, die von 62 Synodalen beschickt war. Im Vordergrund standen geistliche Fragen des kirchlichen Lebens. In die Referate teilten sich Europäer und Dajaken. Insp. Witschi stellte in seinem Referat den Jahresbericht der Dajakkirche voraus, den Präses Dr. Vischer am Himmelfahrtstag erstattete: Nachdem die Kirche seit der Gründung 1935 äusserlich gewachsen und innerlich erstarkt ist, ist die beschleunigte Weiterführung der seit Jahren vorbereiteten Kirchwerdung das Hauptanliegen der Synode. Ferner ist wichtig: die engere Verbindung von Schule und ärztlicher Mission mit der Kirche. Das Verhältnis von Mission und Kirche ist in dem Sinn geordnet, dass die Verantwortung der Dajak zu ihrem Recht kommt.

20. MÄRZ 1942: KIRCHENBRIEF VON DR. MATTHEUS VISCHER, PRÄSIDENT DER DAJAKKIRCHE UND PRÄSES DER BASLER MISSION IN SÜD-BORNEO (RAPPORT ÜBER DIE GESCHEHNISSE UND EINE ANWEISUNG ÜBER RICHTIGES VERHALTEN UNTER DEN NEUEN UMSTÄNDEN): «...Die Verkündigung des Evangeliums geschieht wie früher, bitte schöpft tief und verteilt das Brot des Lebens mit freudigem Herzen; diese Zeit ist eine Versuchungszeit für viele Geschwister. Die Güter dieser Welt können zur Versuchung werden. Angst und Furcht; leicht kann man schwach werden, verleugnen. Ferner weil viele Geschwister auf den Feldern wohnen, fern der Wortverkündigung, kann Gottes Wort leicht vergessen werden, die Herzen

erkalten, und die verschiedenen Berichte von aussen überwuchern alles. Dadurch entsteht rechts und links viel Arbeit für den Gemeindehirten; vielleicht wird die Kraft nicht ausreichen; immer wird der Mangel empfunden. Denkt ans Gebet! Gebet im verschlossenen Kämmerlein, Gebet mit glaubensstarken Geschwistern, Gebet in der Gemeinde, in der Kirche, auf einsamem Platze, da und dort. Wir können nicht stehen, wenn wir nicht auch dazwischen unsere Knie beugen. Nur eine betende Gemeinde kann in dieser Zeit der Versuchung siegen.» Gezeichnet: Dr. Vischer, Vorsitzender, E. Mahar, Vizevorsitzender, und A. Samat.

1943 bis 1945
Vollkommene Abschottung Süd-Borneos

Seit Ende Januar 1942 herrscht absolute Stille aus dem Missionsfeld in Borneo; es kommen keine Briefe, keine Telegramme. Das IKRK und das EPD bemühen sich viele Male vergeblich um Kontakt oder wenigstens Nachrichten über die japanischen Behörden. Es dringt nichts durch. Ob Dr. Vischer je erfuhr, dass er designierter IKRK-Delegierter war und seine Arbeit aufnehmen sollte? Es ist wenig wahrscheinlich. Die offizielle Berichterstattung in der Schweiz hat keine Nachrichten und weiss nichts.

In Borneo wird weitergearbeitet. Die Zeit ist kurz und zu nutzen. Die Dajakkirche muss zur absoluten Selbständigkeit geführt werden. Im Februar 1942 findet die grosse Konferenz der Dajakkirche statt, worin ihre Selbständigkeit konstituiert wird. Ein Dajak, Pfarrer Kai Samat, übernimmt das Präsidium, Dr. Vischer wird Vizepräsident, um die Verbundenheit mit der Mission – nicht deren Überlegenheit – zu verdeutlichen. (Jahresbericht Dr. Vischer für 1941/42: Geredja Dajak.)

In der Schweiz herrscht im März 1942 wieder höchste Spannung. Die ‹Aktion Schweiz› steht auf deutschem Programm und soll durchgeführt werden. Deutsche Truppen stehen nahe der Schweizer Grenze. Die Lebensmittel- und Brennstoffrationierung wird verschärft.

In Asien beginnen am 7. August 1942 die USA die Rückeroberung der Salomonen-Inseln und des Archipels gegen den fanatischen Widerstand der japanischen Besatzungen. Die Briten versuchen Birma zurückzugewinnen.

Amerikanische Truppen landen auf dem europäischen Kontinent. Man beginnt zu hoffen, dass A. Hitler ein Ende finden könnte. Am 10. November 42 beginnt die Wende des Krieges in Nord-Afrika zugunsten der Alliierten. In Europa hält die grosse Schlacht um Stalingrad mit der Winterattacke der Russen die Bevölkerung in Atem.

Am 25. März 1943 erhält Dr. Vischer plötzlich die Erlaubnis des japanischen Kommandanten, einen Brief an die Schweizer Gesandtschaft in Tokio zu senden. Aus diesem Schreiben wird ersichtlich, dass telegraphische Kontakte nur über Tokio, und dort nur über militärische Kanäle, möglich sind.

25. MÄRZ 1943, PRÄSES DR. VISCHER AN DIE SCHWEIZER GESANDTSCHAFT IN TOKIO: «Sehr geehrter Herr Minister, Hiermit bestätige ich Ihnen den guten Empfang Ihres Telegrammes worin Sie uns die Nachrichten aus der Heimat übermitteln. Ich habe es gestern durch die freundliche Vermittlung des hiesigen Kommandanten[170] erhalten. Sie können sich denken, wie froh und dankbar wir sind über die guten Berichte.

Die Autoritäten sind so freundlich, mir Gelegenheit zu geben, Ihnen einen Brief zu schreiben. Gerne gebe ich Ihnen kurzen Bericht.

1 – Alle Mitarbeiter mit Frauen und Kindern sind gesund und arbeiten unverdrossen auf ihren alten Plätzen.

Familie Flach hat am 30. Januar in Kuala-Kapuas einen zweiten Sohn, Daniel, bekommen. Familie Rihs erwartet demnächst ihr drittes Kind in Bandjermasin.

Die japanischen Behörden behandeln uns und die deutschen Mitarbeiter mit Wohlwollen; wir arbeiten ungehindert weiter.

Die Lebenskosten sind etwas gestiegen, doch leiden wir keinen Mangel. In den Spitälern macht sich die Knappheit an Medikamenten und Verbandstoffen geltend, und erfüllt uns mit einiger Sorge.

2 – Die Dajakkirche hat nunmehr einen eigenen Präsidenten und versucht ökonomisch selbständig zu sein. Sie arbeitet in freundschaftlichem organischem Verband mit uns. Im Februar waren alle Missionare und Prediger in Bandjermasin, zu einer Konferenz von 2 Wochen, versammelt. Weiler Dezernent für die Dajakkirche, Vischer Vizepräsident.

3 – Über unsere Finanzlage kann ich Ihnen das Folgende berichten: Wir erhielten im Januar durch die Taiwan-Bank in Bandjermasin die 5000 Yen von Ihnen. Laut Mitteilung von Consularagent Keller in Soerabaja, die ich dieser Tage erhielt, ist dies Geld aus der Heimat.

---

[170] Es handelt sich wohl um Suzuki Otojiro.

Ursprünglich hatte ich versucht, von der ‹Ciba› in Soerabaja fl. 36 000 aufzunehmen, zu späterer Verrechnung mit der ‹Ciba› in Basel; doch scheint dieser Plan nicht die Billigung des Konsulates [in Batavia] gefunden zu haben.

Wir benötigen für den Lebensunterhalt der Missionsarbeiter und die andern dringenden Unkosten fl. 20 000 (21 Erwachsene & 7 Kinder, verteilt auf 5 Missionsstationen). Wir hoffen also, dass wir vierteljährlich fl. 5000 erwarten dürfen. Sollte es möglich sein, über mehr verfügen zu können, so würden wir in den Stand gestellt, einige Dajakische Mitarbeiter zu besolden und andere dringende Kosten zu bestreiten. Aus der ersten Überweisung schliesse ich, dass Basel nicht im Stand ist, uns mehr als 20 000 Yen zu gewähren. Wir sind natürlich auch für diesen Betrag sehr dankbar. Die beiden Spitäler konnten sich im vergangenen Jahre selber erhalten; ob dies in diesem Jahr auch möglich ist, müssen wir bezweifeln. Für unsere zahlreichen Schulen erhielten wir im vergangenen Jahre von der Regierung Subvention. Zurzeit unterhandeln [wir] mit der Regierung wegen Übergabe der Schulen, die wir nicht länger glauben tragen zu können.

Wir wissen nicht, wie die Wirtschaftslage der Schweiz ist: angesichts der Unterbindung des Welthandels wird sie schlecht sein. Liegt es da nicht auf der Hand, dass uns Mittel der ‹Ciba› in Java zugänglich gemacht werden?

4 – Unsere deutschen Mitarbeiter: Ehepaar Weiler (die Kinder in Europa haben), Frau Bär, deren Mann in Indien interniert ist, sowie die Schwestern Maria Hörsch, Emilie Marstaller, Erika Lamprecht, wären glücklich, wenn sie nähere Berichte über ihre Angehörigen bekommen würden. Ob Sie wohl deren Wunsch an die Deutsche Gesandtschaft weiterleiten könnten? Wir in Borneo sind eben doch recht isoliert.

Ebenso würden wir es dankbar begrüssen, wenn es möglich wäre, den in Japan wohnenden, aus Borneo kommenden, Deutschen Frauen: Weisser, Trostel, Braun, Baier, Weissinger, Schweitzer, Reiter und Gerlach, unsere Grüsse zu übermitteln.

Wir fragen uns, ob Sie Nachrichten haben über unsere Missionare in China, an die wir oft denken. Für eventuelle Nachrichten wären wir sehr dankbar.

Heute erhielt ich ein privates Telegramm von meiner Familie in Basel, das ich beantwortet habe.

Zum Schluss danke ich Ihnen nochmals herzlich für Ihre Zeilen und ersuche Sie höflich, unsere Heimatleitung von uns zu grüssen, ihr mitzuteilen, dass wir alle gesund sind und getrost die Arbeit weiterführen, sowie, dass wir bitten, uns in diesem Jahre 20 000 bis 36 000 Yen zu gewähren. Die Ausgabe des letzten Jahres betrug 45 000 fl. Sig. Dr. C. M. Vischer, Präses der BM in Borneo.»

Am 4. Mai 1943 wurde dieser Brief durch das EPD an die BM übermittelt. Dieses Telegramm über Tokio-Bern-BM ist das erste direkte Lebenszeichen der Geschwister in Borneo seit 16 Monaten, d.h. seit dem 2. Februar 1942. Es war auch das letzte bis Oktober 1945, abgesehen von der Nachricht über das Komplott und den Tod der Ehepaare Bart und Vischer.

In Borneo erfolgt am 13. Mai 1943 der für die BM verhängnisvolle Augenblick. Am frühen Morgen werden Mattheus und Betsy Vischer von der Tokkeitai[171] abgeführt. Am 15. Juni 1943 werden der Generalkassier und seine Frau, Hans und Julia Bart, und auch der Schulmann der BM mit seiner Gattin, Gottfried und Zeni Braches, von der Tokkeitai geholt. Im August 1943 wird von den Missionsangehörigen Frau Dr. Gerarda Höweler aus dem Frauenlager in Bandjermasin weggeführt. Aus den holländischen Lagern werden der Gouverneur Süd-Borneos Dr. B. J. Haga und seine Frau sowie weitere Holländer weggeholt. Insgesamt verschwanden in Bandjermasin etwa 300 Personen, Angehörige der verschiedensten Völker und Nationalitäten.

Spital und Poliklinik in Bandjermasin werden vom Militär übernommen, d.h. das ganze Eigentum der BM wird beschlagnahmt. Die Krankenschwestern der Mission müssen für das Militär arbeiten und erhalten genügend Mittel für den Lebensunterhalt. Der Terror der Japaner herrscht erst ab Mai 1943 absolut. An allen Orten, auch in Schulen und Kirchen, muss dem Kaiser Hirohito in Japan die Ehre erwiesen werden. Die Mission wird vollkommen isoliert, kein Mensch wagt mehr mit den Missionaren zu reden oder auch nur sie zu grüssen. Schliesslich werden alle Missionare, unter dem Vorwand sie vor der aufgebrachten Bevölkerung schützen zu müssen, in eigens für sie eingerichtete Interniertenlager gebracht. Bernhard Vischer und die Kinder Braches kommen nach der Verhaftung ihrer Eltern ins Frauenlager, wo auch die Kinder Höweler schon seit 1942 sind.

In Europa überstürzen sich die Kriegsereignisse. Am 13. Mai 1943 kapituliert die Deutsche Einheit unter Rommel in Nordafrika. Am 10. Juli 1943 landen die alliierten Streitkräfte in Sizilien. Am 3. September unterschreibt Italien den Waffenstillstand mit den Alliierten, worauf am 10. September die Deutschen in Rom einmarschieren.

---

[171] Tokkeitai: Japanische Marine-Polizei.

In Borneo werden am 11. Dezember 1943 wegen Konspiration mit dem Feinde 23 Haupttäter zum Tode verurteilt. Darunter sind Mattheus und Betsy Vischer sowie Gottfried und Zeni Braches. (Das Ehepaar Hans und Julia Bart und Frau Dr. Gerarda Höweler waren zu diesem Zeitpunkt schon in Gefangenschaft gestorben.) Nicht vor Gericht kamen etwa 295 andere Personen.

Wie die Zeitung ‹Borneo Simbun› am 21. Dezember 1943 berichtete, wurden am Vortage 23 ‹Haupttäter des Komplotts› in Bandjermasin hingerichtet. Die Nachricht über den Komplott und die Ausführung der Todesstrafe wird gross aufgemacht. Die Anklage lautet auf Spionage, Nachrichtenübermittlung und Zusammenarbeit mit dem Feind, den USA, Besitz von Waffen und Radio. Als Hauptleiter des Komplotts wird Gouverneur B. J. Haga angegeben. Deswegen nennt man den Prozess in Japan auch ‹Prozes Haga›.

Borneo Simbun: «ALL THE LEADERS OF THE CONSPIRACY SENTENCED TO DEATH (SHOT) Because they were found guilty of conspiracy against Nippon. Haga, the head of the plot, was deceived by America and England. The ex-governor of the Netherlands-Borneo, Haga, the Dutch prisoners of war and also the civil authorities and their families were very well taken care of, in the internmentcamp, under supervision of Dai Nippon, whose spirit is not only brave but also wholesome.

But Haga c.s. used as puppet by the intelligence service of the enemy England and America, underrated the power of Dai Nippon, they believed in the coming assistance from America and England, they tried to get in contact with pro-Dutch persons in and outside of the camp, in a very sly way, and prepared an armed revolt to come into power over South-Borneo.

The preparations of the conspiracy against Nippon however, were found by military force of Bandjermasin, so that from last May, in four turns were arrested, more than 200 people, who were all connected with the plot.

The inquiry of all their cases was made very thoroughly. As the investigation proved them guilty of a very dangerous fact, their case was brought before the navy-court martial, by which the leaders of the conspiracy and some others were sentenced to death. They were duely shot on the 20th of December last.» (Übersetzung ins Englische aus der Epoche.)

Obwohl am 21. Dezember 1943 die Nachrichten in der Borneo-Zeitung in grosser Aufmachung herauskamen, herrschte auch in Indonesien tiefste Stille. Man wusste im Schweizer Konsulat in Batavia von diesem

Bericht nichts. Auch in der Schweizer Botschaft in Tokio erfuhr man nichts, noch viel weniger in Bern oder Basel.

In der Nacht vom 8. auf 9. Mai 1945 findet der Krieg in Europa sein Ende.

Erst Ende August 1945 hörte man indirekt etwas über das Schicksal der Ehepaare Vischer und Bart. Die grosse Unsicherheit über das Schicksal aller anderen Missionsleute in Borneo dauerte bis zum 10. Oktober 1945 an, als endlich der erste Brief aus Borneo in Basel eintraf.

Alle Schweizer Missionare und ihre Familien waren wohlauf. Die Kinder Braches, Höweler und Bernhard Vischer in Borneo sowie Emilie Vischer in Java überlebten und kehrten in die Heimat zurück. Herr Dr. Thomas Höweler überlebte die japanische Kriegsgefangenschaft als holländischer Militärarzt.

Das Ende der ärztlichen Mission in Kuala-Kapuas tönt traurig. Missionar Bigler schrieb:

20. AUGUST 1946: «Das Spital dagegen macht einen ausserordentlich schmerzlichen Eindruck. Die meisten Gebäude sind verlassen und das Land von Gras und Gestrüpp überwuchert und verwildert. Das zweistöckige Doktorhaus ist ringsum erbrochen und ausgeplündert worden. Was nur irgendwie mitgenommen werden konnte, wie kleinere Möbel, Stühle, von den Betten gar nicht zu reden, ist weg. Wo noch ein Schrank steht, ist er erbrochen. Ich fand keinen einzigen ganzen Stuhl mehr. Seit dem Besuch von Missionar Weiler und Göttin sei dort noch vieles gestohlen worden. Die Poliklinik wird täglich von 10–25 Personen besucht. Im Spital waren acht Framboesiepatienten, die in schmutzigen Lappen eingehüllt dasassen. Möge doch bald ein Arzt für Kuala-Kapuas gefunden werden!»

Erst 1947 konnte der Spitalbetrieb wieder aufgenommen werden. Vorerst unter der Regierung stehend, kam er am 1. Januar 1950, nach der Unabhängigkeit Indonesiens am 27. Dezember 1949, zurück an die BM, die ihn am 1. Januar 1955 der Evangelischen Kalimantan Kirche anvertraute. Bis zu diesem Zeitpunkt stand er zwei Jahre unter der Leitung von Frl. Dr. G. Dreckmeier, dann von 1950 bis 1955 unter Dr. Hoogenkamp und ab 1955 unter Dr. Klokke. Die BM stellte immer mindestens eine Schwester dem Spital in Kuala-Kapuas zur Verfügung.

6. Persönliche Betrachtung und Reaktion auf dieses Schicksal in Borneo, das wesentlich auch meines ist

Nachdem ich mich nun ein paar Jahre mit den zahlreichen Briefen meiner Eltern und mit Dokumenten aus den verschiedenen Archiven befasst habe, ist es mir ein Bedürfnis, mich persönlich den Leserinnen und Lesern zuzuwenden. Diese Arbeit war ein langer Erkenntnisweg und hat mich persönlich immer wieder zutiefst berührt.

Ich erinnere mich an die vielen Stunden in Kuala-Kapuas, Süd-Borneo, als wir oben auf der Varanda spielten, während Mama auf einer Schreibmaschine unzählige Briefe schrieb, Briefe die uns jetzt das Leben von damals, die Gedanken und Gefühle der Eltern und ihre Umwelt wieder nahebringen. Ungefähr jede Woche schrieb Betsy einen Brief an ihre Mutter und einen an ihre Schwiegermutter, dazu regelmässig an ihre Freundinnen, Geschwister und Verwandte.

Ich bewundere heute, nachdem ich 1996 wieder in Borneo war und das heisse, tropisch-nasse Klima nochmals erlebt habe, die Energie, die Betsy aufbrachte, um in der tropischen ‹Dampfküche› so viel zu schreiben. Das hauchdünne Papier, denn die Post wurde nach ihrem Gewicht taxiert, war gewiss feucht und um zu sparen, wurde es auf beiden Seiten beschrieben. Mattheus schrieb oft während der Bootsfahrt auf seiner Schreibmaschine; wozu er bemerkte, dass das Schreiben von Hand bei der unruhigen Fahrt nicht möglich sei. Erinnern möchte ich daran, dass alle Geräte in diesem Klima besonderer Pflege bedurften.

Mich bewegt heute auch, was ich in den Briefen in bezug auf uns Kinder in der Schweiz finde. Wie perfekt war die gegenseitige Rücksichtnahme, eine typische Missionstugend. Wir waren echte Missionskinder. Ich habe keine ‹traurigen Briefe› geschrieben und nie das grosse Heimweh geäussert, was wohl der Grund war, dass die Eltern längere Briefe von mir vermissten. Nur ein einziges Mal sagte ich endlich, dass es uns, Ruth, Alfred und mir nicht gut ginge, dass wir Heimweh hätten und die Eltern dringend bräuchten. Dieser Brief damals war nicht kurz, er war lang, ausführlich und sehr, sehr traurig. Ich hoffte nachträglich immer, er sei nie zu den Eltern gelangt, denn es war der letzte Brief, den die Post im Kriegsjahr 1941 annahm.

Betsys Briefe an uns sind voller Liebe, aber nie hat sie uns geschrieben, sie hätte Heimweh nach uns, nur immer, dass sie sich freute auf unser Zusammensein, erst in ferner und dann in näherer Zukunft. Nie hat sie geklagt oder ihre Trauer ausgesprochen, eine Trauer, die sie und das Haus wie ein Mantel umhüllte, wie ein Freund erzählte. Wie sollten wir reagieren, anderes als nur ‹Freudiges› schreiben? Wie hätte ich von meiner Trauer erzählen können, von meinem Heimweh? Ich führte zwischen den Eltern, ihren Wünschen und Grossmama Vischers täglichen Anweisungen ein unwirkliches Leben. Ich lebte in Basel und ging zur Schule. Wenn mich aber etwas störte oder wenn ungerechte Bemerkungen fielen, ‹reiste› ich nach Borneo, dachte an meine Eltern, dass sie ganz anders, viel besser, viel gerechter seien. Ich lebte auf ‹den Tag der Rückkehr› im Herbst 1939, Frühling 1940, dann 1941 hin. Ich wusste, dass dann einmal, wenn die Eltern wieder da seien, endlich alles wieder in Ordnung sein werde. Weshalb schrieb Betsy, unsere Mama, uns nicht von sich, so wie sie Grossmama Vischer und Tante Esthy schrieb, sie möchte bei uns sein? Diese Tapferkeit, diese fröhliche Normalität sollte uns Kinder schonen, sie half aber nicht darüber hinweg, dass die Trennung durch Kontinente und eine Mindestreisedauer von sechs bis acht Wochen bestand. Heute, 55 Jahre später, ist die Überwindung dieser Distanz nur noch eine Frage von Tagen mit dem Flugzeug und jederzeit machbar.

Als im Herbst 1935 die Eltern mit der damals zweijährigen Emilie wieder nach Borneo abreisten, war Alfred fünf, Ruth sieben und ich neun Jahre alt. Wir ‹drei Grossen› blieben in Grossmamas Obhut. Die Eltern hatten uns erklärt, dass sie wieder zu den Dajak, zum Spital gehen müssten, sie hätten diese Berufung auf sich genommen. Als sich die vereinbarte Rückreise von 1939 immer wieder verschob, habe ich die Erklärungen stets angenommen, auch unterstützt und erst ganz zuletzt, erst in meinem letzten Brief, mich dagegen aufgelehnt. Da war es zu spät. Aber die Berufung an sich stand auch für mich immer fest. Heute, nachdem ich die Briefe gelesen habe, kann ich die Spannungen verstehen, kann feststellen, in welcher qualvollen Lage die Eltern unter den Missionsgeschwistern in Borneo gestanden sind. Zu ihrer Heimkehr hatten sie, trotz der Beteuerung und Zusicherung der vollen Entscheidungsfreiheit von Seiten der BM, keine andere Wahl, als im Glauben stehend diesen Weg des absoluten Gehorsams und des Verzichts auf die eigene Familie zu gehen. Das Wort Opfer, das so gern gebraucht wird in diesem Zusammenhang, mag ich nicht, auch nicht das Wort Held, das heute einen anderen Klang hat als im letzten Brief von Mattheus an seine Mutter.

Erst jetzt erkenne ich die Zerrissenheit meines Vaters, der heimreisen wollte. Sein Brief darüber hat mich erschüttert. Ich kann nicht verstehen, dass die Leitung der BM in Basel diesen Appell nicht als das erkannt hat, was er war, als Ausdruck der unendlichen Tropenmüdigkeit, wie sie im Brief an Präsident Wilhelm Burckhardt so anschaulich geschildert wird. Oder ist der Brief ein Beispiel dafür, was er für sich selbst als typisch ‹Vischerische Entschlussschwäche› bezeichnet hat? Zeugt er nicht vielmehr von der Unmöglichkeit, zwischen dem Wunsch zur Heimkehr und dem Auftrag der Missionsleitung die einzig richtige Wahl zu treffen?

Natürlich war damals auch für die BM die Verantwortung schwer. Als die Zeit fortgeschritten war, die deutschen Missionare alle schon interniert und die Japaner im Kommen, war die Schweiz auch in höchstem Masse bedroht. Die Leitung der BM in Basel sah sich vor die Frage gestellt, entweder das ganze Feld zu räumen, also alle Missionare zurückzuziehen und die Dajakkirche ihrem Schicksal zu überlassen, oder aber die Arbeit nicht zu unterbrechen und damit die bevorstehenden Kriegsereignisse und das Risiko von grossen Opfern in Kauf zu nehmen. Die Auffassung, wonach die Missionare auf der fernen Insel wohl besser geschützt seien als in der vom Überfall bedrohten Schweiz, ist nachvollziehbar.

Schwerwiegender scheint mir, dass das Komitee offenbar für Dr. Vischer nicht intensiv einen Stellvertreter für die Zeit des ersten Urlaubs 1934/35 und einen Nachfolger für 1939, der Zeit der definitiven Heimkehr, suchte. Seit 1931 hatte er immer wieder auf die Dringlichkeit seines Anliegens hingewiesen. Wahrscheinlich gestaltete sich die Suche nach einem Arzt wirklich als recht schwierig, besonders im Hinblick auf die neue Auflage, dass in NL-Indien das medizinische Examen auch für Missionsärzte nochmals abzulegen sei. Was ich dennoch nicht verstehen kann, ist das eigenartige Zaudern beim Einsatz von Dr. med. Th. Höweler im Jahre 1939. Dem Ausbildungsbedürfnis Frl. Dr. med. G. Hessbergs wurde der Vorrang gegeben, vor der Verpflichtung, Dr. Vischers Heimkehr zu sichern.

Aber diese Planungsfragen und Hindernisse sind ja nur die eine, die äusserliche Seite. Mattheus selbst hatte sich stets auf seinen Weg der Pflichterfüllung gestellt gesehen; und Betsy blieb bewusst und überzeugt an seiner Seite. 1940 hatten sie beide gewusst, was auf sie zukam. Dennoch nähte Betsy neue Vorhänge; und Mattheus bereitete sich und seinen Einsatz als Leiter des Feldes vor. Er selbst anerbot sich der BM als Präses. Am 14. Mai 1940 übernahm er, als Nicht-Theologe, diese Aufgabe, von der er dachte, sie entspreche nicht seinem Temperament und Wissen. Er setzte alles daran, dass die Dajakkirche in der kommenden Zeit auf eigenen Füssen stehen und nicht mehr unter der Leitung der Missionare bleiben sollte; vielmehr sollte die Mission lediglich Hilfsorganisation der Kirche sein, ihr Gewissen und theologischer Ratgeber. Unter den Augen der japanischen Besatzer hatte Dr. M. Vischer mit dem Ausschuss alles bis zum Abschluss vorbereitet und an der Synode 1943 wurde in Bandjermasin der erste Dajak zum Präsidenten gewählt und Dr. M. Vischer zum Vizepräsidenten bestimmt. Mit diesem Akt, der die volle Unabhängigkeit der Dajakkirche von der Mission bestätigte, wurde die eigentliche Aufgabe der Mission als Gründerin der Kirche abgeschlossen.

Was die ärztliche Mission betrifft, so arbeiteten ab 1940 Herr Dr. Th. Höweler[172] und Frl. Dr. G. Hessberg in Bandjemasin. Als Dr. Vischer im Dezember 1941 als Präses der Mission nach Bandjermasin zog, übernahm Frl. Dr. Hessberg das Spital in Kuala-Kapuas. Dr. Vischer wurde von der Regierung beauftragt, ein Notspital einzurichten und zu betreiben, eine Verpflichtung, die ihm auch unter der japanischen Besatzung blieb.

Kurz nach dem Einmarsch der Japaner in Bandjermasin am 10. Febr. 1942 nahm Dr. M. Vischer mit ihnen Verbindung auf, um die Neutralität der Schweiz zu erklären und den Schutz der Schweizer und der schweizerischen Mission zu erwirken. Wir wissen nicht, ob er auch seine Funktion als Rot-Kreuz-Delegierter zu erklären versuchte, obwohl er die offizielle Ernennung des IKRK aus Genf nie erhielt, weil die telegraphische Übermittlung in Bandjermasin schon zerstört worden war.

Während des ersten Jahres der Besatzung hat die Mission weiterhin die Schulbetriebe, die Kirche und die Arbeit in den

---

[172] Dr. Höweler wurde bei der Kriegserklärung durch Japan vom holländischen Militär mobilisiert und später von den Japanern in Kriegsgefangenschaft genommen. Frau Dr. Höweler kam im August 1943 mit andern Holländerinnen in Gefangenschaft und wurde eines Tages mit einigen Frauen herausgeführt. Alle wurden nie wieder gesehen.

Krankenhäusern aufrecht erhalten. Wie es den Missionsangehörigen damals wirklich ging und was sie in dieser Zeit geleistet haben, wissen wir nicht. Nach den letzten Briefen war Bandjermasin von der Aussenwelt hermetisch abgeschlossen, abgesehen von dem einzigen offiziellen Schreiben vom 25. März 1943, das der Kommandant der Japanischen Armee, Major Suzuki, in Bandjermasin zugelassen hatte, und das über die Schweizer Botschaft in Tokio am 4. Mai der BM zugestellt worden war.

Erst nach dem Krieg, 1945 und 1946, erfuhren wir von der ‹grossen Verschwörung›, welche die Zeitung ‹Borneo Simbun› am 21.12.1943 mit Fotos belegt, in Bandjermasin verbreitet hatte. Auch heimgekehrte Missionare erzählten vieles, selbst Erlebtes und auch Gerüchte, deren Wahrheitsgehalt sie nicht kannten. Aber nichts war wirklich von Bedeutung, denn alle Personen in leitender Stellung mussten unter irgendeinem Vorwand weggeschafft werden. Dazu gehörten beinah alle hohen Beamten, der Gouverneur von Süd-Borneo, Dr. B. J. Haga, an erster Stelle, dann von der BM der Präses Dr. M. Vischer und seine Frau, der Generalkassier H. Bart und seine Frau, der Schulleiter G. Braches und seine Frau, Frau Dr. G. Höweler sowie in Bandjermasin etwa 300 Personen aller Volksteile. Solches Vorgehen wurde nicht nur in Süd- und Südost-Borneo durchgeführt, sondern auch in West-Borneo, wo Hunderte umgebracht wurden.

Beim Einmarsch der Japaner am 10. Februar 1942 hielten sich Vischers, als einzige Missionsangehörige, noch in Bandjermasin auf. Es ist ihnen damals nichts geschehen. Sie sind vorerst bewahrt geblieben, denn ihr Weg war noch nicht zu Ende. Das Ende kam erst nach langen 22 Monaten, am 20. Dezember 1943.[173] Sie haben es durchgestanden, haben ihre Treue und ihren Glauben bezeugt.

Wir wussten bis im August 1945, als der Krieg bei uns längst vorbei war, nichts von diesem Drama. Die Akkreditierung Dr. M. Vischers als IKRK-Delegierter durch die Japaner kam erst im August 1945, da war er schon lange erlöst vom Leiden.

Emilie Vischer, geb. 1933, und Bernhard Vischer, geb. 1939, sind nach dem Krieg beide wieder in die Schweiz zurückgekehrt. Im Frühling 1946 waren wir fünf Kinder endlich alle beisammen. Und

---

[173] Gemäss Artikel der ‹Borneo Simbun› vom 21.12.1943.

heute, nach 50 Jahren, sind wir alle verheiratet, sind gesund und haben Kinder und Kindeskinder, 49 direkte Nachkommen von Mattheus und Betsy Vischer-Mylius. Die unabhängige Dajakkirche ist während des Krieges gewachsen und heute eine mächtige Stütze des Dajakvolkes. Nach der Befreiung Borneos durch die Australier, und nachdem die holländischen Versuche, ihre Kolonie wieder einzunehmen, gescheitert waren, wurde Indonesien frei. Die ‹Republik Indonesia› wurde ausgerufen und ist nun eine Nation mit etwa 13 000 Inseln. Von den Holländern eingeführte Namen wurden ins Indonesische geändert. Der indonesische Teil Borneos heisst nun Kalimantan; Batavia, die Hauptstadt, ist Jakarta. Auch die Schreibweise hat sich geändert, Bandjermasin ist Banjarmasin, Surabaja Surabaya und Dajak wurde zu Dayak.

Am 25. Oktober 1948 wurde das 14. Ehrenfeld in Indonesien[174], in Ulin bei Bandjermasin, von den Holländern zu Ehren aller von den Japanern hingerichteten Menschen, ohne Unterschied von Nation und Glauben, unter grosser Beteiligung von ziviler und militärischer Seite eingeweiht. Am Dienstag, den 26. Okt. 1948, wurden die Christen beigesetzt. 1961 wurden alle diese Gräber und dazu noch Tausende aus andern Teilen Indonesiens nach Jakarta in ein grosses Ehrenfeld bei Ancol gebracht. Der Gedenkspruch auf dem eindrücklichen Denkmal heisst: «Ihr Geist hat überwunden.»

Von Dr. M. Vischers Lebenswerk, der ärztlichen Mission, steht heute, 1997, nur noch der Kindersaal in Kuala-Kapuas. Nach dem Krieg stand das Spital unter Regierungsaufsicht. 1947 war das Spital wieder so weit instand gestellt, dass Frl. Dr .G. Dreckmeier, eine Holländerin, die ein grösseres Spital in Java leitete, sich bereit erklärte, für zwei Jahre das von Dr. M. Vischer begonnene Werk wieder aufzubauen und weiterzuführen. Im Oktober 1949, kurz vor der Unabhängigkeit Indonesiens von Holland am 27. Dezember 1949, kehrte sie nach Java zurück. Am 1. Januar 1950 gab die Regierung das Spital der BM zurück. Ab Oktober 1950 übernahm Dr. Hoogenkamp die Leitung, bis Anfang 1955 das Spital der Kalimantan Kirche übergeben wurde. Diese paar Zeilen enthalten nicht die spannungsreiche Geschichte der Unabhängigkeitsbestre-

---

[174] Nach ‹Borneo Post› vom 25./26. Oktober 1948.

bungen, der hochgespannten Hoffnungen, auch nicht die der ernüchternden Erfahrungen aller Beteiligten in diesen Jahren.

1996 war ich nochmals in Borneo und traf die Tochter von Johannes, dem ersten Pfleger am Spital, die Betsys Gang imitierte, immer rasch und dezidiert, so gar nicht nach Dajakmanier. Geblieben ist bei vielen älteren Menschen die Erinnerung an das Ehepaar Vischer, den Doktor, der sich um die Kranken und ihre Familien gekümmert hat und mit seinem Boot, der ‹Barimba›, weit in das Land hinein gekommen ist und gewirkt hat.

Beim Lesen der Korrespondenz mit dem Komitee hat mich die Auseinandersetzung um dieses Doktorboot, die ‹Barimba›, befremdet. Die BM hat Dr. M. Vischer in ein ihr bekanntes Land gesandt, wo gar keine Strassen durch die riesigen Wasser-Sumpfgebiete führen und die Menschen an den Ufern der Flüsse und Gewässer einzig mit Booten erreichbar sind. Wie musste er lange kämpfen um das Motorboot, das doch unabdingbar war für seine Arbeit, und das man ihm längst zugesprochen hatte.

Diese Episode zeigt deutlich, wie Missverständnisse entstehen, wie hintergründige Gefühle mitspielen und alles erkämpft werden will, sogar ein Motorboot, das von Freunden geschenkt wurde. Mich berührt auch, dass diese Episode symptomatisch ist für so viele andere Angelegenheiten, die geregelt werden mussten. Ich denke vor allem an die ganze Spitalbauplanung, die sich zwischen dem Komitee in Basel, der Regierung in Batavia und den Behörden in Bandjermasin zu verwirklichen hatte. Weshalb musste das Komitee sie mit dem Spitalbau in Agogo[175], im trockenen Afrika, vergleichen? Ich denke auch an die zu verkürzende Aufenthaltsdauer der Missionare im tropisch-nassen Klima Borneos, an die Erholungsnotwendigkeit, die mit Ferien in Java erfüllt werden könnte. Ich denke an den lächerlichen Kampf um eine Schwesterntracht. Mir sind die Argumente gegen den gut begründeten Vorschlag, die Missionarsfrauen möchten zur Geburt nach Kuala-Kapuas oder Bandjermasin kommen, unverständlich und fremd. Mit Erstaunen nahm ich zur Kenntnis, dass es einen speziellen Einsatz meines Vaters brauchte, um die BM anzuhalten, die Impfvorschriften besser zu beachten und die Tropentauglichkeit gründ-

---

[175] An der Goldküste, jetzt Ghana.

licher abzuklären. Eine Krankheit ist nicht nur für den Patienten selbst schwerwiegend, dessen Arbeit liegen bleibt, sondern auch für die anderen Missionare, welche dadurch mehr Arbeit haben, um eine verlassene Station mitzubetreuen. Vor allem erfährt die BM eine finanzielle Mehrbelastung, falls eine vorzeitige Heimreise notwendig wird und der Einsatz im Missionsfeld ganz abgebrochen werden muss.

Noch etwas anderes beschäftigt mich, denn Dr. M. Vischer schreibt von der Verpflichtung gegenüber dem ethnologischen Gut, das gesammelt wurde. Er ist überzeugt, dass man die religiösen, geistigen Überlieferungen und die Tradition der Dajak bewahren müsste, da dieses Gut für die Identität des Volkes wichtig sei. Er befürchtet, dass die Dajak später der Mission die Zerstörung der Ethnologika vorhalten könnten. Herr Hendrik Kraemer[176] war 1935 in Borneo und hatte einen 35seitigen Bericht verfasst, worin auch er die Bedeutung der Ethnologika betonte. Haben Missionare und das Komitee diese Gedanken verstanden und aufgenommen?

Herr Missionar H. Schärer[177], der 1932 in Borneo eintraf, interessierte sich für die Religion der Dajak und zeichnete sie auf. Während seines Europa-Urlaubs, ab 1938, widmete er sich dem Studiums der Ethnologie, das er mit einem Doktorat abschloss. Er schrieb sein Buch[178] über die Religion der Ngadju Dajak, das er dem Andenken von M. und B. Vischer-Mylius widmete. Leider ist dieser ausserordentliche Missionar-Ethnologe früh gestorben.

Interessant finde ich Dr. M. Vischers Überlegungen, ob in Zukunft die ärztliche Mission als solche überhaupt noch betrieben werden sollte. Er selbst hat immer wieder erlebt, dass ärztliches Tun einen natürlichen Zugang zu Menschen schafft. Mit seiner Arbeit hatte er in gewissem Sinne diesen Schlüssel von den Missionaren in seine ärztlichen Hände genommen. Ihn beschäftigte deswegen die Frage, ob es nicht besser wäre, die sehr teure und aufwendige missionsärztliche Betreuung mit Spital und Pflegeperso-

---

[176] Hendrik Kraemer, 1888–1965, hatte Einfluss auf missionarisch-theologisches Denken.

[177] Hans Schärer, 1904–1947. Missionar und Ethnologe.

[178] Dr. H. Schärer: Die Gottesidee der Ngadju Dajak in Süd-Borneo, Titel der englischen Übersetzung: Ngadju Religion, The conception of God among a south Borneo People.

nal aufzugeben und eine medizinische Versorgung in bescheidenerem Rahmen den Missionaren selbst zu überlassen, so wie es einst war.

Schwer zu verstehen ist, dass 1935 der Arzt sein Sprachstudium nicht durchführen konnte. Es ist doch für die BM eines der grössten Anliegen, dass sich die Missionare in der Sprache der Einheimischen ausdrücken und schon möglichst rasch die Bibel in die jeweilige Sprache übersetzen. Aber der Arzt, der auf Patienten hören und mit ihnen reden muss, hat nicht die Zeit bekommen, um das notwendige Dajakisch zu erlernen, obwohl er darum gebeten hatte und es ihm zugesagt worden war. Wie gut verstehe ich, dass die mangelnde Einsicht des Komitees über die Notwendigkeit des Sprachstudiums auch für den Arzt zutiefst geschmerzt hat. Malaiisch konnte nicht genügen, denn viele Dajak sprachen nur Dajakisch.

Sehr beeindruckt hat mich der Brief, in dem Mattheus schrieb, er hätte auch Bedenken vor der Heimkehr, weil die Gefahr bestehe, den Kontakt zu seinen Kindern nicht mehr zu finden. Dieser Brief hat mir Trost gebracht. Auch ich hatte zugleich das grosse Sehnen, aber auch Ängste vor der Heimkehr der Eltern. Nicht nur wir Kinder, die grösser und relativ selbständig waren, weil wir frei erzogen wurden, wären zu einem Problem geworden. Wie sollten sich die Eltern, müde und abgekämpft nach den turbulenten und aufreibenden Tropenjahren, wieder hier in Basel einfügen können, wo sich alles so verändert hatte? Ich erinnerte mich doch, dass wir 1934 im Heimaturlaub immer Hütchen und Handschuhe tragen mussten, wenn wir in die Stadt gingen. Keine andern Kinder gingen aber so ‹verkleidet› auf die Strasse. Unsere Eltern hatten eben noch Ideen und Vorstellungen von der Zeit vor 1927, als sie ausgesandt wurden. Wie sollte das gehen 1940? Ich behielt diese störenden Gedanken, die meine Freude trüben wollten, ganz im Geheimen. Nun weiss ich, dass auch beide Eltern so dachten.

Wir Kinder wurden immer wieder mit dem Unverständnis der Erwachsenen in Basel konfrontiert, welche nicht verstehen wollten, dass unsere Mutter nicht allein mit den kleinen Geschwistern nach Hause kam. In der Verwandtschaft, aber auch im Bekanntenkreis hörten wir manches Mal, Mama hätte uns eben nicht lieb gehabt, sonst wäre sie gekommen. Dass aber Betsy nicht ohne Mattheus, nur mit Emilie und Bernhard heimgereist ist, das ist mir selbstverständlich. Wie hätten unsere Eltern sich trennen können, nach all den intensiven Jahren des gemeinsamen Lebens und Kämpfens? Ich bin deshalb froh und dankbar für die vielen Briefe, die geschrieben sind, und die uns heute Trost und Verstehen schenken. Dennoch, dass sie beide nicht 1939 heimgekommen sind, das tut weh; das bleibt so, auch mit dem Verstehen.

Was mich am meisten beeindruckt hat, das ist die grosse Isolation. Die Einsamkeit störte die Eltern nicht, sie waren immer gerne allein und gerne in Kuala-Kapuas, wo der träge Fluss und der weite Himmel das Leben prägen. Doch sie haben gelitten, als sie realisieren mussten, dass sie nicht als gleichwertige ‹Geschwister› unter den Missionaren leben konnten. Sie waren ausgegrenzt durch ihre Herkunft und Bildung. Sie konnten auch im Glauben diese Mauer nicht durchbrechen. Es wurde überall über alle getuschelt, auch über Dr. Vischers. Ein Missionar sagte: «Wenn Frau Doktor das gute Geschirr herausnahm, hiess es, ‹sie gibt an›, tat sie es nicht, so hiess es, ‹wir sind es ihr nicht wert›.» Wie hat der Neid, der unter den Geschwistern herrschte, ihnen zu schaffen gemacht! Immer wieder finde ich kleine Hinweise auf diese nagende Eigenschaft. Die Antwort des Komitees deckt die ganze Hilflosigkeit auf: «Es ist eben hier in Basel kein Kraut dagegen gewachsen.»

Mattheus und Betsy Vischer sind wohl die ersten Vertreter der führenden Schicht in Basel, die nicht, wie üblich, eine Funktion als Komiteemitglied übernahmen. Sie sind selbst ausgereist, um persönlich den Missionsauftrag auf dem Feld zu erfüllen. Es schmerzte sie sehr, erkennen zu müssen, dass der christliche Auftrag und die Gemeinschaft in der Mission nicht genügen konnten, um die Gegensätze zwischen der gesellschaftlichen Herkunft von Arzt und Missionaren oder zwischen Schweizern und Deutschen auszuebnen.

Wie interessant wäre es, mehr über Dr. M. Vischers Ideen als Präses und Kirchenpräsident zu wissen. Wie fremd ist uns heute die Sprache, die im Pietismus gepflegt wurde. Fremd ist uns heute der damals selbstverständliche Begriff ‹Missionsfeld›, auch kurz ‹das Feld› genannt. Das Missionsfeld, das weltweite, in das die Missionare gesandt wurden, um zu säen und zu ernten, eine magere und eine reiche Ernte einzubringen, dieses Feld ist auch Schlachtfeld, auf dem gekämpft wird um jede Seele. Der Gegner ist all das Böse, das Heidentum, der Islam, Rom, wie sie in der BM damals zu schreiben pflegten, und auch die Baptisten und Pfingstler, ja auch der Dajakbund, der sich mit seinen neuen Visionen nicht unterordnen wollte. Die Mission hat Seelen gewonnen und gezählt, die Getauften, die zum Abendmahl Berechtigten, die am Taufunterricht Teilnehmenden, eine kleinliche Einteilung, die zerteilt und nicht vereinigt. Es ist ein ‹Entweder-Oder›, ein JA oder ein NEIN zu Christus. Diese pietistische Sicht ist uns heute fremd geworden.

Heute stehen weisse Kreuze mit den Namen ‹Dr. Mattheus Vischer-Mylius› und ‹Betsy Vischer-Mylius› inmitten einer grossen Schar von Kreuzen und Stelen, Christen vereint mit Muslimen und vielen andern im Ehrenfeld Ancol bei Jakarta; es ist das letzte ‹Feld›, das alle aufnahm. Ich möchte dies als Zeichen dafür werten, dass die gegenseitige Achtung unter den verschiedenen Religionen gewachsen ist und dass aufeinander mehr gehört wird. Dürfen wir hoffen, dass der Fanatismus, der immer erneut aufzuflackern droht, überwunden werden kann?

Ich möchte noch beifügen, dass heute die BM vollwertige Partnerin der Kirchen in Afrika, Lateinamerika und Asien ist. Sie unterstützt diese Kirchen, wenn sie um einen Dienst gebeten wird, und hat regen Austausch mit ihren Theologen, die vieles anders sehen als wir in Europa. In Kalimantan betreibt die Dajakkirche, ‹Gereja Kalimantan Evangelis› (GKE) in Banjarmasin eine Theologische Hochschule, ein Landwirtschaftliches Zentrum in Tumbang Lahang und eine Technische Mittelschule mit einer Holzfachschule in Mandomai. Die BM stellt Fachleute zur Verfügung, wo sie benötigt werden. Die ärztliche Betreuung und das Schulwesen liegen bei der Indonesischen Regierung. Vieles ist jetzt säkularisiert.

Die Schweiz leistet ebenfalls offiziell Unterstützung in den Ländern, in welchen Not herrscht, mit der ‹Schweizer Auslandhilfe› und der ‹Entwicklungshilfe›.

Ich verbrachte meine einzigen Familienjahre mit meinen Eltern und Geschwistern in Bandjermasin und in Kuala-Kapuas. Auf der Heimreise 1934 feierte ich im Roten Meer den achten Geburtstag. Wofür ich meinen Eltern zu danken habe, das ist der Boden, den ich bekommen habe, die Erinnerungen, die nicht erlöschen, Erinnerungen an die Zeit im grossen Haus mit der grossen Veranda in Kuala-Kapuas. Papa, ich sehe noch so gut sein Schmunzeln, höre sein ‹leises Lachen›, das man kaum hörte. Einmal, als ich untröstlich war – mein Ditti (Puppe) konnte die Augen nicht mehr öffnen –, nahm er mich an der Hand und in sein Zimmer, wo ich zusehen durfte, wie er sorgfältig das Kind operierte, die Augen richtig einsetzte und die Haare wieder aufklebte. Dabei hat er nicht viel gesagt, aber ich war getröstet. Und damals, als ich in meinem Sonntagskleid in den Schlammgraben fiel, weil ich trotz des Verbots den kürzeren, aber regenschlüpfrigen Weg durch den Wald nehmen wollte, damals musste ich heimkehren, braun wie ein Ferkel aus der Suhle, und weinte jämmerlich vor Scham und Zorn. Wie haben da Papa und Mama so herzlich gelacht und gar nicht geschimpft.

Aber am schönsten waren die Sonntage in Kuala-Kapuas, auf der oberen Veranda, wenn Mama in ihrem Rotangstuhl sass und stickte, während Papa uns Geschichten erzählte, Lumpeliedli[179] sang oder den Grammophon hervorholte. Er öffnete die schwarze Kiste, hob den wie eine Schlange gebogenen Tonabnehmer hervor, steckte die Kurbel ein und drehte den Motor auf. Die schwarze Platte drehte sich regelmässig, hob und senkte sich. Nach einer gewissen Zeit sanken die Töne ab, alles wurde langsamer und dumpf und tönte schaurig unheimlich. Papa kurbelte wieder an, Geschwindigkeit und Tonhöhe nahmen rasch wieder zu, und alles war wieder wunderschön. Das war so faszinierend zum Hören und Sehen. Und einmal hatten wir einen grossen blauen Falter geschenkt bekommen. Mit einer Pinzette und einer feinen Schere schnitt Papa sorgfältig den Faden, der den Schmetterling am Fliegen hinderte, durch, und nach einigen Momenten flog der Falter in gaukelnden Wellenlinien davon in die Freiheit, in den Wald. Meinen Eltern verdanke ich diese Freiheit und diesen Frieden, auch blieb mir der Glauben, der unergründlich und nicht erklärbar ist.

Marianne Dubach-Vischer

---

[179] ‹Lumpeliedli› sind lustige Volkslieder.

Teil II

Teil II

7. Die Geschichte der Evangelischen Missionsgesellschaften von Barmen und von Basel, soweit sie sich auf die Tätigkeit in Borneo bezieht

Im 18. Jahrhundert herrschte in Basel ein reges Geistesleben. Es ist die Zeit der Aufklärung und die Kirchen leeren sich. Als Reaktion bilden sich zur Stärkung der christlichen Spiritualität kleinere evangelische Kreise. Die Herrnhuter gründen in Basel die Sozietät. 1783 finden sich etwa 1000 Gemeinschaftsleute in Stadt und Land. 1780 wird die ‹Deutsche Christentumsgesellschaft› gegründet, welche die Partikulargesellschaften vereinigt (Zweigvereine in London, Basel, Strassburg, Deutschland, Holland, Dänemark, Warschau, Gotheburg, Philadelphia und New York). Es wird beschlossen, ein Zentrum, nicht eine zentrale Leitung, auf politisch neutralem Boden einzurichten, wozu Basel bestimmt wird, das enge Verbindungen zu den pietistischen Kreisen in Württemberg pflegt.

1815 ist ein Schicksalsjahr. Die Stadt Basel wird aus der Festung Hüningen bombardiert, weil sie sich auf die Seite der Alliierten gegen Napoleon gestellt hatte. Die pietistischen Kreise sind betroffen über die grosse Not, denn fremde Heere, Kalmücken, Baschkiren, Burieten und andere kommen abgemagert, hungrig und krank nach Basel. Es herrscht grosse Bedrängnis. Aus tiefer Dankbarkeit über die Verschonung der Stadt vor einer grossen Katastrophe haben fromme Bürger am 25. Sept. 1815 ‹das Komitee der Basler Missionsgesellschaft› zur Errichtung einer Missionsanstalt gegründet. Es entstehen zu ihrer Unterstützung in der Schweiz und in Deutschland Hilfsvereine. Einige unter ihnen werden selbst zu Zentren einer unabhängigen Missionstätigkeit, so auch die Rheinische Missionsgesellschaft in Barmen, heute Mitglied der Vereinigten Evangelischen Mission, Wuppertal/Barmen.

1833 befindet sich die ‹Rheinische Mission› in einer erfreulichen Lage, denn das Missionsinteresse ist gestiegen, sowohl Anwärter als auch Mittel fehlen nicht. Sie ist deshalb auf der Suche nach Missionsgebieten, und beschliesst, sich in Asien festzusetzen. Die Auswahl fällt auf Bornco. Diese Insel ist seit Jahrhunderten fremden Einflüssen ausgesetzt, durch die Einwanderung anderer Völker aus den benachbarten Inseln, aus Indien und China, aber auch handeltreibender Araber. Sie lassen sich an den Küsten und entlang den Flussläufen nieder. Die einziehenden Javanen und Araber sind mehrheitlich Muslime. Erst im 14. Jahrhundert folgen die portugiesischen, dann auch die spanischen Seefahrer, Kaufleute und Missionare. Ende des 16. Jahrhunderts folgen die Engländer, Franzosen und schliesslich auch die Holländer. 1596 setzt sich die ‹Ostindische Handelscompanie› in Batavia nieder und beginnt grosse Plantagen aufzubauen. Der holländische Staat übernimmt 1798 die Herrschaft über ‹Niederländisch-Indien›, ein Hoheitsgebiet von über 13000 Inseln, 360 Völkern und 250 Sprachen. Die Kolonie wird gouvernemental organisiert und die protestantisch-reformierte Konfession eingeführt.

Die ersten Missionare der ‹Rheinischen Mission› landen 1834 in Bandjermasin, der Hauptstadt Süd-Borneos. Als 1836 die ersten vier Missionare in Bandjermasin ihre Arbeit aufnehmen, leben in der Stadt 30000 bis 40000 Menschen, darunter 1500 Chinesen und etwa 60 weisse Kaufleute, Regierungsbeamte und Missionare. Die Arbeit gestaltet sich ausserordentlich mühsam. Die Bevölkerung der Stadt besteht mehrheitlich aus zugezogenen Malaien und Maduresen, welche dem äusserst widerstandsfähigen Islam verschrieben sind. Jedes Jahr unternehmen schon damals ca. 100 bis 200 Muslime ihre Pilgerfahrt nach Mekka und kehren als Hadjis zurück. Dennoch wird als erstes eine kleine evangelische Missionsschule eingerichtet. Die Regierung führt 1846 einen Schulzwang ein, den sie später wieder aufhebt, da sie fürchtet, die dadurch gewonnene Selbständigkeit und das Wissen könne ihr auch gefährlich werden im Zusammenhang mit dem bestehenden Freiheitsdurst der Bevölkerung. Die erste Kirche in Bandjermasin wird 1842 eingeweiht, eine Missionspresse eingerichtet, der bald eine Buchbinderei und eine Papierhandlung folgten.

Die wichtigste Aufgabe der Missionare, die auf allen Missionsfeldern sofort an die Hand genommen wird, ist die Erlernung der Sprache, in diesem Fall des Ngadju-Dajakisch, und die Übersetzung der Bibel. Diese Dajaksprache wird durch die Mission zur Schriftsprache. Das von Missionar Hardeland übersetzte Neue Testament wird 1848 in 1500 Exemplaren gedruckt. Anno 1858, nach 23 Jahren Arbeit, werden 261 getaufte Heiden gezählt, meist Pandelinge[180].

---

[180] Pandelinge sind Menschen, die sich selbst, oft auch mit der Familie, als Pfand für ihre Schulden dem Gläubiger verschreiben und in dessen Knechtschaft bleiben bis zur vollständigen Abzahlung, was kaum je möglich wurde. Zudem hat der Herr das Recht, ‹seinen Pandeling› an einen andern Herrn zu verkaufen.

1858 wird der grosse Aufstand, der ‹prang sabil›, d.h. der ‹heilige Krieg›, vorbereitet. Niemand, nicht die Regierung, nicht die Mission, beachtet die gefährlichen Anzeichen der Unruhe. Im Gebiet von Martapura, nordöstlich von Bandjermasin, gärt es zu dieser Zeit. In den Bergen befinden sich Kohlengruben und daher auch europäische Ansiedlungen. In der Sultansfamilie sind Nachfolgestreitigkeiten ausgebrochen. Der Sultan stirbt, sein Sohn, der legitime Nachfolger, wird vergiftet. Ein Grosssohn wird von der Regierung, unter Umgehung des rechtmässigen Erben, zum Sultan bestimmt. Der Übergangene ist jedoch ein extrem fanatischer Muslim und erstrebt die vollkommene Unabhängigkeit seines Sultanats von Niederländisch-Indien. Er sendet seine Boten zu den Häuptlingen an den Flüssen Murong, Kapuas und Kahajan und bis Siong Patai mit der Weisung, am 1. Mai 1859 alle Weissen zu ermorden, auch die Missionare mit ihren Familien.

1859: Das Jahr beginnt gut. In der Mission bestehen Pläne für die Ausbildung von Mädchen, unter der Leitung einer Lehrerin. Die jungen Männer sollen ein Handwerk erlernen, auch will man ein Seminar zur Ausbildung von Evangelisten bauen. Ende April und am 1. Mai erscheinen überall Mörderbanden, die Bevölkerung erhebt sich, es wird in einem grossen Amoklauf[181] zugeschlagen, auch Missionsstationen werden nicht verschont. Männer, Frauen und Kinder werden ermordet, aber wie durch ein Wunder werden einige Missionsangehörige gerettet. Die niederländische Regierung ergreift militärische Operationen zur Abwehr und zur Unterdrückung des Aufstandes und baut einige Forts, so in Kuala-Kapuas, Pangkoh, Tamianglajang. Sie wendet sich gegen die Missionspläne, sich wieder in die Dörfer im Inland zu begeben, worauf 1860 einige Missionare das Land verlassen und nach Sumatra ziehen. In Bandjermasin sammeln sich etwa 300 bis 400 christliche Flüchtlinge, vor allem Pandelinge, die 1859 vor den Muslimen in den Urwald geflüchtet waren. Die noch verbleibenden Missionare richten für sie zur Arbeitsbeschaffung eine Schreinerei ein.

Erst 1863 wird ein Lehrer zur Abhaltung des Schul- und Gottesdienstes nach Kuala-Kapuas geschickt, wo sich auch eine Schule

---

[181] Amok, ein malaiisches Wort, heisst Wut, die besinnungslos und ohne Rücksicht auf Tod und Leben ausgetobt wird.

mit 150 Kindern befindet, die rasch auf 240 Schüler anwächst. In Bandjermasin wühlen auch Europäer gegen die Mission. In Barmen wird überlegt, ob nicht alle Missionare nach Sumatra zum Volk der Batak[182] zu versetzen seien. Die Missionsgesellschaft bemüht sich um die Pandelinge, diese elenden Sklaven, die alle ‹Rechte des freien Mannes› verwirkt haben, kann aber nicht viel ausrichten. Schliesslich werden ca. 3000 Gulden gesammelt und damit etwa 1100 Pandelinge gekauft, die in Pandelingskolonien angesiedelt werden. Sie arbeiten nun für die Mission und sind zu ‹Lebensregeln› verpflichtet, d.h. Gottesdienste sind zu besuchen, der Sonntag einzuhalten und die Kinder in die Schule zu senden. Viele Pandelinge werden zu Christen, was sich für die Mission aber leider ungünstig auswirkt, da nun die freien Dajak sich zu gut finden für die christliche Botschaft, die sich mit minderen Sklaven abgibt. Die Regierung hebt 1865 das Pandelingwesen auf, und 1866 dürfen die ersten Missionare, die von der Regierung seit 1859 nur noch in Bandjermasin geduldet wurden, wieder auf den grossen Flüssen ins Binnenland und predigen. Niederlassen dürfen sie sich aber nur im Schutze eines Forts. So wohnt der erste Missionar in Kuala-Kapuas, im Pasar, auf der Landzunge zwischen Murong und Kapuas, wo sich ein Fort mit 40 Soldaten befindet. Dennoch werden am andern Ufer des Murong, in Kuala-Kapuas, in Barimba, wo die ehemaligen Pandelinge wohnen, Schule und Schreinerei eingerichtet. Die Gemeinde ist selbstverantwortlich und betreibt später auch eine Essigfabrik, welche ein kleines Seminar zur Ausbildung von Evangelisten unterhalten kann.

Es folgt eine dunkle Zeit des Stillstands und der Abwehr. Missionar Hendrich in Mandomai bemüht sich 1870–94 um grosse Anpflanzungen von mehreren Millionen Quadratmetern mit Kokospalmen, Gummibäumen und Rotangpflanzen, die ursprünglich im Urwald gedeihen und im Export wirtschaftlich interessant sind. Für die Dajak braucht es Arbeit und Einkommen und die Erlernung einer sesshaften Landbebauung. Das Klima ist gesundheitsgefährdend. Drei Missionare, die unter häufigen Fieberanfällen leiden, werden in Sumatra eingesetzt. Die Borneo-Mission ist das Sorgenkind der Rheinischen Mission. In den Jahren 1905/06

---

[182] Das Batakvolk erweist sich als sehr aufnahmefreudig gegenüber der christlichen Botschaft. Schon bald wird eine Volkskirche gegründet.

bricht eine neue Zeit an. In Tewah wird eine Goldmine in Betrieb genommen, was verschiedenste Menschen, auch Europäer, anlockt und der Bevölkerung Arbeit, aber auch Gefährdungen bringt. Aber unvermutet tritt ein Sinneswandel ein; unter dem Einfluss von Zugewanderten entsteht eine bleibende Christengruppe. Nun melden sich die Dajak aus eigenem Antrieb für Unterricht und Taufe an.

Anno 1913 wird das Monatsblatt für die Gemeinde, die ‹Brita Bahalap› (Gute Botschaft), herausgegeben. Sie wird vieles überdauern, auch den Zweiten Weltkrieg.

Der Weltkrieg von 1914–1918 bringt nochmals eine Zäsur in der Arbeit. Nach dem Krieg muss die BM gemäss dem Versailler Friedensvertrag alle britischen Hoheitsgebiete in Afrika und Indien verlassen. Sie wird als ‹deutsche Gesellschaft›, also als Feind behandelt. Nur China, wohin nicht alle Missionare gesandt werden können, bleibt als einzige Möglichkeit bestehen. Man sucht nach neuen Missionsfeldern, denn viele Missionare stehen zum Einsatz bereit. Der Rheinischen Mission fehlen zu der Zeit die Mittel und sie beschliesst, eines ihrer Arbeitsfelder aufzugeben. Ende März 1920 bietet sie der Basler Mission Süd-Borneo an. Die beiden Gesellschaften werden sich einig. Die Basler Mission übernimmt das Gebiet Süd-Borneo am 10. Dezember 1920. Die missionsstrategischen Pläne der Barmer werden weiterverfolgt unter Beifügung der ärztlichen Mission und der Frauenmission, d.h. der Ausbildung von Frauen und Mädchen in Mandomai.

Am 6. Januar 1921 findet in Basel die Verabschiedung der vier ersten Boten mit ihren Frauen statt. Drei Basler Missionare sind schon bewährte Arbeiter aus dem Dienst in Afrika. Drei in Borneo arbeitende Missionare der Barmer treten in den Dienst der BM über. Schwester Mina Föll, Krankenschwester und Hebamme mit Erfahrungen in Kamerun, reist 1923 nach Bandjermasin aus, wo ihr Einsatz den Anfang der ärztlichen Mission bedeutet.

Hausmann Babu, Nationalistenführer aus Kuala-Kapuas, gründet den neuen ‹Dajakbund›. Er will das Dajakvolk, ohne Rücksicht auf standesmässige oder religiöse Unterschiede, zusammenschliessen und es politisch, bildungsmässig, sozial und wirtschaftlich heben. Dajakische Sprache, Sitte und Kunst werden sorgsam gepflegt. Er führt die Sprache der Oloh Ngadju Dajak als Einheitssprache für die Dajak ein, was auch als Abwehr gegen die überhandnehmenden islamischen Malaien gedacht ist. Andererseits sucht der Bund durch den Ausbau von Holländisch-Schulen den Anschluss an die westliche Bildung zu fördern. Es entstehen ein ausgebauter Vortragsdienst, ein Monatsblatt und ein Kalender. Die Ablehnung europäischer Bevormundung tritt deutlich hervor. Doch verzichtet der Bund grundsätzlich auf irgendwelche ungesetzlichen Mittel, um sich durchzusetzen.

Aber 1927 versucht der Pakat Dajak, d.h. der Jungdajakbund unter der Leitung des Hausmann Babu, in Kuala-Kapuas einige Kirchenälteste abzusetzen, was die energischen Frauen in der Gemeinde jedoch verhindern. Mit dieser mutigen Tat gewinnen die Frauen in Kuala-Kapuas das Stimmrecht in der Gemeinde und den Zugang zu kirchlichen Ämtern. Sie sind die ersten Gemeindemütter in einer Dajakgemeinde, was insofern nicht erstaunlich ist, als im ursprünglichen Dajakglauben Mann und Frau gleichwertig sind und je eigene Bereiche beherrschen.[183] Die Mission hat mit ihrer Verkündigung alte Werte umgestossen, was manche Missionare später bedauerten, denn durch ihre Bestimmung des Mannes als beherrschendes ‹Haupt der Familie› hat manche Frau ihren Platz, ihre Würde und die Achtung in der Familie verloren.

Im Frühjahr 1927 reist als erster Basler Missionsarzt in Borneo Dr. Mattheus Vischer, dessen Schicksal in diesem Buch geschildert wird, mit seiner Familie aus.

In der Missionarskonferenz und Synode von Mandomai 1930 wird ein Synodalausschuss gewählt, bestehend aus vier einheimischen und zwei europäischen Pfarrern. In diesem Jahr herrscht die Weltwirtschaftskrise, die in Borneo verheerende Folgen hat und im Volk Unzufriedenheit mit der Regierung weckt. Deshalb plant diese, auch in abgelegenen Gebieten das Schul- und Gesundheitswesen auszubauen. Die ärztliche Mission, welche erst in der Anfangsphase – Planung und Bau der ersten Häuser – steht, fühlt sich bedroht und muss um ihre Subsidien[184] kämpfen, die der BM schon vor der Ausreise Dr. Vischers zugesagt worden waren. Die Subsidien für das Missions-Internat in Bandjermasin werden 1932 gestrichen. Das seit 1902 bestehende Seminar für Lehrer wird auf

---

[183] Nach H. Schärer hängt die Stellung der Frau mit der dajakischen Gottesidee, mit dem Schöpfungsmythos zusammen.

[184] Das sind von der Regierung zugesicherte Beträge, die jährlich neu bestimmt werden.

Ende Juni geschlossen, weil auch die BM nicht in der Lage ist, dieses zu finanzieren. Am 1. Juli 1932 eröffnet Präses Epple darin den ersten Kurs für Dajakpfarrer, die Pandita. Als wertvoll erweist sich, dass die schon bewährten Panditaschüler mit ihren Frauen kommen, welche an Lektionen teilnehmen und Unterricht erhalten in Hygiene, Kinderpflege, Nähen und Gesang. Mit der Gründung des Mädcheninternats im selben Jahr in Mandomai wird der grossen Bedeutung der Frauenerziehung in Haushaltungs- und Bibelunterricht angemessen Rechnung getragen. Am 1. Mai 1933 eröffnet Schwester Mina Föll in den Nebengebäuden des Seminars in Bandjermasin eine Poliklinik für Frauen und Kinder. Im Herbst 1934 übernimmt Frl. Dr. G. Hessberg die Poliklinik und einen Krankensaal, aus welchem sich später das Frauen- und Kinderspital entwickeln wird.

Im Mai 1933 reist der China-Missionar Bart von Bandjermasin nach Singkawang, im Westen Borneos, wo eine grosse Chinesengemeinde um die Unterstützung durch einen Missionar gebeten hat.

Missionar Weiler, Schulinspektor, gründet 1934 eine freie Christlich-Holland-Inlandschule in Kuala-Kapuas, die aufblüht. Diese Schule ist mit einem Internat für Knaben und Mädchen aus den Gemeinden im Inland verbunden und leistet wichtige Erziehungsarbeit.

Im Frühjahr 1935 findet die Missionskonferenz in Bandjermasin und anschliessend die Kirchensynode in Kuala-Kapuas statt. Es wird der Zusammenschluss aller evangelischen Gemeinden beschlossen und damit die Geredja Dajak, d.h. die Dajakkirche, gegründet. Diese junge Kirche übernimmt den Auftrag, Boten zu den Dajak auszusenden, also das Predigeramt und das Missionswerk selbst an die Hand zu nehmen. Die Dajakkirche und die BM arbeiten sehr eng zusammen. Der Präses der Mission wird zugleich zum Präsidenten der Kirchensynode gewählt. Die ersten fünf Pandita[185] Dajak werden eingesegnet.

1931–1938 wird unter der Leitung von Dr. Vischer und dem Missionsbaumeister Röder das Missionsspital in Kuala-Kapuas gebaut. Es besteht aus fünf Spitalbaracken, einem Wartehäuschen für die Patienten und ihre Angehörigen, dem grossen Wohnhaus

---

[185] Pandita = Pfarrer, Pandita Dajak = Dajakpfarrer. Auch die Missionare waren Pandita.

für die Arztfamilie mit Zimmern für europäische Patienten oder durchreisende Gäste, einem kleinen Haus für den Baumeister, später für die Schwestern und dazu Nebengebäuden für Küchen, Wasch- und Vorratsräume und den Wohnungen der Angestellten. Auf dem gegenüberliegenden Ufer, in Kuala-Kapuas Selat, stehen die Hütten der Aussätzigen; es ist eine kleine Kolonie, die Kabulat heisst.

Zwischen der Mission und der Regierung kommt es 1938 zu einer Zusammenarbeit. Die Regierung dehnt ihren eigenen ärztlichen Dienst im Dajakgebiet planmässig aus und baut in nächster Nähe des Missionsspitales eine neue Poliklinik, die aber im guten Einvernehmen unter die Leitung des Missionsarztes gestellt wird. Die Regierung hatte während Dr. Vischers Urlaub den ‹Missionsarzt› zum ‹Zivilarzt›[186] bestimmt, der offizielle Aufgaben zu übernehmen hat. In dieser zusätzlichen Funktion kann nun Dr. Vischer christliche Krankenpfleger auf die Poliklinikstationen der Regierung einsetzen. Dem Missionsarzt wird 1939 ein javanischer Regierungsarzt[187] beigegeben. Ende Jahr stirbt Schwester Mina Föll nach 25jähriger Dienstzeit.

Dr. Höweler übernimmt die Leitung der Klinik in Bandjermasin 1940; Frl. Dr. Hessberg reist in den Urlaub nach Java.

Am 10. Mai 1940 werden innerhalb weniger Stunden nach dem Einmarsch der deutschen Truppen in Holland alle Deutschen, auch die deutschen Missionare, durch die Holländer interniert und später nach Sumatra verbracht. Nach der persönlichen Intervention des Präses Dr. Vischer in Batavia erlaubt die Regierung den deutschen Frauen, sich in den Stationen von Kuala-Kapuas und Mandomai aufzuhalten. Diese Internierung bedeutet, dass neun von 13 ordinierten Missionaren dem Feld entzogen werden. Der ärztlichen und der Frauenmission bleiben sämtliche Schwestern erhalten. Missionsarzt Dr. Vischer übernimmt als Präses die Leitung von Mission und Kirche.

An der Synode 1941 wird die Trennung von Mission und Kirche beschlossen. Die Dajakpfarrer übernehmen die verwaisten Statio-

---

[186] Ernennung der Regierung mit der Verpflichtung zur Bereisung des Gebietes zur Erstellung von Statistiken über den Gesundheitszustand des Volkes und über gewisse Krankheiten, z. B. Tbc.

[187] Arzt in vorgesetzter Stellung, der über ein Gebiet Kontrollen auszuüben hat.

nen der Missionare. Damit hat auf Borneo die Kirchengeschichte der ‹Geredja Dajak Evangelis› begonnen. Die Trennung ist v.a. organisatorischer Natur. Es wird aber betont: Die Zusammenarbeit auf gleicher Stufe muss bleiben, keine Ober- oder Unterordnung mehr. Deshalb schreibt Dr. Vischer: «Alle Trennungsstriche zwischen Mission und Kirche sind jetzt verwischt. Das entscheidende Ereignis ist die Übernahme bisheriger Europäerstationen durch die Pandita Dajak. In wenigen Monaten vollzieht sich damit eine Entwicklung, für die eigentlich ebenso viele Jahre vorgesehen waren.» Das Schwergewicht der Verantwortung für Gemeinde- und Missionsarbeit ist damit auf die Dajakkirche übergegangen. Es gilt nicht nur das Werk der BM über Wasser zu halten; die Dajakkirche muss sich ohne die BM bewähren.

1941/1942 ist ein neuer Tiefpunkt in der Geschichte der BM. Am 18. Januar 1941 verlässt der letzte Transporter, der die internierten Deutschen von Sumatra nach Britisch-Indien bringen soll, den Hafen. Aber kurz nach der Ausfahrt wird er von japanischen Fliegern bombardiert und sinkt. Vier Missionare, Hermann Reiter, Hugo Schweitzer, Gustav Trostel und Samuel Weisser, verlieren dabei das Leben, nur Missionar Weiler kann sich retten und kehrt nach Bandjermasin zurück. Im Juli sollen die deutschen Frauen und Kinder über Japan und Russland in ihre Heimat reisen. Am Tag ihrer Abfahrt von Batavia bricht der Krieg zwischen Deutschland und Russland aus! Die Frauen werden nach Japan gebracht, wo sie bis Herbst 1946 bleiben. Der Vormarsch der Japaner erfolgt rascher als erwartet. Dr. Höweler und Schulinspektor Braches werden im Dezember vom holländischen Militär eingezogen, Braches wird wieder freigegeben. Dr. Vischer muss Notspitäler in Bandjermasin einrichten; Freiwillige sollen ihm helfen. Aber die Chinesen und die Holländer begeben sich auf eine überstürzte Flucht ins Landesinnere und nach Java, leider auch die Freiwilligen.

Anfang 1942 hatten die Mitarbeiter der BM nach einer gemeinsamen Besprechung beschlossen zu bleiben, und den Posten zu halten. Beim Herannahen der Japaner werden alle Europäer aus Bandjermasin wegbeordert. Wie so oft in einer kolonialen Situation, wenn viele Beamte geflohen und die Autorität angeschlagen ist, bleibt eine Leere und es entsteht Unruhe. Am 10. Februar wird vieles in Bandjermasin zerstört, das Volk wütet im Amokrausch. Es brennt, es fliesst Blut, es wird geraubt und zerstört. Mit dem Einmarsch der Japaner und unter ihrer Herrschaft tritt Ruhe und Ordnung ein. Die BM kann während eines Jahres quasi ungestört weiterarbeiten. Dr. Vischer arbeitet als Präses der Mission, als Präsident der Kirche und als verantwortlicher Arzt in den Spitälern, im Notspital und im Missionsspital, in Bandjermasin. Die Bestätigung seiner Ernennung als Rot-Kreuz-Delegierter erhielt er nie, die Telegraphenverbindung war vorher zerstört. Mission und Kirche nutzen die ihnen noch verbliebene Zeit, um ihre Geschäfte zu regeln. An der Kirchensynode 1941 wird der Synodalrat neu gewählt und im Februar 1943 findet in Bandjermasin eine Arbeitskonferenz aller dajakischen und europäischen Missionare statt. Die Kirche ist im März 1943 auch formell selbständig. Man wählt einen dajakischen Präsidenten und Dr. Vischer als Vizepräsidenten. Damit ist der Weg endgültig frei für die Kirchengeschichte der ‹Geredja Dajak Evangelis› und das Hintantreten der BM. Die Geschichte der BM endet hier als Missionsgeschichte, denn nun ist sie Partnerkirche der Dajakkirche. Unterstützung und Hilfe erfolgen in gegenseitigem Einvernehmen. 1943 beginnen die Japaner mit zusätzlichen Vorschriften und Indoktrinationen die Leute zu knechten, einen Keil zwischen die Einheimischen und die andern, die Weissen und die Chinesen, zu treiben. Den Dajak wird die Freiheit versprochen und ihre zukünftige Unabhängigkeit vorgemalt. Gleichzeitig aber wird eine gnadenlose Terrorherrschaft aufgerichtet, die bis August 1945 dauert.

Zu ergänzen bleibt:

Die BM hat unter dem japanischen Terror sieben Geschwister verloren: die Ehepaare Bart, Braches und Vischer und Frau Dr. Höweler. Alle anderen Missionare sind nach Kriegsende mit Frauen und Kindern heil nach Hause zurückgekehrt, auch die Deutschen aus den Interniertenlagern in Britisch-Indien und die deutschen Frauen und Kinder aus Japan.

1946 findet im Februar die erste Dajaksynode statt, an der die Missionare wieder in die Kirche aufgenommen werden. Die Kirche drängt mit Macht wieder aus dem Untergrund hervor, wohin sie sich auf Anraten ihres Präsidenten, A. Samat, begeben hatte. Sie ist nicht geschwächt; es melden sich mehr Täuflinge als zuvor.

1949: Die Republik Indonesien ‹Indonesia merdeka›, d.h. Freies Indonesien, wird am 27. Dezember 1949 nach 350 Jahren holländischer Kolonialverwaltung Tatsache. Die indonesische Freiheit wurde schwer und blutig erkämpft, forderte in grossen Unruhen auch in Borneo viele Opfer. 1949 beträgt die Zahl der evangelischen Christen in Borneo 20 000; sie hat sich innert 25 Jahren vervierfacht. Seit 1940 sind um 5000 Personen eingetreten.

Einige Daten zur Missionsgeschichte in Borneo:

– 1836 reisen die ersten vier Missionen von Barmen ein.
– 1875: In Borneo befinden sich Ende des Jahres 424 getaufte Christen.
– 1881 sind es 663 getaufte Christen.
– 1886 wird das erste Tausend erreicht, d.h. nach 50 Jahren!
– 1911 besteht die Borneo-Mission seit 75 Jahren. Es brauchte 18 Jahre, um das zweite Tausend der Getauften zu erreichen (1904). Nur sechs Jahre später sind es 3000 und Ende 1913 über 4000 Christen.
– 1915: Es bestehen 11 Hauptstationen mit 35 Filialen, die von 16 ordinierten Missionaren und ihren 15 Frauen und einer Missionsschwester sowie mit 72 besoldeten, inländischen Gehilfen betreut werden. In den Gemeinden sind 3658 getaufte Christen, 47 Schulen mit 1832 Schülern zu verzeichnen.
– 1925: Die Gemeindeordnung erfährt eine Neufassung auf die zukünftige Kirche hin. – In die Arbeit teilen sich: 14 Missionare, 13 Missionarsfrauen und eine Krankenschwester, 19 einheimische Evangelisten und 77 Lehrer.
– 1926 arbeiten 13 Missionare der BM auf dem Felde mit 19 Dajak-Evangelisten.
– 1929 sind es 29 Evangelisten, 86 einheimische Lehrer, 65 Elementarschulen mit 2986 Schülern und mehr als 6000 Gemeindeglieder.
– 1935 sind es 15 Stationen und 81 Gemeinden mit 10 012 Christen. Es arbeiten 21 ordinierte Missionare, drei Ärzte, sechs Schwestern, davon fünf Krankenpflegerinnen, zwei nicht ordinierte Mitarbeiter, eine Bibelfrau, acht Spitalgehilfen und fünf unbesoldete Helfer. In 80 Schulen unterrichten eine Lehrerin und 84 Lehrer 1140 Schüler.
– 1949 zählt die Kirche 20 000 Gemeindeglieder.

8. Zur Geschichte der ärztlichen Mission

Aus dem ‹Lexikon der Mission› von Horst Rzepkowski, Verlag Styria, 1992:

«Nach Adolf Harnack (1851–1930) ist die Medizin die Schwester des Christentums. Und gerade als ‹Religion der Heilung› und als ‹Medizin der Seele und des Leibes› begründete sie die Kraft und das Wachstum des Christentums. Die tatkräftige Sorge für die Kranken war eine der wichtigsten Pflichten in der frühen Christenheit. In dieser Hinwendung zum Kranken sieht von Harnack einen der bedeutenden Gesundbrunnen für das Christentum. ‹Christliche Religion und Krankenpflege sind ein langes Stück des Weges miteinander gegangen; sie sind unzertrennlich. Auch heute noch beruht die Kraft und die Zukunft der Kirche darauf, dass sie sich der seelisch und leiblich Leidenden annimmt. Nicht zum wenigsten gilt das von der christlichen Mission. … Nur als das Evangelium von dem Heilande und von der Heilung – in dem umfassenden Sinne, den die alte Kirche mit diesem Gedanken verbunden hat – bleibt das alte Christentum jung und das junge Christentum das alte.› Die ärztliche Mission wurde zunächst in einem ungebrochenen Verständnis hingenommen und als selbstverständlich geltende Ergänzung zur Wortverkündigung verstanden. Aber dennoch wurden unterschiedliche Wertungen sichtbar. Die einen sahen sie als einen Wesensbestandteil der Mission, die anderen nur als eine Hilfstätigkeit. …

Es geht aber nicht an, das heilende Handeln als ein Mittel zum Zweck der ‹eigentlichen Mission› zu betreiben; dann würde wohl das Heilen Schaden nehmen. Das gleiche gilt von der Umkehrung, dass ärztliche Arbeit zum Ersatz für das evangelische Zeugnis wird. Man würde sich von der biblischen Grundlage entfernen und nicht die Bezogenheit beider aufeinander sehen. Es geht dabei nicht um die Frage des westlichen Fachpersonals. Es geht vielmehr um das Verständnis von ‹Heilen›, das zum Bereich der Gemeinde gehört. …

Schon 1841 kam es durch G. F. Müller in Tübingen auf Parkers Anregung zur Gründung eines ‹medizinischen Missionsinstitutes› von nicht langer Lebensdauer. … Nach dem Vorbild von Edinburgh wurde 1906 durch Paul Lechler (1849–1925) das ‹Deutsche Institut für ärztliche Mission› in Tübingen errichtet, nachdem schon vorher die ‹Vereine für ärztliche Mission› sich zusammengeschlossen hatten…»

Mit dieser Information aus dem Missionslexikon lassen sich die Schwierigkeiten, mit welchen sich Dr. Mattheus Vischer konfrontiert fand, leichter verstehen. Er betont, die ärztliche Mission sollte nicht nur Hilfsdienste an der Mission leisten; sie hat eine eigene Aufgabe in Ergänzung zum Predigeramt. Die ärztliche Mission soll nicht nur Patienten heilen und im Spital pflegen; ihr Ziel ist die Ausbildung von Pflegerinnen, Pflegern und Hebammen, die das Heilen und den liebevollen Dienst am Kranken in ihren Gemeinden ausüben. Daran sollten die Gemeindeglieder erkennen, dass die ‹barmherzige Tat am Nächsten› das Wesen des christlichen Glaubens sei. Damit sollten sie sich aufgerufen fühlen, füreinander zu sorgen und den Glauben zu leben.

Vor seiner Ausreise hielt Dr. M. Vischer am 27. Mai 1927 für die ‹Freunde der ärztlichen Mission› folgenden Vortrag:

Zum Beginn der missionsärztlichen Arbeit in Borneo

I. Beginn der heutigen ärztlichen Mission

Basels Verdienst um sie:
Beim Beginn eines neuen Werkes ist ein kurzer Rückblick wohl am Platz. Dies umso mehr, als die Anfänge der ärztlichen Mission, so nah sie uns liegen, doch recht wenig bekannt sind. Stammt doch die heutige europäisch-kontinentale ärztliche Mission erst aus dem Jahr 1879, wo nach einem Vortrag Professor Christliebs, dank der Intitiative Rudolf Sarasin-Thierschs, Basel sich wieder entschloss, Ärzte als Mitarbeiter aufs Missionsfeld auszusenden.

1. Als erster protestantischer Missionarzt wird meist der Holländer Justus Heurnius von Leiden genannt, der 1624–1636 in Ostindien wirkte. Näheres über seine Tätigkeit scheint nicht bekannt zu sein.

2. Der Beginn einer bis zur Gegenwart dauernden Tradition wurde von Zinzendorf und seiner Brüdergemeine gemacht. 1732 wurden die zwei ersten Missionare ausgesandt und zwar nach St. Thomas (Antillen). Anno 1736, als zum zweiten Mal Missionare dorthin reisten, begleitete sie der Arzt Theodor Wilhelm Grothaus aus Kopenhagen aus eigener Wahl. «Er tat es in der guten Absicht, die Ursachen der Ungesundheit der dortigen Luft auszufinden, den Wirkungen derselben womöglich abzuhelfen oder vorzubeugen und den Brüdern in Krankheiten mit seinen medizinischen Kenntnissen beyzustehen.» Er starb aber schon wenige Tage nach der Ankunft. 1739 reiste ein Dr. Eller nach Ceylon, wurde aber schon 1740 ausgewiesen.

Der erste eigentliche zum Dienst von Zinzendorf ordinierte Missionsarzt war Dr. Regnier, der 1740 nach Suriname geschickt wurde. Bis 1803 schickte die Brüdergemeine zehn Ärzte hinaus nach St. Thomas, Suriname, Ceylon, Persien, Ägypten, Trankebar, Labrador, Jamaika, St. Jan. Am längsten wirkte Dr. P. J. Planta auf Jamaika, nämlich 1759–1779. Es kam nirgends zu einer dauernden ärztlichen Station.

Die Brüdergemeine hat aber immer wieder Ärzte ausgesandt. Nachdem 1893 das Livingston College gegründet worden war, liess sie zahlreiche Missionare dort medizinisch ausbilden.

3. Von der Halleschen Mission wurde 1777 Dr. Martini nach Trankebar gesandt. Er starb dort 1791.

Dann wird es in Deutschland merkwürdig still. Es bleibt bei kleineren Aktionen und Versuchen. Erst 1879 wird der missionsärztliche Gedanke wieder lebenskräftig. Der Impuls kam über Amerika und England.

4. In Amerika ging Dr. John Scudder, ergriffen von der Krankheitsnot Indiens, im Dienst des American Board 1818 nach Ceylon. Dort arbeitete er 35 Jahre und starb 1855 in der Heimat. Er hinterliess sieben Söhne und drei Töchter, die mit Ausnahme einer Tochter in den Missionsdienst traten. Fünf Söhne, eine Tochter und drei Enkel wählten den missionsärztlichen Beruf. Von solchen Beispielen gingen begreiflicherweise starke Anregungen aus. So ist das American Board die erste Gesellschaft, die den missionsärztlichen Betrieb systematisch ausgebaut hat.

Von ihr wurde 1834 Dr. Peter Parker nach China gesandt. Dieser reiste 1841 durch Europa nach Amerika und warb überall erfolgreich für die ärztliche Mission. Auf seine Anregung hin wurde in Schottland die Edinburger Gesellschaft für ärztliche Mission gegründet, aus der später die Institute für Missionsärzte und für die medizinische Schulung der Missionare hervorgingen.

Deutschland hätte die Priorität gehabt, denn schon vor der Rückkehr Parkers, vielleicht durch Nachrichten von ihm angeregt, hatte in Tübingen Dr. Müller die Gründung eines Institutes zur Ausbildung von Missionsärzten angeregt. Er fand Zustimmung in allen möglichen Kreisen, auch bei englischen Missionsgesellschaften. Sein Institut kam 1841 zustande, verschwand aber Ende der vierziger Jahre (1846) so spurlos, dass es erst nach der Gründung der jetzigen Tübinger Institute wieder bekannt wurde. Das Basler Komitee verhielt sich ihm gegenüber ziemlich ablehnend, z.T. weil es glaubte das Bedürfnis nach Ärzten sei zu gering.

Bis 1897 sandte allein der Bostoner Board im ganzen 92 Missionsärzte und 19 Ärztinnen hinaus. Hauptsächlich nach China, aber auch nach Indien, in die asiatische Türkei und andere Gebiete. 5. Von England wurde wohl als erster 1797 der Holländer Dr. Van der Kemp durch die Londoner Missionsgesellschaft ins Kaffernland geschickt. Nach ihm von den verschiedenen Gesellschaften eine grosse Anzahl Ärzte.

Hauptsächlich in China und Indien fasste die missionsärztliche Arbeit rasch Wurzel. So wurde dieser Arbeitszweig besonders gepflegt und konnte sich reich entwickeln. 6. Auf dem Kontinent war es aus verschiedenen Gründen zu einem Stillstand gekommen.

Basel hatte 1822 den Zürcher Arzt Dr. Friedr. Hohenacker in den Kaukasus geschickt, wo er bis 1831 war. Dass er eine grössere ärztliche Tätigkeit entwickelte, scheint unwahrscheinlich. – Der zweite war der Sachse Dr. Chr. Fr. Heinze, der im Basler Missionshaus ausgebildet worden war und dann in Basel als Missionsschüler Medizin studiert hatte. Er wurde 1831 um des ungesunden Klimas willen vom Komitee den Missionaren der zweiten Aussendung nach der Goldküste mitgegeben, starb aber schon nach sechs Wochen in Christiansborg am gelben Fieber.

Dann wurde kein Arzt mehr ausgesandt bis 1882, obwohl es nicht an mancherlei Anregungen fehlte. So wurde z.B. dem Dr. Müller, Ende der 30er Jahre auf seine Anregung zu einem missionsärztlichen Institut in Tübingen wiederholt ablehnend geantwortet. 1845 anerbot sich der Basler Dr. Streckeisen, nach Afrika zu gehen, «um die Neger durch seine Arbeit zu gewinnen». Das Komitee nahm ihn nicht an, machte ihm aber den Vorschlag, er möge in seinem Auftrag hinausreisen, um die klimatischen und hygienischen Zustände zu studieren, damit man den Gefahren des Klimas besser begegnen könne. Dieser Plan zerschlug sich aber.

1865 studierte ein Zögling auf Kosten von Bankier Zellweger Medizin, trat dann aber nicht in den Missionsdienst. – Beiläufig mag erwähnt werden, dass der erste Missionsarzt der schottischen Church Missionary Society[188] [sic] der in Basel ausgebildete

---

[188] Vermutlich ist die ‹Church of Scottland Mission› gemeint.

Dr. Christian Kugler war; er ging 1826 mit Samuel Gobat nach Abessinien, starb aber schon nach einem Jahr an einer Jagdverletzung. Er hatte Bären gejagd, um aus deren Fett Salbe bereiten zu können. – Ausserhalb der Basler Mission wissen wir nur von Dr. Göcking, der von 1855 an einige Jahre im Dienst des Berliner Hauptvereins für China, allerdings mehr evangelistisch als ärztlich, wirkte. Als er sich später der Barmer Missionsgesellschaft zur Verfügung stellte, wurde er wegen wirtschaftlichen Bedenken abgewiesen; bezeichnend für die damalige Einstellung.

7. Den Umschwung der Anschauungsweise, denn diese war das Haupthindernis für das Aufkommen ärztlicher Arbeit in der Mission, verdanken wir Professor Christlieb von Bonn.

In der grossen Versammlung der evang. Allianz in Basel anno 1879 hielt er einen Vortrag über den Stand der Heidenmission, in dem er begeistert auf die Leistungen der Amerikaner und Engländer hinweisend die Frage stellte: «Warum haben wir denn in den deutschen Missionen noch keine Missionsärzte und noch keine medizinische Missionsgesellschaft?»

Sein warmer Appell bewog seinen damaligen Gastgeber, Herrn Rudolf Sarasin, der Basler Mission 5000.– Fr. zu stiften zur Ausbildung eines Arztes, mit der Zusage, die Summe während einer bestimmten Zeit jährlich zu wiederholen. Das Komitee nahm dankend an, suchte geeignete Kandidaten und fand auch bald solche. Dr. Fisch, ein Aargauer, der Senior der noch lebenden Missionsärzte deutscher Zunge, war damals in der zweiten Klasse des Missionshauses. Er studierte mit Hingebung Medizin und wurde 1885 auf die Goldküste gesandt, wo er dann über 20 Jahre gearbeitet hat. Er gehört sicher zu den bedeutendsten Missionsärzten.

Nach ihm studierte dann der Missionar Liebendörfer während eines vierjährigen Urlaubs Medizin, auch bis zum Doktor, und begann 1886 die Basler ärztliche Arbeit in Indien. So kam Basel, dank der Initiative Rud. Sarasins (1879) dazu, als erste deutschsprachige Gesellschaft der neueren Zeit zielbewusst die ärztliche Arbeit aufzunehmen. Erst 1886 folgte die Rheinische (Barmer) Missionsgesellschaft mit zwei Ärzten, dem Schweizer Dr. Kühne und dem Privatdozenten Dr. Frobenius, die sich beide auf Anregung späterer Vorträge Christliebs über ärztliche Mission zur Verfügung gestellt hatten.

8. Nicht weniger aber als Rudolf Sarasin verdankt die Basler Mission seinem älteren Bruder Karl Sarasin-Sauvain. Seine In-

itiative führte in andere Bahnen. Als Ratsherr, der Basels Hygiene nach modernen Grundsätzen, allen Widerständen zum Trotz, aufbaute, lagen ihm hygienische Möglichkeiten offenbar mehr als andern vor Augen. Andererseits wird er, von dem Schlatter sagt, dass er sich bei seinem Eintritt in das Komitee in die Protokolle so vertieft habe, dass er bald aufs beste orientiert gewesen sei, auch von dem früheren Vorhaben einer medizinischen Expertise gewusst haben. Jedenfalls setzte er bei seinem Wiedereintritt ins Komitee den Plan, zur Sanierung der mörderischen Goldküste einen entscheidenden Schritt zu tun, energisch in die Tat um. Durch einen öffentlichen Aufruf wurde der Basler Dr. Ernst Mähly gewonnen, ein ausserordentlich begabter Arzt. Auf einer 20monatigen Reise, z.T. mit Inspektor Prätorius und Wilh. Preiswerk, dem Missionskaufmann, studierte er 1882/84 die Goldküste eingehend. Kurz vor Schluss der Inspektionsreise starb Prätorius an einem dysenterischen Leberabszess.

Mähly arbeitete ausserordentlich gründlich. Er brachte reiche klimatische, geologische und ethnographische Daten mit heim, die wissenschaftlich verwertet wurden. Auch die Karte Afrikas konnte durch seine eigenen und von ihm gesammelten Beobachtungen verbessert werden. Er stellte vor allem fest, dass das mörderische ‹Gallenfieber› keine einheitliche Krankheit sei, sondern dass die Mehrzahl der Todesfälle der heute ‹Schwarzwasserfieber› genannten Krankheit zuzuschreiben seien, deren auslösende Ursache häufig allzugrosse körperliche oder geistige Anstrengungen seien. Ein weiterer Teil der ‹Gallenfieber›-Fälle betreffe Leberabszesse. Gelbfieber konnte er während seiner Reise nicht beobachten. Er war demnach sicher, dass das ‹Gallenfieber› nicht schlechthin, wie z.T. behauptet wurde, gelbes Fieber sei. Er stellte hygienische Forderungen bezüglich Lebensweise und Wohnung auf, die sich durchaus bewährten, und gab gute brauchbare Richtlinien für die Zukunft an. Auch über die Akklimatisation schrieb er eine ausgezeichnete Arbeit. So ebnete er dem Dr. Fisch den Weg. Die Kosten der ganzen Expertise, die nicht unbeträchtlich waren, wurden vom Ratsherrn Karl Sarasin getragen.

Ihm verdankt die Mission ein Unternehmen, das nicht nur für die Basler Gesellschaft sehr nützlich war, sondern das in der deutschen Missiongeschichte mustergültig dasteht.

Im ganzen hat bis heute, 1927, die Basler Mission 22 Ärzte hinausgeschickt, vier stehen momentan in der Arbeit. Grosse Aufgaben stehen noch bevor.

9. Der Basler Mission folgten allmählich die andern deutschen Gesellschaften. Die ‹Mission Romande› begann 1891 ihre ärztliche Arbeit in Transvaal mit Dr. Liengme. Die ‹Pariser Mission› 1892 mit Dr. Dardier in Senegambien.

II. Die Aufgabe in Borneo

Das Basler Arbeitsfeld in Niederländisch-Süd-Borneo ist 4- bis 5mal so gross wie die Schweiz und wird von etwa einer halben Million Menschen bewohnt. Bandjermasin, die Hafen- und Hauptstadt, hat etwa 20000 Einwohner. Hauptsächlich Islamisten, viel Fremde, nur wenig Dajaken. Das Gebiet ist altes Missionsfeld. Die Rheinische Mission arbeitete von 1835 bis 1925 daselbst. Im Osten befinden sich ausser in Bandjermasin noch drei Militärärzte in kleinen Garnisonen. Der Hauptteil des grossen, dünn bevölkerten Landes ist aber ohne Ärzte. Deshalb ist der Plan, einen Missionsarzt zu stationieren, schon sehr alt. Dass er erst jetzt der Verwirklichung entgegengeht, war durch die finanzielle Not bedingt. Neben der Bekämpfung der Krankheiten wie Malaria, Dysenterie, Framboesie und Tuberkulose wird der Arzt eine grosse Aufgabe haben auf hygienischem Gebiet. Es gilt den z.T. dem Untergang entgegengehenden kleinen Stämmen im Verein mit den Missionaren zu neuer Lebensweise zu verhelfen, sie zu beraten und zu pflegen. Daneben wird die Pflege der Aussätzigen wichtig werden. Dazu kommt die Behandlung zahlreicher Verletzungen, der Augenleiden und vielleicht auch der Zähne. Grössere Operationen müssen ausgeführt werden können. Unterleibs-, Magen- und Kropfoperationen müssen möglich sein. Zur Erfüllung dieser Aufgaben gilt es zunächst eine Station mit einem kleinen Krankenhaus mit vielleicht 30 Betten zu errichten. Von diesem Zentrum aus muss allmählich das ganze Gebiet erreicht werden können. Da keine Strassen existieren, nur Flüsse als Verkehrswege dienen, ist das nicht ganz einfach, es bringt viel Zeitverlust und viel Mühsal mit sich. Zunächst bedingt es die Lage des Spitals in Kuala-Kapuas, dem Hauptort der Dajaken, nahe der Küste, damit die Kranken von überall her zu Schiff herbeigebracht werden können. Dann aber nötigt es auch zu einer verhältnismässig starken Besetzung der Station mit europäischem Personal.

Vorerst kann nur *ein* Arzt angestellt werden. Diesem steht zur Seite die schon einige Zeit in Bandjermasin in der Arbeit stehende Schwester Mina Föll. Eine zweite Schwester ist in Aussicht genommen, da die eine Schwester längere Zeit entbehrlich sein muss, wenn es gilt, auswärts Hilfe zu leisten. Um dem Arzt die Möglichkeit zu geben, dringenden Bitten Folge zu leisten, ohne allzulange den Spital allein lassen zu müssen, bedarf der Spital der Ausstattung mit einem eigenen, möglichst raschen Motorboot. Gleich von Anfang an werden geeignete Dajakmädchen und -jünglinge als Hilfskräfte angeleitet werden müssen. Dass bei den Dajaken die Idee eines eigenen Spitals Anklang gefunden hat, beweist die Tatsache, dass sie schon einen Spitalfonds von etwa 200 Fr. gesammelt haben.

Es wird also voraussichtlich die ärztliche Mission leicht Eingang finden. Möge ihr auch der gewünschte Erfolg geschenkt werden.

III. Was sind die Ansprüche an die Heimat?

Eine ärztliche Arbeit in einem so dünn bevölkerten armen Lande wird sich nie selbst erhalten können, vielmehr wegen des komplizierten Betriebs nicht unerhebliche Mittel beanspruchen. Nun erhalten wir freilich von der holländischen Regierung grosse finanzielle Unterstützung, die bis zu drei Viertel unserer Ausgaben betragen kann.

Es bleibt aber stets ein Defizit zu decken. Nach vorsichtiger Schätzung, die freilich nur sehr ungefähr sein kann, glauben wir mit einem Zuschuss von 10 000 bis 15 000 Fr. jährlich rechnen zu müssen. In der ersten Zeit wird die Summe vielleicht höher sein. Im Jahr 1927 beträgt sie, weil sehr hohe Spesen für die Reise, erste Ausrüstung und für die Ausbildung des Arztes in Java nötig sind, nahe an 30 000 Fr. Dies ist ein enormer Betrag, wenn man bedenkt, dass das Konto der ärztlichen Mission im letzten Rechnungsjahr der Basler Mission ein Defizit von rund 58 300 Fr. aufwies.

Und doch muss die Arbeit begonnen werden, sie liegt als Gewissensverpflichtung auf uns. Wer hilft uns tragen?

Basel, im Mai 1927   sig. Dr. M. Vischer

Geht an die Mitglieder des ärztlichen Missionsvereins Basel.
(Zugleich erster Bericht von Herrn Dr. Vischer)

9. Die ärztliche Mission in Borneo unter der Leitung von Dr. Mattheus Vischer

Auszüge aus den Jahresberichten zur ärztlichen Tätigkeit in Süd-Borneo von Dr. med. M. Vischer

(Es liegen nicht alle Jahresberichte vor, zudem sind die
einzelnen Berichte unterschiedlich abgefasst.)

Illustrative Einzelbeobachtungen

1928:

«Kuala-Kapuas habe ich neun mal je ungefähr eine Woche besucht, um zu praktizieren. Das weitaus dankbarste Kontingent waren die dysentheriekranken Säuglinge und Kleinkinder, denen mit einigen Emetineinspritzungen für einige Zeit geholfen werden konnte. Denn Dauerheilung gibt's naturgemäss selten, weil die Infektionskrankheiten so zahlreich sind. Emetin ist neben Salvarsan, die Wundereinspritzung, für die wir nicht dankbar genug sein können. Da kommt so ein abgezehrter, grauer Säugling, der in der Nacht noch 10 Mal blutig-schleimigen Stuhl gehabt hat; schon nach einer einzigen Injektion verschwindet das Blut und vermindert die Diarrhoe, beginnt das Kind wieder zu trinken und schreit nicht mehr, dass man alle Mühe hat die Eltern zu weiterer Behandlung zu bewegen. In der Regel gebe ich 4–5 Einspritzungen an aufeinander folgenden Tagen. Muss ich wegen Abreise [der Eltern] die Behandlung vorzeitig beenden, gebe ich eine grössere Menge, oft bis zu leichter Vergiftung, und gebe den Eltern Yatren mit nach Hause. Dieses allein leistet bei richtiger Anwendung auch ganz vorzügliche Dienste; es ist aber natürlich viel unzuverlässiger in der Wirkung, weil: es gegessen werden muss. Hat man Emetin gespritzt, kann man den Patienten getrost nach Hause lassen. Das sind unmittelbar lebensrettende Kuren, die für Individuum, Volk und Land von grosser Bedeutung sind. Wie viel Kinder sterben jährlich an Dysenterie in unserm Dajakland!

Die Wunderkuren mit Salvarsan sind ebenso verblüffend und oft nicht weniger dankbar, aber gerade lebensrettend können sie nicht genannt werden. ...

Von Lepra kamen wieder einige neue Fälle. Ich begnüge mich mit der Abgabe eines Gemisches von Chaulmoogra- und Olivenöl zum innerlichen Gebrauch. Es scheint entschieden günstig zu wirken. … Die Frau X konnte das Öl, das freilich, wie ich später feststellen konnte, ranzig geworden war, nicht essen, sie bekam einen Rückfall der Wunden, dieselben heilten aber unter Chaumoograsalbe wieder ebensorasch wie das letzte Mal. Meine Absicht ist, sie nun regelmässig diese Salbe gebrauchen zu lassen, da durch die Haut eine Resorption gewiss stattfindet. Die Thymolinjektionen haben bei dieser Frau scheinbar allein den Erfolg, dass sie sich dabei wohler fühlt als ohne.

Eine Leproserie ist dringendes Bedürfnis. … Finanziell nur ein kleines Risiko, da eine private Vereinigung in NL-Indien an die Aufrichtungskosten grosse Beiträge gibt und durch die Regierung seit 1928 das Betriebsdefizit gedeckt wird. Es wird sich um 20–30 Patienten handeln.

In der Framboesiebehandlung hat sich mir das ‹Spirocid›, das in Tablettenform gegessen wird, bewährt. Es versagt in gewissen Fällen, aber ich habe auch Fälle in Behandlung gehabt, die auch auf Salvarsaneinspritzungen merkwürdig wenig reagiert haben. Sehr wertvoll war die Kombination mit Wismutinjektionen. Von verschiedenen Präparaten fand ich das Bismogenol ‹Tosse› das handlichste. Weil es mir so selten möglich ist, die Patienten oft mit Salvarsan einzuspritzen, ist dann ein grosses sog. ‹Wismutdepot› eine sehr erwünschte Ergänzung.

Die Ankylostomiasis ist recht verbreitet und führt hie und da zu schweren Krankheitszuständen. Um welche Art der Parasiten es sich handelt, habe ich noch nicht feststellen können. Im kommenden Jahr hoffe ich den neuen deutschen Tetrachlorkohlenstoff ausprobieren zu können, weil die Kur mit Chenopodiumöl etwas umständlich ist. Der gewöhnliche Tetrachlorkohlenstoff ist in NL-Indien verpönt, weil mehrere Todesfälle dadurch verursacht worden sind. Das betrüblichste bei der Ankylostomenbehandlung ist die Unmöglichkeit, eine Dauerheilung zu erreichen. Der Patient infiziert sich ja schon auf der Heimreise wieder frisch. Dasselbe gilt von der Amöbendysenterie. Immerhin ist den Leuten geholfen, wenn man ihnen für einmal wieder die Gesundheit gibt und damit ihre Widerstandskraft hebt.

Avitaminosen sind bei der kümmerlichen Ernährung der Dajaken nicht eben selten.

Beriberi habe ich nur zwei Mal bei Kulis in Bandjermasin gesehen; was die Dajaken so nannten, waren andere Leiden.

Hingegen sah ich öfter Hemeralopie (Abendblindheit) bei Kindern im Schulalter. Manchmal in Verbindung mit Herosis corneae. Leberthran half meist gut.

Einige Fälle von Keratomalacie bei kleinen Kindern mit folgender teilweisen oder gänzlichen Erblindung kamen zu mir. Theoretisch sollten also auch Blasensteine, welche die gleiche Ursache haben sollen, nicht selten sein; ich habe aber noch keine gefunden.

Eigentliche Rachitis kommt nicht vor, doch sind Fälle, die daran erinnern nicht selten. Ein Fall von skorbutähnlicher Erkrankung bei einer stillenden Frau, vier Monate nach der Geburt, kam zur Beobachtung.

Kröpfe gibt es endemisch und sporadisch.

Filariasis kommt in Süd-Borneo relativ häufig vor; es ist aber noch wenig darüber bekannt. Ich glaubte eine neue Art entdeckt zu haben, sah aber, nachdem ich Präparate nach Europa geschickt hatte, dass letztes Jahr vom Leiter des grossen Untersuchungs-Laboratoriums in Weltevreden eine neue Art entdeckt worden sei: die Mikrofilaria malayi. Dem Entdecker, Dr. Brug sandte ich Präparate, in denen er die neue Art nachwies. So kam ich um die Sensation, einen neuen Parasiten zu entdecken.

[Es kam ein Patient] mit einer schweren frischen Regenbogenhautentzündung. Zu meiner grossen Freude genas das Auge unter Eis, Atropin- und Aspirinbehandlung rasch und ohne Komplikation.

Am Schluss noch ein paar Bilder aus der Arbeit, um Art und Umfang derselben etwas zu illustrieren. Ein junges Frauenzimmer hatte schon längere Zeit eine Hysterie. Merkwürdigerweise verschwand diese nachdem ich ihr Baldriantropfen gegeben hatte. ... Hysterie scheint übrigens bei den nervösen Dajaken nicht selten zu sein, wie das ja auch bei andern ‹Naturvölkern› der Fall ist. ... Dem heidnischen Priester von Kuala-Kapuas, der als Fachmann für heidnische Rechtsfragen und, um die Heiden zu verteidigen, zum Gericht gehört, also eine offiziöse Person ist, durfte ich einige Hautgeschwülstlein entfernen, was ihm grossen Spass machte – mir auch. Ich hatte also prominente Vertreter aller vier Konfessionen in Behandlung, aussdem [sic] die beiden Pambakals (Häuptlinge). So hat sich gleich im ersten Jahr aufs Schönste gezeigt, dass der Missionsarzt mit Leichtigkeit in alle Kreise kommt. ... Ausser dem erwähnten Fall von (histologisch gesichertem) Unterleibskrebs, habe ich noch einen weiteren tötlich endigenden, gesehen, und einen Mann mit Lähmung der Beine infolge einer bösartigen Geschwulst. Auch ein alter Mann mit Gesichtskrebs kommt hie und da.

Das Klima Südborneos bringt wohl nicht die ‹grossen Tropenkrankheiten›, zehrt aber allgemein an der Widerstandskraft. Die Ansprüche an die Nerven, besonders der Hausfrauen, sind sehr gross. Deshalb hoffe ich, es lasse sich der Plan verwirklichen, jeder Familie nach vier Jahren einen 4–6 wöchigen Ferienaufenthalt in einem Bergdorf Javas zu gewähren.»

Die Praxis befindet sich 1928 und 1929 in Bandjermasin im Wohnhaus der Familie. «In meinem Hinterhaus [drei Kammern] wurden zum Teil längere Zeit behandelt etwa 20 Patienten.»

Erläuterungen zu den Spitalplänen in Kuala-Kapuas

1929:

«Bemerkungen zum Grundstück:

Klimatische Eigenschaften: Das schmale Grundstück steht rechtwinklig zur herrschenden Windrichtung, welche, vom Meer kommend, dem Fluss folgt. Infolge der Länge des Stückes ist aber doch eine, zum Fluss hinziehende, Luftströmung entstanden, die eine gewisse Lufterneuerung zur Folge hat und auch die Mücken vertreibt.

Ein Nachteil ist der starke Einfall der Abendsonne. Da die Längsachse um ungefähr 50 Grad von der N. S. Richtung nach W. abweicht, müssen die Gebäude nach W. durch Galerien und Dächer gegen die starke Bestrahlung geschützt werden. Die schweren Regenfälle kommen meistens aus W. NW., also ziemlich genau von vorne, seltener direkt von hinten.

Hygienische Eigenschaften: Kuala-Kapuas ist frei von endemischer Malaria. Anophelinen sind bisher nur ganz vereinzelt gesehen worden.

Während des ganzen Jahres herrscht Amöbendysentherie. In der Trockenzeit in sehr beträchtlichem Grade. Die Fliegen als Überträger fehlen, weil kein Vieh gehalten wird. Die Hauptquelle der Ansteckung liefert die Verunreinigung des Flusswassers, aus dem getrunken und in dem gebadet wird. Alle Fäkalien gehen direkt in den Fluss. Das hin- und wider fliessende Flutwasser verhindert eine Erneuerung oder Selbstreinigung. Es ist immer sehr deutlich zu sehen, dass die untern Dorfsteile stärker infiziert werden, als die obern.

Framboesie ist ziemlich allgemein verbreitet, obschon allmählich eine Verminderung konstatiert werden kann.

Ziemlich stark verbreitet ist hier zu Lande die Filaria. Sie wird im Allgemeinen verursacht durch die Mikrofilaria malaji (Brüch). Sie äussert sich in unklaren Fieberbeschwerden oder in Rose ähnlichen, wiederkehrenden Fieberanfällen, die zu einer Verdickung der Beine führen.

Lepra ist endemisch. Leider werden die Kranken erst abgesondert, wenn das Leiden sehr weit fortgeschritten ist. Deshalb werden einzelne Familien fortwährend heimgesucht.

Bemerkungen zu den Gebäuden:

A. Bauart: Wie hier allgemein üblich, werden die Häuser aus Holz gebaut. Die Wände bestehen aus einer einfachen Bretterschicht, die Fensteröffnungen etc. sind mit Moskitogittern, zum Teil auch mit Läden, verschlossen. Fensterscheiben werden nur in einzelnen Räumen nötig sein.

Die Häuser stehen auf 1½ Meter hohen Eisenholzpfählen. Dieser Luftraum dürfte genügend sein.

Diese Eisenholzpfähle stehen auf in den Boden eingegrabenen Baumstämmen. In dem lehmigen Grund würde ein anderes Fundament nicht halten. Die Dächer müssen aus Sparsamkeitsgründen mit Eisenholzschindeln gedeckt werden. Dachziegel halten nicht. Gewelltes Eternit ist leider zu teuer. Nur das Poliklinikgebäude muss mit Eternit gedeckt werden, da wir dort unbedingt sauberes Wasser haben müssen.

Das Wasser von den Eisenholzdächern enthält eben immer Gerbstoffe und andere Verunreinigungen.

C. Abwässerung: Das *Abwasser* der W.C. wird durch Faulgruben geleitet. Das hier ausströmende, nahezu geruchlose, Wasser wird dann in den Wassergraben geleitet, welcher dem Einfluss von Ebbe und Flut unterliegt.

Ansteckende Ausscheidungen müssen mit Kaporit desinfiziert werden, können dann ohne Bedenken in den Graben geleitet werden.

D. Beleuchtung: Zur Beleuchtung dienen gewöhnliche Petroleumlampen und einige Benzingaslampen. Eine zentrale Leichtöleinrichtung ist zu kompliziert. Eine elektrische Einrichtung ist vorderhand auch zu kompliziert und teuer. Der schwache Punkt ist immer die Sorge für den Motor. Leider ist auch die Möglichkeit Lichtstrom an andere Abnehmer zu verkaufen nicht vorhanden, weil die Leitung viel zu lang sein müsste.»

1931:
«Zu erwähnen ist in diesem Jahr eine ziemlich heftige Masernepidemie in der ganzen Gegend, die einige Todesopfer forderte; auch kamen viele Fälle von Dysenterie gerade auch unter Kindern vor. Einige schwere Keuchhustenfälle fielen in die gleiche Zeit. Es gab Kinder, die alle drei Krankheiten nacheinander durchmachten. Wiederum war ich mit dem Keuchhustenvaccine in Java sehr zufrieden.»

1932:
«Auffällig war die grosse Häufigkeit der Malaria in unserer Gegend [Kuala-Kapuas], die in den vergangenen Jahren fast davon frei gewesen war. ... Vier schwere Typhusfälle brachten uns in schwere Sorge, als die Absonderungsbaracke erst im Rohbau stand. ...»

1933:
«Die Absonderungsbaracke war einige Male mit Typhuspatienten belegt, in der Hauptsache aber mit ansteckungsgefährlichen Tuberkulose-Patienten. Obwohl diese prinzipiell nicht ins Spital aufgenommen werden sollen, da wir noch niemand haben, der dieser schwierigen und gefährlichen Pflege gewachsen ist, lässt es sich doch nicht ganz vermeiden. Es wurden etwa Leute mit Lungenblutungen zu uns gebracht, die wir unbedingt einige Zeit behalten mussten, auch behielten wir ein paar Mal leichter kranke Patienten, wo wir hofften, durch eine kurze Kur eine Wendung zur Besserung einleiten zu können. Die Fälle zwar, wo man wirklich eine Besserung erwarten darf, die einigermassen in einem zu rechtfertigenden Verhältnis zu den aufzuwendenden Kosten und Mühen steht, sind leider verschwindend selten. Das Klima in Kuala-Kapuas ist auch denkbar ungünstig. Im Ganzen dürfen wir von erfreulichen Fortschritten der Krankenpflege im Spital berichten. Auch in der Ernährung haben wir Fortschritte gemacht. Leider stellt der konservative Geschmack der Patienten vielen erwünschten

Zusatzgerichten eine vorläufige, noch unüberwindliche Abneigung entgegegen. In der Säuglingsernährung kamen wir mit der Büchsenmilch und der altbewährten gebrannten Mehlsuppe in den allermeisten Fällen aus.

Als besondere Seltenheit sei erwähnt: ein Fall von Zuckerkrankheit schwerer Art bei einem Dajaken und ein Fall von Jodbasedow bei einer Dajakfrau.»

1937:
«Die Zahl der Operationen war wohl wegen der langen Abwesenheit geringer... Die Operationserfolge waren im Ganzen ermutigend für uns und für die Patienten, dafür sind wir demütig dankbar. Leider verliefen die beiden Kaiserschnitte, der eine wegen placenta praevia, infolge Herzschwäche, der andere wegen Uterusruptur, infolge hochgradiger Erschöpfung und Infektion, tödlich. Die Kinder waren vorher schon tot. Durften wir auch die meisten Spitalpatienten geheilt entlassen, so haben uns doch die vielen Todesfälle viel Leid und Sorge bereitet und oft dem Spitalbetrieb den Stempel aufgedrückt. Zwar waren 20 der Verstorbenen weniger als einen Tag lang im Spital, wurden oft von weither zugereist, sterbend aufgenommen, und weitere 21 waren nicht eine Woche lang in unserer Pflege. 36 also 66% der Verstorbenen waren weniger als 10 Jahre alt. Unter den Todesursachen steht an der Spitze Diarrhoe und Dysenterie mit 18 Fällen. Der Typhus forderte nur 2, Paratyphus 1 Opfer. Tuberkulose führte 5 Mal zum Tode. Masern: 5, Keuchhusten: 2, Malaria 3 und, als Neues gegenüber früher: 2 Mal **Noma**. Dieses scheussliche Krankheitsbild, wobei unaufhaltsam Wange, Gaumen und Rachen absterben, kam kurz nacheinander bei zwei Kindern vor, die weder besonders elend aussahen, noch besonders schwer krank gewesen waren.»

1938:
«Auswärtige Plätze und Reisen: Monatlich ein Mal besuchte ich Mandomai, um die dortige Poliklinik zu kontrollieren. Mit deren Errichtung durch die Regierung haben nun die stimmungsvollen Sprechstunden in der Kirche ein Ende gefunden. Von einem Regierungsbeamten war konstruiert worden, dass die Mohammedaner daran Anstoss genommen hätten; doch konnten wir das nicht konstatieren. Die sonstige Aussenarbeit bestand in einer län-

geren Reise an Kahajan und Rungan. Ich fand dabei einen Rückgang der Malaria gegenüber 1936 und einen wesentlich besseren Ernährungszustand. Eine weitere Regierungspoliklinik wurde in Pahandut errichtet, im Kanal nach Bandjermasin, bei Km 8 und eine Zweitpoliklinik von Mandomai in Pulang-Pisau. Diese Plätze konnten mit christlichen Dajakischen Pflegern besetzt werden. Es ist entschieden bedauerlich, dass es uns nicht gelungen ist in früheren Jahren diese Plätze zu besetzen. Wir hatten aber damals die Leute nicht dazu und hätten auch heute die Mittel nicht dafür. An sich ist es für das Spital eine *unerfreuliche Entwicklung*, dass ihm die Aussenarbeit zunehmend beschnitten wird. Auch besteht eine deutliche Tendenz von Regierungsseite, den Missionaren die medizinische Tätigkeit zu beschränken. ...

Besondere Freude bereitete uns die erste Kropfoperation, die durch glatten Heilungsverlauf gefolgt wurde und ein sehr befriedigendes Resultat ergab. Leider ist die Aussicht gering auf weitere Fälle, da man sich doch sehr ungern den Hals ‹abschneiden› lässt.»

Bericht über die Leprastation Kabulat

1931:

«Lepra ist in unserm Gebiet keine besonders hervorstechende Volksplage, doch sind in jedem Dorf ein bis zwei Kranke. Ich schätze, dass im Gebiet der BM etwa 150 Aussätzige sein werden, wovon im Laufe der Zeit vielleicht gegen 50 in einer Kolonie versammelt werden könnten.»

1932:

«Unsere kleine Leprastation wurde von zwei neuen Patienten aufgesucht von denen einer sehr schwer krank war. Zwei unserer Patienten starben, einer wurde von seiner Mutter nach Bandjermasin geholt. So blieben drei übrig, wovon einer wesentlich besser geworden ist, bei den andern geht es oft ohne ersichtliche Ursache auf und ab. Neuerdings verordne ich das verbesserte Antileprol Bayer, das die Patienten sehr gerne nehmen und das eine starke Wirkung auszuüben scheint. Padutin, das neue Kreislaufmittel, konnte ich bei sieben Aussätzigen versuchsweise anwenden; in einem Fall wirkte es sehr deutlich auf ein trophisches Geschwür ein, so dass der Patient immer wieder um die gute Medizin bat. In zwei Fällen, einem trophischen Geschwür und einem Fall von

Akrocyanose bei Lepra, war der Effekt weniger deutlich. [Die Station hat noch nicht richtigen Zuzug.] Eine grössere Anziehungskraft wird sie aber erst bekommen, wenn wir ein durchschlagendes Heilmittel besitzen werden. Der Zwang der Bevölkerung, der in andern Gebieten die Aussätzigen ins Elend oder in die Anstalt treibt, ist bei uns nur in sehr geringem Masse vorhanden und macht sich, wenn überhaupt, so erst viel zu spät geltend, also muss unser ‹Magnet›, um die Kranken aus dem gewohnten Milieu heraus, in unsere Isolierstation zu reissen, sehr viel stärker sein als anderswo. Es liegt ja auch unsern eigenbrödlerischen, einsamkeitsgewohnten Dajaken nicht, eine ‹Kolonie› von Fremden aufzusuchen, solange sie anderswie ihr Leben noch fristen können.»

1933:
«Die Leproserie hat sich nicht weiterentwickelt. Es sind zu Ende des Jahres immer noch 4 Männer dort in Pflege. Erich, der im vorhergehenden Jahr von seiner Mutter nach Hause geholt wurde, starb im Laufe des Jahres. … Zur Behandlung verwandten wir mit ordentlichem Erfolg das verbesserte Antileprol Bayer innerlich in Tropfenform. Später ein ähnliches Präparat anderer Herkunft, das uns aber entschieden weniger wirksam zu sein schien. Dazu spritzten wir Thymolöl ein, wöchentlich zwei Mal 1 Kubikcentimeter 10% Lösung. Eine Einwirkung auf die Krankheit selber konnten wir nicht sehen, doch ist uns aufgefallen, dass alle Patienten die Einspritzungen als wohltätig empfanden und, soweit sie ambulant behandelt wurden, regelmässig zurückkamen. Eines der provisorischen ersten Hüttchen wurde durch ein mit Schindeln gedecktes solideres ersetzt, diesmal ein Doppelhäuslein mit gemeinsamer Küche, die dann von den beiden Männern gleich nach dem Einzug durch eine Wand geteilt wurde.»

1938:
«Die Leproserie Kabulat beherbergte 17 Patienten mit 4940 Pflegetagen. Ein Pflegetag kommt uns auf 17,3 Cent (ca. 40 Centimes) zu stehen. Unser ältester Patient starb mit 69 Jahren an Kräfteverfall, nach etwa 40jähriger Krankheitsdauer. … Die Jahresrechnung schliesst mit einem Defizit von 553 Gulden, wovon 120 Gulden durch die Sammlung der Dajakkirche gedeckt werden.»

Tabellen

Tabelle über behandelte Krankheiten:
1928–1930 in Bandjermasin, ab 1931 im Spital in Kuala-Kapuas und
auf Reisen im Binnenland

	1928	1930	1931	1933	1937	1938
Amoebendysenterie				40	38	36
Augenleiden	50	94	127			
Avitaminose		21	36			
Chirurg. Affekte	142	149	235			
Circulationssystem	75	68	116			
Cholera nostras						28
Diabetes mellitus						3
Digestions-system (auch Wurmleiden)	138	115	230			
Dyphtherie				1		
Dysenterie	95	260	316			5
Erysipel						2
Framboesie	411	930	651			9
Frauenleiden		86	96			
Geschwülste, bösartige		8	4			
Gürtelrose	3					
Hautleiden (ohne Framboesie)	82	184	59			
Keratomalacie						10
Keuchhusten mit schw. Lungenerscheinungen			20	10		
Krebs						14 (2%)
Lepra	15	15	29			
Leukämie, lymphatische						1
Lungentuberkulose		70	51	22		
Malaria	17	180	248	45	69	86
Mobilli			57			
Mumps				4		
Nervensystem	43	45	42			
Ohrenkrankheiten	31	53	118			5
Respirations-system (ohne Tbc)	152	251	356			8
Syphilis	2	15	11			
Taubstummheit	2					
Thrombopenie						1
Tuberkulose					43	19
Typhus abdominalis				10	28	12

	1928	1930	1931	1933	1937	1938
Übrige Krankheiten	299	587	536			
Venerisches Granulom			2			
Wunden						16
Xerophthalmie					4	10

Operationen

	1928	1930	1933	1937	1938
Amputationen, Exarticulationen					4
Appendectomie (1 acut)				4	
Ausräumung und Curettage					2
Avarectomie					1
Dammplastik					1
Entropion operationen				5	
Enucleatio bulbi				2	1
Exenteratie orbitae					
(Sarcom und Gliom)					2
Excuteration bulbi					1
Hasenscharten					2
Hernien					
(Radicaloperation nach Kocher)					2
Hysterectomie (Myom)				2	
Iridectomie					3
kleinere, Lokalanästhesie	39				
Laparatomie				1	2
Lappenextraction					3
Linearextraction b. Star				1	
Manuelle Placentarlösung					3
Mastoidoperation		1			
Probelaparatomie				1	
Rippenresection (Pleuraemphysem)					3
Salpingoophorectomie					1
Sectio alta bei Blasenstein				1	
Sectio caesarea abdominalis				1	
Sectio caesarea vaginalis				1	
Strumectomie					1

1937: Zur Anaesthesie benützten wir: Äthernarcose: 13, Chloroform: 2 (bei Lampenlicht), Evipannarkose: 6, Chloraethylrausch: 32, Localanaesthaesie: 82. Die Evipannarkosen führten manchmal zu unangenehmen Aufregungszuständen. Deshalb verwendeten wir sie sparsam.

Patientenstatistik:

Entwicklung der Polikliniken in Bandjermasin (B), Kuala-Kapuas (K). Die Patientenbetreuung auf Reisen wird mitgezählt, auch die Leproserie Kabulat (L), die 1937 selbständig wird.

Polikliniken in Bandjermasin (B) und Kuala-Kapuas (K)

Jahr	Patienten	Konsultationen	Bemerkungen
1928 (B)	1490	4127	max. 70 Pat. im Tag stationär 20 Patienten im Hinterhaus
1928 (K)			ca. 45 Patienten im Tag
1929 (B)	3383	6458	
1930 (K)	2799	5953	732 Hausbesuche Göttin: 3000 Konsultationen
1931 (K)	3335	11126	30 bis 50 Patienten im Tag 901 Hausbesuche
1932 (K)	3238	12276	$^1/_3$ alte Patienten
1933 (K)	3341	13155	Circa 62 Patienten im Tag
1936 (K)	4372	12829	
1937 (K)	3952	11403	Geburten im Dorf 49 Leproserie ist selbständig
1938 (K) incl. Reisen	5720	14040	Geburten total: 59, incl. 14 im Spital
1939 (K)	3876	11469	

Spital in Kuala-Kapuas (K) und Leproserie Kabulat (L):

Jahr	Patienten und (Operationen)	Verpflegungstage	Durchschnitt Belegung im Spital	Durchschnitt Aufenthaltsdauer	Geheilt entlassen (Todesfälle)
1931 (K) ab 1. Juli 1931	140	2032	8,7	14,4	68 (8=5,7%)
1932 (K)	311	6933	19	22,3	
1932 (L)	3				

Jahr	Patienten und (Operationen)	Verpflegungstage	Durchschnitt Belegung im Spital	Durchschnitt Aufenthaltsdauer	Geheilt entlassen (Todesfälle)
1933 (K)	457 (109)	8 388	23,2 12 Geburten, (6 im Spital)	18,3	
1933 (L)	4				
1936 (K)	690 (165)	14 925	40,8	21,6	
1937 (K)	763 (146)	12 662	34,7	16,6	530 (54 = 7%)
1937 (L) selbständig	14	4 491			
1938 (K)	723 (163)	11 972	32,9	16,6	497 (41 = 5,7%)
1938 (L)*	17	4 940			
1939 (K) (65 Betten)	775	14 921	40,9 65%	19,2	28 = 3,2%
1939 (L)	14				

* Ein Tag kostet 1938 17,3 NL Cent, d.h. 40 CH centimes.

Finanzielle Übersicht über die ärztliche Mission in Borneo, soweit die Zahlen in den vorhandenen Jahresberichten vorliegen.

Fr. = Schweizer Franken   fl. = Holländische Gulden

Einnahmen

Jahr	von Patienten total (per Patient)	Regierungssubsidie (Medizinen)	Geschenke und Gaben	BM: Generalkasse	Total Einnahmen
1928	fl. 2 807.– (fl. 2.–)	fl. 3 891.–	fl. 716.–		fl. 7 415.–
1930[1]	Fr. 10 600.– (fl. 2.–)	– (fl. 1 000.–)		fl. 11 500.– (Fr. 23 000.–)	

[1] Die Spitaleinnahmen konnten um 100% gesteigert werden, auch wurden Schulden bezahlt, doch ging ein guter Teil von diesem Gelde wieder fort durch die Preissteigerung für Holz, Gemüse und Reis.

Jahr	von Patienten total (per Patient)	Regierungssubsidie (Medizinen)	Geschenke und Gaben	BM: Generalkasse	Total Einnahmen
1931		Subsidie nachträgl. erhalten (Fr. 2 000.–)			
1932		Subsidie erhalten: fl. 10 000.–			
1933[2]	ca. 1/4 der Ausgaben gedeckt	reichlich erhalten	von SIMAVI		
1937[3]	sehr spärlich	Subsidie für 25 Patienten während 10 Monaten		fl. 2 000.–	fl. 14 171.–
1939[4]	fl. 3 500.–	fl. 10 000.– (fl. 1 200.–)		fl. 1 500.–	

[2] Wir erhielten die regulären Subsidien, die wie alle Regierungsgehälter um 17% gegenüber früher reduziert worden sind.

[3] Leproserie Kabulat: Die Beiträge, die wir aus der Districtskasse und von den Patienten bekommen sind leider nur sehr bescheiden, dass für uns ein Defizit von fl. 544.– bleiben. Es besteht Aussicht, dass die Beiträge der öffentlichen Kasse erhöht werden. Die gegenwärtigen Beiträge decken noch nicht die Hälfte der Ausgaben für die Nahrung.

[4] Spital: Die Lebensmittelkosten pro Kopf pro Tag berechnen wir auf 15 cent (ca. 35 centimes). Die Kosten pro Pflegetag, nach den Normen der Regierung berechnet, mit Abschreibungen etc. belaufen sich auf fl. 1.65 (Fr. 4.–).

Ausgaben

Jahr	für Spitalbau	ordentliche Ausgaben	Ausgaben der BM Generalkasse	Gesamtausgaben	Betriebsdefizit
1928	fl. 6 835.–	fl. 7 595.–	fl. 14 431.–	fl. 21 847.–	
1930	Fr. 30 000.–	Fr. 23 000.–			
1931	durch Baufonds gedeckt			Fr. 21 000.–	Fr. 7 300.–[5]

[5] Defizit nachträglich durch Subsidie für 1930 gedeckt.

Jahr	für Spitalbau	ordentliche Ausgaben	Ausgaben der BM Generalkasse	Gesamt- ausgaben	Betriebs- defizit
1932	durch Baufonds gedeckt, nun aufgebraucht		fl. 973.–	fl. 13 433.–	
1937				fl. 17 440.–	fl. 3 368.–[6]

[6] Wovon in Abzug zu bringen ist ein Teuerungszuschlag zwischen fl. 1300.– und 1500.–, sodass wir in Borneo rund fl. 2000.– Zuschuss von Basel benötigen. (Nach Vorschrift der Regierung, d.h. incl. Abschreibungen etc. wären es fl. 10 090.– Defizit.)

Reisen von Dr. Mattheus Vischer, als Arzt und als Präses

1928	Java: Weltevreden, Teil von Batavia (jetzt: Jakarta), neunmal Kuala-Kapuas, einmal Mengkatip. (Das Missionsboot ist in schlechtem Zustand: keine Reisen mehr.)
1929	Kein Jahresbericht.
1930	Barimba, Boot des Missionsarztes, in Funktion. 120 Tage auf Reisen: 500 Fahrstunden, 5000 km. Auf Kapuas (Fluss) mit Missionar Göttin: bis Pudjun und Djangkang. Auf Rungan (Fluss) mit Missionar Klaiber: bis Tumbang Malahoi. Mengkatip.
1931	Viermal Bandjermasin, Kapuas: bis Lupak am Meer, Mandomai am Kapuas. Sonst keine Reise: es braucht ‹Ruhe am Ort› und Einleben.
1932	Pangkoh an Mündung des Murong (Fluss) ins Meer, viermal Bandjermasin, 2½ Wochen bis Pudjun und Rudjak mit Betsy.
1933	Keine Reisen.
1934 u. 1935	Urlaub.
1937	Monatlich nach Mandomai, als Civiel Geneesheer: drei Wochen auf dem Kapuas, 10 Tage auf Kahajan (Fluss). (1277 Pat. betreut und etwa gleich viel Konsultationen auf einer Reise.)

1938	Kontrolle der Regierungs-Polikliniken: monatlich in Mandomai, ebenso in Pahandut und im Kanal nach Bandjermasin, ebenso eine Zweigstelle von Mandomai in Pulang-Pisau.
1939	Wie 1938, aber abwechselnd mit Regierungsarzt, der in Kuala-Kapuas stationiert und dem Missionsarzt untergeordnet ist.
1940	Nach Batavia für Gespräche mit Missionskonsul und Regierung zur Erleichterung des Loses der internierten deutschen Missionare und ihrer Frauen. Die Männer wurden nach brit. Indien gebracht. Eine Freilassung der Frauen wurde nicht erreicht, sie durften aber in Mandomai und Kuala-Kapuas bleiben und kamen nicht in ‹Schutzhaft›.
1941	Begleitung der deutschen Frauen und ihrer Kinder bis Batavia, wo diese ihre Reise nach Japan fortsetzten. Sie blieben bis Herbst 1946 in Japan.

Personal in Poliklinik und Spital in Bandjermasin und in Kuala-Kapuas

	Europäisches Personal	Einheimisches Personal
1928	Sr. Mina Föll und Betsy Vischer.	Evangelist, Guru Fabricius hilft in Kuala-Kapuas als Pfleger.
1929	In Kuala-Kapuas: J. Göttin in Poliklinik.	Ein Evangelist.
1930	Sr. Mina und Betsy.	
1931	Sr. Mina in Urlaub, ab 1. Juli: Sr. Maria, ab 1. November: Sr. Lydia und Betsy.	Erste Dajakfrauen: Henriette und Luise, Männer: Ruben, Theophil, Doris [sic].
1932	Sr. Mina und Sr. Maria holen in Java das Hebammendiplom, Sr. Lydia und Betsy.	Ruben Theophil, Doris, Henriette, Luise, neu: Köchin, Wäscherin, Johannes und Joris.
1933	Srn: Mina, Maria, Lydia, Ruth und Betsy.	Wie oben.
–	Keine Angaben, da keine Jahresberichte.	
1937	Srn. Mina, Maria, Ruth und Betsy. Sr. Elsine geht nach Java für Hebammendiplom.	Ruben kommt als Malaria-Mantri aus Java zurück, total ca. 10 Angestellte.

Europäisches Personal	Einheimisches Personal
1938 Sr. Maria löst in Bandjermasin Sr. Lydia ab, die in Urlaub geht. In Kuala-Kapuas: Sr. Ruth, Elsine mit Diplom und Betsy.	Luise geht nach Java für Examen.
1939 Sr. Ruth geht heim, Ende Jahr stirbt Sr. Mina in Bandjermasin. Sr. Elsine geht nach Band- jermasin. In Kuala-Kapuas: Sr. Emilie und Betsy.	Grosser Wechsel, viel junge Anfänger.
1940 –43 Die Arbeit geht weiter unter wechselnden Umständen. Ab 10. Mai 40 ist Dr. Vischer als Präses in Bandjermasin. Im Spital in Bandjermasin ist Dr. Höweler, in Kuala-Kapuas ist Frl. Dr. Hessberg.	

Übersicht über die Bautätigkeit
(Die Angaben beruhen auf den Jahresberichten)

1928 **Bandjermasin:** Die Praxis befindet sich im Wohnhaus. Es finden dort Patientenuntersuchungen und Zahnbehandlungen statt. Im Nebenhaus stehen drei Kammern für die stationäre Patienten- pflege zur Verfügung.

Kuala-Kapuas: Im Oktober wird die Poliklinik neben dem Mis- sionshaus bezogen. Sie ist elf Meter lang, verfügt über zwei Zim- mer und eine Kammer mit einem Bett. Von nun an finden keine Untersuchungen mehr im Missionshaus statt. Die Poliklinik wird von Missionar Göttin betreut.
Neben der Poliklinik entsteht eine Palmblätterhütte als Warte- raum für Patienten und Angehörige. Ein Bauplatz für das künftige Spital (69 m × 318 m) wird erworben und gesäubert.

1929 Keine Bautätigkeit.

1930 **Bandjermasin:** Die definitiven Baupläne für das Spital in Kuala- Kapuas liegen vor. Sie werden nach Batavia gesandt.
Die Praxis wird liquidiert. Im Dezember zieht die Familie Vischer ins Wohnhaus nach Kuala-Kapuas.

1931 **Kuala-Kapuas:** Das Wohnhaus ist quasi fertig. Es enthält Wohnungen für den Arzt, die Schwestern und vier Zimmer für europäische Gäste oder auch für Patienten und Geburten. Die Arztfamilie und eine Schwester sind bereits eingezogen.

Im Nebengebäude des gleichzeitig erstellten Wohnhauses befinden sich dessen Küche (in der vorerst auch die Speisen für das Spital zubereitet werden), Wasch- und Badezimmer sowie Wirtschaftsräumlichkeiten. Im Januar bezieht Missionar Göttin dort Logis und nach dem 1. Juli wohnen zudem Spitalangestellte in diesem Gebäude. Weitere Räumlichkeiten werden für die Patienten benötigt, auch die Apotheke wird hier eingerichtet.

Am 1. Juli beginnt das Spital zu funktionieren. Die erste Spitalbaracke enthält zwei Poliklinikzimmer, einen Operationsraum und vier Krankenzimmer (3 à 3 m × 3 m und 1 à 4 m × 6 m).

In der kleinen, offenen Küche (3 m × 4 m) nebenan können die Angehörigen der Patienten selber kochen.

50 Meter entfernt davon befindet sich auf Gemeindeland ein Rasthaus für Angehörige der Patienten.

Der Spitalbetrieb beginnt am 1. Juli, vorerst noch ohne Betten, nur mit Matten auf dem Boden.

Am 1. August sind von den 29 geplanten Betten 10 vorhanden.

Nach dem Umzug der Poliklinik in die Spitalbaracke wird die alte Poliklinik von Bauarbeitern bewohnt.

Kabulat: Ein Grundstück für die Aussätzigensiedlung wird gekauft (100 m × 300 m). Es entstehen vier Palmblätterhütten (3 m × 4 m). Am 13. Mai ziehen die ersten Aussätzigen ein.

1932 **Kuala-Kapuas:** Die ‹Back›, die Wasserbehälter aus Beton, die das Regenwasser vom Dach sammeln, sind fertig.

Die zweite Spitalbaracke (eigentlich eine Doppelbaracke, 50 m lang) ist fertig. Dadurch stehen zusätzlich 3 Krankenzimmer zur Verfügung (2 à 4 m × 6 m, 1 à 3 m × 4 m) sowie Wohnräume für das Personal (3 Zimmer, total 11 m × 4 m).

Im Nebengebäude des Wohnhauses werden eine provisorische Spitalküche, eine Wäschekammer und ein Medizinlager eingerichtet. (Missionar Göttin und die Patienten sind nicht mehr dort untergebracht.)

In der Verlängerung des Nebengebäudes entsteht ein weiteres kleines Wohnhaus, vorerst für den Baumeister Röder, später werden die Schwestern darin wohnen.

Da auf dem Land hinter den Gebäuden kein Gemüse gedeihen will, werden nur Kokospalmen und Bananen gepflanzt. Es ist ein Tummelfeld für Affen.

Bandjermasin: Das Missions-Lehrerseminar wird geschlossen. Es bestehen Pläne für eine Frauen- und Kinderklinik in diesem Gebäude.

1933   **Bandjermasin:** Die Poliklinik im Seminargebäude wird eröffnet. Sie steht unter der Leitung von Schwester Mina Föll. Ein Arzt für die Frauen- und Kinderklinik wird gesucht.

1934   **Kuala-Kapuas:** Die Spitalküche (4 m × 8 m) ist endlich in Betrieb. In der bisherigen provisorischen Küche im Nebengebäude (3 m × 4 m) wurden bis zu 40 Essen im Tag zubereitet.
Ab Februar ist das neue Absonderungshaus in der Verlängerung der Spitalbaracken in Betrieb. Es ist 15 m lang und enthält 4 Zimmer für Tuberkulose-Patienten und Leute mit anderen ansteckenden Krankheiten.

       Bandjermasin: Im Mai tritt Frl. Dr. med. G. Hessberg ihr Amt an.

1935   **Kuala-Kapuas:** Der Operationsraum ist neu eingerichtet. Ein Saal mit 14 Betten für Frauen wird fertiggestellt und ist ab Dezember in Gebrauch.

1936   **Kuala-Kapuas:** Es entsteht ein weiterer Saal. (Zweckbestimmung ist unklar.)

1937   **Kuala-Kapuas:** In der eigenen Holzwerkstatt werden nur noch Reparaturen vorgenommen und Särge hergestellt (ungefähr 30 pro Jahr).
Ein Säuglingssaal wird angebaut. Er ist ein eigentliches ‹Kinderhaus› für mutterlose und verwahrloste Kinder.

       Kabulat: Die Aussätzigenstation, die jetzt aus sechs Häusern besteht, wird selbständig.

1938   **Kuala-Kapuas:** Auf dem Nachbargrundstück wird von der Regierung ein neues Poliklinikgebäude errichtet. Dies ist eine grosse Erleichterung. Die neue Poliklinik hat sogar einen Betonboden! Die Poliklinikräumlichkeiten im Spital werden dadurch frei. Aus dem Operationssaal wird ein Geburtszimmer.

10. Anhang
Organisationen und Behörden
Basler Mission

In Basel: **Präsident**: Pfr. Wilhelm Burckhardt, 1915–1936, 1936 abgelöst durch Pfr. Alphonse Koechlin.
Missionsdirektor: Dr. K. Hartenstein, geht 1939 nach Deutschland.
Komitee der BM, Leitungsgremium der Basler Mission.
Borneo-Referent, später **Borneo-Inspektor**, in Basel zuständig für das bornesische Missionsgebiet. Er ist Mitglied des Komitees.
Von 1921 bis Ende 1930: Insp. W. Oettli (ab 1928 vertreten durch K. Epple, der im Heimaturlaub ist), ab 28. Feb. 1931 Insp. H. Witschi.
Im Missionshaus finden regelmässig Sitzungen der Inspektorenkonferenz und des Plenums statt sowie jährlich eine Generalkonferenz.

In Borneo: **Ausschuss** unter der Führung des **Präses**: ihm obliegt die Leitung des Feldes, d.h. des ganzen Missionsgebietes Süd-Borneo.
Missionarskonferenz: für alle Missionare und ihre Familien, findet alle zwei Jahre in Bandjermasin statt.
Kirchensynode: Zusammenkunft aller kirchlichen Würdenträger und in die Synode gewählten Laien. Die erste Synode gründete 1935 die Dajakkirche.
Synodal-Ausschuss: Leitet die Geschäfte der Kirchensynode.

Regierung in Niederländisch-Indien

In Batavia: **GG (Gouverneur Generaal):** persönlicher Vertreter der Königin der NL.
BOW (Bouw en Woningtoezicht): Amt für Planungs-, Bau- und Wohnfragen (Aufsichtsbehörde).
DVG (Dienst voor de Volksgezondheid): zuständig für Gesundheitsfragen, Spitalbauten und Subsidien.

In Bandjermasin: ab 1938: **Gouverneur**, zuständig für ganz NL-Borneo. Dr. B. J. Haga war zugleich Resident.
Resident, zuständig für Süd- und Ost-Borneo.
Burgermeester von Bandjermasin, zuständig für die Stadt, er war auch **Assistent Resident,** zuständig für das Gebiet ‹Afdeling Kapuas-Barito›, bestehend aus Beneden- und Boven-Dajak.
Dr. Satu: erster Arzt des Militärspitals und Vertrauensarzt des DVG.

In Kuala-Kapuas: **Controleur** (holl.), zuständig für Beneden Dajak, die kleinste Verwaltungseinheit; er wechselt in der Regel alle zwei Jahre.

In Kuala-Kuron: **Controleur**, zuständig für Boven-Dajak.

Evangelische Missionen in Holland und NL-Indien

In Leiden — **Oegstgeest:** Sitz der zusammengeschlossenen holländischen Evangelischen Missionen.

In Batavia: **Missionskonsulat**, es wurde 1906 auf Wunsch der vereinigten Evangelischen Missionen in Holland und der NL Regierung eingerichtet, damit die gegenseitigen Verhandlungen vereinfacht werden.
Der **Missionskonsul** vertritt die Interessen der Evangelischen Missionen gegenüber dem GG und anderen Regierungsämtern. Er hat grossen Einfluss. (Die katholischen Missionen unterstehen einem Bischof und sind in ihrer Kirche integriert.)

Personenregister:

Die Familie:

Dr. Mattheus Vischer-Mylius	1896–1943
(In Privatbriefen: Mattheus, in der offiziellen Korrespondenz mit der BM: Dr.Vischer)	
Elisabeth, gen. Betsy Vischer-Mylius	1900–1943
Esther Vischer-Speiser, Mama	1876–1957
Carl E. Vischer-Speiser, Papa	1868–1929

Geschwister von Mattheus und Betsy:

Georg Vischer-Heringa	1897–1966
Paul Vischer-Des Gouttes	1899–1982
Esther Wackernagel-Vischer (Esthy), Betsys Freundin und Schwägerin	1901–1967
Lisette Vischer, bei E. Vischer-Speiser	1905–1972
Anneli Albrecht-Vischer	1909–1984
Béatrice Sulzer-Mylius (Bua)	1903–1992

Im Buch erwähnte Personen:

Barth, Karl, Prof. theol. in Göttingen 1921, Münster 1925, Bonn 1930, Amtsenthebung 1935, sofort Berufung auf den Lehrstuhl in Basel, wo er 1962 emeritiert wurde.	1886–1968
Burckhardt, Wilhelm, Präsident der BM 1915–1936	1865–1943
Epple, Karl, Missionar in Borneo 1921–1925, während Heimaturlaub Stellvertreter des Borneo-Inpektors W. Oettli in Basel, 1928 bis 1931, Präses in Borneo Juli 1931 bis Jan. 1938	1877–1944
Göttin, Johannes, Missionar, der 1929–1930 in Kuala-Kapuas als Diakon die Poliklinik betreute. Als Missionar betrieb er Sprachstudien und bildete sich während des Urlaubs zum Islamspezialisten aus, um für die Muslime in Borneo eingesetzt zu werden. 1940 wurde er Sekretär für die Dajakkirche und rechte Hand des Präses, Dr. Vischer. Er war Präses in Borneo nach Dr. Vischer 1943–1946.	
Hartenstein, Karl, Dr. theol., Missionsdirektor 1926 bis Sept. 1939	1894–1953
Henking, Hermann, Präses in Borneo bis Juli 1931	1884–1962
Koechlin, Alphonse, Pfr., Kirchenratspräsident in Basel, Präsident des Evangelischen Kirchenbundes, Förderer des Oekumenischen Rats der Kirchen, Präsident der BM 1936–1959	1884–1965

Kraemer, Hendrik, wirkte 1922 in Indonesien für die   1888–1965
NL Bibelgesellschaft,
1937 Prof. für Religionsgeschichte in Leiden,
1955 Dir. des Institutes OeRK
(Oekumenischer Rat der Kirchen), Bossey,
1930–1960 übte er einen starken Einfluss auf das missions-
theologische Denken in der evangelischen Welt aus.
Oettli, Walter, Borneo-Inspektor 1921 bis 1928.   1879–1971
Röder, Hans, Missionsbaumeister 1928–1935 in Borneo.
Schärer, Hans, Missionar, der die Religion der Ngadju-Dajak 1904–1947
aufzeichnete und während seines Urlaubs (Krieg) sich
zum Ethnologen ausbildete.
Bei seiner Wiederaussendung nach Borneo war er Präses
ab 1946.
Vischer, Wilhelm, Pfarrer, Prof. theol., Dozent an der Theo-   1895–1988
logischen Schule in Bethel bei Bielefeld. 1933 erfolgte
Rede-und Lehrverbot, weil er sich als Alttestamentler
für die Juden einsetzte. Rückkehr in die Schweiz,
1937 Privatdozent an der Universität Basel und 1947
Berufung auf den Lehrstuhl in Montpellier.
Weiler, Karl, Präses in Borneo ab 1938 bis Mai 1940   1889–1975
Witschi, Hermann, Borneo-Inspektor ab April 1931 bis 1963 1895–1984

Quellenangaben

Briefe an die Familie von Dr. Mattheus und Betsy Vischer-Mylius (im Privatbesitz der Autorin).

Handschriftenarchiv der Basler Mission:
- Gebietsakten mit Korrespondenz der Missionare (Sign. B-3, B-5, B-10 / Indonesien).
- Personalfaszikel (B.V. 2327).
- Brüder-Verzeichnis, Schwestern-Verzeichnis.

Zeitschriftenarchiv der Basler Mission:
- Das Evangelische Missions-Magazin (EMM), Verlag Basler Missionsbuchhandlung.
- Der Evangelische Heidenbote, Verlag Basler Missionsbuchhandlung.
- Jahresberichte der Basler Mission (Jb.), Verlag Basler Missionsbuchhandlung.
Schweizerisches Bundesarchiv Bern:
- Dossier Dr. M. Vischer-Mylius (Sign. B. 51 351 Indonésie).

Archiv des IKRK in Genf:
- Diverse Dokumente der Jahre 1942 bis 1948.

Weitere wertvolle Informationen und Übersetzungen, insbesondere Artikel der ‹Borneo Simbun› und der ‹Borneo Post›, verdankt die Autorin Herrn Prof. Ernst Braches von der Universitätsbibliothek Amsterdam.

Literatur:

Basler Jahrbuch, Hg.; Ernst Jenny und Gustav Steiner, Verlag Helbing und Lichtenhahn, Basel, Jg. 1939–1946.

Braun-Dipp, Elisabeth: Getrost und freudig, eine Frau erlebt Indonesien, R. Brockhaus Verlag, Wuppertal, 1962.

Eppler, Paul: Geschichte der Basler Mission, 1815–1899, Verlag Basler Missionsbuchhandlung, Basel, 1900.

Fischer, Friedrich Hermann: Der Missionsarzt Rudolf Fisch und die Anfänge medizinischer Arbeit der Basler Mission an der Goldküste, Verlag Murken-Altrogge, Herzogenrath, 1900.

Haas, Waltraud Ch.: Erlitten und erstritten, der Befreiungsweg von Frauen in der Basler Mission 1816–1966, Verlag Basileia, Basel, 1994.

Hauzenberger, Hans: Basel und die Bibel, Jubiläumsschrift der Basler Bibelgesellschaft, 174. Neujahrsblatt GGG, Basel, 1996.

His, Eduard: Die Basler Handelsherren im 19. Jahrhundert, Schwabe Verlag, Basel, 1929.

Janner, Sara: «Mögen sie Vereine bilden...», Frauen und Frauen-
vereine in Basel im 19. Jahrhundert. Basel: Helbing und Lichtenhahn 1994. (Neujahrsblatt/Gesellschaft für das Gute und Gemeinnüt-
zige 173).

Kober, Johannes: Christian Friedrich Spittlers Leben, Verlag von C. F.
Spittler, Basel, 1987.

Kriele, Ed.: Das Evangelium bei den Dajak auf Borneo, Hg. Missions-
studienkreise, Verlag Missionshaus, Barmen, 1915.

Miller, Jon: The Social Control of Religious Zeal: a Study of Organiza-
tional Contradictions, Asa Rose Monograph Series, Rutgers University
Press, New Brunswick, New Jersey, USA, 1994.

Mylius, Horst Gering: Geschichte der Familien Mylius-Schleiz und
Mylius-Ansbach 1375–1990, Neubearbeitung der Familienchroniken von
1895, 1917 und 1959, Selbstverlag des Verfassers, 1992. (Erhältlich beim
Autor, Hallerstr. 20, D-79117 Freiburg/i. Br.)

Passavant-Allemandi, Emilie: Mémoires de Michel Napoléon Alle-
mandi, unveröffentlicht, Basel, 1931.

Prodolliet, Simone: Wider die Schamlosigkeit und das Elend des heidnischen Weibes: Die Basler Frauenmission und der Export des europäischen Frauenideals in den Kolonien, Limmat Verlag, Zürich, 1987.

Ramstein, Christoph: Die Erweckungsbewegung in Basel im 19. Jahrhundert, Seminararbeit, unveröffentlicht, Basel, 1987. (Erhältlich bei Pfr.
Ch. Ramstein, Lausen, BL)

Rzepkowski, Horst: Lexikon der Mission, Verlag Styria, Graz/Wien/
Köln, 1992.

Schaffner, Jakob: Johannes, Roman einer Jugend, Union Deutsche Ver-
lagsgesellschaft, Stuttgart/Berlin/Leipzig, 1922. [Anstalt in Beuggen / Pie-
tismus]

Schärer, Hans: Die Gottesidee der Ngadju Dajak in Süd-Borneo, E. J.
Brill, Leiden, 1946. (Englische Übersetzung: Ngadju Religion, The Con-
ception of God among a South Borneo People, Martinus Nijhoff, The
Hague, 1963.)

Schärer, Hans: Die Stellung der Frau bei den Ngadju Dajak in Borneo,
in: Evangelisches Missions-Magazin, 89. Jg., Hg. Emanuel Kellerhals, Verlag Basler Missionsbuchhandlung, Basel, 1945.

Schlatter, Wilhelm und Witschi, Hermann: Geschichte der Basler Mission, 5 Bände (Bd. 1–3 von Schlatter, Bd. 4 und 5 von Witschi), Basileia
Verlag, Basel, 1970.

Schweitzer, Albert: Zwischen Wasser und Urwald, Paul Haupt-Verlag,
Bern, 1921.

Staehelin, Ernst: Die Christentumsgesellschaft in der Zeit der Aufklärung und der beginnenden Erweckung, Texte aus Briefen, Protokollen
und Publikationen, ausgewählt und kommentiert von Ernst Staehelin,
Prof. theol. an der Universität Basel (Band I), Friedrich Reinhardt Verlag,
Basel, 1974.

Staehelin, Ernst: Die Christentumsgesellschaft in der Zeit von der Erweckung bis zur Gegenwart (Band II), Friedrich Reinhardt Verlag, Basel, 1974.

Teuteberg, René: Basler Geschichte, Christoph Merian Verlag, Basel, 1986.

Vischer, Mattheus: Vortrag von 1934, in: Die Tat der Barmherzigkeit, aus der Arbeit der Ärzte und Schwestern der Basler Mission in Asien und Afrika, Evang. Missionsverlag Stuttgart und Basel, Basel, 1934.

Vischer-Ehinger, Fritz: Die Familien Vischer in Colmar und Basel, Selbstverlag des Verfassers, Basel, 1933.

Witschi, Hermann: Christus siegt, Verlag Basler Missionsbuchhandlung, Basel, 1942.

Glossar

Amok (ind.): Wut, die besinnungslos und ohne Rücksicht auf Tod und Leben ausgetobt wird. Berserkerwut.

Babu (ind.): Kurzform für ‹Babu Anak› = Kindermädchen.

Babu, Hausmann (Oesman): Mitglied einer christlichen Familie in Kuala-Kapuas. Er spielte eine wichtige Rolle im Pakat Dajak, der nationalistischen Dajakbewegung.

Back / Bak: (holl.): Kurzform für Regenbak. Riesige Behälter aus Beton oder Eisen zur Sammlung und Aufbewahrung des Regenwassers vom Dach.

Bandjermasin / Banjarmasin: von ‹Bandjir› (ind.) = reissende Flut und ‹assin› (ind.) Salz, salzig.

Barmen: Die Barmer Missionsgesellschaft (Rheinische Missionsgesellschaft Barmen, heute Wuppertal-Elberfeld) entspricht der Basler Missionsgesellschaft. Heute: Vereinigte Evangelische Mission.

Batak: eine Bevölkerungsgruppe auf Sumatra, erwies sich als sehr aufnahmefreudig gegenüber der christlichen Botschaft. Schon sehr früh wurde eine eigene Kirche gegründet.

Batang (ind.): Baumstamm. Weil aus Baumstämmen zusammengesetzt, ist ‹Batang› auf Borneo meistens das Floss, das zu jedem Haus gehört. Es ist Anlegeplatz für Schiffe sowie Bade- und Waschplatz der Familie.

Beneden-Dajak: siehe Borneo.

Borneo: Teil des Regierungsgebietes in Niederländisch-Indien. Anno 1938 bekam das ‹Gewest› (Provinz) Borneo einen **Gouverneur:** Dr. B. J. Haga. Regierungsort für ganz Borneo war Bandjermasin. Es gab auf Borneo zwei ‹Residenties›: ‹West-Borneo› und ‹Zuid- en Oost-Borneo›. In der ‹Residentie Zuid- en Oost-Borneo› (Hauptstadt Bandjermasin) war Haga nicht nur Gouverneur, sondern zudem **Resident.** Die ‹Residenties› waren unterteilt. Für die Abteilung ‹Afdeling Kapuas Barito› war ebenfalls Bandjermasin Hauptstadt, in der der **zuständige Assistent-Resident** wohnte. Jede ‹Afdeling› war wiederum unterteilt in ‹Onderafdelingen›. Vorsteher der ‹Onderafdelingen› waren die **Controleurs.** Hauptort des ‹Onderafdeling Beneden-Dajak› war Kuala-Kapuas, Hauptort des ‹Onderafdeling Boven-Dajak› war Kuala-Kuron.

Borneo-Referent: ein Mitglied des Komitees in Basel. Jedes Missionsgebiet der BM ist einem Referenten zugeteilt. Der Borneo-Referent wird später Borneo-Inspektor genannt. Er ist in Basel zuständig für das bornesische Missionsgebiet.

Borsumij: Bezeichnung der Handelsgesellschaft ‹*Bor*neo-*Su*matra-Handel*m*aatschapp*ij*›. Auch Schiffe dieser Gesellschaft trugen diesen Namen, eventuell mit Nummer.

Boven-Dajak: siehe Borneo.

BOW: ‹Bow en Woningtoezicht›, Aufsichtsbehörde für Bau- und Wohnfragen.

Brita Bahalap (daj.): Titel des Gemeindeblattes der BM auf Borneo; ‹Brita› = Nachricht, ‹Bahalap› = gut, gesegnet.

Civiel Geneesheer (holl.): ‹Zivilarzt›, d.h. Amtsarzt, aber nicht ‹Regierungsarzt›. Die Ernennung zum Civiel Geneesheer durch die Regierung bringt die Verpflichtung zur Bereisung des Gebietes und zum Erstellen von Statistiken über den Gesundheitszustand des Volkes sowie über gewisse Krankheiten (z. B. Tbc, Malaria).

Dajak / Dayak: Das Wort ‹Dajak› bedeutet ‹Inländer›. Die heidnische Bevölkerung von Borneo hat diesen Namen wohl von den zugewanderten Malaien erhalten, die sich an der Küste niedergelassen haben Die Ngadju-Dajak bilden eine der grössten Bevölkerungsgruppen Süd-Borneos. Sie bewohnten ursprünglich den untern und auch einen Teil des mittleren Barito, den Kapuas und Kahaian, mit Ausnahme der Quellgebiete.

Dajakkirche (Geredja Dajak): Im Jahre 1935 bereiste Inspektor Witschi Süd-Borneo und gründete die Dajakkirche formell, allerdings stand sie noch unter der Leitung der Mission: Der Präses der Mission war in Personalunion auch Präsident der Dajakkirche. Heute GKE: ‹GerejaKalimantan Evangelis›.

DEMA: Deutscher Evangelischer Missions-Ausschuss.

Djongos (ind.): Hausbursche.

Doktor Satu (ind.): Erster Arzt im Militärspital in Bandjermasin, damals auch Bevollmächtigter des DVG. (‹Satu› = eins, erster.)

Doktor Zending (ind.): Missionsarzt. Der Ausdruck wurde von den Einheimischen aus dem Holländischen konstruiert.

Ds.: Abkürzung für ‹Domine› (holl.) = Pfarrer. (Ursprünglich ‹Ds.› für lat. ‹Dominus›.)

DVG: ‹Dienst voor de Volksgezondheid›, staatliche Aufsicht über das Gesundheitswesen, Hauptamt in Batavia. Zur Aufsicht auf Borneo gab es eine ‹Gewestelijke Inspectie voor de Volksgezondheid›. Haupt der DVG auf Borneo (Standort Bandjermasin) wurde 1939 Dr. Raden Susilo, Inspector.

EPD: Eidgenössisches Politisches Departement mit der Abteilung für fremde Interessen.

Generalkonferenz: siehe Konferenz.

GG (Gouverneur Generaal) (holl.): Höchster Beamter in Niederländisch-Indien. Die Oberherrschaft (Opperbestuur) über Niederländisch-Indien hatten die Königin und das ‹Ministerie van Koloniën›. Die Verwaltung des Kolonialgebietes war der ‹Indischen Herrschaft› (Indisch Bestuur) übertragen. Der GG verwaltete die Kolonie gemäss dem Regierungs-Reglement, den übrigen Gesetzen, königlichen Beschlüssen und Anordnungen.

GKE: ‹Gereja Kalimantan Evangelis› (ind.), heutiger Name der Evangelischen Kirche von Kalimantan, damals Dajakkirche.

IKRK: Internationales Komitee vom Roten Kreuz, Genf.

Inspektor: siehe Borneo-Referent.

Kampong / Kampung: Dorf.

Kelambu / Klambu: Moskitonetz.

Koki / Kokki (ind.): Köchin.

Komitee: Das Komitee der Basler Mission bildet die Leitung der Evangelischen Missionsgesellschaft in Basel. Als im Jahre 1940 der Krieg in Europa die Verbindung zwischen Basel und Borneo gefährdete, wurde in Bandjermasin ein Notkomitee errichtet. (Siehe: Zendingsnoodbestuur.)

Konferenz oder Generalkonferenz: fand alle zwei Jahre statt und vereinigte alle Missionarsfamilien zur gegenseitigen Orientierung und Besprechung.

KPM: ‹Koninklijke Pakketvaart Maatschappij› = Königliche Pakettransport Gesellschaft.

Kuala-Kapuas: Das Tor zum Dajakland, Hauptort der ‹Onderafdeling Beneden-Dajak›. Der Controleur in Kuala-Kapuas wohnte eine halbe Stunde flussabwärts vom Missionsspital an der andern Flussseite, gegenüber der Einmündung des Serapatkanals, der den Kapuas Murong-Fluss mit dem Barito-Fluss verband.

Mantri: diplomierter Krankenpfleger.

Missionskonsul: Der Evangelische Missionskonsul hat Wohnsitz in Batavia (Kreis Weltevreden). Die Katholische Mission bildet eine Einheit innerhalb der Kirche. Die sehr divergierenden Interessen der nichtkatholischen Missionen in Niederländisch-Indien werden vertreten durch den Missionskonsul, der gewählt und bestimmt wird durch die Vereinten Evangelischen Kirchen in Holland. Er ist ein Mann von grossem Einfluss, weil er auch Vermittler der Regierung ist.

Moralische Aufrüstung (MRA): ‹Moral Re-armement›, seit 1938 Bezeichnung für eine vom lutherischen Pfarrer Frank Buchmann gegründete sozial-ethische Bewegung, die auf christlicher Grundlage durch die innere Erneuerung der Menschen (sittliche Aufrüstung) sozialen und politischen Frieden erreichen will. Die wichtigsten Prinzipien sind die aus der Bergpredigt abgeleiteten vier Absoluten: ‹Absolute Reinheit, absolute Wahrheit, absolute Liebe, absolute Selbstlosigkeit›. Bekämpft werden Materialismus, Atheismus, Nationalismus und Rassismus. (Wichtig ist die tägliche ‹stille Zeit›, welche wenn möglich in kleinem Kreise stattfindet, um mit Gott Frieden zu finden für sich und im Gedankenaustausch auch mit den Mitmenschen. Diese ‹stille Zeit› soll durch die tägliche Ausrichtung Wege weisen.)

N.I.: ‹Nederlandsch Indië›, die Kolonie Niederländisch-Indien, heute Republik Indonesia. Der Ausdruck ‹indisch› in den Briefen entspricht dem heutigen ‹indonesisch›.

NIAS: ‹Nederlandsch-Indische Artsen-School› in Surabaja, Schule zur Ausbildung von Ärzten, die 6 Jahre dauert. Hier bestand Mattheus sein Examen.

NL: ‹Nederland›, Niederlande.

Njamuk: Moskito.

Notkomitee: siehe Zendingsnoodbestuur.

NSDAP: Nationalsozialistische Deutsche Arbeiterpartei.

Obat: Medizin.

ökumenisch: im ursprünglichen Sinn: weltumfassend.

Orang (ind.): Mensch.

Orang sakit (ind.): Patient (‹sakit› = krank).

Oxford-Gruppenbewegung, ‹Oxford Movement›: eine in Oxford entstandene, besonders von R. H. Froude, E. Pusey und J. H. Newman getragene Bewegung innerhalb der Kirche Englands im 19. Jahrhundert, die eine tiefgreifende kirchliche Erneuerung durch Rückbesinnung auf das altkirchliche Verständnis von Kirche, Amt und Liturgie anstrebte und sich gegen den zeitgenössischen Liberalismus und den staatlichen Säkularismus wandte. Später wurde die MRA integriert. Siehe: Moralische Aufrüstung.

Pakat Dajak (daj.): Nationalistenbewegung im Dajakland.

Pambrita (daj.): Evangelist.

Pandelinge: Menschen, die sich selbst, oft auch mit ihrer ganzen Familie, als Pfand für ihre Schulden dem Gläubiger verschrieben und in dessen Knechtschaft blieben, bis sie die Schulden zurückzahlen konnten, was aber kaum je möglich war. Der Herr hatte das Recht, ‹seinen› Pandeling an einen andern Herrn zu verkaufen.

Pandita (daj.): Pfarrer, auch Missionare waren ‹Pandita›.

Pandita Dajak: Dajakpfarrer.

Raden (ind.): ein javanischer Adelstitel für Männer. Viele adlige Kinder genossen eine höhere Ausbildung und wurden von der holländischen Kolonialregierung in verantwortungsvolle Posten gesetzt.

Rattan oder Rotang: Meer- oder Peddigrohr, eine Urwaldpflanze, die, wohl auch kultiviert, ein wichtiges Handelsgut neben Gummi und Holz ist.

Referent: Siehe: Borneo-Referent.

Regierungsarzt: offizieller Amtsarzt mit Aufsichtsfunktion.

Ruma sakit zending (ind.): Missionsspital (‹Ruma› = Haus, ‹sakit› = krank; ‹zending› = Mission).

Sache: ein pietistischer Begriff. «Die Sach ist dein, Herr Jesus Christ, die Sach für die wir stehn, und weil es deine Sache ist, kann sie nicht untergehn.» (Missionslied von Pfarrer Samuel Preiswerk, 1799–1871)

satu, dua, tiga (ind.): eins, zwei, drei. (Siehe auch: Doktor Satu.)

SIMAVI (holl.) ‹Steun In Medische Aangelegenheiden Voor Indië / Indonesië, eine holländische Stiftung, welche mit erheblichen Mitteln die medizinischen Bemühungen unterstützte und noch heute unterstützt.

Subsidie (holl.): von der Regierung zugesicherte Beträge, die jährlich neu festgelegt werden und auf die kein Rechtsanspruch besteht.

Synode: Zusammenkunft der kirchlichen Vertreter, die durch die Gemeinden gewählt sind. Dazu gehören Pfarrer, Missionare und Laien. Die erste grosse Synode fand 1935 zur Gründung der Dajakkirche statt.

Tokkeitai (jap.): Japanische Marine-Polizei. (Auf Java gab es die Kempeitai, die Japanische Heeres-Polizei.)

Zending (holl.): Mission. Siehe auch: Doktor Zending. (Das ‹Z› wird wie sanftes ‹S› ausgesprochen.)

Zendingsnoodbestuur: Nachdem am 10. Mai 1940 die Verbindung mit der Schweiz schwierig geworden war, wurden in Bandjermasin für besondere Beratungen die Herren Resident J. Allaart, Notaris R. de Back und Dominé K. F. Creutzberg zugezogen. Es war auch fast nicht möglich, von der Schweiz aus die Lage in Niederländisch-Indien, besonders nach der Internierung der deutschen Geschwister, zu beurteilen.

Zivilarzt: Der Missionsarzt wurde von der Regierung 1935 als Zivilarzt eingesetzt, damit er den hygienischen und gesundheitlichen Zustand der Bevölkerung überwache und darüber rapportiere.

Zöglinge: Missionsschüler im Missionshaus in Basel. Das Studium – nach abgeschlossener Berufsausbildung – dauerte fünf Jahre.

Erläuterungen zur geographischen Karte des Gebietes von Süd-Borneo

Süd-Borneo ist im Westen durch ein Gebirge gegen *West-Borneo* abgegrenzt.
Im Norden befindet sich ein hohes Gebirge als Grenze zu *Malaysia*.
Auch der Osten Süd-Borneos ist durch eine Gebirgskette gegen *Ost-Borneo* abgeschlossen.

Das ganze Gebiet ist ein grosses Flussnetz, mit Verbindungen zwischen den Flussläufen, die durch Ebbe und Flut entstanden sind, die sog. Antassar. Der Murong ist ein solcher Antassar zwischen Barito und Kapuas. Ebbe und Flut sind bis 250 km ins Landesinnere wirksam.

Die grossen Flüsse:
A. Martapura, der durch Bandjermasin fliesst;
B. der mächtige Barito mit 725 km Länge;
C. der Murong, eigentlich ein Nebenfluss des Barito, ein Antassar, der in den Kapuas mündet;
D. der Kapuas. Zwischen Barito auf der Höhe von Bandjermasin und Kuala-Kapuas am Murong befindet sich der ‹grosse Kanal›, der Anjer Serapat;
E. der Kahajan. Zwischen dem Kapuas auf der Höhe von Mandomai und dem Kahajan ist der ‹kleine Kanal›, der Anjer kecil;
F. der Katingan;
G. der Mentaja;
H. der Bulik.

Die Missionsstationen in Süd-Borneo:
1. Bandjermasin, heute Banjarmasin, Hauptstadt der Provinz Süd-Kalimantan (37 600 km^2). Hier befindet sich die Zentrale der BM mit Kirche, Schule, Internat, Seminar und Frauen- und Kinderklinik.
2. Kuala-Kapuas, Standort des Missionsspitales, Wohnort der Familie Vischer.

3. Mengkatip	4. Tamianglajang		5. Muara Teweh
6. Puruk Tjahu	7. Mandomai		8. Pangkoh
9. Pudjun			

10. Pahandut, heute Palangka Raya, Hauptort von Mittel-Kalimantan.

11. Kuala-Kuron	12. Tewah	13. Kasongan
14. Tumbang Lahang	15. Kandan	16. Nanga Bulik

17. Kandangan, im NO von Bandjermasin. Hier befanden sich die Interniertenlager der Holländer, später der Japaner. Hier wurden auch die Missionare bis Kriegsende gefangengehalten. Das Gefängnis der Tokkeitai war im Zentrum Bandjermasins.

Heute, 1997, ist es möglich mit ‹Flussbus› oder ‹Schnellboot› über die Flüsse zu fahren.

Von Banjarmasin nach Palangka Raya, 240 km, per ‹Bus›, einem gewöhnlichen Motorboot: 18–20 Std.; per Schnellboot: 7– 8 Std. 1935 brauchte es Tage, je nach Wasserstand.

Von Banjarmasin nach Muara Teweh, 470 km, braucht es mindestens zwei Tage.

Fünf Missionsboote standen damals im Dienst der BM: die *Barimba*, das Boot des Missionsarztes mit Standort in Barimba, Ortsteil von Kuala-Kapuas, und die *Basel, Irene, Hardeland und Sobat.*

Indonesische Aussprache:
Betonung: auf der zweitletzten Silbe: òbat, màntri, Bandjermàsin, Kuala-Kapùas.
Aussprache: wie deutsches Alphabet. Der Wechsel von ‹a› zu ‹e› oder von ‹o› zu ‹u› zeigt die Zwischenstellung der Vokale in ihrem Laut: Bandjermàsin = Banjamàsin, Pùdjon = Pùjun.

‹s› immer scharf = Wa**ss**er (Banjarmasin)	alt ‹j›, neu ‹y› = Jäger, Major (Yogyakarta)
alt ‹dj›, neu ‹j› = D**sch**ungel (Jakarta)	alt ‹tj›, neu ‹c› = Ma**tch**, Fri**tsch**i (Purukcahu)

In NL-Indien:
In den Briefen 1927 bis 1945:
Süd-Borneo,
    Provinz von Nederlandsch-Indië

In Indonesien:
Heutige Schreibweise, nach 1948:
Kalimantan,
    Provinz von Indonesien

Ortschaften:

Awang-Bankal bei Martapura	Awangbankal
Bandjermasin	Banjarmasin
Batavia, Hauptstadt NL-Indiens	Jakarta, Hauptstadt Indonesiens
Djocjakarta oder Djocja	Yogyakarta
Kuala-Kapuas oder Koeala-Kapoeas	Kuala-Kapuas oder Kualakapuas
Kuala-Kuron	Kualakurun
Pahandut	Panlangka Raya oder Palankaraya
Pangkoh	Pankuh
Pudjon in Java	Pujon
Pudjun am Kapuas	Pujon
Puruktjahu	Purukcahu
Solo, in Java bei Surakarta	Surakarta
Surabaja, Handelsstadt in Ost-Java	Surabaya

Takisong am Meer,	Takisung
Nähe Bandjermasin	
Tamianglajang	Tamianglayang
Weltevreden	Vorort Batavias

‹Kuala› (Malaiisch) und ‹Tumbang› (Dajakisch) bedeutet: Mündung des betreffenden Flusses in einen anderen. Es ist der bevorzugte Standort für die Dörfer, die danach genannt werden.

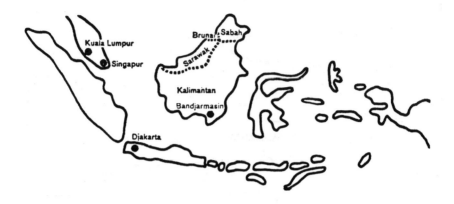

Indonesien

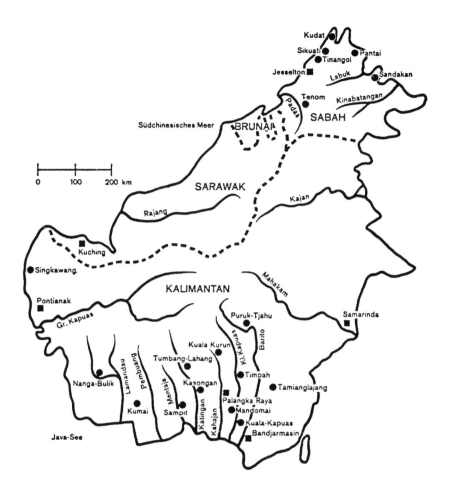

Borneo: Nord-Borneo, früher britisch, gehört heute zu Malaysia. Süd-Borneo, früher Niederländisch-Indien, heisst heute Kalimantan und gehört zu Indonesien.

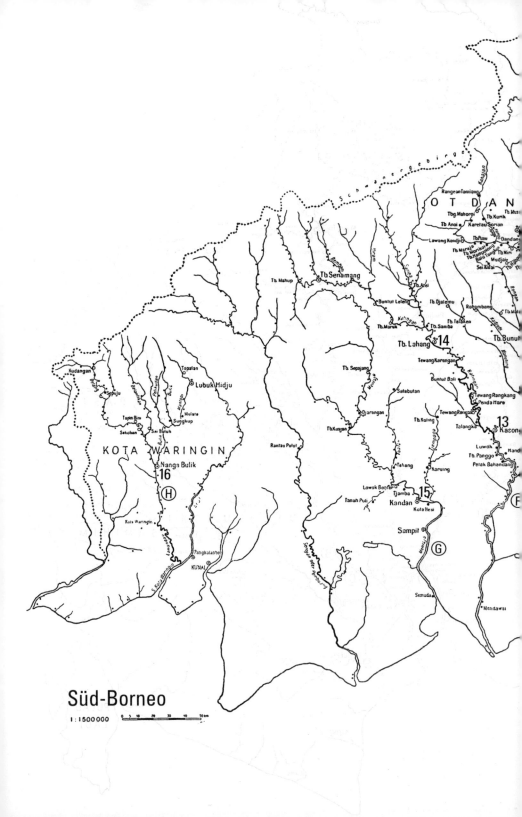

Süd-Borneo

1 : 1500000

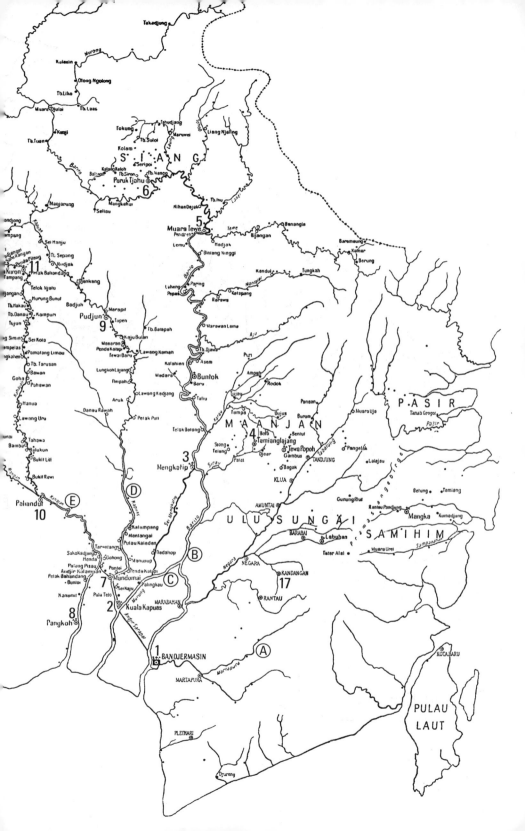